企业管理人才素质模型

精细化管理

实用全案

伍然◎著

北京理工大学出版社

BEIJING INSTITUTE OF TECHNOLOGY PRESS

图书在版编目（CIP）数据

企业管理人才素质模型精细化管理实用全案／伍然著. —北京：北京理工大学出版社，2012.3

ISBN 978-7-5640-5362-8

Ⅰ.①企… Ⅱ.①伍… Ⅲ.①企业管理：人才管理 Ⅳ.①F272.92

中国版本图书馆CIP数据核字（2011）第254734号

出版发行／北京理工大学出版社

社　　址／北京市海淀区中关村南大街5号

邮　　编／100081

电　　话／（010）68914775（办公室）68944990（批销中心）68911084（读者服务部）

网　　址／http∶//www.bitpress.com.cn

经　　销／全国各地新华书店

排　　版／博士德

印　　刷／三河市华晨印务有限公司

开　　本／787毫米×1092毫米　1/16

印　　张／43.5

字　　数／600千字

版　　次／2012年3月第1版　　2012年3月第1次印刷　　责任校对／陈玉梅

定　　价／98.00元　　　　　　　　　　　　　　　　　　责任印制／边心超

图书出现印装质量问题，本社负责调换

丛书总序

再也不能继续"马大哈"下去

说中国文化是"马大哈文化"，似乎说不过去。但要说中国人在很大程度上习惯于马大哈，则不算过分。中国人的"马大哈"习惯从一些词语和俗语上可见一斑，比如："差不多"、"就这样"、"拉倒"、"大概其"、"点到为止"、"只可意会，不可言传"。"马大哈"这个词，我理解就是马马虎虎、大大咧咧和嘻嘻哈哈的组合。

"马大哈"一词到底产生于何年月，或不可考，我确也没考证，但至少不会与中华文明同寿。中国古代文化还是颇为严谨的，很多经典中不少提法是非常负责的。比如，我所知的中国最早的教材《尚书》在其《大禹谟》篇中就提出："人心惟危，道心惟微，惟精惟一，允执厥中。"认为人心高深莫测，管理思想就得精微，必须精细和专注，执行要尺度适中。这就已经是精细化管理思想的雏形了。就这段话曾国藩在《与弟书》中有深刻的解读："穷通由天作主，予夺由人作主，业之精不精则由我作主，然吾未见业果精而终不得食者也。"再看《论语·宪问》："为命，裨谌草创之，世叔讨论之，行人子羽修饰之，东里子产润色之。"说的是文件的形成要严肃认真，裨谌起草文件，世叔组织讨论，再让子羽作修订，然后才由子产进行文字润色。这很像一份现代企业管理的流程。我也曾在一处旧时的县衙门上看到一副对联："为士为农有暇各勤尔业，或工或商无事休进此门。"这不就是典型的岗位管理语言吗？

那个时候，人们做事，也往往是很讲究细节的，是非常较真的。曾经读到一首诗，是明朝初期的翰林院老书生钱宰散朝回家吟诵的："四鼓咚咚起着衣，午门朝见尚嫌迟。何时得遂田园乐，睡到人间饭熟时。"谁知，儒生钱宰诵诗的事被皇帝朱元璋知道了，次日上朝时，皇帝主动提及此诗，说你昨天做的诗好啊，不过，我并没有"嫌"你上朝迟到呀，何不改为"忧"呢？你自己对工作负责，总是担心晚到嘛。钱宰吓得一个劲儿地磕头。那个时候正大兴"文字狱"，而且锦衣卫、东西厂特务神出鬼没，一不谨慎，丢了脑袋还不知祸从何来啊。

《韩非子·二柄第七》讲了另一个关于制度执行的故事，说韩昭侯醉了倒头便睡，手下人担心他着凉，就给他披了件衣服。韩昭侯酒醒了看到身上的衣服很高兴，问左右："谁给我加的衣服？"手下回答："管您戴帽的官。"结果管戴帽和管穿衣的官两个都受处分了，理由是管穿衣的失职，但管戴帽的越权。还声称，宁愿受冻，也不能培养官员不行职责和超越职责的行为。此事的真实性我一直怀疑，但管理的理念很多现代人也赶不上。

遗憾的是，中国历史上的读书人和官员总体来说是不太愿意去研究管理学的。我曾写过《中国古代没有管理学》，承认有管理实践，却并无系统研究，即使涉及与管理紧密相关的内容，也仅局限于人力资源。正如梁漱溟在《中国文化要义》中所言："中国人的心思聪明恰没有用在生产上。数千年知识学问之累积，皆在人事一方面，而缺乏自然之研究。殖产营利，尤为读书人所不道。"

近百年形势就更不乐观，不仅不研究做事，反而更加不讲究事物本身的科学性，效果之糟糕自然可想而知。记得1958年夏天，河北省一个普通县徐水县竟办起了一个拥有12个系的综合大学，县下每个公社都有一个"红专大学"。北京大学中文系一群学生加上几个青年教师，仅花35天就写出一部78万字的《中国文学史》。清华大学几个月内就编出了95部各种教材与专著，其中《水工概论》、《农田水利工程》、《水利工程测量》、《工程水文学》、《水工量测及模型试验》是10天工夫写出来的。（见张鸣著《历史的坏脾气》）

这两年，在四川灾后重建的问题上，"三年灾后重建，争取两年实现"本是高层领导急切心情下的期望，最终却成了基层的军令状。这和上面快速编书的荒唐，无非"五十步笑百步"。

正因为这样，我每次在饭店吃早点，看到点心牌上，最差的点心是"一级点心"，稍好一点的是"特级点心"，更好一点的是"超级点心"，最高档次的则名之为"顶级点心"，就觉得不得劲。联想到过去的一、二、三等奖分别升格为"一等奖"、"特等奖"和"最高奖"，教人怎能不为世风日下而忧心？

奇怪的是，我们在官场看到很多事情却是完全符合精细化的，比如领导的接待，桌上的茶杯要拉线摆齐不说，连到哪个路口接车，席位牌怎么摆，谁站在哪个台阶上去握手，那是精细得不得了啊！所以，中国人看到奥巴马一干人在会议室观看击毙拉登的录像时的"站没站相，坐没坐相"就五味杂陈。据说湖南一位姜姓副市长发明了一套极为精细的签名规则：如果字是横着签的可以搁着不办，竖着签的要"一办到底"，在"同意"后面是一个实心句号必须"全心全意"办成，点的是一个空心句号百分之百是"签了字也是空的"。只能用一句话概括：机关算尽。

本该较真的却并不当回事。比如，香港财政司的财政预算一旦制定立即挂到网上，预算支出情况常常多达数百页，细致记载各部门收支，连一张公务用纸、一张办公桌、一把办公椅都要做到有案可据，还会公布办公电话，随时接听民众的质询。但我们却找各种理由不公布，不得已公布了也语焉不详，"类"、"款"、"项"、"目"四个级别的预算科目，多数仍停留在"类"上。一些严重超出预算的部门要将"三公消费"的真实数额在"其他行政经费支出"或"公共服务项目支出"中"暗度陈仓"其实极为容易，外界也无法通过会计手段进行核实查证。

所以，在中国，绝大多数事情不存在能不能，主要是愿不愿。然而，愿不愿不是我等讨论的范畴，只是说说能不能，只涉及方法论。列三个小的例子在后，给有意愿者一些启发，因为中国实在不能再"马大哈"下去了。

日本人都熟悉一种沟通细则，叫HORENSO。HORENSO是三个词的合写，一是报告（Hohkoku），下级完成了的事及时反馈给直接上司，不用等上司来催问；二是联络（Renraku），平级间也需要通气，免得互不知情，妨碍配合；三是相谈（Sohclan），不仅要主动沟通，关联部门或岗位还需达成共识。这一点体现了日本人一贯的工作作风:"把屁大的事当天大的事做。"

德国的高速公路基本不收费,也不限速,有需要维修的地方即使限速也会一再给出指示牌:"限速多远?6公里。""到一半了吗?还有4公里。""马上结束了?还有3公里。""究竟还有多远?1公里。""谢谢您的理解,祝您一路平安!"这才是"为人民服务"啊。

中国近几年全民谈论食品安全。我们在欧洲看到人家鸡蛋是有"身份证号"的,如:1—DE—4315402,第一个数字"0"表示是绿色鸡蛋,"1"表示是露天饲养场放养的母鸡下的蛋,"2"表示是圈养的母鸡下的蛋,"3"则说明这是在笼子里饲养的生长环境最差的母鸡下的蛋;两个英文字母是鸡蛋出产国的标志,DE代表德国;第三部分数字是产蛋母鸡所在的养鸡场、鸡舍或鸡笼的编号。认真到这个程度,还需要在《新闻联播》里反复提醒消费者"谨防上当"么?

2011年12月20日

前　言

当前，在国内外企业管理流派中，管理者素质和领导力模型算得上是特立独行的宠儿，和以往的人治、法治、文治等经典管理流派反差鲜明。无论是从相关理念基础，还是从企业管理实践，抑或是从对于管理者自身意义来看，都差异明显。因为其他理论，本质上都是对于企业管理中有关"事"和"物"的管理，在实际运用中也规避了对于"人"的评价和管理。而管理者素质模型唯独不同，它是第一个直接面对"管理者"和"领导者"这个核心问题的学科，它定义了理想中管理者应具备的各种显性和隐性素质，并通过研究优秀管理者行为来设定分级别的行为标准描述，以帮助各类管理者更好地认知自己、认知他人和认知管理。

多年研究发现，虽然有些管理者素质确实存在天生差异，但绝大部分管理技能可以后天习得，管理素质可以改进，这也就是为什么国内外知名企业都在进行这一方面实践摸索的深层原因。**德鲁克认为，没有一个管理者是天生的，他们之所以有效，只是由于在实践中学会了一些有效的管理习惯。但是，职业化管理者的胜任素质是管理者学习有效的管理习惯，成为卓有成效管理者的基础。**因此进行通用管理者素质模型研究是有一定实用价值的，这也是我们编写本书的主要原因之一。

为什么本书中强调的是"管理者素质模型"而非"领导力素质模型"呢？市场上最为流行的领导力素质模型其实就是管理者素质模型的一种，但更突出强调管理者四大职能中的领导职能而已。为帮助管理者全面认知自身管理水平，本书综合考虑了管理者的四大职能派生出的各种素质，并给出了每个素质的各级别的素质标准。

当前在管理者素质模型研究领域中，国外活跃着多种学术派别，而这些派别在国内也都有着一定程度的应用，而国内外企业的实践方式更是百舸争流。本书力求博采众长，将相关派别及其应用分门别类，为对素质模型领域感兴趣的专业人士提供一套完整而有效的工具。

从系统论角度来看，素质模型本质上是一整套思维模式，是对管理与领导实践规律的认知与总结。每个管理者心中都有自己的思维模式与评价标准，都有自己的价值观和对管理实践的看法。由于工作经验与认知差异，个体之间的思维模式间肯定存在差异，而本书中我们所提出的管理者素质模型势必会对不少读者的观念形成较大冲击。我们坚信，这种冲击将会有助于读者思维的开阔，进而推动管理行为的改善。

我们认为，在长期实践中，一个能够具有实用价值的通用管理者素质模型必须至少满足三个条件：一是系统性，模型必须架构合理，内部逻辑严谨，符合企业运作规律和人性，才能经得住时间考验；二是个性化，管理者素质模型受公司战略、文化、发展阶段、外部标杆影响较大，素质选取和设计需要凸显企业个体特点，才能有效为公司整体绩效提升服务；三是行为化，素质模型设立的目的是为管理者设定素质标准，设计这个标准是为了落实到管理者的实际管理之中，这套标准必须能为常人所认知、理解和应用，所以不能过于理论化和抽象，应以外在行为描述形式进行设计，才能为随后的测评提供有效依托，才能在人才管理中有效发挥作用。

为便于读者理解，本书内容先从管理职能入手以强化管理概念，再介绍有关管理者相关理论与实践流派以开阔思维视野，进而介绍领导力模型构建方法以掌握领导力构建技巧，随后介绍一套完整的素质模型以提供领导力模型构建的参考标准，其后推荐素质模型管理制度以获得领导力模型动态管理能力，最后还配备了一套能够为企业快速上手应用的相关建模、测评、绩效管理、素质提升工具，为管理者素质模型的实际落地提供工具支撑。

我们会持续不断对管理者素质模型的发展与应用进行实用研究，并不定期对相关内容进行更新升级，为保证读者能够获得最新的相关模型与素质词典，请大家按照每本书中的唯一密码到博士德网站论坛专栏进行注册申请，经认证后即可随时接受通知并更新。

绪　论

在中国经济大潮中，中国国内涌现了一大批快速崛起的中小型企业，这些企业业务规模在几亿到几百亿不等，而且已经形成了集团组织结构与配套的管控模式雏形。在内部管理上，由于管理复杂度的要求，这些企业家对管理的理解也已经由简单刚性的管理阶段向更为精细的管理阶段演进。在这种自发演进过程中，企业面临的最为突出的问题是组织快速膨胀带来的组织效率低下和方向迷失。在与这些企业沟通过程中，我们发现在这些现象背后，最为核心的是领导力的问题，管理干部队伍建设是最为重要和最为迫切的，而企业的管理干部无论是从数量还是质量上都跟不上企业发展的需要。

大多数国内企业已经认识到，管理干部的选拔、培养、绩效管理制度化是公司健康持续发展的基础，并给予了高度重视和投入。在实施这些管理机制和制度中，企业往往才会发现干部队伍自身的能力素质标准是这些制度落地的前提和基础，于是素质模型才逐步浮出水面，得到越来越多的重视。那么管理干部应该具备什么样的素质才算合格或者合理呢？这都需要管理干部素质标准作为基础。可惜的是，这些企业很难在市面上找到一个公认可信的管理者素质模型，往往只能花费大价钱寻找专业咨询公司合作开发自己的素质模型，可最终的结果却发现研究成果较为专业和抽象化，难以实际落地应用，各种素质标准的描述和实际环境中，投入产出比差强人意。

那么究竟什么是管理者素质模型？什么又是领导力素质模型？又如何进行构建呢？针对这一管理难题，我们决定公布多年积累的设计技术方案与研发结果，为国内人力资源管理者提供一个较为可靠而实用的参照标准。多年来，华夏基石对国内外相关理论与最佳实践进行了较为全面的汇总与分析，并根据华夏基石近年来咨询成果与经验，推出了一套较为符合中国特色的管理者素质模型构建方法与行为标准。国内有关领导力素质模型的书籍不少，但由于种种原因制约，其中对企业管理实践的借鉴意义并不大，我们愿本书能为国内管理者素质模型领域的实质突破提供"给力"的帮助。

　　本书最大的实用价值在于读者可以借鉴本书中的通用管理者素质模型理论、案例、模型框架与素质词典，快速构建起符合自己企业需求的管理者素质模型或领导力模型，并利用本书中相关的应用工具快速应用到素质模型维护、绩效管理、领导力提升、招聘晋升、人才梯队建设等领域中。

目 录

第二章　有关管理的概念基础

第二部分　案例篇

第一章　国外标杆企业管理者素质模型案例

第三章　各国政府公布的通用管理者素质模型

第三部分　构建篇

第一章　经典建模法——方法与实例

第二章　快速建模法——方法与实例

第四部分　标准篇

第一章　通用管理者素质模型概述

第二章　要素诠释与行为级别描述

第五部分　应用篇

第一章　企业快速建模应用工具包

第二章　测评应用工具包

第三章　素质模型与测评结果应用

第四章　素质模型管理工具

附　录

第一部分

理论篇

按照经典管理理论，管理者为了完成组织的目标而督促他人工作，管理者的工作可以分为计划、组织、领导和控制四个职能。所谓计划包括确定组织的目标、设定完整的战略和完备的计划层级来整合与协调。组织则是决定完成什么任务、谁去完成、任务如何分组、谁对谁负责、谁来负责决策。领导就是设定目标，并引导他人追随。领导不仅仅在于引导自己，而是更在于领导他人、群体、组织与社会。每个人的领导力受到现实工作环境、个人价值观和利益相关方面的特点与需求的直接影响。控制则是监控计划执行情况，并及时纠偏，解决其中出现的问题，保证既定目标的达成。

　　国外管理界对于这四个职能进行了大量理论与实践研究，而领导力作为这四个职能中最具有活力的一环，已经成为国外最为关注的热点话题。

　　本部分将会首先讲解组织与管理的基础概念及历史沿革，并汇总和评价国外领导力主流经典理论与实践流派，从不同视角理解管理和领导的基本概念，借助大师智慧，解读管理者素质模型的奥秘。为便于理解，建议读者首先应对企业组织体系有所了解，然后再阅读管理的职能部分，最后再对管理者素质模型各个流派及实例进行了解。

第一章

有关组织与文化

一个成功的组织，无论是营利或者非营利组织，都离不开健康而持续的经营、计划、产品研发、市场营销和财务管理等活动。这些活动都是在特定领域内发生的，而这个领域本身是个庞大的复杂开放式系统。由于长期工作已经形成的思维惯性，很多管理者已经习惯于解决日常事务性问题，缺乏对自身所在组织的全面认识，无法对管理者的定位与职能有更为客观和清晰的认识，所以有必要先行对相关概念进行澄清。

第一节　组织的基本概念

一、组织的概念及特点

从静态角度来看，"组织"是一个为了共同的目标进行内部分工协作的社会群体。英文"组织"的希腊词根是organ，即具有特定功能的器官。组织具有三个典型特点：两人以上、有共同的目标、内部需要分工协作。

管理学大师斯蒂芬·罗宾斯认为组织是一个自我协调的社会单元，由两个或两个以上的人构成，用以实现一个或一组共同目标。美国管理学家切斯特·巴纳德认为组织是经过有意识调整后的两个人或更多人的行为或各种力量的系统。管理学主要是从工具角度来研究组织的，认为每个组织内部组件都有不同的职能，如同人类机体内部器官一样紧密相连。

从动态角度来看，"组织"是指对一个社会组织的要素与活动进行运作的过程，是一种管理活动。管理学业内公认，"组织"是管理者所必备的关键技能之一，是把各种要素与活动联系在一起的方法。

组织分类众多，其中包括企业、政府、非政府组织、国际组织、非营利组织等。社会中，最常见的商业组织就是企业，即从事生产、流通与服务等经济活动的营利性组织。本书中的通用管理者素质模型就是以企业中的管理者作为主要对象设计的。企业肯定是组织，组织未必是企业。

第一部分　理论篇

在本文后续章节中的组织，均特指静态的组织实体，而非动态的组织过程。

二、组织存在的价值

★ ★ ★

从经济学角度来看，科斯给出了组织的定义，也揭示了组织存在的缘由：经济组织发展到一定规模的时候，依靠市场交易的外部交易成本逐渐增大，直至大于组织行政管理机制所产生的管理成本的时候，企业组织就产生了。简言之，**组织之所以存在是因为此时内部交易成本低于外部交易成本**。而管理学大师德鲁克认为，组织存在的价值就是"创造顾客"，顾客是组织存在的基石，客户决定了企业存在的价值。

三、组织理论的历史沿革

★ ★ ★

从19世纪末组织理论初创以来，组织理论经历了古典组织理论、新古典组织理论和现代组织理论三大阶段。

1. 古典组织理论（官僚组织理论）

19世纪末20世纪初，资本主义经济发展迅猛，对管理产生强烈需求，古典组织理论应运而生。与以泰罗为代表的科学管理学派、以法约尔为代表的行政管理学派相比，以被称为"组织理论之父"的德国专家韦伯为代表的官僚组织理论更为知名，韦伯认为，**理想的组织应该是一种类似金字塔的刚性严格的等级结构，并指出**

理想的组织必须以法定权力作为基础，以规章制度作为运作的保证。官僚组织体系对于管理者而言，一方面自己行动要受体系制约，另一方面又要通过体系对其他成员行动进行监管。官僚组织理论在17世纪流传甚广，时至今日，企业中依然普遍采取的高中低三层次管理依然源自这一理论。

理想的官僚组织模型具有以下六大特征：

（1）组织有明确的职责、职权的管理制度，组织成员依法行使职权；

（2）组织结构层层控制，等级森严，低等级成员服从高等级成员的指令；

（3）高度理性，成员间只有对事的关系而无对人的关系；

（4）以员工个人资格高低定职位，追求人尽其才；

（5）通过专业化分工与针对性技术训练，提高生产率；

（6）成员的工资及升迁主要依靠技术能力。

2．新古典组织理论（行为科学组织理论）

自20年代30年代开始，以梅奥、巴纳德和西蒙为代表人物的新古典组织理论兴起。梅奥因"社会人"理论（人既有经济需求，还有社会与心理需求）与"非正式组织"问题崛起，巴纳德则以组织平衡理论（组织只有满足有贡献成员的需求，才能抵消离心力，提高组织效率）与"权威接受论"（即权威是下级对上级的认同，而不取决于上级的地位）著称，而西蒙更以决策过程组织理论（管理就是决策，组织为决策提供一个有利的组织架构）闻名。这一阶段产生了大量声名显赫的经典理论成果：马斯洛的需求层次理论、赫兹伯格的双因素理论、麦克莱兰的激励需求理论、麦格雷戈的"X－Y理论"、波特－劳勒模式等。**新古典组织理论引入了心理学与社会学的概念，注重人的行为与组织之间的相互影响，有利于员工参与决策，提高效率。**与古典组织理论相比，新古典组织理论具有以下三个特点：

（1）在集权和分权之间上，倾向于分权。例如事业部制、矩阵制与超事业部制；

（2）组织形态上倾向于结构扁平化；

（3）提倡部门化分工。

3. 现代组织理论

20年代60年代以来，随着经济和社会环境变化，由"三套马车"组成的（系统组织理论、权变理论、群体生态理论）现代组织理论得到了长足发展。以霍曼斯、卡斯特为代表的系统组织理论认为，组织是一个开放的社会系统，组织中的任何子系统的变化都会引发其他系统的变化，进而与外部系统产生互动影响，组织只有适应外部环境才能生存。以劳伦斯、洛西、伍德沃德为代表的权变组织理论强调组织变化无常的性质，认为不同的组织模式和管理方法的有效性，将随组织内外各种因素的变化而变化，普遍适用的组织模式并不存在，不能生搬硬套。以阿尔瑞契与普费弗为代表的群体生态理论认为，组织环境是组织结构的主要决定力量，不存在一成不变的、普遍适用的、放之四海皆准的组织结构，即环境决定组织结构。

现代组织理论引入了系统论、控制论、信息论和群体生态理论，更为全面和深入地研究组织与环境之间互动关系，并由此诞生了网络型组织、临时工作小组等灵活工作形式。

组织理论演进逻辑：组织理论的演进与经济、社会的进步基本是同步的，古典组织理论起源于工厂的快速发展所要求的理性与规范趋势，新古典组织理论形成于员工价值重要性提升与忽视员工心理情感需求并存的矛盾摩擦中，现代组织理论诞生于管理者作用凸显、环境变化快速、技术大发展的动态复杂时代。简言之，每一个理论阶段都是上一个理论阶段的完善与改进，其必然性背后既有管理实践的需要，也有社会化大生产和专业化分工的需要，更有人类对组织规律研究的孜孜以求的精神。

第二节　组织生命周期

万物皆有其生死，组织和企业的发展都有着自身生命周期规律制约，企业生命周期对企业战略设定、组织设计、管理策略都有着重大影响。因此了解组织就一定要了解组织生命周期理论。

对于管理者而言，随着自身阅历的增加，他们对周围世界和自身的了解也会越多，最终他们会拥有透视眼前问题的一种智慧。这种智慧会指引他们思考未来世界的生存法则，进而进行计划目标并拟定策略加以实现。组织与企业也必须掌握这门技能，才能获得生存和发展机会。公司的管理者需要发现自身企业的生命周期，并以此为指导修订当前的决策。

一、企业生命周期的基本概念

企业生命周期是指企业就像生命一样拥有生命周期，在生命周期的各阶段中，它们通常会经历特定的竞争和困难，在向下一阶段行进的过程中面对可预测的难题。企业了解自身生命周期，可以主动修订自身状态，有可能达到并永久保持巅峰状态。企业生命周期理论不仅可以用于企业生命现象，而且利用在其他方面，特别是在产品领域尤为成功。

二、 企业生命周期的经典理论

★ ★ ★

从20世纪50年代开始，企业生命周期理论在西方的发展历经了萌芽阶段、系统研究阶段、模型描述阶段和改进修订阶段。在众多学者中，最为知名的是企业生命周期理论创立者，美国管理学家伊查克·爱迪思。在《企业生命周期》一书中，他**把企业成长过程分为孕育期、婴儿期、学步期、青春期、盛年期、贵族期、官僚初期、官僚期以及死亡期等几个阶段**（见下图），认为企业成长的每个阶段都可以通过灵活性和可控性两个指标来体现：当企业初建或年轻时，充满灵活性，做出变革相对容易，但可控性较差，行为难以预测；当企业进入老化期时，企业对行为的控制力较强，但缺乏灵活性，直到最终走向死亡。

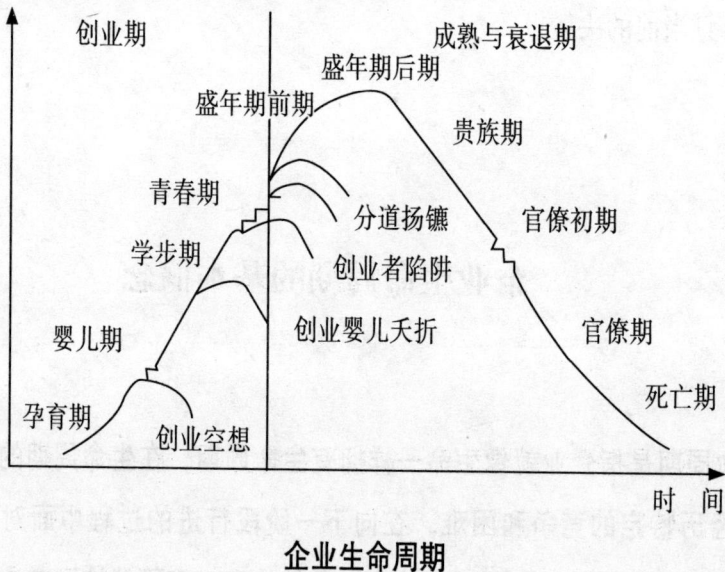

企业生命周期

三、企业生命周期不同阶段特点汇总

★ ★ ★

1992年，理查德.L.达夫特出版的《组织理论与设计》一书中，汇聚了企业生命周期流派对企业不同发展阶段特点的精彩描述。

	婴儿期	青春期	中年期	成熟期
企业规模	小型	中型	大型	巨型
官僚性	无官僚性	准官僚性	官僚性	高度官僚
分工状况	任务重叠严重	设有少量部门	部门众多	分工细致，岗位数量多，职位描述详细
集权程度	一人集权	两人集权	两个部门领导集权（正副职）	高层集权
规范程度	无书面规定	少量规定	制度与程序规定	数量巨大
行政管理	秘书负责，无专业人员	不断增加的行政和维护人员	不断增加的专业和辅助人员	庞大的多部门体系
内控体系	尚未成立	粗糙的预算与信息系统	内部控制系统、预算体系和绩效体系到位	经营计划、财务、人事体系添加
协调机制	无人负责	只限高管	有时利用协调人和任务小组	经常在基层单位使用协调机制，以破除官僚文化

第三节　组织变革

一、组织变革的基本概念

通常，组织变革是由于战略调整、机构重组、并购等原因造成的组织整体范围的变革过程，而非增加个别人手，修改岗位责任等相对影响较小的变革。组织变革涉及各种资源配置的调整，因而困难重重，企业必须找到有效的管理办法以推动组织变革的顺利进行。最为常见的组织变革活动包括运营重组、企业并购、联盟、缩编、质量管理体系项目、企业流程再造等。**组织变革有两个主要目的：一是提高组织适应外部环境的能力；二是提升组织活力，促进改革与创新。**

二、组织变革的原因

组织作为社会系统的有机组成部分，社会环境的变化必然要求组织不断进行适应性调整。组织的稳定性是相对的和阶段性的，而变革是绝对的和不断变化的。**发生组织变革的原因主要来自两个方面，一个是组织外部变化的需求，一个是组织内部变化的需求。**

1．外部环境的变化

组织变革往往是由于外部环境关键因素所引发的，例如政府宏观经济政策的调整、国民经济增长速度的变化、产业结构的调整、产品和工艺的更新换代等。组织必须采取整体范围的变革来改变自身状态，更好地适应外部环境。

2．内部条件的变化

触发组织变革的内部因素可能是新高管的加盟而造成企业文化与战略的调整，也可能是人员结构与素质的提高，内部管理技术手段的现代化，或者是企业自身发展到一定阶段后的阶段性调整等。这些因素都可能会引发组织变革。

三、 组织变革相关理论

组织变革的形式可分为两种，一种是疾风骤雨式的激进变革，另外一种是和风细雨式的计划变革。组织变革研究者中最为知名的是计划变革理论的创始人库特尔·卢因（Kurt Lewin），他认为组织变革不是一种静止状态，而是相反作用的各种因素相互此消彼长的动态平衡过程。推力大于阻力，变革前进，推力小于阻力，变革受阻。**组织变革的过程应包括三个阶段：解冻、转变和再解冻。**

1．解冻——创造变革的动力

通过明确变革的急迫性和必要性，使得企业上下都清醒地意识到以往状况不能适应今天，必须改变，从而达成变革共识。主要内容包括明确否定过去行为，催生变革的紧迫压力感，减少变革的障碍等。

2．转变——明确变革方向，实施变革

在变革领袖人物或者领导小组带领下，企业上下共同形成未来发展愿景，编制行动计划并推动实施。主要工作包括构筑愿景、计划拟定、树立学习榜样、咨询解答和问题解决等。

3. 再解冻——稳固成绩

变革出现成绩时，需要被固化或者"冻结"，以保证新的工作方式能够保留和得到强化。主要工作包括为员工提供检验新方式效果的机会，并提供员工间相互检验新方式效果的机会，以强化新工作方式的接受程度。

简言之，库尔特·卢因的三步法的精髓在于通过增强驱动力加快脱离速度，减弱制动力降低妨碍阻力，从而有效将组织维持在所需要的理想状态。

第四节　组织设计要点

一、组织设计的基本定义

广义上的组织设计是为将组织中的员工、信息与科技等要素进行优化组合，而开展的有规划的、有步骤的管理过程。组织设计的目的是寻求与组织目标最为匹配的组织形态。通过组织设计，组织可以提升员工的群体效率。其成果包括组织结构设计和组织运行管理体系的设计。

狭义上的组织设计就是组织结构设计，即对一个组织的内部结构进行创建或者改造，以提高组织结构对组织战略的支持程度。其成果主要为组织结构图、岗位说明书、业务流程等。

通常情况下，组织结构设计在外部专家指导下由内部管理者与员工共同努力定义组织需求，再构建符合需求的组织体系。

二、 组织设计的基本维度理论

★★★

我们在建筑房屋时，通常会先考虑一些常见功能，例如房屋的数量、墙体颜色、房顶斜度等。企业在分析和设计组织结构时，也有一些需要考虑的常规维度。当前，组织设计变量研究领域中最为知名的是美国专家理查德.L.达夫特，他在1992年出版的《组织理论与设计》中，提出了结构化维度和情景化维度两大领域，十一个关键因素。

结构化因素	情景化因素
☐ 集权状况	☐ 文化
☐ 正规化	☐ 环境
☐ 职权层级	☐ 目标
☐ 程序化	☐ 企业规模
☐ 专业化	☐ 技术
☐ 培训	

三、 组织结构设计的内容

★★★

公司的组织结构就是公司各关键构件以及构件之间的相互关系，即基本框架。

由于公司组织结构从体系上是由各个构件组成的，而各构件的划分是以组织的整体目标为基础，把要完成的任务划分成可以管理的单元。企业组织结构的内容主要包括以下四个方面：

（1）单位/部门设置：到底应该划分为哪几个部门或单位最能支持公司战略目标的实现；

（2）职责与权力的界定：各部门的责任范围如何划分，各自又有哪些职权；

（3）单位、部门和岗位角色间关系界定：各部门各岗位间的协调关系如何界定；

（4）管理跨度：根据工作性质、人员工作能力、部门划分、组织层次等情况，每个管理者应该管理多少部门。

四、 组织结构设计的原则

○‥‥‥‥‥★ ★ ★‥‥‥‥‥○

1．任务目标原则

企业组织结构设计必须以企业的战略任务和经营目标为出发点，必须最大程度上支持公司战略目标的顺利达成。这是组织结构设计的根本指导原则。

2．专业分工与协作原则

组织结构设计需要考虑部门专业能力的培养问题，但不宜过度细化，因为分工越细，则协调和配合难度越高。

3．统一指挥原则

一个岗位应该只有一个直接上司，否则容易出现多头指挥现象。

4．有效管理幅度原则

主管人员直接指挥下级人员的数量不宜过多或者过少，应该根据不同情况并结

第
一
部
分

理
论
篇

17

合工作的性质，以及被管理者的素质等情况决定数量。

5. 责权利相结合的原则

将每个职位上的职责、职权、经济利益统一起来，形成责权利相一致的关系。

6. 集权与分权相结合的原则

组织结构设计的核心问题之一是企业决策的集权化与分权化倾向，即企业高层保留较多较大的决策权，还是把较多和较大的决策权授予中层和基层的问题。

7. 规范化和灵活性相结合的原则

规范化是指工作中实行标准化的程度，标准化程度越高，员工个人决定自己工作方式的权力就越小。灵活性是指员工根据实际工作情况进行工作方式调整的能力和权力。

8. 精简机构的原则

部门、人员、管理层次能简则简，办事程度和规章制度以简洁为佳。

五、 组织结构设计的成果

★ ★ ★

1. 组织结构图

组织机构图描述的是一个组织内部部门的设置情况及其各部门之间的关系。部门职能说明书是组织机构图配套的文件。组织结构图是最为常见的公司内部组织结构的说明文件，具有清晰直观，设计简便等优点，但不能提供部门职责界定的细节与原因信息。组织结构图可以体现出所选择的组织结构模式与相应部门设置。

```
                        总经理
                 ┌───────────────┐
              总经理助理
  ┌──────┬──────┬──────┬──────┬──────┬────────┬──────────┐
 市场部  销售部  研发部  生产部  财务部  人力资源部  综合管理部
```

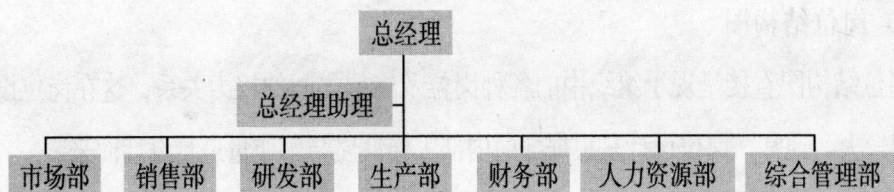

2. 部门职能说明书

部门职能说明书是对于各部门的基本职能概述、部门协作关系、主要职能、内部岗位设置等关键信息的定义与描述。

部门职能说明书			
部门名称		部门性质	
职能概述			
主要职责			
1			
2			
协作关系			
1			
2			
部门岗位设置图			

```
                    部门经理
              ┌──────────┐
           经理助理
              ├──────┬──────┐
           主管1   主管2
            ├── 专员1
            └── 专员2
```

3．岗位结构图

岗位结构图直接呈现了组织中的各种岗位及岗位之间的权力关系，这在岗位设计阶段作用较大。通常，岗位设计是根据部门内部工作性质与工作量进行设计而来。

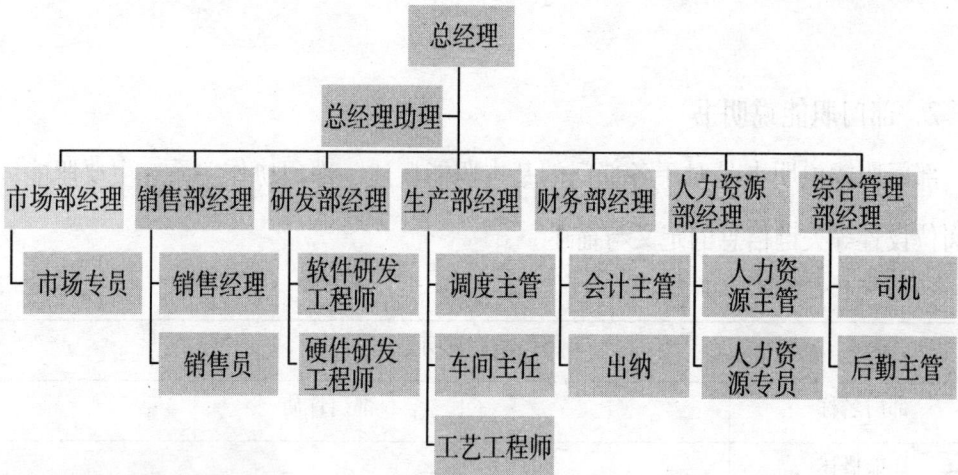

```
                              总经理
                                │
                           总经理助理
  ┌──────┬──────┬──────┬──────┼──────┬──────────┬──────────┐
市场部经理 销售部经理 研发部经理 生产部经理 财务部经理 人力资源    综合管理
                                              部经理      部经理
  │       │       │       │       │         │           │
市场专员  销售经理  软件研发  调度主管  会计主管  人力资    司机
                 工程师                        源主管
          │       │       │       │         │           │
         销售员   硬件研发  车间主任   出纳    人力资     后勤主管
                 工程师                        源专员
                          │
                       工艺工程师
```

4．岗位职责说明书

岗位职能说明书是对于岗位基本信息（职位姓名、职位代码、所属部门、汇报关系等）、职位基本概述、主要内容、主要权限、协作关系、任职资格等相关要项的描述性文件。职位说明书是企业人力资源管理的基础性文件，也是人力资源管理的重要信息来源。它能保证企业在合适时间有合适的人在合适的岗位，达到"岗有其人、人尽其才、人岗匹配"的目的。

一、职位基本信息			
职位名称		职位代码	
所属部门		职位种类	
直接上级		职位层级	
直接下级		职位编制	
二、职位目的			
三、主要职责			
	序号		主要职责
1			
2			
3			

四、工作权限		
五、工作联络		
内部联系		
外部联系		
六、任职条件		
教育背景	学历	
	专业	
	资质	
工作经验		
知识要求		
技能要求		
素质能力要求		
七、工作特征		
使用工具/设备		
工作地点/环		

六、 常见组织结构模式

1. 直线制

直线制是最古老也是最简单的组织形式。这种结构适用于小型公司，它的特点是企业各级行政单位从上到下实行垂直领导，下属部门只接受一个上级的指令，各级主管负责人对所属单位的一切问题负责，所有管理职能基本上都由行政主管自己执行。

直线制的优点是：结构简单，职责明确，命令统一，决策迅速。其缺点是：管理者必须是个全才，从专业难题到部门间协调问题，一切事务都能自行解决。企业规模稍大或者业务协调稍微复杂，管理者都难以胜任。

第一部分 理论篇

2．职能制

职能制是在各级行政单位中设立职能机构，协助管理者工作。这种结构适合技术复杂，管理精细的企业，它的特点是管理者把相应的管理职责和权力交给相关的职能机构，各职能机构就有权在自己业务范围内向下级行政单位发号施令。

职能制的优点是：利用职能机构作用，减轻直线经理人工作负担。其缺点是：容易形成多头领导，下级就无所适从；职责容易混淆，容易出现责任不清情况。

3．直线—职能制

直线—职能制，又称直线参谋制，是在直线制和职能制的基础上改进而来的管理模式，在国内企业中应用较广。在直线—职能制结构中，管理人员分为直线经理和参谋经理两大类，直线经理拥有决策权，参谋经理并无决策权，只有建议权和业务指导权。

直线#职能制的优点是：既保证了企业管理体系的集中统一，又充分发挥各专业管理机构的作用。其缺点是：职能部门与直线部门间容易发生矛盾，影响办事效率；职能部门的规模容易失控，规模过大。

4．事业部制

事业部制是在公司总部下设立若干个自主营运的业务单位——事业部。这些事业部，或者是按产品来划分，或者是按地区来划分。每一个事业部都是要对成本、利润负责的利润中心。事业部制下的每个事业部类似直线—职能制的一个完整组织，实行单独核算，独立经营，公司总部通常通过战略决策、人事决策、预算控制和资金管理对事业部进行管理。作为**一种高度集权模式的分权管理体制，它适用于规模庞大，品种繁多，技术复杂的大型企业**。

事业部制的优点是：既有利于帮助高层脱身于琐碎事务管理，投身更高价值的事项，又有利于事业部发挥其主观能动性；稳定性高的同时，具有良好适应性；有利于全才型经理人才的培养；有利于营造良性内部竞争环境。其缺点在于：各事业部视角相对狭窄，不重视整体利益；管理职能重叠，成本较高。

5．模拟分权制

模拟分权制是一种介于直线职能制和事业部制之间的结构形式，"模拟分权"就是将实际上无法独立成为事业部的内部单位模拟成一个"事业部"，让其独立经营，独立核算。这种核算是以内部定价，而非外部市场定价为基础的。它适合于生产活动的连续性及经营活动的整体性都很强，并且规模又很大的企业。

模拟分权制的优点是：可以调动各单位的积极性，并帮助高管摆脱日常事务，聚焦战略思考上来。其缺点是：模拟责任任务不明确，目标模糊，考核困难；各模拟事业部管理者必须具有良好全局观，以公司目标为第一；各模拟事业部的独立性很难界定，独立性过小则活力丧失，独立性过强则易破坏整体利益。

6．矩阵制

矩阵制既有按职能划分的纵向管理关系，又有按项目划分的横向领导关系。通常的矩阵组织结构会运用若干项目小组而使组织成为新的结构形式。**项目小组组内人员分别出自组织中的不同部门，而且具有不同的知识和技能，为了完成一个特定任务而进行组合。**实际上，这种组织结构形式是固定的，人员却是变动的，需要时来，不需要时就可以离开。这种组织结构强调横向协作和整合资源攻关项目，它**特别适用于技术进步快、技术要求高、开发试验项目较多的公司，如高科技公司和研究机构等。**

矩阵结构的优点是：形式机动灵活，可随项目的开发与结束成立或解散；任务清楚，目的明确，人才配置合理；便于培养信任感、荣誉感；加强不同部门之间的配合和信息交流，克服了直线职能结构中各部门互相脱节的现象。矩阵结构的缺点是：由于双重管理的先天硬伤，项目负责人的责任大于权力，对组员管理困难，缺少有效激励手段；由于项目组临时性强，组员完成任务后仍要回原单位，容易产生临时观念，对工作有一定影响。

7．委员会

委员会是一个由集体来进行讨论，提出建议，作出决策的组织形式，最大的特点是集体活动。委员会根据所承担的不同职能，可以承担管理职能、决策职能、参谋职能、信息收集职能等中的一项或者多项，可以是非常设机构或者常设机构。

委员会的优点：有利于集体审议与判断；防止权力过分集中；增进激励；强化沟通与协调；促进管理人员成长等。其缺点包括：责任难以明确；容易议而不决，效率低下；会议决策成本较高；最求内部可接受方案而非最佳方案。

8．网络型组织

网络型组织是利用现代信息技术手段而建立和发展起来的一种新型组织结构，主要由一个小型核心组织通过外包形式依靠其他组织执行制造、营销等功能。其特色是以项目为中心，将企业内部各项工作（例如生产、销售、财务和其他关键业务等）以合同形式交由其他组织承担，保留自身核心业务专长的协作型组织形式。网络型组织比较适用于服装制造业、玩具业，在设计与制造等配套外部服务到位的情况下，企业能够保持相当的灵活性以对时尚的变化迅速作出反应。

网络型组织的优点：这种结构可使企业通过整合社会资源，提高自身竞争力；保持自身专长的同时，提高对市场应变速度；缩小自身规模，减少行政开支。其缺点是：总公司对各承包公司缺乏实际控制能力；受外部影响较大，员工忠诚度相对较低。

第五节 组织文化

一、企业文化的基本概念

★ ★ ★

企业文化是组织学与管理学领域中对组织的心理、态度、经验、信仰和价值观的描述。价值观是企业中员工群体性共同拥有的特定价值观与理念组合，这些组合控制着企业内部员工之间，以及与其他企业外部利益相关方的互动关系。2006年，拉瓦斯（Ravas）与斯库特斯（Schultz）提出，企业文化是一整套员工共享的思维假设，这些假设给出了不同环境下的正确行为的定义，进而指导企业的对现实的理解与实际行动。企业文化有很多学术流派，而且存在一定的意见分歧，但是几乎所有专家都同意，企业文化是全面系统的，是经由历史形成的，是与人性相关的，是具有社会性结构的，柔性化的，并且很难改变。

"企业价值观"是关于组织成员应该追求何种目标的信仰和理念，以及为达成这些目标应采取的行为标准的理念。从企业价值观可以衍生出组织行为规范、愿景等概念，以对员工在各种环境下的行为进行指导。

第一部分 理论篇

25

二、 良性企业文化的特征

★ ★ ★

通常，一个健康的企业都会历经"人治"、"法治"和"文治"三个阶段，而"文治"指的是以文化管理企业。企业追求良性企业文化，因为良性的企业文化可以增加产能、提高效率并降低员工流失率和减少其他不良行为。一个良性的企业文化具有以下共性：

（1）对多元化差异的宽容和欣赏，以鼓励创新；

（2）尊重每个员工对公司所做的贡献，并公平给予合理报酬；

（3）员工对于公司和所从事工作具有自豪感和热情；

（4）每个员工在公司内都有充分发挥个人才能的平等机会；

（5）与所有员工就公司规章制度与关键事件充分沟通；

（6）高层领导做事方向感和目的性很强；

（7）在本行业中的创新、客户服务与价格领域具有强大竞争力；

（8）由于文化支持，而能长期保持低于行业平均值的员工流失率；

（9）在学习培训和员工知识方面持续投资。

此外，调查显示，绩效导向的企业文化对企业效益提升帮助很大。**绩效导向文化有助于形成员工高度参与，内部沟通通畅，鼓励承担适当风险的企业氛围，有力推动创新。**

三、 企业文化的经典理论简述

★ ★ ★

1．霍夫斯特德的国别理论

1998年，霍夫斯特德（Hofstede）发表了自己对于分布在全球各地的1万多名IBM员工群体的研究结果，他发现了对各国企业文化影响最大的四个要素：权力距离，不确定性规避程度，个人主义VS集体主义，男性主义VS女性主义。

2．欧雷利的组织文化剖面模型

1991年，欧雷利、卡特曼与卡尔德威尔（O'Rielly、Chatman & Caldwell）共同开发了组织文化剖面模型（OCP）。该模型的理论前提是文化可以通过价值观加以区隔，而企业可以强化自身价值观建设。OCP模型通过创新性、稳定性、对员工尊重、结果导向、关注细节、团队导向和进取性七个方面，对企业文化进行诊断，其实质是对企业中的个体性格与企业文化之间的关联程度进行诊断。

3．丹尼尔·蒂尼森的组织文化诊断模型

1990年，丹尼尔·蒂尼森（Daniel Denison）推断，企业文化可以从使命（战略方向、目标、愿景）、适应性（制造变化、聚焦客户、组织学习）、参与度（授权、团队导向、能力）和一致性（核心价值观、协议、协调）等四个角度和十二个子维度进行定义。该模型能够较为全面地从内部和外部，也能够从灵活性和稳定性进行审视，因此经常被用作企业文化诊断工具。

4．迪尔与肯尼迪的"流程文化"现象

迪尔与肯尼迪（Deal，Kennedy）将企业文化定义为"公司的做事之道"。他们指出了"流程文化"现象：在很多企业中，员工只关心做了什么而不是要达到什么目的，企业因此而深陷官僚主义泥潭。虽然由于过低谨慎而饱受批评，但是这些员

工的工作结果稳定，特别适合政府的公共服务部门。

5. 里根·哈里森的四大文化分类

里根·哈里森（Roger Harrison）在1972年，查理斯·汉地（Charles Handy）在1985年，先后指出企业组织架构与企业文化之间的密切关系，并将**企业文化分成了四大类别：权力文化、角色文化、任务文化和个人文化**。其中权力文化是高度集权的网状权力结构，领导者的权力欲望和人际关系远重于岗位体系，因此基本上没有规则和官僚作风，决策效率很高。角色文化中，职权严格按照岗位规定进行，权威由岗位产生，等级森严，流程与职位说明书非常细致，非常重视流程的预测性和稳定性。任务文化中，为解决特定问题往往组建各种小组，因此权威由专业能力产生，这些小组具有矩阵结构特点，组员训练有素，数量精干。个人文化中所有员工都认为自己重于组织，个人在这种企业中往往步履艰难，因为组织应该是由思维类似的人们共同追求组织目标，而不是各道各的，但部分合伙人制公司可以按这种方式运作。

6. 沙因的企业文化定义与"三重文化认知模型"

2004年，以色列专家沙因（Edgar Schein）给出了知名的企业文化定义：群体在解决其外在适应性与内部整合的问题时，学得的一组基本假定，因为它们运作得很好，而被视为有效，因此传授给新成员，作为当遇到这些问题时，如何去知觉、思考及感觉的正确方法。**他还从外部观察者角度提出了文化的三重认知模型。最外一层是可感知的有形层，是企业文化传播的载体**，例如视觉识别VI系统、语言文字、行为表现都是企业文化的外在显性表现。**第二层为价值理念层**，即为企业员工所公认的在客户服务、企业忠诚等特定领域内的各种偏好的集合体，其中甚至包括有员工个人对组织信任感与支持度的各种印象。**第三层是更深层次的前提假设层**，这些前提假设在企业中从来不被公开提及，也难以从日常行为中识别出来，甚至企业成员自身也未必意识到这些潜规则的存在。

沙因的企业文化模型可以帮助大家更为直观地理解复杂甚至自行矛盾的组织行为。例如，企业的同一个行为，在有形层和价值观层面的解读，与前提假设层的解读可能差异极大；再例如，新人之所以往往需要花很多时间才能融入企业之中，是因为掌握前提假设层的核心内容实在艰难。沙因认为，企业文化是一个企业中远比产品、服务、创始人与领导风格都难以改变的属性。

7. 罗伯特·库克的"企业文化目录"

罗伯特博士将文化定义为：组织成员相信融入组织和达成组织期望所必需的行为。他构建了"**企业文化目录**"，按照三大类，十二种"文化簇"，对企业文化进行测量。这三大类文化包括建设型文化、被动—防卫型文化和进取—防卫型文化。

建设型文化鼓励成员相互接触，并采取各种方式帮助成员满足自身高级需求，其下分为成就导向、自我实现、人性鼓励和归属感四个文化簇。建设型文化常见于质量重于数量，创新重于服从，合作重于竞争，整体大于个体的环境中。

被动—防卫型文化中成员之间交往以确保自身安全不受威胁为前提，其下分为许可性、保守性、依赖性和规避性四个文化簇。组织成员往往被迫去按照自己认为不是最为高效的方式开展工作，而且经常被要求去迎合上级并避免个人冲突。流程、规定和指令远比个人信仰、思想和判断更为重要。被动型文化中存在很多冲突，流失率较高，企业成员的动机与满意度都比较小。

进取—防卫型文化中成员工作风格硬朗，以确保自我身份与安全。其下分为对抗性、权力性、竞争性、完美主义性四个文化簇。组织要求成员表现出工作能力强，自我控制好，优越感高的特点，凡是寻求帮助、承认缺点或者有所让步的成员都被视为不合格或者软弱。同时，组织鼓励内部竞争，并力求找到和消除错误。但是，这些手段所获得的短期收益的代价是长期发展受挫。

四、 企业文化的影响要素

★ ★ ★

吉·强生（G. Johnson）提出了一系列可以用来描述或者影响组织文化的关键要素：

（1）文化范式：组织是什么；从事什么业务；组织的使命是什么；核心价值观是什么；

（2）控制系统：监测事务进展的程序如何？角色文化会有大量制度资料，而权力文化则更多依靠个人发挥；

（3）组织结构：员工如何进行汇报；组织层级和业务流程如何；

（4）权力结构：谁来决策；权力分散还是集中？权威来自什么；

（5）文化形象：组织logo与各种形象设计如何；

（6）惯例仪式：管理会议，各种报告是实际需要还是惯性使然；

（7）故事传奇：组织中流传的各种传奇人物与关键事件中，传递着什么价值观。

沙因也在1992年，提出企业文化的存在是由于企业的外部适应和内部整合两大要求造成的。如果一种企业文化有助于企业适应外部环境和取得竞争优势，那么这种文化就会得到强化，否则这种文化就必然会被削弱或者改造。而由于企业本身的社会结构属性，企业文化需要在实际工作环境中不断得到灌输和演练，才能得到强化。因此，组织文化受到多元化因素的影响，其中包括：外部环境，所在行业特点，组织员工的规模与特点，组织所采取的技术水平，组织的历史与所有制。

五、　企业文化的作用

2003年，哈佛商学院的一项调查显示，企业文化对于企业长期财务表现作用显著。通过对美国160家企业连续10年的跟踪调查，研究小组发现企业文化对企业绩效产生了正面或者负面影响，凡是具备强绩效导向文化特点的企业发展明显好于无高绩效导向文化的企业。2002年，美国企业领导力委员会研究发现，风险承担、内部沟通与弹性适应等特征文化对于绩效影响巨大。还有很多其他研究都显示，良性的企业文化会为企业带来很多益处：

（1）创新与客户服务所形成的竞争优势；

（2）持久稳定而高效的员工绩效水平；

（3）明显的团队协作效应；

（4）高昂的士气；

（5）明显的成就导向氛围。

六、　企业文化变革

当企业发现自己必须降低员工流失率，影响员工行为，改善公司绩效，战略目整，组织规模调整，提升客户服务水平的时候，往往需要对自己的企业文化进行变革。现实中，企业文化变革往往难度很大，特别是对于已建立有强势文化的企业尤

其如此。在文化变革方面业内专家潜心研究，设计出一批方法论，其中最为知名的当属彼得·圣吉的《第五项修炼》的"学习型组织构建"与《导向性沟通》中的"企业文化进化"。奎宁和沃利（Cummings & Worley）于2005年，提出了**企业文化变革六部曲**：

第一步：形成清晰的战略愿景；

第二步：显示高层领导的决心；

第三步：高管身体力行，率先垂范；

第四步：调整组织结构与管理体系，支持变革；

第五步：成员思想入模，消除异端；

第六步：培养道德和法律敏感性。

第二章

有关管理的概念基础

狭义上，我们可以把管理者素质模型理解为一种针对管理者人才设计的管理工具。为了能有效使用这一工具，我们有必要了解管理者这个特殊群体，因为他们既是这个工具的应用对象，同时又是使用者。本章中我们将一起探讨什么是管理和什么是管理者的问题，内容将涵盖管理的基本概念、管理学的历史沿革、传统和现代的管理学说流派以及未来管理的五大挑战。

第一节　管理的基本概念和历史沿革

一、管理的定义

对于管理的定义，国内外管理学者有着不同的看法与解读，其中较有代表性的包括以下几个：

（1）确切知道要别人去干什么，并注意他们用最好最经济的方法去干。——泰罗

（2）管理是由计划、组织、指挥、协调及控制等职能为要素组成的活动过程。——法国管理学家法约尔

（3）管理就是由一个或更多的人来协调他人的活动，以便收到个人单独活动所没有的效果而进行的活动。——美国管理学家唐纳

（4）**管理是指同别人一起，或者通过别人使活动完成更有效的活动。**——斯蒂芬.P.罗宾斯

（5）**管理就是企业为达成实现明确的目标，按照特定的策略，组织和协调自身活动。管理经常被当做生产力的核心要素之一而与机器、材料、资金相提并论。**——彼得·德鲁克

（6）管理就是根据一个系统所固有的客观规律，施加影响于这个系统，从而使这个系统呈现一种新状态的过程。——系统论学者的观点

第一部分　理论篇

从整体上来看，管理是指管理者为达成组织目标，通过协调组织人们对所拥有的资源有效而且高效运用的各种活动。从系统论角度来看，管理也可以被定义为包括产品设计到产品生产在内的一个完整的系统行为，这就诠释了系统自我改进需求的存在，进而解读了为什么要对他人进行管理的动机根源。

在本质上，企业管理的首要任务就是满足一系列利益相关者的需求。最为常见的包括：为股东赢利，为客户创造低成本的高价值产品，为员工提供较高的工作回报。

管理概念中包括四个要点：管理是一种行为；这个行为由管理者做出，基层员工承担；行为的目的是为了实现组织目标；这种管理是在社会大环境中生存的企业子系统中发生的。

二、管理的职能

○┄┄┄┄★　★　★┄┄┄┄○

管理职能指管理承担的功能，当前现代管理学较为通用的分法是将管理分为四大管理职能：

（1）计划：确定未来长中短期的工作目标，并设计配套的行动计划；

（2）组织：充分利用现有资源以保证工作计划的有效实施，包括确定任务目标、责任分工、团队管理、体系建设等工作；

（3）领导：为他人指明发展方向并引导他人跟随前行，包括员工激励、工作指导等；

（4）控制：监控计划执行情况，对实际情况与计划目标进行对比，并及时纠偏。

三、管理学的历史沿革

★　★　★

由于工业革命前经济实体规模小，缺乏机械化记账工具，通常企业所有者自己就可以承担所有的管理职能。随着组织规模和复杂度的增加，企业所有者与日常管理者角色相剥离已经成为企业常态。

1．早期流派——西方公认对管理产生较大影响的大师作品

（1）中国的《孙子兵法》

公元前六世纪，我国大将军孙武执笔的战略名著。从管理学角度来看，价值在于知己知彼，百战百胜。

（2）印度考底利耶的《政事论》

公元前300年，印度考底利耶所著的治国理论，与我国韩非子风格类似，其中包括有国家、经济与家庭的各种管理理论和技巧，与尼科洛·马基雅维里的《君王论》齐名。

（3）意大利尼科洛·马基雅维里的《君王论》

1513年，文艺复兴时期意大利政治学家写给佛罗伦萨君主的君王之术的劝谏书。其核心思想是君主应为达到目的不择手段，将政治学脱离伦理学而独立出来。他建议君王应利用恐惧而不是仇恨来对人们进行控制。

（4）亚当斯密斯的《国富论》

1776年苏格兰经济学家，亚当·斯密斯所编写的全面系统经济学说，是现代政治经济学的起点。其核心观点是通过专业化分工可以显著提高组织效率，并举出著名的别针案例。即一个工人单独工作每天只能生产200个别针，而经过亚当·斯密分析重组分工后，10个工人可以每天生产48000个别针。

2．19世纪——经济学理论

经典经济学家亚当·斯密与约翰·斯图亚特·穆勒的相关理论为资源配置、产品生产与市场定价奠定了坚实基础。与此同时，美国发明家惠特尼、英国发明家詹姆斯·瓦特与马修·巴顿先后开发出了包括标准化、质量控制流程、成本核算、内部可替换部件与工作计划法等技术生产技巧。19世纪的400万美国工人基本上依靠这些方法和原理实现了准量化生产。

到19世纪后半叶，边际经济学家马歇尔提出了更为复杂的管理理论，朱瑟夫·沃顿1881年创办了第一所美国高等教育领域的管理学课程。

3．20世纪——科学管理理论/官僚管理理论/人际关系运动/渐进式管理推动萌芽

1900年见证了科学管理理论的兴起，亨利·汤1890年出版了《科学管理》，泰勒1911年的《科学管理原理》，"管理学第一夫人"莉莲·吉尔布雷思与弗兰克1917年出版《应用动作研究》，1910年出版甘特图，1911年杰·顿肯编制第一部教学用管理学课本。1912年，日本上野洋一将泰罗的科学管理引入日本，创立"日式管理风格。"他的儿子上野一郎则开创日本的质量保证管理流派。

真正意义上的综合管理理论到1920年左右才出现，哈佛商学院1921年创办MBA课程，当时亨利·法约尔和亚历山大在学员中大讲管理学派各个流派精髓以及它们间内在关系。到了20世纪初，欧德文·提德、沃尔特·斯科特等学者成功将心理学原理应用于管理研究的同时，另外一部分学者则从社会学角度对管理学进行了新的解读。

彼得·德鲁克于1946年出版的《企业的概念》开创了应用管理学类书籍的先河，该书是美国通用公司总裁斯隆邀请德鲁克进行组织研究的结论性成果。德鲁克后续先后写书39本之多，其中很多都是围绕通用案例研究展开的。

20世纪40年代，佩特克·布莱克特将相关数据统计流派精髓，与微观经济学理论融合，形成运营研究科学，即"管理科学"，力图通过科学方法解决管理问题。

同时代的还诞生了"约束理论"、"目标管理"、"流程再造"、"六

Sigma"、以敏捷软件开发技术为代表的多种信息技术驱动理论、以团队阶梯理论（Cog's Ladder）为代表的团队管理理论。

20世纪的世界已经广泛认同了管理者这个特殊阶层的存在，于是各种管理思想得到了大发展和传播的大好机会。到20世纪末，管理学已经形成了六大分支：**人力资源管理、运营管理和生产管理、战略管理、市场营销管理、财务管理和信息技术管理。**

4．21世纪——管理一体化

21世纪是管理融合的世纪，管理职责已经很难按照20世纪的专业领域进行划分。实际工作中，往往一项工作就会牵涉多个流程，而且每个流程都会跨多个专业管理领域。因此，管理者将不得不学会从任务、目标和流程视角重新审视管理职责。

四、传统管理理论

○·········★★★·········○

1．科学管理理论（1890-1940）

20世纪到来时，世界知名企业都是巨型生产制造型组织。这些组织中的活动与任务连续而稳定，美国政府鼓励企业搞科学研究和技术研发，特别是活动与结构的精细测量与准确描述，因此管理发展方向也向同样方向发展。泰勒的科学管理理论专注于企业内部所有活动的定义与测量，并尽量将这些活动进行标准化，员工也因其表现而受到奖惩。这种管理理论非常适用于配置有流水线作业和日常工作稳定的企业。

2．官僚管理理论（1930-1950）

马克思·韦伯将自己的官僚理论与科学管理理论进行了融合，高度重视组织的层次结构划分，通过设置严格等级与控制制度管理所有日常事务性工作。

3．人际关系运动（1930至今）

由于科学管理与官僚管理理论的非人性化趋向，美国政府与工会提出了修正意见，于是对于组织中个体及其独特能力才得到社会的关注。绝大多数人都相信如果员工得到良好发展，那么企业也必将得到良好发展。因此，企业结构中开始出现人力资源部。行为科学在分析员工需求，以及如何让员工需求与企业需求相一致问题上发挥了极大的作用。例如X、Y、Z人理论就是一个典型事例。组织行为学研究的是组织如何适应外部环境变化的问题。

4．认知管理理论（渐进式管理提升理论）

随着人际关系运动的发展，企业在培训实践中发现了培育管理者管理技能的迫切需要，例如授权、职业发展、激励、教练技术、指导等。认知管理理论强调学以致用，各种渐进式管理培训机构纷纷采取帮助学员了解各种管理要点，并将其运用于自身工作，进而不断反思和改进的学习模式。这种模式的优点在于融入了学员实际工作与生活的内容，并通过持续性的对话与反馈交流不断强化学习效果。有效的渐进式管理提升项目致力于帮助学员从系统论角度了解自身企业的特点，识别和运用单一行动对整体系统产生的影响力。企业自身在这个环境中也会进行学习和成长，企业的成功依赖于自身知识学习、应用的系统能力。

五、现代管理主流理论

★ ★ ★

1．权变理论

权变理论认为，当管理者做决策时，必须考虑当时环境中的所有要素，并就其中最为关键的做出反应。 简单来说，权变理论就是"识时务"。例如在确定管理风格为最佳时就离不开当时的情境。对战争环境下的指挥官而言，独裁式的管理风格因其高效决策和执行力，很可能就是最佳风格；但对和平环境下的大学校长而言，参与式的管理风格因其激励性，很可能就是最佳风格。

2. 系统理论

系统理论由于其对组织的独特解读，对管理学影响很大。何为系统？系统是一个为完成整体目标而存在的各部分的组合。**移除系统中的任何一个部分，系统属性就会发生改变**。例如移除汽车的发动机后再也无法开动。系统通常都有输入、流程、输出和成果四个关键维度。系统与系统之间不断交流着关于这四个维度的反馈信息。

什么是组织呢？组织作为一个系统，其输入是各种原材料、资金、技术和人员等资源。这些输入通过计划、组织、领导和控制的流程后最终达成了组织目标。输出是企业向市场提供给的产品或服务。成果则是客户生活质量的改进或者产量的提高。反馈信息可以来自内部员工，也可以来自客户，甚至来自外部的政府、社会、经济和科技力量。这种整体系统框架适用于所有的系统，既包括整体企业，也包括企业中的子系统（例如部门）。

系统理论在管理学方面的主要影响来自学者顾问，他们都尽力从更为广阔的角度来帮助管理者分析和改善自身组织环境。系统理论让我们可以识别组织中的不同部件，以及不同部件之间的相互作用。人们因此可以研究管理层如何对生产工艺、员工监管等各方面工作进行集中协调。在系统论诞生之前，管理者通常只能从局部视角看待局部问题，并因此无法有效协同各部门间运作。系统理论貌似简单，但对管理学发展影响深远，是管理学的重大突破。

3. 混乱理论

在企业中，存在大量无序和混乱情况。几十年前，管理者还能坚信企业内部的事件通常是可控的，但现在的**绝大多数管理者已经意识到混乱无序是无法避免的。混乱理论的诞生，让人们认识到事件极少是能人工控制的**。混乱理论学者经常援引生物系统的例子来解释自己的理论，即系统自身趋向复杂化，而且在复杂化过程中，系统会变得更加不稳定，于是必须获得更多的资源和能量以维持复杂性。获得能量越多，用来的维持稳定性组织构架也必然越多。这种循环会一直维持下去，直到系统分裂、与其他组织合并或者完全解体。这是适用于所有生命、组织和世界的法则。

六、未来管理的挑战

1. 国际化

当今世界经济已经形成全球产业链格局，一大批企业已经发展到或者正在向国际化集团阶段，这些企业不得不面对在他国的政治、经济、文化、法律环境下运作的问题。这对企业管理提出了开拓国际化视野，设计国际化管控，实现国际化运作，适应国际化文化的要求。

2. 管理一体化

为提升自身整体竞争力，企业已经不能满足于传统按职能条线硬性分隔的管理模型，而是渴求真正系统化设计量身定制的管理体系，全面提升自身管理效率和资源利用率。利用第三方咨询公司和ERP等系统工具帮助企业构建系统已经成为一种不错的选择。

3. 员工多样化

社会变迁带来了"80后"价值观多元化的年代，这已是不争的事实。传统的通过让员工"入模"的努力将越来越吃力，更为宽容和灵活的管理方式，承认员工差别和适应差别，"有教无类"得进行个性化管理才是破解员工多样化问题的正解。

4. 社会道德问题

无论是国外社会，还是国内社会，都存在着社会道德危机。企业不能规避承担应付的社会责任，否则早晚必将受到命运的惩罚，这一点已为美国安然事件、三鹿奶粉事件、双汇火腿肠事件等众多事实所证实。

5．创新与变革

当年管理巨人们所面临的稳定经济的时代已经不复存在，取而代之的是高速发展和变化的混乱经济时代，这意味着很多传统的经典理论和管理经验，已经不能适应当今和未来的环境需要。未来的世界必定属于那些反应迅速、充满创新的企业，这就要求企业必须构建自己的相应的文化与管理机制，主动激发和推动创新与变革，而非被动等待最终的消亡。

第二节　有关管理者的基本概念

一、管理者的基本概念

组织是具有明确目的和系统性结构的群体，而其成员可以分为两种类型：操作者和管理者。操作者直接承担某项工作和任务，不具有监督其他人工作的职责。**与操作者定义相对应，管理者是指挥他人工作的人，是监视和协调操作者的人。**

管理者是企业管理的行为主体，通常是拥有相应权力、责任和能力来从事管理活动的人员。根据其重要性、工作内容差异，组织中管理者会分为三个层级：

1. 高级管理者（例如董事、总经理、副总裁）

高级管理者负责监管公司内的所有部门，设定公司目标、战略计划与政策，并作出业务发展方向性决策。此外，高级管理者对外还需要调动外部资源，并对股东与公众负责。

2. 中级管理者（例如区域经理、部门经理等）

中级管理者负责自身部门的职能管理，主要通过组织与指导开展工作。他们的主要责任是按照公司政策与高层决策，严格执行计划。中层管理者承担了将信息与政策从高层传递给基层管理者的角色，而且还需要激发热情和工作指导帮助基层管理者提升绩效。

3. 基层管理者（例如主管、领班等）

基层管理者的主要责任是管理功能的监督与指导，他们直接将任务布置给操作者，并且对他们进行日常监督，确保工作质量，提出各种完善意见，并向上级汇报各种问题等。基层管理者是企业形象的建造者，因为他们是唯一与员工直接接触的管理者。

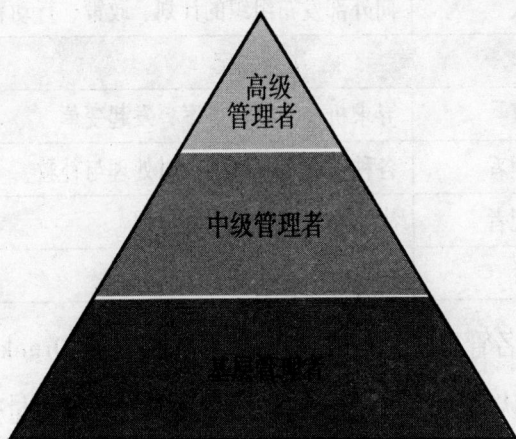

二、管理者的角色分工

★★★

20世纪60时代末，亨利·明茨伯格在对美国一批总经理工作进行了深入研究的基础上提炼出了管理者扮演的十个角色，并将其分为三大类：人际关系、信息传递与决策制定。随后大量的管理实例研究都验证了亨利·明茨伯格的结论，即无论在何种企业中，管理者所扮演的这十个角色高度类似。

角色	描述
人际关系	
代表人	象征性代表人，必须履行各种礼仪性义务
领导者	激励和动员下属，确保目标的达成
联络者	建立和维护人际网络

信息传递	
监督者	持续关注内外部环境变化，成为组织神经中枢
传播者	将所获得的有价值的信息传播出去
发言人	向外部发布组织的计划、政策、行动和结果信息
决策制定	
企业家	寻求机会，制订方案，发起变革
干扰处理者	各种冲突与问题的及时处理与补救
资源分配者	决定组织有限资源的分配
谈判者	代表组织参加主要谈判

1955年，美国著名管理学家彼得.F.德鲁克（Peter F.Drucker）提出"管理者角色"的概念。德鲁克认为，管理是一种无形的力量，这种力量是通过各级管理者体现出来的。**管理者扮演的角色，或者说责任大体上分为三类：**

（1）**管理一个组织，求得组织的生存和发展**。为此管理者必须做到：一是确定该组织是干什么的、应该有什么目标、如何采取积极的措施实现目标；二是谋取组织的最大效益；三是"为社会服务"和"创造顾客"。

（2）**管理管理者**。组织的上、中、下三个层次中，人人都是管理者，同时人人又都是被管理者，因此管理者必须做到：一是确保下级的设想、意愿、努力能朝着共同的目标前进；二是培养集体合作精神；三是培训下级；四是建立健全的组织结构。

（3）**管理工人和工作**。管理者必须认识到两个假设前提：一是关于工作，其性质是不断急剧变动的，既有体力劳动又有脑力劳动，而且脑力劳动的比例会越来越大；二是关于人，要正确认识到"个体差异、完整的人、行为有因、人的尊严"对于处理各类各级人员相互关系的重要性。

三、管理者的不同风格

★ ★ ★

管理者在现实工作中往往需要扮演多种角色，而他们在不同环境下的反映取决于其管理风格。管理风格指管理者决策以及与下属接触时所表现出来的独特风格与倾向。该理论由罗伯特·坦南鲍姆（Robert Tannenbaum）和沃伦·施密特（Warren H.Schmidt）提出，该理论认为，**领导风格受现场环境影响巨大，因此管理者应该掌握多种管理风格并视情况选择应用**。最为常见的管理风格包括：独裁式、家长式、民主式、自由式、走动式。

1．独裁式风格

管理者独立决策，基本不顾及下属意见。这种决策折射出管理者的鲜明意见与个性，因此有助于树立一个自信而运作有序的组织形象。但是，由于下属严重依赖领导，因此需要更多的监管。

2．家长式风格

本质上依然有独裁倾向，但兼顾组织利益与组员最佳利益，并且鼓励员工反馈意见。家长式风格由于强调社会性需求，因而有助于激发忠诚感，降低流失率。但如果双方未能建立信任关系，则会缺少员工激励，而且下属过于依赖上级。

3．民主式风格

管理者允许下属参与决策，并采取民主集中制进行决策，上级与下属之间沟通较为充分。民主式风格特别适合基于专业技术的复杂决策，而且从整体上有助于员工满意度与工作质量的提高。但是，存在决策效率低下，集体决策难以选择最佳方案两个缺点。

4．自由式风格

管理者按照职责领域将决策权下放给下属，管理者可以借此逃避责任而且可能造成授权混乱。自由式风格最适合高度职业化，充满创造力的团队的管理。大多数情况，自由式风格并非刻意为之，而是管理较差所致。这种管理对员工关注不够，指导不足，因此容易导致员工不满和公司形象恶化。

5．走动式风格

走动式管理是很多优秀管理者擅长使用的管理技巧。日本土光敏夫、麦当劳雷·克罗克都酷爱这种管理风格。管理者通过主动聆听等技巧与员工打成一片，仔细聆听员工建议，收集尽可能多的相关信息以避免问题转化为危机。走动式管理可以为管理者提供很多通过正规渠道无法获得的、未经过滤的即时信息。管理者对企业的士气、流程与政策的问题有直接感性认知，并对这些问题及时反馈。但是走动式管理并不意味着对于员工工作的过度干涉，毕竟管理者应以教练与顾问为主，不能越俎代庖，否则容易产生逆反心理。

第三章

有关管理者素质模型的
概念基础

管理者素质模型和领导力模型是素质模型研究的最为重要的一个分支，而素质模型源自上世纪70年代西方管理学的突破，并且在随后的四五十年得到了快速发展。了解素质模型的由来与定义，将为读者深入了解管理者素质模型开启关键的一步。本章主要介绍了素质模型与管理者素质模型的定义、作用等相关概念，并对领导力与管理者素质模型二者的关系进行了清晰描述。

第一节　素质与行为、绩效的驱动关系

一、素质的基本定义

★★★

　　麦克利兰认为，素质是能明确区分在特定工作岗位上，优秀绩效水平和一般绩效水平的个性特征。这种个性特征可以是知识、技能、个性或者价值观。每一个素质都可以设计为一组用于指导员工个体行为的标准行为组合，利用这套行为组合可以对员工行为进行识别、评价和培养。素质（Competence）一词最早由葛莱格.C.朗德伯格（Craig C. Lundberg）于1970年提出，后来1973年大卫·麦克利兰博士（David Mc Clelland）在《测试素质而非智商》一文再次提出了建立以高绩效员工特征研究为基础的素质模型的概念，并为海氏顾问集团的同事与其他人追捧，进而广为流行。由于素质的应用非常广泛，因此产生出多种定义。

　　很多学者认为"素质"就是与绩效提升相关的知识、技能与行为的混合体，抑或是达到或者超过某个岗位的要求的状态。例如管理者素质模型中包括系统思考、影响力、谈判能力和智商，几乎无所不有。素质也可以用于描述组织对于成员的普遍要求。

　　虽然素质在一定程度上受个人先天条件影响，但研究表明经过后天努力可以改变。个人素质的改变主要是通过亲身体验反思方式实现的，其本质是个体能够更为有效识别情境，产生多种选择方案，有效决策并执行落地。

第一部分　理论篇

二、素质的分类

★ ★ ★

1. 冰山模型

美国专家麦克利兰在1973年提出了著名的素质冰山模型，该模型将人员个体素质的不同表现形式划分为两大部分：**表面的"冰山以上部分"**和深藏的**"冰山以下部分"**。

"冰山以上部分"主要包括基本知识与基本技能，属于显性外在表现，相对容易了解与测量，也比较容易通过培训来改变和提升。"冰山以下部分"主要包括社会角色、自我形象、特质和动机，属于内在的、难以测量的部分，不容易通过外界的影响而得到改变，但却对人员的行为与表现起着关键性的作用。

技能知识

角色定位、价值观

自我认知

品质

动机

素质体系的冰山模型

2. 洋葱模型

美国专家R.博亚特兹（Richard Boyatzis）在麦克利兰的素质理论基础上，提出了"素质洋葱模型"，更有**层次地展示了素质构成的核心要素**，并说明了各构成要素可被观察和衡量的特点。

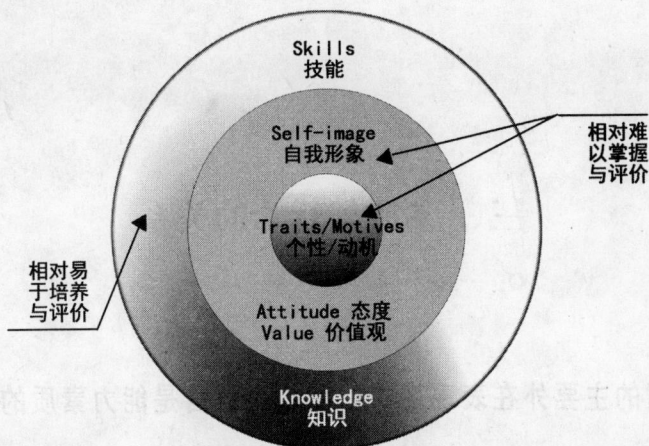

素质体系的洋葱模型

素质洋葱模型中的各核心要素按照由内至外分为三层：内在层（动机与个性）；中间层（自我形象、态度、价值观、社会角色）；外在层（知识、技能）。其中要素之间存在着密切关系：

（1）动机是推动个体为达到目标而采取行动的内驱力；

（2）个性是个体对外部环境及各种信息等的反应方式、倾向与特性；

（3）自我形象是指个体对其自身的看法与评价；

（4）社会角色是个体对其所属社会群体或组织接受并认为是恰当的一套行为准则的认识；

（5）态度是个体的自我形象、价值观以及社会角色综合作用外化的结果；

（6）知识是个体在某一特定领域所拥有的事实型与经验型信息；

（7）技能是个体结构化地运用知识完成某项具体工作的能力。

在素质洋葱模型中，知识、技能等外层要素最易评价和培养，而个性和动机等内层要素最难评价与掌握。

三、 素质与行为的关系

★★★

行为是素质的主要外在表现形式，而行为语言是能力素质的通用语言。戴维.D.杜波依斯（David D Dubois）认为，胜任素质可能会用很多方式表现出来，发现其典型表现方式的一种方法是"确认员工在完成工作的情境中使用某些胜任特征时产生的行为或具体结果"。**所谓"行为"，是指是受思想支配而表现出来的外表活动，是能被人所观察、描述和证实的行动。**人的行为受到意识的支配，意识是人的内在心理活动，而可观察的活动则是外在表现形式。因此，大多数情况下，每个素质都会由若干个关键的行为表现定义和构成。**素质的测评也需要通过行为的观察和评价才能实现。**

四、 素质与绩效的关系

★★★

1. 素质是达成和提升绩效的前提

素质之于结果性绩效目标的关系犹如产能之于实际产量的关系。个体完成任务、达成绩效，提升绩效都离不开个人素质，素质是达成和提升绩效的前提。例如素质的直接应用，首先是人岗匹配，即相关人员能力素质需要和工作性质与目标压力相匹配，否则极易出现能力不足无法达成目标的情况。

2. 素质测评是绩效考核的有机组成部分

绩效考核是指企业组织以既定标准为依据，对员工在工作岗位上的工作行为表现和工作结果方面的情况，进行收集、分析、评价和反馈的过程。本质上，这里的行为的考核就是素质的考核。通过设定高绩效人员特征为导向的素质考核标准，可以有效规范员工行为，并牵引员工素质的提升。

第二节　能力素质模型

一、能力素质模型的定义

能力素质模型，又称胜任力模型，就是为完成某项工作，达成某一绩效目标所具备的系列不同素质要素的组合，包括相关知识、技能与行为特征。罗泽福特和欧弗伦认为，（Rutherford & O'Fallon）素质模型应该强调绩效导向，重视行为特征，而非性格特征，因为性格特征难于评价。此外，这些知识、技能和行为特征必须是可衡量、可观察、可指导的，否则将无法应用。

二、能力素质模型的作用

经过长期研究与实践，人力资源管理专家普遍认为，能力素质模型可以广泛应用于招聘选拔、绩效管理、人才储备建设、培训管理、职业发展等人力资源管理全环节中，对于公司、管理者和员工而言，能力素质模型的应用都有着重要意义。据国外调查，应用能力素质模型可以提高5%~10%的招聘成功率，

降低15%~20%的员工流失率，提高15%~25%的满意度和20%的目标达成率。以下是能力素质模型在各方面的作用。

1. 对于公司而言

（1）可以将通过素质模型对员工的要求，进一步强化企业战略、文化。

（2）构建高绩效标准，系统化推进职业发展、改善工作满意度和降低员工流失率。

（3）通过与高绩效行为标准的衔接，提高培训和职业发展工作的有效性。

（4）借助多维度测评结果分析，对团队与组织的培训和发展需求提供数据支持。

（5）为宣贯和研讨关键战略行动，提供通用框架与语言。

（6）更为清晰地界定特定岗位的工作范围与要求。

（7）为员工实现跨业务部门发展，提供通用的系统素质标准。

2. 对于管理者而言

（1）更为有效识别评价标准，进而改善招聘与筛选效果。

（2）提供更为全面的绩效标准。

（3）由于可以对下属提供更为清晰的绩效标准，沟通将更为轻松。

（4）为管理者和员工就绩效、职业发展等内容沟通时提供对话基础。

3. 对于员工而言

（1）更为清晰地认知所在岗位的行为要求。

（2）为全面客观了解自身优缺点提供机会。

（3）为提高自身职业技能提供有效工具和方法。

（4）为与管理者和团队就绩效、培训和职业发展问题进行沟通提供基础。

三、能力素质模型的开山之作

★ ★ ★

1. 德雷福斯兄弟的素质发展模型

1980年，从计算机专家与哲学家角度，德雷福斯兄弟考察了大量的行业技术能手，包括商用客机飞行员和世界著名国际象棋大师，从而发明了专业能力素质的层次命名法，也就是目前最为常见的五等级划分法，在业内产生了巨大影响。

等级	等级特征
新手	只会死板硬套执行相关的计划与制度
	对周边情境缺乏识别能力
	缺少自主判断能力
高级新手	以自身经验或者责任作为行动指南
	拥有较为有限的情境识别能力
	问题分析视角相对零散，缺少系统观
胜任者	能够解决相对复杂的问题
	看待事物有一定的长远视角
	能够有意识地精心拟定计划
	能将日常事务处理标准化和程序化
精通者	具有历史发展观，而非简单就事论事
	能把握住环境中的关键所在
	具有模式差异识别能力
专家	决策并不吃力
	以格言作为自身行动指南，并根据情况随时调整
	不依赖规则、指南或者格言
	对情境能产生深入理解基础上的本能把握
	遇到异常情况或者问题时，能进行分析判断
	可预见未来发展可能方向

此外，他们还指出素质的提升和发展是通过终身的行动和反思来实现的。企业中，员工的素质提升是在特定环境中发生的。对于新手来说，书面规则是不可或缺的拐棍，但是对于更高级别的人员来说，必要时打破规则将是必然的。这种环境就是学习型组织，知识型组织。

2. 麦克利兰的职业素质模型

美国专家大卫·麦克利兰于1960年发起了职业素质运动，推动传统的知识、技能和态度的三分法向基于具体岗位绩效优秀者特有的**自我形象、价值观、行为特质和动机特性四分法**转变。不同的素质在不同的岗位上所起的作用不同，每个岗位上只有很少一部分素质能够推动高绩效的产生。

麦克利兰调研发现了21项通用素质要项，并将21项素质要项划分为6个素质族，每个素质族中再划分为2～5项具体的素质。具体要素划分如下：

（1）管理族：包括团队合作、培养人才、监控能力、领导能力等。

（2）认知族：包括演绎思维、归纳思维、专业知识与技能等。

（3）自我概念族：包括自信等。

（4）影响力族：包括影响力、关系建立等。

（5）目标与行动族：包括成就导向、主动性、信息收集等。

（6）帮助与服务族：包括人际理解力、客户服务等。

第三节　有关管理者素质模型的概念

一、管理者素质模型的定义

★★★

管理者素质模型（即管理能力）就是为保证组织目标实现和管理效能提升，管理者完成计划、组织、领导和控制四大职能，所具备的系列相关素质要素的组合，其中涵盖了相关知识、技能与行为特征。管理者的素质模型是一种框架性工具，可以用来识别不同情景下所需要的管理者素质要素。虽然其属于职业素质模型的分支，但由于管理者自身职责和角色特点，相关的素质域与要素选择都有其独特之处，例如特别强调责任心、战略思维与人际影响力。

克雷曼与劳伦斯（Kleiman & Lawrence）提出了五大管理者技能域组成的素质模型。国外也有专家认为应将诊断技能与概念技能合并，即技术技能、政治技能、概念技能和人际技能四大领域。

技术技能：开展工作所必需的专业知识理解与应用能力。

政治技能：加强个人地位、建立权力基础和构建关系网络的能力。

概念技能：分析判断复杂环境的思维能力。

人际技能：与他人沟通、激励、指导和授权能力。

诊断技能：针对特定环境找到最佳解决方案的能力。

二、有关领导力的基本概念

$\bigcirc$ ······· ★★★ ·······$\bigcirc$

领导力在全球管理领域都是炙手可热的话题，大量的专家学者都在探究领导力的概念与实践。领导力之所以受到如此关注，很重要的一个原因是我们当今的社会、企业和管理者都面临着前所未有的变化环境，这种环境要求管理者必须理解和带领企业度过这些难题。

1. 领导力的定义

当前，国外对于领导的定义有三种主要流派：一种流派将领导定义为个体激励他人达成特定目标并以高凝聚力和高一致性的方式指引企业前行的流程。另外一种流派将领导定义为指明方向并影响他人自愿跟随的能力，这里的他人既可以指个人、也可以指团队、组织甚至社区。最后一种流派是将领导定位为公司总监及以上的高层管理岗位的在职者。德鲁克基金会在《领导者的对话》中对领导力做了如下定义：**领导力是把握组织的使命及动员人们围绕这个使命奋斗的一种能力。**这一种定义就是我们常听到的"领导力"。

实践告诉我们，领导力绝非单一能力要素那么简单，而是一系列的素质要素组合，这就产生了领导力模型的概念。领导力模型是在领导理念指导下的各种要素的组合，这些要素的发挥受到很多外部因素的影响。美国陆军1983年的调查显示，**领导力的发挥主要受到管理者、下属、环境和沟通等四大要素的影响。**

2. 全面了解领导力

了解领导力，需要对组织和企业有较为深入理解，这里面既有职能分工方面的内容，也包括这些部门间的何协作整合。另外，要对管理的职能有所了解，毕竟领导只是管理的四大职能之一。然后再通读领导力的相关理论、实践与模型，最后才是掌握如何提升领导力的知识。如果读者按照本书框架结构顺序阅读，到此处将已经完成了前两步准备工作，可以开始阅读有关领导力的章节。

3．澄清领导力的基本定义

理论是对于某个事物发展规律的阐述与说明，即对于事物"为什么"会发生的解读。例如，如果A发生，那么B就随之发生。

模型是对事物发生过程的描述，通常与理论相匹配，即对于事物"会如何"发生，应该怎么应用的说明。例如情境领导力模型描述的就是领导的情境理论，即何时进行陈述、推销、参与或者授权。

三、有关管理能力和领导力关系

★ ★ ★

1．管理与领导的差异

按照经典的管理理论，管理的四大职能中包括有领导。业内专家就领导与管理的关系看法存在明显分歧，有不少专家学者不同意这种传统观点，他们认为二者之间还是存在较大差异的，这些差异体现在以下六个方面。

维度	领导	管理
对象	员工	事物
定位	做正确的事	把事做正确
作用	拥抱变革，并引导企业不断走向成功	为达公司目标，以最高效率方式利用公司各种资源
组成	指引方向，影响他人	规划、组织、领导、监督
角色	所有管理岗位，但主要高管级别要求最高	所有管理岗位
关系	为管理职能中的关键一项，核心是影响他人	更为宽泛

管理与领导二者之间的差异的精辟论述莫过于南加州大学的沃顿·本尼斯教授

的名言（Warren Bennis）：**管理是让他人做他们需要做的事情，领导是让他人想做他们需要做的事情。管理推动，领导拉动。管理是下达命令，领导是与人沟通。**

2. 管理能力与领导力的均衡关系

管理能力和领导力紧密相关，不能完全分隔来看待。哈佛商学院的约翰·科特教授认为，"领导力与管理能力是两套差异明显而又互补的两套行动系统，每个系统都有着自己的功能与个性活动。这两种能力对在日趋复杂和多变的商务环境中都是不可或缺的。高领导力低管理能力行不通，有时可能更糟，反过来也一样不行。真正的挑战是如何将强领导力和高管理能力结合在一起，并相互平衡。"

作为企业的管理者而言，计划、控制、组织、领导四大方面的职能领域中的技能都不可或缺，关键是要在不同状况下强调不同技能的使用。诚然，由于领导关注员工这个独特个体与其他职能确实有一定差异，但是如果过分强调领导，就会形成计划、控制、组织相对不重要的假象，企业中的管理者就会只关注领导，而将其他职能授权给下级去做，对企业管理造成严重损害。

第一部分　理论篇

第四章

有关国外管理者素质模型的主流理论与模型

知名人力资源专家斯蒂芬.P.罗宾斯认为，管理者是拥有职位赋予的合法奖惩权力，而领导者则可以运用非正式权力来影响他人，因此管理者应该都是领导者，但领导者未必是管理者。因此，本书的视角都是从管理者视角进行探讨问题，所有领导力的相关理论与模型都将被纳入管理者素质模型范畴之中。

　　从有文字记录的那一刻起，人类就从未停止过对领导人物的研究。几乎所有的有关管理的文章中都离不开对于管理者领导能力的描述。东西方的学者们早就形成了门派众多对于领导力的理论，随着时间的迁移，领导力的理论也在不断变化。

　　"伟人理论"与"特质理论"在19~20世纪曾经流行一时，它们宣称领导特质天生而非后天培养，甚至至今依然有学者依然在研究优秀领导者的特质课题。后来行为理论出现，聚焦领导者的所作所为与角色，而并非其特质。近期，领导力理论已经由聚焦个人领导行为，转而向更为全面的系统领导力领域发展。

　　本章中摘录了十六个国外主流领导力理论，其中包括伟人流派、特质流派、行为理论流派、权变理论流派、情境理论流派、职能理论流派、交易理论流派、变革理论流派和复杂系统理论流派，并且给出了每个流派的基本前提假设、核心观点描述以及相关的评价与争议焦点。

　　领导力理论与领导力模型的差异在于，理论是阐明"为什么"、解读运作机理问题，模型则是更关注"怎么办"，如何应用的问题。本章还选取了11种经典领导力模型，这些模型都是国外学者与专家在前期理论研究基础上提出的较为知名的模型，各自特点鲜明，并都有自己的实践应用方法，而且绝大多数都已在企业界有应用范例。

第一节　有关领导力的理论流派

一、有关领导力的理论之争

★　★　★

当前国外领导力理论的争论主要聚焦于以下四大焦点问题，每个问题都引起了广泛关注，而争论结果也尚未见分晓。

1. 基于特质的领导力VS基于角色的领导力

一种观点认为基于特质就是有领导特质的人才会拥有领导力，另一种观点则认为基于高管岗位角色而拥有领导力。

2. 领导VS管理的差异

一种观点认为二者差异巨大，领导者引领的是人，管理者管理的是事。但另外一种观点是领导行为偶尔发生，无常设岗位就不是领导。

3. 广义领导力VS狭义领导力

一种观点认为领导力的作用范围应限定于企业内部，而另外一种观点认为应扩展到社会范畴。

4. 如何将领导力应用到实际工作中

绝大多数专家都赞同，好的领导者一定具有远景清晰，拥抱变革，坚持原则，乐于助人，关注未来，培育氛围的特点。但在实际环境中，如何让管理者做出这种行为呢？

二、伟人理论流派

★ ★ ★

1．前提假设

领导者是天生的，而非后天培养的；

领袖应运而生，社会呼唤其出现时自然会出现。

2．论点描述

早期领导力研究是对已经成为领袖的人物开展的，这些人大都出身贵族，因为低社会阶层人员很少有机会走上领袖舞台。这多少促成了人们潜意识中领导力和血统相关的概念。

伟人理论的研究后来又迈进了神话领域，即历史机遇到来之时，就会出现一个伟人，而这种伟人崛起基本是靠魔力实现的。例如，现代的艾森豪威尔、丘吉尔、斯大林、毛泽东等伟人都是如此，历史上的故事更是举不胜举。

3．争论与评价

由于历史原因和研究者自身性别问题，其理论中完全都是男性世界，基本未涉及性别问题。该理论对广大学者和领导者实际意义不大，因为按照其理论绝大多数人是没有能力和机会担任领导的。

三、特质理论流派

★ ★ ★

1．前提假设

每个人生下来就具有遗传特质；

有些特质特别适合做领导；

好的领导者具有匹配的特质组合。

2．论点描述

早期研究基于当时心理学基础，即人们的特质是天生遗传的。因此重点在于寻找这些特质，**常用手段为研究成功的领导者的特质**，并与非领导者和无效的领导者进行比较。1974年，沙特戈德斯（Stogdill）发现下列与领导力相关的特质与技能：

特质	技能
环境适应性 社交环境敏感 雄心勃勃，成就导向 独断 合作性 决断能力 可靠 愿意影响他人 充满活力 坚持不懈	聪明 概念能力 创造力 外交技巧 讲话流利 了解团队目标 组织能力 说服力 社交技巧
自信 耐压性好 愿意承担责任	

1983年，迈克尔和罗姆巴豆（McCall & Lombardo）通过对成功与失败案例的对比分析，发现了领导者的特质。

情感稳定性与性情：温和、自信和可预测性，特别是在压力状态下；

承认错误：直面错误，而不是费力文过饰非；

良好的人际技能：能够与他人沟通时，不使用负面与哄骗手段而说服对方；

智力宽度：能够理解广泛领域的各种事务，而不是过度聚焦于某个狭窄领域，该流派从上世纪40年代起，就不再处于主流位置。

3．争论与评价

特质理论有很多流派，他们内部分歧十分严重，至今也只能就最为通用的领导特质达成一致意见。

特质理论忽视了情境因素，恰当的特质只能使个体成为有效领导者的可能性提高。而且一种情况下的正确的活动在另外一个情况下可能就是错误的。

四、行为理论流派之管理方格论

★ ★ ★

1．前提假设

领导者可以后天培养，并非天生；

可以通过行为定义与行为学习提高领导力。

2．论点描述

领导行为理论并不寻找天生特质与能力，而是专注于领导们的实际行为。如果成功能够被定义成行为，那么其他人就可以相对容易以同样行为来获取成功。领导行为理论主要有两大流派：一个流派是俄亥俄州大学的研究，他们从定规和关怀的两个维度对管理者进行分类研究；另外一个流派是密歇根大学从员工导向和生产导向两个维度对管理者进行分类研究。布莱克和莫顿二人发展了领导风格的二维观点，以关心人和关心生产的基础上提出了管理方格论，分出了9等级，81种不同领导类型，其中最为典型的是贫乏型、任务型、乡村俱乐部型、中庸之道型、团队型。

3．争论与评价

领导行为理论与特质理论相比，有很大飞跃，关键在于因为它**假设领导力并非遗传，而是可习得的**。这就为领导力的提升打开了大门，而不是单纯依靠测评而就将没有潜力的管理者置之门外。

行为理论只需要对领导者的进步与行为进行测评就可以了。只要投入够大，人们可以利用数据来分析出导致成功的行为，和导致失败的行为。

领导行为理论的问题在于领导行为类型与成功的绩效之间的一致性不佳，其背后原因在于缺少对影响成功与成败的情境因素的考虑。

五、行为理论流派之角色理论

★　★　★

1．前提假设

人们为自己与他人界定角色，依据社会学习与阅读；

人们会对自己与他人将扮演的角色产生期望；

人们隐蔽地鼓励他人扮演自己为他们设定的角色；

人们根据自己选择的角色行事。

2．论点描述

每个人心中都对于领导角色都有自己的定义，并把这种定义隐秘传递给自己的领导，例如采取只做自己部分决策，而剩余部分交由领导决策的形式。领导会受到这些信号的影响，一般会按照他人的定义进行角色扮演。组织中存在大量的有关领导价值，文化等信息。这些都会塑造领导力的期望与行为。当人们对领导期望有差异时，会出现角色冲突。领导自身理解与他人期望差异时也会造成角色冲突。

3．争论与评价

下属对于领导者的期望可以从很小的细节到整体风格差异很大，而领导者则根据自己特点选定自己的风格。

角色期望过低或者过于复杂，都可能会造成角色冲突。

六、权变理论流派之领导者参与理论

★ ★ ★

1．前提假设

参与决策将会改善相关执行者对事务的理解；

执行者参与决策时，在执行中将更为投入；

当人们为共同目标而努力时，竞争性降低而合作性提高；

群体决策比个体决策更好。

2．论点描述

1973年，维克多·佛罗姆和菲利普·耶顿提出了领导者参与模型，即让成员参与决策程序。研究者认为领导者的行为必须加以调整以适应这些任务结构，并根据不同情境类型设定了一系列规则，以确定参与决策的类型和风格。其中包括了七项权变因素和五种可选的领导风格。

3．争论与评价

反对把领导者行为看成固定不变，而是应该根据情境进行调整，这也证实了领导力研究应指向环境而非个体。

管理者征求意见之后又视而不见，会让下属感觉有严重的背叛感。

七、权变理论流派之费德勒的最难共事者理论

★　★　★

1. 前提假设

领导者的风格与天俱来，不会改变；

领导者的风格只能是任务导向或者关系导向中的一种。

2. 论点描述

权变理论认为并无最佳的领导方式，特定环境下的有效领导模式未必在其他环境下使用。费德勒权变理论最早提出，而且也是应用最为广泛。他认为，**团队绩效受到团队领导人物的心理倾向，以及外部的三个环境要素（团队氛围、任务结构与领导权力定位）等权变要素的影响。**费德勒理论的使用是首先使用最难共事者测评工具测量出领导者的领导风格，然后再用三项权变变量测量情境要素，然后用领导风格与情境类型进行匹配。最难共事者测评工具是让管理者给自己认为最不好合作的同事打分，如果分数较高说明管理者是人际关系导向，如果分数较低说明是任务导向。

3. 争论与评价

LPC前期测评工具不能完全区分所有人的领导风格，有部分人员介于二者之间。

情境要素定义复杂，管理者实际工作中辨别困难，应用上受到较大制约。

个人领导风格到底能不能改变，可不可以根据下属特点进行调整？费德勒认为不可以，但缺少相应事实论据支持。

八、权变理论流派之认知资源理论

★ ★ ★

1. 前提假设

智力、经验和其他认知资源是领导力的关键要素。认知能力很重要，但不能决定领导者是否成功。压力对决策能力有影响。

2. 论点描述

（1）领导的认知能力只有发挥指导作用时才有用。

领导的认知能力比团队成员强大的时候，应该由领导指导他人工作。而当领导认知能力不强的时候，需要鼓励公开内部研讨。

（2）压力影响智力与决策质量。

压力较小的时候，智力作用发挥正常而且起到正向作用。高压下，智力未必能起到正向作用，因为智力高的人往往会寻找并不存在的理性方案。一方面缺少经验的管理者往往难以适应这种凭直觉做出判断的模式，另一方面也有可能出现团队领导闭门思考，把团队丢在一边的情况。

（3）高压下，经验有助于提高决策质量。

高压下，智力往往发挥不正常，但是经验此时却能赋予管理者不需深入思考便做出正确反应的能力。高压下的决策质量很多时候会高于闭门造车的决策。

（4）对于简单任务，领导智力与经验都不重要，因为下属根本不需要辅导。

3. 争论与评价

认知资源理论的基本原则是低压下智力为决策的主要决定因素，高压下经验为主要决定因素。

费德勒认为认知资源理论和自己的最难共事者理论联系紧密，该理论中对下属指导行为的主要背后动机就是人际关系导向。

九、权变理论流派之战略性权变理论

★　★　★

1. 前提假设

组织是一个跨越所有部门的系统，而各个部门子系统的权力结构受权变因素影响而不同。

2. 论点描述

部门领导者的权威主要受不确定性、离权力中心远近和可替代性三者的影响；

不确定性的主要成因是对未来发生事件的信息掌握不充分，而应对重要问题的特殊技能与专业能力至关重要，拥有这些技能的领导者会在各种谈判中占据上风；

占据核心流程中的关键位置可以为自己获得展现机会，当领导者出现问题时，整个公司业务都会停滞不前；

如果具备独特的技能，可替代性很低，领导者的在企业内部的话语权会相对较高。

3. 争论与评价

战略性权变流派缺乏足够数量的样本调查数据作为支撑，属于定性而非定量分析，说服力有限。

现实中并非所有的部门子系统都能连贯性地全部积淀和继承与其他部门合作的知识与经验，这是战略性权变理论必须解决的问题。

十、情境理论流派之赫斯–布兰查德情境理论

★ ★ ★

1. 前提假设

领导风格应由下属的成熟度决定，而不是固定不变的；

领导行为发生的情境要素是下属的工作能力和意愿水平。下属的技能、能力与意愿水平是不均衡的；

下属不愿意工作，往往是因为他们缺乏必要的技能和能力，或缺乏自信心和安全感。

2. 论点描述

需要做决策时，有效的领导者不会简单采取单一的领导风格，需要依据下属的成熟度水平选择正确的领导风格才会取得领导的成功。

下属的成熟度由下属对自己的直接行为负责的能力和意愿组成。

情境领导划分模式由任务行为和关系行为进行领导维度分类，并组合成四个管理风格：

（1）指示（高任务—低关系）：领导告诉下属该干什么、怎么干、何时何地去干；

（2）推销（高任务—高关系）：提供指导性和支持性行为；

（3）参与（低任务—高关系）：共同决策，管理者主要角色是提供便利条件和沟通；

（4）授权（低任务—低关系）：领导者基本不提供支持和指导。

赫斯—布兰查德还定义了下属的成熟程度的四个阶段，并指出了相应匹配的领导风格：

第一阶段：无能力又不情愿。对应明确和具体指导的领导风格。

第二阶段：缺乏能力但有意愿。对应为高任务—高关系风格。

第三阶段：有能力但缺乏意愿。对应为支持性而非指导性参与风格。

第四阶段：有能力又有意愿。对应为无为而治。

3．争论与评价

赫斯—布兰查德情境理论结构简单，便于理解，对时间紧张的管理者很有帮助，并广为传播。

理论假设存在一定瑕疵，例如在指示级别中，人际关系被认为相对不重要。

十一、情境理论流派之沃罗姆–雅顿的规范性理论

★　★　★

1．前提假设

决策的接受程度有利于提高执行的投入程度与有效性；

参与决策有助于提高决策的接受程度。

2．论点描述

决策质量就是从可选方案中找到最佳结论。当可选方案数量较多，或者是决策影响较大的时候，决策质量就显得极为重要；

决策接受程度由下属对上级所作出决策的接受程度。当管理者关注决策质量时，管理者也必须关注决策接受程度。沃罗姆和雅顿首先定义了由独裁到民主参与程度不断提高的五个决策风格类别；

几个关键情境因素决定采取何种决策风格；

决策质量重要，而且下属了解关键信息的情况下，管理者可以独自决策或者从下属了解信息并独立决策；

管理者认为决策质量重要，而下属认为不重要时，不宜采取投票决策方式；

决策质量重要，问题本身不清晰，领导缺少信息或者技能自行决策时，采取投票决策方式效果较好；

决策接受程度重要，但下属不喜欢独裁风格时，由管理者自行决策是比较适合的；

决策接受程度重要，但是下属分歧严重情况下，管理者需要让下属有机会参与决策并解决冲突问题；

决策质量不重要，而决策接受程度重要时，采取集体投票决策效果较好；

所有人都认为决策质量重要，而独裁式决策质量不佳的情况下，集体投票决策效果最好。

3．争论与评价

本理论发布于1973年，其中的"规范性"类别划分源于逻辑分析而非实践观察。

本理论适用于决策质量和决策接受程度的重要性都高度清晰的情况，但在现实中，决策质量和决策接受程度的重要性并非总是清晰可见。

十二、情境理论流派之路径-目标理论

★ ★ ★

1．前提假设

领导者有能力找到每个情境中的唯一最佳路径，而下属则只能作为跟随者出现；

领导者可以根据情境，调整自身领导风格，风格是流动性和可改变的，以获得领导的成功。

2．论点描述

美国专家罗伯特·豪斯（Robert House）认为，领导者通过设定目标和清除道路中的障碍，可以有效激励和支持下属。领导行为可以对下属有明显的激励作用，这主要体现在两点：一个是将下属需求的满足与绩效挂钩；二是领导行为可以为绩效提供配套的辅导、指导、支持和奖励。领导者在指引方向、移除障碍与提供激励三项上根据情境权变掌握。1974年，豪斯提出了适用于不同组织环境的四种不同的领导方式：

命令型领导：领导向下属下达各项具体的工作命令。适用于任务复杂而结构模糊，且下属缺乏经验的情况。这种领导行为可以提高安全感和控制力。

支持型领导：领导表现得友好，关心员工，提高员工尊严并使工作趣味化。适用于工作压抑、单调和危险环境。

参与型领导：此类领导往往就工作任务主动与下属协商，在决策时征求下属意见和建议。适用于下属专业能力较强，有能力和意愿参与决策。

目标导向型领导：此类领导往往喜欢设定挑战性工作目标与自我改进目标，并公示于众。领导对下属的胜任能力也较有信心。适用于任务高度复杂的情况。

3．争论与评价

领导未必在设定目标与路径上的能力，一定高于下属；

在实际情境中，也未必能够有效识别找到适合的领导类型。

十三、职能理论流派

○·······★ ★ ★·······○

1．前提假设

关注的要点应该是如何领导与领导职能，而不是谁来担任领导岗位；

团队的领导职能是相对稳定的，具有一定普适性的。

2．论点描述

1986年，海克曼与沃尔顿提出的职能领导力理论对于提高组织绩效的特定领导行为意义重大。该理论认为**管理者的主要职责是保证团队需求必须得到满足**，因此领导者的**主要标准是看其对团队效率与一致性所做出的贡献**。职能理论不仅在团队领导方面得到了广泛应用，而且在组织领导方面也广受赞誉。通过观察分析，职能理论学者发现**领导者的五项核心职能：环境监测、组织下属开展工作、培训与指导下属、激励他人、积极参与团队活动**。

专家弗雷斯曼（Fleishman）研究发现这五项职能所必需的领导行为众多，但下属能够感知上级的行为可以分为两大类：体贴与初始布局。体贴是管理者在建立有效人际关系时的各种行为，例如表现对下属的关心。初始布局是领导者在任务布置方面的行为，例如角色澄清、设定绩效标准和保证下属达成标准。

3．争论与评价

针对于正式的团队领导的领导职能理论研究已经有长足发展，但是对于非正式的团队领导情境的研究相对较少；

以往对于单个变量对领导效果研究较多，但缺少多个变量同时对领导效果影响的研究。

十四、交易理论流派

★ ★ ★

1．前提假设

人们是要靠奖励与惩罚来激励的。社会系统在有清晰命令链的情况下最为有效；

当人们同意做某项工作，实际已经把所有权力让渡给他们的领导；

下属的主要目标就是按照管理者的说法去做。

2．论点描述

1947年由马克思韦伯提出，1981年由伯纳德.M.巴斯（Bernard M.Bass）振兴；

交易型领导创建清晰的组织架构，对下属提出明确要求以及配套的奖励。惩罚并不被经常谈及，但大家都很清楚，而且规范的纪律体系基本到位。初期，公司与个人商定下属的薪酬福利，而管理者对下属具有管理权；

当交易型领导分配工作时，下属应完全对工作负责，无论他们是否具备相应资源与能力。当出现问题时，下属被认为是个人问题导致，并因此受到惩罚；

交易型领导经常使用例外管理方式，因为认为如果事务能达到既定绩效目标， 那么就不需要关注。例外管理包括配套奖励，以及相应的纠正措施。

3．争论与评价

交易型领导基于权变理论，奖励与惩罚都是由绩效表现决定的；

主要局限为"理智人"的假设，即所有的人都会受到钱的激励，所有行为都是可以预测的，忽视了复杂的情感因素与社会价值观。

十五、变革理论流派

★ ★ ★

1．前提假设

人们会跟随激发他们的人。因为具有愿景和激情的人可以做成大事；

做成事情需要注入激情和能量。

2．论点描述

1978年，伯恩斯（Burns）率先提出变革领导力理论，这种理论的基础并非

"索取和给予"的关系，而是基于**领导者重塑价值观、指明变革目标、激发下属激情的个性、特质和能力**。贝斯（Bass）在1985年对伯恩斯的理论进行了进一步扩充，指出变革型领导力和对下属激励与绩效的影响都可以测量。为变革型领导工作是一件很美妙和提升的体验，因为他们做事充满激情和能量，并且关注下属并希望他们成功。

发展愿景：变革型领导者的工作从愿景开始，旨在激发和说服团队；

推销愿景：变革型领导花费精力投入，慢慢赢得组员信任。领导者在这个过程中言行一致很重要，因为实际上他们不仅仅是在销售愿景，同时他们也在销售自己；

探索路径：与推销愿景同时进行的是路径的探索工作，因为此时前进路线未必清晰，所以发掘和确认远景清晰路径势在必行。变革型领导者承认过程中出现失败和失落是可以接受的，关键是不断前行；

带头作用：全过程中领导者永远在前，起到榜样作用，不断激励、挑战、聆听和安抚。如果团队对成功没有信心，在投入时就会左右动摇，变革型领导者会在失败中不断影响下属前行，并利用各种仪式来保持士气。他们兼顾实际推动和下属心态，相信持久的努力和投入才能取得胜利。

3．争论与评价

在领导者努力改变企业的同时，追随者希望也会越来越与变革型领导者相似，这本身也是变革成果；

问题在于激情和自信容易被认为是真相和真理。领导认为正确的事情未必就是正确的；

变革式领导激情澎湃，但这种激情过度的连续使用，会过快耗尽下属精力；

变革式领导倾向于把握大局，但容易忽视细节，而细节往往是症结所在；

运作良好的企业内部的领导和员工可能安于现状，而变革式领导者追求变革，在这种情况下会举步维艰。

十六、复杂系统流派

★★★

1．前提假设

组织是人类关系的复杂互动系统；

系统由角色组成，角色间的互动关系可以由基于角色的模型加以描述。

2．论点描述

系统指相互作用、相互关联、相互依存的要素所组成的复杂整体，或一个功能相互关联的要素整体。复杂系统是指具有混乱理论或者蝴蝶理论特征（复杂系统中的小改变也可能引发大改变），而且是整体大于局部之和特征的系统。复杂系统可以自发组织活动并且大幅提升绩效；

组织系统中的各种"代理"根据所承受的外部和内部压力做出反应。代理之间相互制约、互赖关系，形成互动网络，产生组织学习、组织能力、创新与适应能力。这些活动的设计者和引发者就是领导者；

领导力本身是一种分布式行为，并非领导者一人做出，而是领导者与下属同时参与的动态行为。领导者营造团队工作氛围和条件，但并不是工作的直接来源；

复杂系统流派专注于各个要素之间的相互影响关系，而非各个要素自身运作特点。

3．争论与评价

复杂系统领导理论为解读其他领导理论提供了更为广阔的视角，并通过强调组织要素间的关系和关键事件分析为领导力发展提供了新的思维框架。

第二节　有关国外经典领导力模型

　　领导力模型与领导力的理论差异在于，理论是阐明"为什么"解读运作机理问题，模型则是更关注"怎么办"，如何应用的问题。本章节选取的十一种经典领导力模型都是国外学者与专家在前期理论研究基础上提出的较为知名的模型，各自特点鲜明，并都有自己的实践应用方法，而且绝大多数都已在企业界有应用范例。

一、适应型领导力模型

1. 理论基础

　　适应型领导力理论更多基于组织的本质特征而非领导力的本质特征，即"组织遵从生物进化进程"。

2. 模型描述

　　适应型领导力的主要推动者罗·荷菲特与马迪·林斯基（Ron Heifetz & Marty Linsky Heifetz）认为，**领导力的精髓是影响变革，进而建立和激活个人与组织苗壮成长的能力。**具体而言，领导力就是动员全体员工解决难题，共同苗壮成长。**管理**

者必须重视适应性问题，并且使用各种工具构建和培育组织适应能力。

"适应型"一词取自生物进化论，即组织按照生存和茁壮成长的基本流程运作。这个流程包括三个步骤：保持组织生存所必需的要素；去除不必要和无作用的要素；创造新构架，为茁壮成长提供条件。

"茁壮成长"意味发展新的能力和策略以应对环境变化，并实现战略愿景与目标。茁壮成长的关键在于要理解组织成长的真正含义，并亲身实践。茁壮成长就是成功地适应环境，进行良性变革，而且坚持对于组织最有利的做法。这就要求领导者透彻地理解公司核心价值、目标体系和历史沿革。

3. 核心要素

需要指出的一点是，适应型领导力是将领导力视为一个流程而不是素质要素的简单集合。适应型领导力模型中最为常用的技巧、素质包括：

适应型领导需要将组织变革与核心价值、能力以及相关利益人的梦想相挂钩；

适应型领导追求构建文化氛围，从而收集和尊重意见的多样性，并为组织使用这种集体知识；

适应型领导知晓变革和学习对个人而言是痛苦的，并有能力预期和应对阻挠行为；

适应型领导理解大规模变革式渐进过程中必须坚持不懈，并抵御住走捷径的压力。

4. 特别提示

适应型领导力模型关注的焦点是组织本身，而非领导风格或者取向；

适应型领导力模型与传统的技术型领导力存在本质差别，更适合现代经济的需要。

对比维度	技术型领导力	适应型领导力
关注重点	关注活动	关注高附加值结果
岗位设置	岗位说明细致冗长，限制性	故意泛泛，以允许灵活性
角色定义	角色期望狭窄死板	角色较为流动，只要在允许范围内，成员间可以相互替代
内部沟通	沟通受限制，主要由上级控制	沟通开放，而且公司鼓励形成人际网络
问题解决	政策控制导向	鼓励人们寻找能做的答案

第一部分 理论篇

部门设置	组织结构官僚化，部门较多	组织流程化，时间较短，鼓励灵活性和意见反馈
权力分配	权力基于岗位等级，较为正式授权	权力既考虑位置也考虑能力
跨部门协作	跨部门协作较为繁琐，正式	鼓励协作，容易完成
信息管理	信息高度保密	有助于工作的信息广为流传，提供机会增加价值
企业文化	鼓励忠诚、服从，反对跨部门创新	将其他部门当作内部客户，鼓励协作

二、赞赏型领导力模型

1. 理论基础

赞赏型领导力的基础是赞赏型质询，即并非着力于寻找企业中存在的问题，而是寻找企业中独特的积极因素，并以此作为企业未来发展的基础；

赞赏型质询假设组织会按照精心设计的提问方向发展，例如被提问企业最强优势问题时，企业会自动向那个方向靠拢；

赞赏型领导力的底层理论基础是构建性社会理论，高度依赖于建设性访谈，企业中关系和语言的集中性使用。

2. 模型描述

赞赏型领导力模型由惠特尼、特罗斯登和雷达等人共同提出，是与赞赏型质询理论和实践高度一致的领导力模型。该理论将赞赏型领导力定义为：**动员创造潜能并将其转化为积极力量的关系性能力，旨在动态激活信心、能力、激情和绩效状态，进而对世界产生积极的影响。**

3. 核心要素

通过大量的个人访谈与小组座谈，赞赏型领导力学者提出了五个核心策略组成的模型：质询智慧（用积极给力的问题引导）、状态展示（将人与环境的最佳状态展示出来）、求同存异（与同事们共同创造未来）、激发勇气（唤起创造性精神），正直诚信（为整体利益做决策，保持正直、透明、真实），并对这五个核心策略中需要注意的要点进行了诠释。

（1）质询智慧策略

重点在于"提问"而非"告知"；

有意识的使用积极性的高价值的问题；

邀请对方分享思想、情感、成功故事以及未来设想；

营造肯定支持的良好氛围，使得人们有权进行决策并承担风险，被鼓励去学习、体验和创新。

（2）状态展示策略

主动寻找每个情境中每个人的独特性技能、优势能力、有效潜能；

注意观察和收集何时何地何人处于最佳状态的相关信息；

分享成功故事并传播最佳实践事例；

随时预判人们对于认同与庆贺的需求，并及时满足；

尽量通过为人们提供从事所擅长工作的机会，提高组织优势能力；

寻找员工间的能力互补性合作创造机会。

（3）求同存异策略

承认并迎合人们对于归属感和创造力的需求；

将意见分歧的人员召集一起，共同为关键性决策和计划出谋划策；

致力于培育安全感和平等话语权；

使得人们都为营造舒适而又共同成长的环境服务。

（4）激发勇气策略

行动正向积极，充满活力；

对语言精雕细琢，并广泛散播令人振奋的各种故事；

积极分享种种美好可能与未来希望；

为实现未来希望提供资源支持和达成路径。

（5）正直诚信策略

公开示范各种诚实、透明、真诚、符合职业操守的行为；

使用整体策略立体支持人类潜能的种种真实表现，并致力于快乐主义主题的产品、服务和组织的方案设计；

以服务组织整体为出发点进行决策，并鼓励所有成员采取同样策略；

期望并鼓励成员为多数人利益着想。

4．特别提示

赞赏型领导力着力点是管理者自身，通过正向提问方式给予管理者正向暗示，激发管理者和组织的正向思维，具有很强的心理学特征，但可操性极强；

现实中的领导者由于事务缠身，主要注意力都会放在出了问题的事件上，对下属优势的关注不足，并因此在工作分配时容易出现偏差；

与变革式领导力相比，赞赏型领导力的历史较短，研究成果较少，而且对引导技巧性要求较高。

三、真诚型领导力模型

1．理论基础

模仿他人就无法做真实的自己，只有真诚和真实的时候，人们才会信任你；

信任是领导最为核心的要素，而诚信是获取信任的不二法则。

2．模型描述

2003年，比尔·乔治的《真诚型领导力：重新发现创造持久价值的秘密》一书开创了真实领导力模型。在社会各类公司存在领导信任危机的今天，真诚型领导力独辟蹊径，认为**领导应具有使命热诚，并持久坚持实践自身价值观，构建长期有效的关系网络，并依靠自律垂范带领团队，达成结果**。关注和推动正向的心理能力与道德氛围的领导模式，可以塑造更为强大的自我意识，国际道德视角，均衡的信息处理能力和与他人透明关系，最终形成积极的自我成长。

真实型领导都是通过多年实际工作磨炼，发现自己的优势所在，认识真实的自我，不断完善自己的故事，并积极利用这些优势影响和领导他人，而其中最强有力的影响工具就是以往故事的分享。

必须指出的是，所谓"真诚型领导力"的核心是诚信，而不是领导风格。

3．核心要素

2003年，比尔·乔治提出了真诚型领导力的五个特质：

深知自己领导的目的；

创建稳固的价值观；

构建基于信任力的关系；

展现高度自律；

用心领导，有使命感。

4．特别提示

目前存在从个人内心、能力发展和人际关系三种视角定义的真诚型领导力。每种定义都提出了自己的模型，但基本上真诚型领导力模型都会包括自我意识、国际化道德视角、均衡的信息处理和透明的关系四大维度；

真诚型领导力的各种素质会随着经验积累而不断提升，特别是关键事件起到的作用十分明显；

真诚型领导力能够满足社会长期被压抑对于值得信任的领导的渴求，同时还为管理者沿真诚型领导力方向发展提供理论与实操的路线指引，此外所有管理者都可以成为真实型领导者，而且有现成的测量工具作为助力；

真诚型领导力模型现在的应用还在研究阶段；

真实，真诚不等于正义；

真诚型领导力与实际企业经营成果之间关系并不清晰，支撑程度未经证实。

四、魅力型领导力模型

★ ★ ★

1. 理论基础

魅力和优雅是吸引追随者的充分和必要条件；

人们跟随他们个人崇拜的对象；

自信是领导力的基础。

2. 模型描述

魅力型领导者通过自身个性与魅力、而不是借助外在的权力与权威，来赢得追随者。通常魅力型领导者具有以下三个特点：

（1）高度专注

魅力型领导对谈话对象高度关注，使得对方现场感觉自己是全世界最重要的人。他们花费大量时间研究环境情形，并擅长根据对方心态与兴趣调整自己状态。

（2）打动人心

魅力型领导使用各种手段营造个人形象，为获取信任不惜公开进行自我牺牲和为信仰而亲身犯险。往往口头语言与肢体语言水平较高，沟通说服力很强，有其擅长利用讲故事来营造氛围和戏剧性效果。

（3）引领团队

魅力型领导经常聚焦于如何保持自己团队的独特性，以区别于其他群体。他们还会在下属头脑中构建出鲜明的高人一等的团队形象。魅力型领导还会把自己和团队身份直接挂钩，形成加入团队就是成了领导麾下一员的概念。

3．核心要素

上述三个特点是从魅力角度与道德责任角度出发设计的，而1998年寇格与卡奴寇（Conger & Kanungo）从受益者角度提出了魅力型领导的五个行为要素。

（1）愿景清晰度；

（2）对环境敏感度；

（3）对下属需求敏感度；

（4）个人风险承担；

（5）采取不保守的行为。

4．特别提示

魅力型领导力与变革型领导力有很多共同之处，但其主要区别在于二者关注焦点不同，变革型领导者聚焦组织变革和员工的改变，而魅力型领导者兴趣在于其个人魅力；

魅力型领导者过于关注自身，而且影响力很大，如果道德高尚会全面推动公司发展，但如果过于自私，则容易对员工洗脑形成小团体，并将团队引入歧途；

魅力型领导者很可能过度自信，导致自我膨胀和个人崇拜，引起团队领导信任危机；

魅力型领导者还可能由于其保持自身权威地位和不能容忍挑战者，造成后继无人，引发离职后的权力真空危机。

五、动态型领导力模型

○┄┄┄┄★　★　★┄┄┄┄○

1．理论基础

所有人类组织都是复杂系统，因此遵循系统的规律，必须符合外部环境的要求；

企业内外部环境变化很快，国家政策的调整，不断改变的客户需求，产品生命缩短，市场规律多样化要求组织快速应变，在多变的环境中生存下来。

2．模型描述

人类系统活力研究告诉我们，一个组织的昌盛取决于它的适应能力和活力，其中包括：对模式变化的敏感性、反映的灵活性，抵御多重挑战的韧性。在结果不可预知的混乱时代，拥有活力的领导者更易取胜。**活力型领导者为保持组织效率，特别关注组织的一致性、自愈能力和健康保持。拥有这三个能力的管理者将几乎无所不能。**其中，一致性是高效组织的基础，但是真正保持组织活力的是自愈能力和健康保持。

3．核心要素

（1）一致性

与外部市场条件一致，部门间协调一致，员工行为一致；保持开放和真诚的沟通，保证角色与责任清晰；构建共享的团队成员身份；创造高绩效节奏。

（2）自愈能力

在受到挑战时整合资源、再调整的快速恢复能力。自愈型领导能够不断将自己置身于陌生环境中，通过打破决策限制条件，保持自身思维开放性和适应性。

（3）健康保持

活力型领导者不断检测环境中的突发隐患，有意识的探寻和建设组织文化，营造坦诚不公氛围，并能够容忍不同见解，从随机趋势中有效辨别出新模式。

4．特别提示

动态领导力的精髓在于应变能力，这一点与现代经济特点较为符合。但是动态领导力相对较易于聚焦短期问题，对企业发展的中长期战略目标重视相对不足。

六、参与型领导力模型

★ ★ ★

1．理论基础

决策参与有助于提高执行者对任务的理解；

人们参与决策后执行更为投入；

当人们为共同目标服务时，竞争性会降低，合作性提高；

集体决策优于个人决策。

2．模型描述

参与型领导意味着让团队成员参与决策，在面临解决复杂问题时所必须创造性思维的时候至关重要。现代公司中员工的知识化程度很高，智力工作所占比例越来越高，心理激励的作用日趋明显。要保证员工努力思考，**除了授权之外，最佳激励方法就是让他们参与决策，就复杂问题征求他们的意见。**

3．核心要素

基本不参与				高度参与
领导独裁式决策	领导做出决策初稿，聆听下属意见，然后最后决定	团队提供决策方案，领导最后拍板	团队和领导平等参与决策	全权授权给团队

参与型领导者尽可能让他人特别是下属团队参与决策过程，他人参与决策的程度可以按照上表分为五个级别。究竟参与级别是多少，取决于领导者的倾向和价值观、任务的难度、任务的时间要求、任务的类别。领导者越倾向民主决策，下属参与度越高；任务越重要，时间紧急，下属参与度越低；有关目标如何达成的决策类型下属参与度越高，越是有关下属绩效评价的决策下属参与度越小。

这个级别划分可以有多个变形，例如领导者描述目标，然后由参与者决定如何达成目标（也就是目标管理），抑或是领导者在决策的哪个阶段征询团队意见。

4．特别提示

如果下属参与度过高，对管理权限影响可能过大。

在员工参与意见后，但却未被采纳的情况下，容易产生被出卖感或者怀疑感。

参与型领导风格需要企业文化的支持，如果企业文化支持性不足，这种参与型领导的作用会大打折扣。

七、服务型领导力模型

★ ★ ★

1．理论基础

领导者对下属负有责任；

领导者对于社会和弱者承担有责任；

帮助他人的最佳方式是领导他们；

坚信所有下属都具有达成目标的能力，领导者只需要提供必要的支持和服务就好。

2．模型描述

与其他领导力模型采取的由上到下的层级模式不同，由罗伯特·格林利夫（Robert Greenleaf）提出的服务型领导力模型强调协作、信任、同情和有道德地使用权力。**服务型领导者服务他人，而不是被他人服务。领导他人就是帮助他们达成目标并持续改进。**他要求管理者要以"技巧，理解和精神"来服务员工。本质上是一种组织哲学和模型。**领导者深深相信，员工拥有达成目标的能力，并视自己为设定方向与优秀标准，并为员工提供相应自由与工具去执行。**由于这些领导者对下属有信心，所以将大量的个人精力投入到下属的指导与教育上，不断挑战他们，激发他们，当然还有聆听他们的心声。知名的皇家壳牌石油、沃尔玛、西南航空公司都采取的是服务型领导力模型，并取得了很大成功。

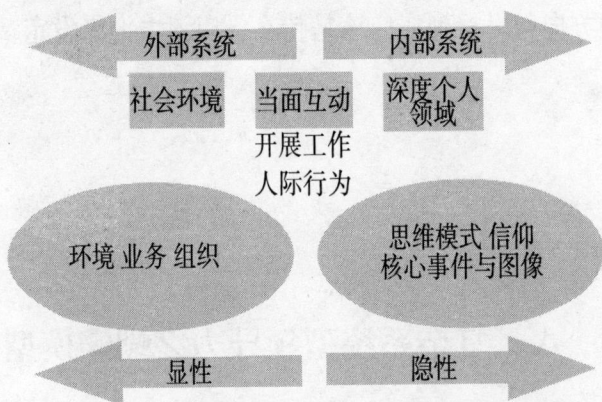

复杂人类系统的蝴蝶模型

3. 核心要素

拉里·斯皮斯（Larry Spears）2002年列出了**10个服务型领导的特质**：（1）聆听；（2）同理；（3）愈合；（4）说服：说服而非强迫制定；（5）觉察：自我觉察；（6）前瞻：理解过去经验，当前问题以及决策未来结果；（7）理念：理念化和实际问题的解决是管理者必须同时兼顾的；（8）致力于员工成长；（9）组织；（10）团队建设问题。

4. 特别提示

最为知名的服务型领导者是20世纪前期的南极探险家欧内斯特·沙克尔顿在船只搁浅时，历经800英里，历时2年将27个船员，全部活着带回。

服务型领导力模型本质上是一种长远的生活与工作理念，因此对社会有潜在的积极作用，此外有助于提升客户满意度与员工满意度，企业文化也会因此而更为健康和优秀。

服务型领导要求领导者把他人和社会利益置于自己利益之上，并期望下属都以他作为榜样大公无私，这一点难度较高。

由于深受基督教价值观影响，服务型领导特别适合于美国的公共服务机构，但

第一部分　理论篇

对于其他地区的盈利组织适应性有一定争议，由于对股东、客户与竞争重视不够，存在隐患。

服务型领导坚信所有下属都渴望不断改进和提升，这一点和现实未必吻合。此外，下属改进的方向与目标到底应该是什么？应该由谁来设定？这也是服务型领导未能解答的问题。

八、复杂系统型领导力之蝴蝶模型

★ ★ ★

1．理论基础

组织是一个复杂系统，可以通过建模来进行分析和优化。

2．模型描述

整体模型设计犹如一只蝴蝶，旨在指出永远都存在化蝶般提升的可能。模型的作用在于为人们提供一个系统状态评估工具，这个工具可以帮助组织不断完善和演化。

蝴蝶模型由三部分组成。

（1）面对面子系统：面对面沟通的行为，例如工作模式、沟通面谈等；

（2）外部子系统：组织的外部世界和环境，例如市场、经济等；

（3）内部子系统：员工个人内心的想法、感受、信仰和故事等。

3．核心要素

面对面子系统其中的要素的可观察性最强，因为我们可以观察行为和聆听对话。这些因素包括常见的个人面谈、小组座谈等等；

外部子系统的要素可观察性较弱，虽然我们可以探讨经济的话题及其效果，但是我们并不能真的观察到经济这个抽象概念的实体。这些要素包括环境、业务和组织方式；

内在子系统的要素可观察性最弱，因为理论上根本无法观察理论和思想。这些要素包括思维模式、信仰、核心事件。

4．特别提示

人类对系统的体验是通过面对面的沟通感知的，但是没有一个要素是能够脱离于系统独立存在的。在复杂的组织体系中，领导者必须从更高层面和更深层次对现实世界作出解读，并有意识地通过自身行动加以影响。

在重要互动事件中，领导者可以：

（1）关注周边发生的事件；

（2）询问自己组织与周边环境中的什么要素对这些事件有重大影响；

（3）思考并询问是什么样的思维模式、感想在影响人们的行为；

（4）寻找什么事情能够有效地推动系统向前发展；

（5）从那个角度行动，开展领导。

九、VUCA领导力模型

★ ★ ★

1．理论基础

组织面对的环境具有多变性、不确定性、复杂性和模糊性的特点（Volatile, Uncertain, Complex, and Ambiguous）；

组织外部环境的复杂性决定无法使用简单策略应对。

2．模型描述

VUCA领导力模型是由美国陆军战争学院开发的，针对应对20世纪安全环境变化情况设计的。**VUCA情况下，问题并不清晰，往往都是无法解决，无法预**

测的混乱局面。VUCA领导必须识别出其中的典型难题模式，进而避免陷入分析僵局。

破解困境的方法，是尽快由VUCA四维困境进入到愿景、澄清、理解和敏捷四要素组成的VUCA基础状态（VUCA Prime）。

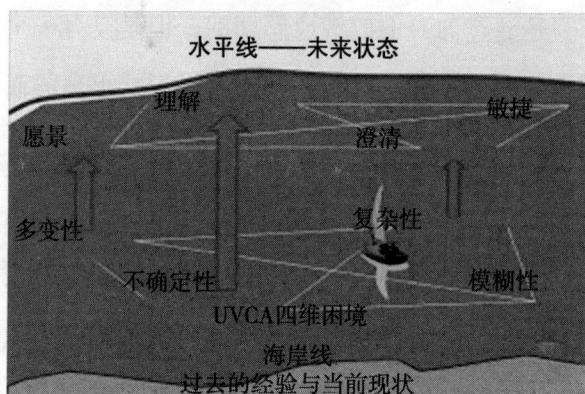

3．核心要素

在VUCA与VUCA PRIMA要素之间的互动可以促使组织适应外部变化，积极变革和演进匹配外部环境。简单而言，是以愿景对应多变，以理解对应不确定，以澄清对应复杂，以敏捷对应不明确。

多变性VS愿景：从未来倒推。从未来目标角度审视当前，并设定过程里程碑；

不确定性VS理解：使用适应型变革模型将变革方方面面融合起来；

复杂VS澄清：合理性。捕获周边环境中细微信号，敏锐寻找可能性；

不确定性VS敏捷：失败补救与礼节性异议。快速形成原创性思路并使用批评聆听技巧。

4．特别提示

UVCA模型是当年美国针对美国军队在异国他乡遇到难题，开发出来的问题解决模型。经学者研究发现，这一模型对于企业管理难题也有奇效，因此得到传播。

十、情景领导力模型 Ⅱ

★ ★ ★

1．理论基础

必须根据下属团队的技能与信心选择管理风格；

四种下属发展阶段与四种领导风格之间存在完全对应关系；

在领导时，要随着情况、环境、员工意愿与能力的不同，改变领导方式。

2．模型描述

1969年，肯·布兰查德（Ken Blanchard）与保罗·荷西（Paul Hersey）共同创造了"情境领导"Ⅰ模型，后来肯·布兰查德（Ken Blanchard）又自行开发了情境领导Ⅱ。

情境领导Ⅱ（SL Ⅱ）模型旨在协助部属在工作上成为能够自动自发、自我领导，在特定领域或者任务上逐步达到最佳绩效。**情境领导Ⅱ的关键思路将下属的"发展阶段"（即工作能力、工作意愿）和领导者的"领导类型"（即领导者的支持与指导行为）形成动态对应关系。**领导者的领导类型与下属的发展阶段相匹配时，领导才能够有效和成功。

3．核心要素

（1）员工的发展阶段

员工的发展阶段是由员工的工作能力与工作意愿两个维度进行诊断和评价的。D1阶段员工能力弱但意愿强，D2阶段员工能力弱或者能力一般但意愿弱，D3阶段员工能力较强，但意愿不稳定，D4阶段员工能力强而且意愿强烈。我们把这四个阶段分别成为：热情的初学者、消极的学习者、有能力但谨慎的执行者、独立工作的胜任者。

第一部分　理论篇

99

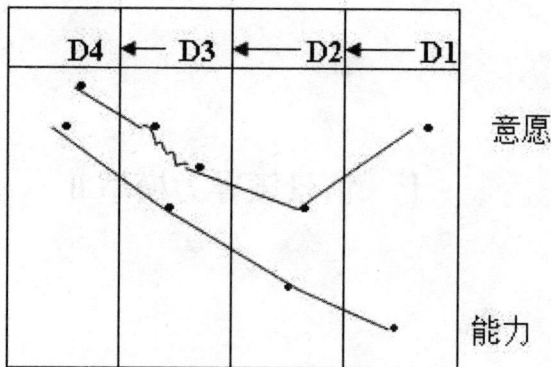

（2）领导类型

领导类型是领导者在影响他人时，他人眼中领导者的整体风格趋向。通常可分为命令型（S1：高指导、低支持）、教练型（S2：高指导、高支持）、支持型（S3：高支持、低指导）、授权型（S4：低指导、低支持）。

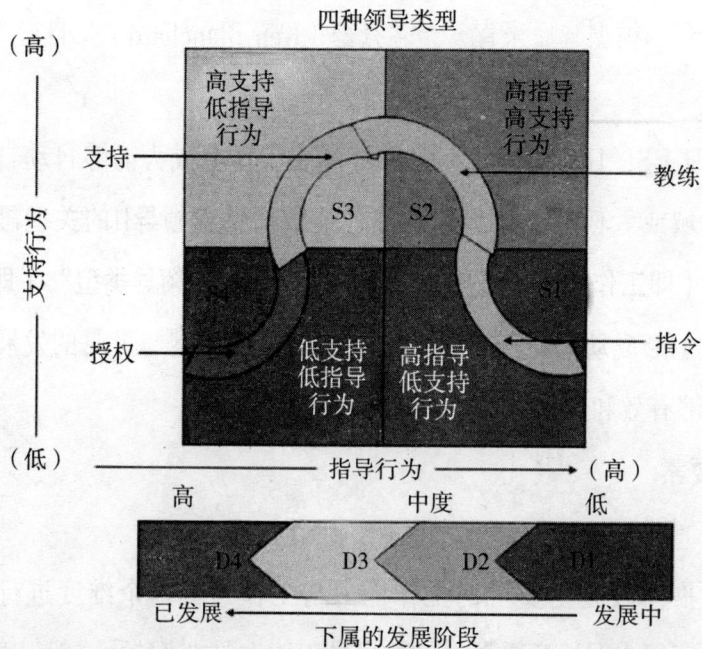

四种领导类型

对于不同发展阶段的下属，管理者应该采取不同的领导类型予以对应。

D1阶段员工适用于指令型的S1风格；

D2阶段员工适用于教练型的S2风格；

D3阶段员工适用于执行型的S3风格；

D4阶段员工适用于授权型的S4风格。

4．特殊提示

卡·布兰佳的调查表明，70%以上的领导者只使用一种领导方法，使用过三种领导方法的人数不足1%，大多数的领导者不知道如何因人而异，如何诊断员工的不同发展阶段来采取灵活的领导形态；

情境领导模型II的优势在于易于理解，便于操作；

情境领导模型II的局限性在于模型中主要包含的是决策管理，未包括管理中的计划、组织、控制、领导中的其他职能。

十一、供给线领导力模型

★ ★ ★

1．理论基础

管理者在新领导岗位取得成功必须适应改变，其中最为重要的是工作价值观念的改变；

管理者在企业中岗位改变可以被提炼为六个转变通道，每个通道的要求有明显差异。

2．模型描述

1970-1980年间，美国通用公司的人力资源顾问与教师怀特·马勒（Walt Mahler）一直致力于寻找不同领导岗位对管理者提出的各种要求，他提出了路口模型，后来经朋友德洛特（Drotter）调整完善后，形成了供给线领导力模型。随后詹姆斯·内尔（James Noel）和拉姆·卡兰（Ram Charan）也有所贡献。

供给线领导力模型的基本思路为，从外部雇佣高管空降兵只能是短期行为，企业长期必须发展和保持组织内部的人才梯队的建设、发展和维护。供给线领导力模型清

第一部分　理论篇

晰定义了从一个领导岗位阶段到下一阶段转移，也就是进入相应"通道"，所造成的知识、技能与态度方面的要求，并因此推动了公司内部管理人才梯队的建设。

供给线领导力模型中设计有七个领导岗位层次和六个转变阶段。

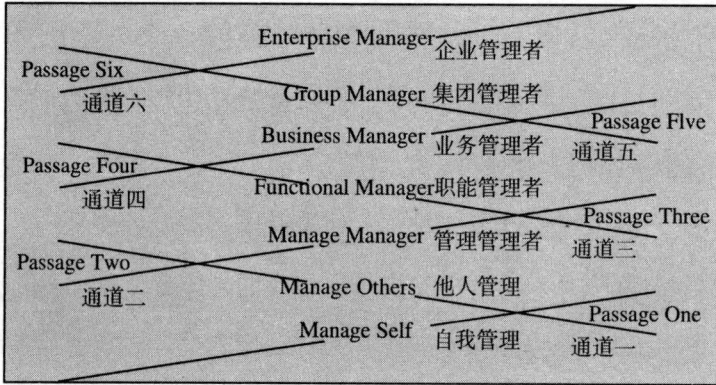

3. 核心要素

通道一：从自我管理到他人管理。

进入条件：当管理者展示自身不仅具有专业技能，而且具有协作能力时。

时间运用改变：管理者需要学会如何在既完成自身工作的同时，又能帮助他人有效开展工作。

技能改变：从自己工作向通过他人完成工作转移。

价值观改变：从重视自身个人工作价值向重视管理工作价值转移。

通道二：从他人管理到管理者管理。

时间运用改变：本阶段管理者必须脱身于个体工作，而只从事管理工作。

技能改变：必须掌握挑选适合进入通道1的员工，给他们分配管理与领导任务，评价其管理技能提升状况，并提供相应指导。

价值观改变：学会让一线经理更加关注管理工作，而非只关注业务工作。

通道三：从管理者管理到职能管理者。

时间运用改变：参与各种业务团队会议，与其他职能经理相互协作；通过构建职能策略，引导他们规避不良竞争，并在其职能范围内发展可持续的竞争优势。

技能改变：发展新的沟通技能以便能管理陌生业务领域；学会从其他职能需要视角考虑问题；为业务需要，与其他职能经理而相互协作和争取资源。

价值观改变：从全面长期的视角看待问题。

通道四：从职能管理者到业务管理者。

时间运用改变：本阶段管理者能够挤出时间来进行思考。

技能改变：为公司底线负责，做事不仅需要考虑各种可能性，而且必须从长短期利润视角加以分析。

价值观改变：重视自己所负责业务的成功。

通道五：从业务管理者到集团管理者。

时间运用改变：从运营单个业务向管理和发展多个业务领域与业务经理转变。

技能改变：从资本配置角度衡量战略，发展业务经理，发展和实施投资组合管理；分析业务是否具有成功的核心竞争力。

价值观改变：从他人业务成就中获得乐趣；重视投资组合管理。

通道六：从集团管理者到企业管理者。

时间运用改变：设置方向，并构建运作机制以确保企业季度运营与长期发展战略相匹配；由战略思维向愿景式思维转变，由一地运作向全球视角转变。放眼整体，不拘泥于局部。能够领导一只高执行力、锐意进取的下属团队。

技能改变：能够主动管理一大批外部支持者是。

价值观改变：重视权衡取舍，重视管理整体性。

4. 特殊提示

供应线模型指出管理和领导岗位对人的要求有明显差异，特别体现在时间管理、技能和工作价值观三个方面。

供应线模型为人才梯队建设、领导力发展提供了方向指引和借鉴模型，有利于识别和避免人才供应线中的常见问题。

供应线模型为企业人力资源管理者设计相关人才培训提供了参照模型，让更加聚焦的管理培训变为可能。

供应线模型针对大型组织设计，对于中型组织需要将其中的集团管理者层次去除，并赋予业务管理者企业管理者的职责。

第二部分

案例篇

管理者素质模型作为对于管理者的一种行为要求标准，除了可以应用于内部管理人才的招聘筛选、绩效管理、能力提升和职业发展的所有环节之外，还可以应用于公司文化体系建设与公司领导力提升。

　　在招聘筛选方面，素质模型可以通过评价中心设计融入到面试、无领导小组讨论、公文筐、角色扮演等各种测评手段中，从而有效把好人才入门关，提高人才与企业匹配程度。此外，素质模型更多地被用来识别内部具有管理潜力的精英员工，以便公司后期针对性培养。

　　在绩效管理方面，管理者素质模型可以成为管理者的过程考核的关键要素库，企业可以根据发展阶段加入相关行为评价，引导管理者改进其管理行为。

　　在能力提升方面，管理者素质模型可以成为针对性提高管理者管理技能的参照标准，国外知名企业如GE早已通过企业大学或者管理学院，通过配套的分层分类管理技能课程体系为管理者能力提升提供有力支撑。

　　在员工发展方面，可以通过测评中心等手段，全面系统识别公司人才团队中每个成员的浅层与深层素质，为个性化定制职业发展路径和更有效的人才梯队管理铺平道路。

　　本章节中收录了国外12家标杆企业、国内8家企业以及英国、美国、澳洲与中国政府公布的通用管理者素质模型，以及英国内阁与美国政府的高管素质模型供大家借鉴学习，为国内管理者素质模型的推广与应用助力。这些案例以英文或者拼音顺序进行排序，排名并无先后。

第一章

国外标杆企业
管理者素质模型案例

本书中选取了12家国外以领导力发展著名的大型企业，他们涵盖了能源、医药、快速消费品、电子制造、服务业、电信、航空等行业领域。其中包括了3M、安利、联邦快递、美国通用、英国葛兰素史克、宜家、IBM、壳牌、西门子、美国西南航空、英国沃达丰、美国NASA等。为便于大家理解，每个标杆模型介绍由公司背景介绍、核心思想、模型描述、核心要素、基本应用五部分组成。背景介绍内容包括企业业务、规模、企业文化等内容，核心思想是该企业对待领导力的特色理念，模型描述是该企业的领导力模型的框架逻辑，模型要素是对行为域的基本定义与包含要素的说明。

　　国外标杆企业是从行业分布、企业特色、品牌知名度、国内外相关领导力排名，以及资料公开程度等多个角度综合考虑进行选取的。

第一节 3M领导力素质模型

一、背景介绍

○━━★ ★ ★━━○

3M公司全称为：明尼苏达矿业及机器制造公司，于1902年成立，总部位于美国明苏达州的圣保罗市。作为知名的全球性的多元化科技企业，3M拥有国际公认的研发创新能力。在医疗产品、高速公路安全、办公文教产品、光学产品等核心市场占据领导地位。到2010年底，全球销售额270亿美元，在全球65个国家和地区设有分支机构，客户遍布200多个国家，员工超过8000人。3M公司的企业使命为"成为最具创意的企业，并在所服务的市场里成为备受推崇的供应商"。

上世纪90年代中期，3M外部市场环境发生了严重的结构性变化，产品与信息技术的市场快速国际化，并由此对3M组织内部提出了快速应对能力的要求。3M当时面临着两大挑战，第一个挑战是快速培养现有领导团队，第二个挑战是构建后备人才梯队以保证各层级管理者胜任力到位。

一项针对调查显示，全球500强中有超过2/3的企业已经使用领导力模型，而3M也决心调整自己原有的领导力模型，并且拟定了此次素质模型构建的三个目标：准确评价领导水平、更有效提升公司管理人才的领导能力、为关键领导岗位筛选和配置合适的领导人才。

1995年，3M召开以领导岗位人才甄选、测评与发展为主题的全球HR专业大会，会议结束时指定了两位专业人员带领团队构建素质模型为基础的领导力发展体系。3M组建了高管资源委员会、人力资源政策委员会和运营委员会三个小组配合领导力模型构建工作，以确保领导力模型符合公司实际需要。

二、核心思想

在领导发展方面的投资依然是头等大事。是领导者所提供的专注力、驱动力和激情才使得3M成为今日世界最有创新力的公司。3M认同领导者对公司持续提供创新型解决方案和社会责任感方面所作出的巨大贡献，因此3M将继续鼓励领导者超越自我为世界服务。——全球总监，辛迪强森（Cindy Johnson, Global Director, Talent Development）

三、模型描述

经过多次修改，3M最终确定了自己的由12个要素组成的领导力模型。该模型中将素质分为"基础"、"核心"和"愿景"三个行为域，以分别应用于有经验、初级和潜在的三个领导者群体。3M的领导力素质模型有两个特出优点，一个是特别重视将素质和实际工作习惯相衔接，第二个是以结果而非过程形式将要素展现出来，于是使得直接的示范、观察和评价成为可能。此外，由于高管在模型构建阶段的大量参与，使得描述语言高度符合模型使用者的习惯，更为有效。

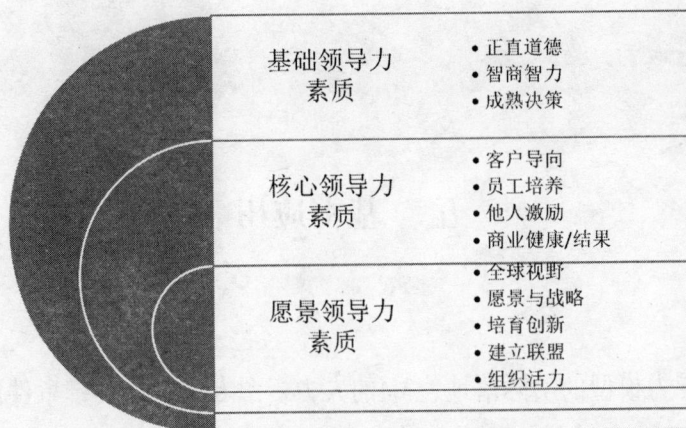

基础领导力 素质	• 正直道德 • 智商智力 • 成熟决策
核心领导力 素质	• 客户导向 • 员工培养 • 他人激励 • 商业健康/结果
愿景领导力 素质	• 全球视野 • 愿景与战略 • 培育创新 • 建立联盟 • 组织活力

四、核心要素

1. 基础领导力行为域

基本定义：管理者个人在被雇佣时可能就有，但是在其后的管理岗位上得以发展的各种素质。

要素组成：职业道德与正直、智商能力、成熟决策。

2. 核心领导力行为域

基本定义：当成为业务单元或者职能部门负责人时，管理者必备的各种素质。

要素组成：客户导向、员工发展、客户导向、他人激励、商业健康/结果。

3. 愿景领导力行为域

基本定义：3M管理者岗位升级所必需的素质，这些素质将使得管理者能够拥有超越自身控制范围的视野，并为决策增加新的思考维度。

要素组成：全球视野、愿景与战略、培育创新、建立联盟、组织灵活性。

五、 基本应用

○……★ ★ ★……○

为保证领导力模型的实际落地，3M的人力资源专家采取关键事件访谈法，组织了70多名高管参与各个素质要素的级别定义与行为描述工作。3M的领导力模型主要用于三个领域，一个是领导力评价，一个是针对性领导人才培养计划，一个是长期领导继任计划。

（1）领导力评价：3M设立有专门的年度评价流程，由公司高管对直接下级的相关素质要素进行评价。这是一种类似360°评价方式的评价方法。

（2）针对性领导人才培养计划：由于领导力模型的到位，公司高管可以与公司员工进行持续沟通，宣扬3M所期望的领导素质和行为。在职的和潜在的管理者都很清楚公司对他们绩效的评价标准，也因此会根据自己评价结果去采取针对性的素质提升办法。绩效评价是按照素质模型进行的，而且绩效沟通中会有相关素质的反馈意见。

（3）长期领导继任计划：3M按照公司领导力模型对领导岗位候选人进行测评，能够持续表现出公司期望领导行为的员工将有走上管理岗位的机会。绩效评价是后备管理人才筛选的主要信息来源。公司为员工提供基于领导力模型中特殊要素的能力提升机会。

第二节　安利领导力素质模型

一、背景介绍

作为美国最大的著名直销企业，安利（Amway）总公司位于美国密歇根州亚达城，于1959年由杰·理查·狄维士和杰·温安洛创立。安利主营业务为日用消费品的生产及销售，产品领域涉及家居护理用品与耐用品、保健品和化妆品等，以安利Amway为商标的产品共有5大系列600余种。安利业务遍及五大洲的80多个国家和地区，全球员工超过1.5万人。1995年，安利进入中国，2010年安利中国营业额接近220亿。

安利以"直销经营模式"而闻名海内外，即产品从工厂生产出来，经过经销商、直销员或者专卖店，直接到客户手中，减少中间的流通环节，让客户可以得到更好的服务。连美国哈佛也曾以安利奖金制度作为MBA经典案例。

安利公司有着独特的企业文化，其理想（Vision）为安利为您生活添色彩；其创办人信念为：自由、家庭、希望、奖励；六大价值观包括：伙伴关系、诚信、个人价值、成就、个人责任和自由企业。

以合伙人制度作为其运营基础，安利为了充分发挥其直销网络效用，在借鉴拉姆·卡兰，史蒂芬·德洛特和詹姆斯·诺尔（Ram Charan, Stephen Drotter and James Noel）研究成果基础上，构建了自己的领导力模型。

二、核心思想

一个安利的领导者在取得市场发展、完成业绩目标以外，使多少伙伴获得成长，这是评价一个安利领导人的重要指标。安利事业是人的事业，从事安利先要成为领导人，然后领导人去创造事业成长，这样一个先后顺序决定了从事安利事业的领导人的价值观（摘自《领导力从公仆心开始》，蔡军）。安利的领导力模型的基础是企业家精神，是无数独立商业伙伴组成的关系网络。

三、模型描述

安利的领导力素质模型独树一帜，汲取滑雪运动中的"转弯"理念，模仿快速下滑通过的旗门，设计了四个发展层级，并以此为基础配套了相应的配套Turn 101项目帮助管理者成功转型。安利领导力模型分为四个层次，第一层是管理他人，第二层是管理管理者，第三层是职能领导，第四层是业务领导。这四个层级之间存在着进阶的内在逻辑关系，第二层以第一层的技能作为基础，第三层又需要以第二层的技能作为基础。

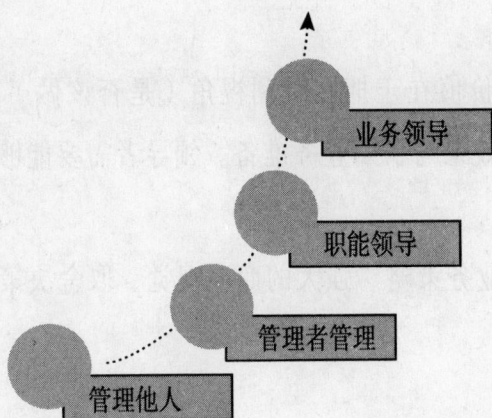

四、核心要素

安利的领导力模型分为四大行为域，每个行为域下又分别分5个、4个、3个、4个行为要素。

1. 管理他人

基本定义：关键价值是帮助他人接受公司价值理念，在此阶段的学习以年计算。

包含要素：计划能力、分配工作、教导下属、雇佣和开除员工、他人工作评价。

2. 管理者管理

基本定义：关键价值在于帮助他人掌握管理技巧，促进信息流动。

包含要素：教导经理、授权、基层经理筛选和资源分配。

3. 职能领导

基本定义：关键价值在于拥抱各种新的任务和职能，提升这部分能力必须和其他职能领导多沟通，积极参与业务团队会议。

包含要素：跨部门沟通、理解和管理非自身专业领域外的工作、发展职能策略。

4. 业务领导

基本定义：关键价值在于拥有赢利视角（是否该做）和职能视角（是否能做），以及均衡短期效果与长期业务准备。领导者需要能够从现实中提炼出未来三年。

包含要素：发展业务策略、强大的商业嗅觉、取舍决策、职能与业务计划有笑容。

五、 使用方式

★ ★ ★

（1）重视培训：安利认为，培训是包括绩效管理、混合式学习、领导力发展和后备人才梯队管理四部分组成的人才培养方案中的有机组成部分。安利的理念是帮助员工思考自身未来职业发展，并向他们提供发展和提升技能的机会。

（2）分层课程体系设计：对于初次承担管理角色的管理者，安利和达文波特大学，学习方式为混合制，学员毕业时学分将可以用于续读MBA学位。对于高潜力员工，安利开设了领导力加速课程，为学员提供和公司高层共同工作的机会，结业时高管将给予相应评价。领导培育项目是为那些介于初级管理者和高潜力员工之间的学员量身定制的，课程的主要目的是帮助这些学员掌握识别和培养高潜力员工的能力。

（3）基于领导力的通用课程：根据全球领导力模型，安利设计各种基于素质要素的各种系列培训课程。

第三节　联邦快递领导力素质模型

一、背景介绍

$\star\star\star$

美国联邦快递公司（FedEX）成立于1907年，是世界上最大的配送公司。联邦快递隶属于美国联邦快递集团（FedEx Corp），是集团快递运输业务的中坚力量。联邦快递集团为遍及全球的顾客和企业提供涵盖运输、电子商务和商业运作等一系列的全面服务。

联邦快递集团通过相互竞争和协调管理的运营模式，对旗下的多个品牌进行管理，为客户提供综合的一体化商务应用解决方案，集团年收入高达320亿美元。联邦快递集团员工超过26万名员工和承包商高度关注安全问题，恪守品行道德和职业操守的最高标准，并最大限度满足客户和社会的需求。由于其卓越表现，联邦快递多次被评为全球最受尊敬和最可信赖的雇主。

联邦快递是全球最具规模的快递运输公司，为全球超过220个国家及地区提供快捷、可靠的快递服务。联邦快递设有环球航空及陆运网络，通常只需一至两个工作日，就能迅速运送时限紧迫的货件，而且确保准时送达。

联邦快递公司已成立逾30年,通过内部优化和外部收购不断取得发展，收购一直是该公司强有力的扩张策略工具。

联邦快递的使命：联邦快递要在中国成为国内主要的运输服务从业者，为股东创造卓越的财务回报。以最高质量的方式去满足客户的需求。联邦快递将致力于在员工、合作伙伴及供应商之间建立互惠互利的关系。安全是我们公司运营的首要考虑。所有的活动必须遵循最高的道德和职业标准。

运营策略：联邦快递追求三个层面的无缝的、并行的独特策略。

（1）在世界范围内统一品牌，以集体形式对外竞争。

（2）在内部独立系统中单独运行，以满足客户的个性需求（与UPS相比，联邦快递同时运作两个独立运输系统）。

（3）与我们的员工、客户和投资者共同维持稳定的忠诚关系。

联邦快递的价值观：

员工：我们珍视自己的员工并推动工作地点与思维的多元化。

服务：我们彻底的积极精神促使我们将客户置于我们工作的中心。

创新：我们发明和鼓励发明各种能够改进我们工作和生活方式的服务与技术。

正直：我们诚实、高效和可靠地对业务、财务和服务进行管理。

责任：我们支持和拥护在我们的生活和工作的社区营造安全和健康环境。

二、核心思想

★★★

强大的领导哲学创造了联邦快递的高度投入、富于弹性、高度职业化的企业文化，进而成就了联邦快递神话般一夜成功。快递行业一直处于高度竞争状态，在这个行业中的企业必须具备高效的适应能力。

联邦快递的第一条领导哲学是员工—服务—利润。员工聚焦于员工的福利与尊严，FedEX视员工为首要事务。服务聚焦于客户，因此管理流程就可以聚焦于服务。利润强调每个管理者都必须在降低成本的同时保证100%客户满意度。

第二条领导哲学是"蓝色誓言"，即通过个人承诺强化每个员工对于客户满意度的责任，保证每次联邦快递服务体验都感觉不同凡响。公司流程都与蓝色誓言紧密相连，而且公司每半年都会颁发蓝色誓言奖，并举办晚宴以示庆祝，此外公司还会公开表彰那些做出额外努力地在艰苦环境下坚持按时送货的员工。这种员工与传奇故事极为有效地将价值观和榜样力量传递到公司的每个角落。

联邦快递最为突出的特点是所有员工工作聚焦，第二个特点是充分的沟通，员工对这些领导哲学耳熟能详。

三、　模型描述

联邦快递的领导力模型由九个个人特质要素组成，分别为人格魅力、体贴人微、启发智慧、充满勇气、勇于担当、灵活应变、正直诚实、果断决策和尊重他人。

四、　核心要素

1. 人格魅力

唤醒他人的忠诚、尊重与信任的才能。具有看穿别人需要的天赋，并能传递出一种强烈的使命感。

2．体贴入微

给有需要的人提供指导、建议和培训，积极聆听并能巧妙示意对方你在倾听；对新员工给予足够的帮助。

3．启发智慧

引导他人使用推理和证据说明问题，而不是主观臆断；启发其他人用新方法思考老问题；用一种他人从未见过的提问方式进行交流，促使别人用新视角重新审视问题。

4．充满勇气

必要时，明知所提观点不为大众接受，也能够坚持自己看法；不为避免冲突而屈服于他人的压力或意见；只要是对公司和客户有力，即便让自己陷入麻烦也在所不惜。

5．勇于担当

信守承诺，始终投入；勇于承担行为后果，为错误承担责任；能够不依赖老板独立工作。

6．灵活应变

在变化的环境中高效工作；当很多事情同时发生时，能够并行同时处理多项事务；当环境和条件发生改变时，能够做出适当调整。

7．正直诚实

做事遵循商业伦理道德；不滥用管理者的特权；始终扮演榜样角色。

8．果断决策

通过逻辑分析和比较，对各种行动方案做出正确的评价；具有将相关的事实和因素，进行客观理性归纳的能力；利用过去的经验和信息来为今天的决策服务。

9．尊重他人

一视同仁地尊重他人的意见和工作，无视其岗位或者级别的差异。

五、基本应用

◦┄┄★　★　★┄┄◦

1.测评应用

联邦快递领导力模型本身是一个评估模型，这个模型既被用来进行个人领导力评价，也被用来进行组织能力评价。评价结果与员工职业发展，后备人才梯队管理挂钩。

2.领导力与领导意识评价流程（LEAP）

联邦快递任何员工按照管理岗位路线发展，都必须按照这个特定流程接受评价。公司设立LEAP模型旨在对员工领导潜力进行评价，并且促使员工认真思考自己是否对领导岗位真的有兴趣。其中，领导潜力的测评部分是按照领导力模型的九个维度进行的。

第四节　美国通用电气领导力素质模型

一、背景介绍

美国通用电气公司（General Electric Company，简称"GE"），是世界上最大的集技术、服务、制造为一体的多元化集团公司。GE由著名发明家托马斯·爱迪生1878年创建，1892年，爱迪生通用电气公司和汤姆森-休斯顿电气公司合并，成立了通用电气公司（GE）。GE的产品和服务范围广阔，从能源、石油天然气、水处理、航空、运输系统、家电、照明和医疗，到金融和新闻媒体及娱乐，客户遍及全球100多个国家，拥有30多万员工。GE所有业务都秉持着一个重要理念：充分发挥想象，为全球客户和消费者创造更美好的生活。

据2010年统计，GE的销售收入是1,567.83亿美元，全球企业收入排名第二，仅次于摩根大通。GE是道琼斯工业指数榜自1896年设立以来唯一至今仍在榜上的公司。现任董事长及首席执行官（CEO）是杰夫·伊梅尔特，但历史上最为有名的是"中子弹"杰克·韦尔奇。

美国通用公司是美国公司的典范，通用的CEO代表着当代西方管理实践的最高境界。2010年，在《快速公司》（Fast Company）评选的世界五十大最具创新能力公司中，GE医疗名列第一，GE公司名列第十九。2010年，GE位列诚信杂志（Ethisphere）评比的世界最道德公司的提名名单。2010年，GE位列商业周刊

（Business Week）评比的世界二十五大最具创新能力公司名单。2010年，GE在《财富》杂志（Fortune magazine）评选的"全球最受赞赏的公司"评选中名列前茅，这是该公司连续第五年获此殊荣。

GE高度重视企业公民责任，期望成为履行企业公民责任方面的领先企业。GE确定了符合公司发展战略的绿色创想、新兴市场、诚信与治理、环境、健康与安全等4大战略领域，并相信能够在这些领域承担企业公民责任，发挥领导作用。

GE视自己的文化为成功的秘方，而文化定义为公司对员工行为与特质的期望。GE提出了五大价值观。这也是公司领导力模型的基础。

以外部为中心	从客户视角定义成功，与行业动态保持同步–见微知著
清晰的思维	以简洁方法解决复杂问题，关注决定性焦点，清晰地沟通，始终重点一致
想象力和勇气	产生新的有创造力的观点，对变革持开放性态度，足智多谋，表现出勇气和韧性
包容性	团队合作，尊重他人的想法与贡献，营造兴奋点并推动他人参与
专业性	专业深度，经验带来的声誉，不断提升自己，热爱学习

GE高度关注自身领导力的培养，90%以上的管理者由GE自己培养。2009年，GE位列财富（Fortune）世界顶尖领导力公司榜单。GE最为知名的领导力模型是杰克·韦尔奇提出的4E+P模型，2010年GE又提出了新的领导力模型。以下将同时介绍这两个模型。

二、 核心思想

○……★　★　★……○

杰克·韦尔奇面对当时机构臃肿、等级森严、管理混乱的通用，提出了自己的领导策略，在西方原有的科学管理风格基础上增加了东方的东方风格的人文精神，并高度重视人才培养。杰克·韦尔奇由于成功促成通用的转型而一举成名。他的领导策略包括在每个业务领域中必须做到第一或者第二，以非正式方式处理全世界最大最规范的业务，对通用公司进行"杂货铺"式管理，对每个员工都能做到直呼其名。韦尔奇在变革时代的领导模式代表了世界企业领导理论，并为众多企业和管理者所仿效。

杰夫·伊梅尔特是杰克韦尔奇历经六年才选中的接班人，他因为成功推动通用业务全球化，以及内部人才多元化、企业文化变革，"绿色创想"等多种措施而闻名于世。他认为，GE的某些领导力基础要素永远不会改变：追求正直热情，追求良好绩效，追求不断创新，而其余要素则会根据外部世界的变化而必然发生改变。

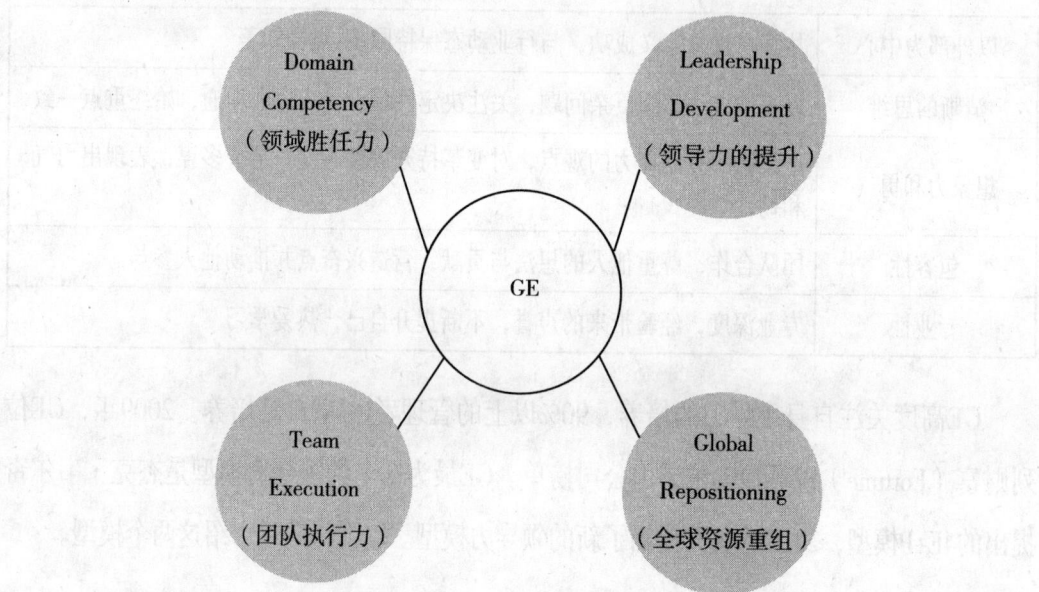

Domain Competency（领域胜任力）

Leadership Development（领导力的提升）

GE

Team Execution（团队执行力）

Global Repositioning（全球资源重组）

三、 模型描述

1.韦尔奇的4E+1P

韦尔奇认为领导人才需要具备活力充沛（Energy）、激活他人（Energize）、锐意进取（Edge）和执行有力（Execute），以及充满激情（Passion）。四E中，前两个E最为重要，即活力充沛和激活他人的能力；而后面的锐意进取与执行有力可以依靠经验积累和培训提升。韦尔奇将这套标准用于人才选拔招聘与培训。

2. 杰夫·伊梅尔特的2010版模型

杰夫·伊梅尔特在2010年写给股东们的信中，宣布"GE已经对原有的领导力基础进行了现代化改造，升级成为包括外部聚焦、清晰思考、想象与勇气、包容性、专业性等五大基础。"在这五个核心价值观基础上，GE形成了由四个维度组成的新的领导力模型，即素质行为域、领导力发展、全球再定位和团队执行力四大部分。

四、核心要素

○……★　★　★……○

1. 韦尔奇对4E+1P的解读

活力充沛（Energy）：强烈的行动欲望、欢迎变化、精力无穷，始终充满热情，很少显出疲惫。

激发他人（Energize）：懂得激励别人的人能鼓舞自己的团队，动员他们接受看似不可能完成的任务，对业务有精深理解，说服技巧出色，擅长激发他人斗志。

锐意进取（Edge）：面对复杂困难问题，充满自信，敢于作出决定，在必要情况下能够快速果断决策。

执行有力（Execute）：落实工作任务的能力，无论经历何种阻力与困难，都能最终达到目标。

充满激情（Passion）：指对工作由衷的、强烈的、真实的、持久的兴奋感。

充满激情的管理者能够感染他人。

2．杰夫·伊梅尔特对2010版模型的解读

GE的领导者必须学会在变化中执行到位。虽然市场可预测越来越低，但是团队依然可控。GE希望领导者能够带领团队在市场竞争中胜出，而领导者则必须更加智慧和理性地应对各种风险。

GE的领导者必须学会倾听。GE未来可能出现鲁莽投资的情况，也可能失败，但必须从错误中学习成长。GE需要开放心扉，从所有可能的渠道中获取信息。此外，GE以团队形式工作并服务于公司客户。

GE的领导者必须学会系统思考。这里系统思考包括与公司内外的思想交流能力。公司鼓励内部进行最佳实践分享，同时鼓励在跨GE事业部领域，进行横向创新，技术联合，公众策略，社会发展趋势等各方面的信息交流。

GE的领导者必须学会成为懂得规模效益的企业家，帮助业务发展，而不是成为传统官僚阻碍发展。要发挥GE体量大，速度快的独特优势为公司发展服务。

所有的国际化公司都会视情况重新调整决策并强化自身文化建设，最大子公司的领导者都会借助经验与市场知识提高决策速度。

GE在领导者培养方面投入甚多，已经得到全球公认，2010年，GE被商业周刊与合益咨询集团组织的活动中被评为全球最佳领导力公司。

五、基 本 应 用

○┈┈┈★━★━★┈┈┈○

1．大力投入领导力培训

在全球范围内，GE每年投资约10亿美元用于培训最出色的领导人并开发应用最为广泛的商业技巧。GE致力于发展卓越领导能力的最佳范例就是位于克劳顿村的约

翰·韦尔奇领导力培训中心，它是全球首家大型企业商学院。

GE领导力培训体系设计中，把GE价值观和领导力放在了极其重要的位置。项目和课程会随着公司对领导力要求的发展而更新。但都会保持与公司价值观与领导力的高度一致。例如，GE最新启动了一个"领导力、技术创新及增长（LIG）"项目来帮助团队改善增长文化及能力。这个项目由董事长Jeff Immelt亲自提出并亲自带队，在四天的培训时间里，首先评估学员的增长型领导特质，随后利用五个半天阐述增长型领导者的特征，一个半天讲授销售管理，最后一个半天由学员汇报。在项目结束后，学员需要给董事长写信，汇报在自己的团队中做了什么事情来促进变革和帮助增长的。

GE领导力培训特别重视与公司业务的有效衔接，其知名的行动学习项目有效达成了企业重大问题的解决和相关人员领导力素质提升的双重目标。

2．领导力模型与绩效评价相衔接

所有管理者的绩效都包括两部分组成，一部分是工作成果业绩，另外一部分是有关GE价值观与领导力部分。两部分都得高分的管理者将得到最高奖励，而文化与领导力高而实际绩效低的管理者的待遇会高于文化与领导力低而实际绩效高的管理者。

3．领导力模型在后备人才制度中的使用

GE的领导力模型直接用于后备管理人才梯队建设。GE有一个九宫格工具，它是由增长型价值观和业绩两个纬度组合而成的。业绩和价值观表现出色的员工就会被纳入到后备人才梯队中。为鼓励人才流动，GE甚至设置了一项绩效考核指标，对扣留人才的经理人倒扣分。总之，GE的业务发展与人才发展是同步的。

第五节　英国葛兰素史克公司领导力素质模型

一、背景介绍

英国葛兰素史克公司（GlaxoSmithKline，简称GSK），国际制药行业巨头，全球最大药剂集团。2000年由当时世界两大制药巨头葛兰素威康和史克必成合并成立，进而确定了全球第一地位。GSK总部在英国，以美国为业务营运中心，业务遍及100多个国家，全球员工约10万人。公司主营业务为药品、疫苗、消费品及保健品和临床实验室设备及用品等，在世界37个国家拥有82个生产基地。GSK是一家以研究和开发为基础的制药集团公司，公司拥有全球制药行业中最大的研究开发体系和最先进的技术设备，药物的研制水平居世界的领先地位。迄今为止，公司有4位科学家先后获得诺贝尔医学奖，有11种药品获得了英国女皇奖。

葛兰素史克的使命：让人们能够做到更多、感觉更舒适、生活更长久，从而提高人类的生活质量。GSK的价值观包括尊重他人、以病人为中心、公开透明、正派诚实。GSK的愿景是在行业中成为无可争议的领导者，这意味着葛兰素史克必须战胜行业和全球社会面对的所有挑战。GSK成为第一并不是因为只看重规模问题，而是如何利用这个规模来达成自身使命和改善人类生活质量。另外，GSK文化具有高绩效导向的显著特点，而且近年来一直在追求简化运营流程，加快决策效率。简言之，"GSK精神"是对所有员工提出的统一要求：诚信的绩效表现，企业家精神，以创新为中心，紧迫感，成就激情。

在公司愿景指导下，GSK高度关注员工状态，设立员工活力与弹力管理机制，不断改善员工健康、绩效和工作家庭平衡。2001年GSK并购成立后，GSK完善了员工健康管理计划，关注员工个人和组织压力管理能力的双重提升，并开发了多个压力源识别与管理工具，提高员工个人与组织的弹性恢复力。

2007年，为统一集团内部对领导干部的要求、提升绩效和强化社会责任感，GSK引入了新的领导力模型，该模型必须满足GSK企业战略与文化的特点，特别是"健康"理念的植入。

二、 核心思想

对GSK来说，领导力不仅仅是个数字问题，远远超越成为销售2百亿英镑，市场占有率6.9%，员工10万以上的一个世界级医药公司。领导力是一种可以替代企业战略、市场占有和技术优势的特殊物质，本质上是一种独特的文化。

GSK文化是一整套能够在组织内创造强有力行为事例的标准规范，这些非书面的"道路规则"在风险控制、变革引导和创新创造等方面树立了期望目标。文化是一种巨大的力量，可以成为市场成功的驱动引擎。GSK的领导力围绕以下八大精髓展开设计。

（1）诚信基础上的绩效表现——即组织与个人诚信。

（2）充满激情的员工——公司激励并使得员工能够发掘出全部潜力。

（3）创新与企业家精神——依靠创造性赢得竞争优势。

（4）紧迫感——创造一个敏捷、聚焦、弹性和快速学习的组织。

（5）人人投入，人人贡献——所有员工都有机会为公司作贡献，并在遵守道德准则基础上获得成功。

（6）成就问责——明确期望；聚焦核心问题；看重绩效，奖惩严明。

（7）与组织利益看齐：以团队视角齐心追求组织愿景，体现出共同精神与一体化策略。

（8）自我发展与他人发展：组织内部全方位的灵活职业生涯学习能力。

三、 模型描述

◦┄┄★ ★ ★┄┄◦

新的GSK领导力模型结构上分为四个关键领导域：**专业能力、执行能力、领导行为和自我认知域**。自我认知域是健康文化理念最为看重的领导域。所有恢复性计划与绩效能量计划（E4P）都是直接与这个领导域挂钩。自我认知域素质的提高至关重要，因为所有其他领导域都需要自我认知域来提供燃料和动力支持。

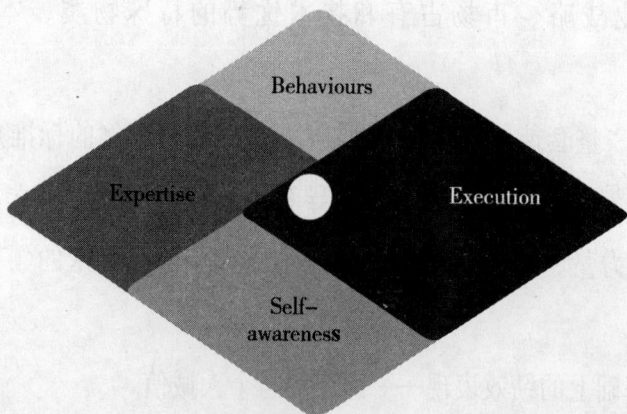

GSK认为未来工作压力与工作要求都不太可能减少，因此必须关注管理者对

于外部环境的实际变化与感知的变化所作出的生理和心理反应。管理者作为组织潜能的大管家，需要充分调动和利用各种资源做事。而且，GSK的管理者必须学会领导自己而不让自己过度劳累，才能够有效领导他人。此外，管理者还需要有意识控制自身对公司的负面影响。

四、核心要素

★ ★ ★

1．自我认知域

基本定义：自我认知与知识，能够帮助领导者管理自身天赋、技能、潜能与能量，以保持最佳工作状态。其中包括个人偏好、个人模式、个人能力优劣势，个人激情与动力，个人情商和个人恢复能力与能量管理。

2．执行能力域

基本定义：所有GSK员工都必须具有的核心管理方法、流程和实践的应用能力。

3．专业能力域

基本定义：担任特定岗位或角色所必需的，独特的专业技术或者职能知识、经验。

4．领导行为域

基本定义：聚焦当前和未来公司需求的12个高绩效行为，这些行为将对工作绩效产生直接影响。

第二部分　案例篇

五、 基本应用

○·····★ ★ ★·····○

1．GSK在招聘、保留和发展员工时，使用了基于核心领导力模型的测评手段，测评时重点考察职业道德与诚信品质等核心要素。

2．GSK设计有后备人才梯队计划，涵盖范围不仅包括高层领导岗位，而是所有关键岗位。

3．GSK使用了基于领导力模型为基础的系统培养方式，为公司管理者掌握满足客户、员工和投资者需求所必需的各种技巧创造良好条件。2010年，GSK为全球8000名管理者进行了培训，并为高层管理者专门开设了新课程。

第六节　宜家领导力素质模型

一、背景介绍

宜家家居（IKEA）是全球最大的家具及家居用品零售商，宜家于1943年由英格瓦·坎普拉得（Ingvar Kamprad）在瑞典的一家小农庄创立，而截至2010年年底已在全世界41个国家和地区拥有127000个员工，年销售额231亿欧元。宜家的主营业务包括客厅系列，卧室系列，厨房系列，办公系列，炊具系列，家居储藏系列，纺织品，灯具系列和儿童产品系列等约10000个产品。宜家集团当前拥有全世界最强大的的家具产品供应链，实现了产品研发、生产、供应到销售的产业链整合。

宜家的理想是"为大众创造更美好的日常生活"，商业理念是"提供种类繁多、美观实用、老百姓买得起的家居用品"。低价格是宜家理想、商业理念和概念的基石。所有的宜家产品背后基本的思想就是低价格会使种类繁多、美观实用的家居用品为人人所有。宜家推崇"宜家方式"：最大限度地利用原材料，以能够为人们所负担得起的价格提供优质产品，满足人们的需要和品位。

宜家的所有顾客都会感受到宜家的特殊文化氛围，宜家人信奉节约，虚心倾听与学习，公平诚实，宜家的价值观是：团队、谦虚、简朴、成本意识。宜家文化是在整个组织机构中整合负责任和可持续行为的关键。

宜家的真正控股公司是一家非盈利基金机构。斯地廷·英格卡基金会通过控股英格卡控股有限公司（INGKA Holding B.V.），间接拥有宜家集团，该基金会有两个使命：一是对宜家的再投资，一是投资慈善事业。

宜家从1963年开始设立瑞典境外第一家卖场开始，到2010年8月底已经在26个国家设立了280个分店。高速发展的宜家处于高速的国际化扩张期。宜家抓住了采购与销售全球化的机遇，通过全球资源配置和全球市场开拓实现效率最优化。同时，国际化扩张给宜家带来安全风险增加、技术人才短缺、文化冲突加剧等众多难题，其中最大难题还是动态复杂业务环境中的管理和领导问题，毕竟企业规模大了，客户与供应商对宜家管理团队的期望值也水涨船高。

二、 核心思想

○┈┈★ ★ ★┈┈○

宜家的领导力永远以宜家的价值理念作为基础，宜家的领导者发展业务的同时，也同时发展员工。——泊尼勒·洛佩兹，全球人力资源经理（Pernille Lopez, Global Human Resources Manager）

宜家的管理团队力求创造**兼容并包、民主参与**的工作氛围，每个员工都是团队的一分子，管理层与其他员工之间毫无隔阂。宜家的管理者穿着随意，牛仔裤和运动鞋与其他公司管理者的西服领带形成了鲜明对比。此外，出差坐经济舱，住折扣旅馆，也是公司**"简洁"**和**"自觉"**的表率。宜家还允许员工犯错，鼓励公开道歉。管理者的角色是教练而非传统意义上的领导，关键在于激励和对业务的熟悉。

三、 模型描述

○┄┄★ ★ ★┄┄○

宜家对管理者提出了八个领域的素质要求，并广泛应用于招聘、晋升和培训方面。这八个方面分别是：领导他人、投入和行动、商业思维、关系构建与沟通、客户导向、推进价值观与道德、变革管理、战略思维。

四、 核心要素

○┄┄★ ★ ★┄┄○

1. 领导他人

为他人提供明确的指导，并使团队聚焦任务开展工作；激励、教练和授权员工。设定合理的行为标准，并以身作则示范领导；能够吸引、招聘、发展和保留优质员工。

2. 投入和行动

展现出激情、动力和决心；接受并达成工作目标，过程中绝不轻易放弃；随时准备对难题和复杂风险进行快速分析和决策；敢于为行动承担责任。主动自发工作，并自信地开展工作。

3. 商业思维

能识别有利于公司的商业机会；有意识地关注影响组织的财务问题；控制成本，并具备赢利与增值思考能力。及时更新竞争与市场发展情况。

4. 关系构建与沟通

能轻松与顾客、同事与下属建立良好关系；与各层级人员都建立有效关系网络；可快速赢得他人信任和形成默契。可清晰表达自我意见、信息与论点；具有良好声誉。

5. 客户导向

努力工作以识别和满足内外部客户的需求；监控客户对于产品与服务的满意度；认真对待客户投诉；永远客户第一。

6. 推进价值观与道德

不断坚持和提升道德与公司价值观；认真关注社会与环境问题；擅长利用团队成员的多元化特点；对所有人一视同仁，平等公平；明确公开表达自身观点。

7. 变革管理

积极正面对待不确定性所带来的各种依据；敏感识别并尊重文化差异；总结成功经验和失败教训，并积极听取他人意见。

8. 战略思维

拥有战略视野，有意识地为组织目标实现而努力；能预见到未来发展趋势，各种可能发生事件对公司所产生的影响；广泛关注各种有关公司与个人工作的相关问题。

五、 基本应用

○┈┈★ ★ ★┈┈○

1. 宜家的领导力模型主要用于相关管理人才的培训、发展和招聘工作。

2. 有关管理人才识别与招聘

2004年宜家开设有"新地平线项目"，邀请所有在职同事参加领导者测试。测试的三个依据是平时绩效成绩，按照领导力模型进行的八项管理潜能评分，还有测评项目成绩。通过第一次测评后，申请者进入发展阶段，以6-8人的小组形式实现跨国相互支持。每个学员就自身所得评价意见，根据自身特点制定自我学习计划。公司还会举办各种领导力论坛，邀请他们参与，相互学习和讨论，以分享国际化领导经验。

《未来领导人搜寻计划》旨在招聘十个国际化培训生，这些培训生都是当年商业、经济或者工程学的毕业生。招聘条件为认同宜家价值观、人际关系优秀、精通英语语言并愿意时常出差。这些学员将在不同部门参加各种国际项目，来获得强大的管理与领导技能，并对宜家理念有更为深入的理解。随后，他们将参与一个为期三年的国际项目。该计划强调个人与职业发展。每个学员都配备了一名宜家的在职高管作为其导师，提供相应的支持。

2010年春天宜家启动了"背包旅行"计划，任何有管理潜质的员工可以申请为期一年的国外工作，每半年更换一个国家和岗位。在新的岗位上，公司会指定最好的宜家管理者指导他们工作。项目结束回国后，他们将开始承担领导责任。该计划每年招收两次，至少持续四年。

3．有关领导力的发展

（1）强调自我管理：宜家的领导力培养体现出一种明显的自我管理倾向。虽然公司也会安排配套领导力课程，但员工需要为个人职业发展负责，主动申请自己或者所带团队需要的培训课程与提升机会。

（2）突出宜家文化：宜家的领导力提升中特别强调宜家文化和价值观的作用。所有的管理者团队都必须参加一个为期一周的文化宣传课程《宜家之路》。高管经常性出席各种文化节日庆祝活动。无论是谁违背公司文化，都会遭到严重处罚，事实上也曾出现过有人因此被解雇的实例。

（3）跨文化培训：由于有些管理者对于和其他国籍的人打交道方面感觉吃力，因此宜家会为在其他国家工作的管理者安排跨文化培训。

（4）领导技能课程：宜家为管理者提供各种内部和外部的领导力和管理技能培训课程，其中包括"有意识地领导力"项目。这一项目将把全世界的管理者汇聚一堂，聚焦个人需求与价值观及其对领导行为的影响问题，讨论日常如何开展管理行为，如何培养下属，示范和推广宜家文化。该项目旨在通过深入发掘每个人的优缺点，强化自我意识，进而创造更有意识的领导力。

第七节　IBM领导力素质模型

一、背景介绍

★　★　★

上世纪90年代，在IBM领导力模型支撑下，IBM领导团队将公司从1993年亏损819亿美元状态，带到了2005年赢利910亿美元的巅峰状态。在2010年，IBM已经成为世界第一的信息技术方案提供商，销售收入达到958亿美元，员工规模已经达到40万员工（包括4万名管理者、6000名高管），业务遍布170多个国家，并形成北美、日本、东北欧、西南欧和新生增长市场五个运营团队。IBM取得这些成就离不开IBM领导力方面的巨大贡献。1993—2002年担任IBM总裁的郭士纳，最早提出了11项要素组成的领导力素质模型，2005年新总裁山姆·彭明盛（Sam Palmisano）上台后，融入了"应需而变"的文化要素。

2003年IBM在全球展开了72小时的即兴大讨论，32万名IBM员工在线讨论形成三大核心价值观，即："成就客户"、"创新为要"、"诚信负责"。

二、 核心理念

当地球变得更为聪明和更为紧密，每个组织的胜利将取决于其是否能够拥有一支从一线管理者到高管在内的，适合于明天的最佳领导者团队。领导力发展是IBM的首要任务，我们需要我们的领导者能够通过创新帮助客户成功，并且拥抱世界市场的变革与挑战。——学习与发展中心副总裁，特德霍夫（Ted Hoff）

IBM领导力模型和IBM的企业文化核心价值观息息相关，IBM领导力模型的构建也正是基于这三个价值观。

IBM价值观	成就客户	创新为要	诚信负责
领导力素质	客户伙伴关系构建	水平思考	赢得信任
	合作影响力	基于信息的判断	激活绩效增长
	拥抱挑战	战略性冒险	发展IBM员工与社区
	对IBM未来充满激情		

三、 核心框架

IBM2005年版领导力模型中，分为两个层次，九个素质要素围绕公司的三个核心价值观。这九个要素分别为：客户伙伴关系构建、拥抱挑战、赢得信任、激活绩效增长、发展IBM员工与社区、对IBM未来充满激情、战略性冒险、基于信息的判断、水平思考、合作影响力等。此外，IBM领导力素质是在员工基础素质以及职业素质、岗位相关素质之上的特定素质。

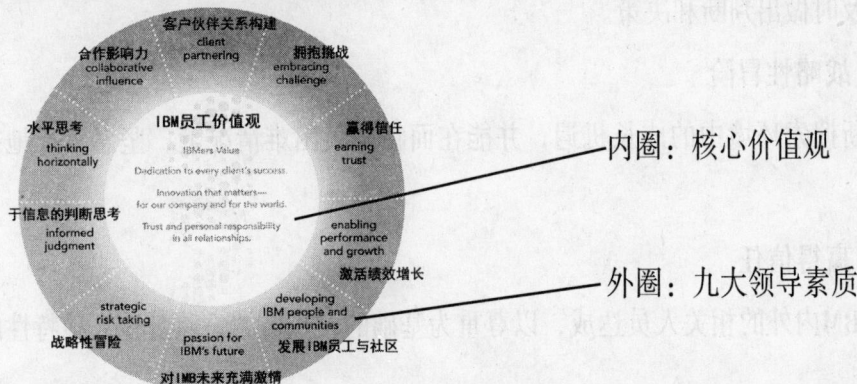

内圈：核心价值观

外圈：九大领导素质

四、核心要素

1. 客户伙伴关系构建（Client Partnering）

创造基于信任、声誉与紧密关系基础之上的持久可靠的客户关系。

2. 合作性影响力

以为IBM及其客户做"正确的事"为目的，创造和推动跨边界合作，超越传统权力范围限制。

3. 拥抱挑战

视复杂性与高挑战性为激情时刻，在复杂环境下，能够激发他人兴趣并以核心问题为焦点展开工作。

4. 水平思考

能够从公司整体"连点成线，连线成面"视角出发，立足于客户与市场，发现各种成长与创新机会。

5．基于信息的判断

通过权衡目标与行动关系，以事实为基础，更高效发挥信息、本能与专业能力作用，及时做出判断和决策。

6．战略性冒险

不断搜索环境中的成长机遇，并能在面临巨大困难情况下，坚忍不拔地捕捉这些机会。

7．赢得信任

与IBM内外的相关人员达成，以尊重为基础的，积极的，欣赏他人独特性的信任关系。

8．激活绩效增长

预见并且消除周边环境中以及人员之间的各种阻碍人们提升绩效增长能力的障碍。

9．发展IBM员工与社区

投入大量时间精力发展人才与IBM整体能力，必要时甚至可以为本机构外培养和输送人才。

10．对IBM未来充满激情

对于IBM对世界产生积极影响的能力以及机遇充满激情，个人价值观、信仰与志向与公司保持高度一致。

五、 基本应用

◦┄┄★ ★ ★┄┄◦

IBM设计和推动了由人才识别、评价、发展和配置一体化的领导力提高方案，为六千多名高绩效高潜力的管理者提供针对性服务。

1．人才计划

重新定义组织范围内的角色，由原来的600多个降低到250个岗位；

为所有领导者角色定制"成功档案"；

以业务单元或者市场为单位，对领导角色进行需求定义；

识别关键性薄弱角色，并匹配特殊快速招聘与提升支持。

2．人才识别与发展

定期对领导岗位人员进行素质测评；

以认证方式，对世界各地的IBM在职人员进行潜力与职业技能评估；

为所有IBM员工提供未来潜在的职业发展路线和个性化发展计划方面的专业辅导，并通过IBM管理系统记录后续进展情况；

为所有员工提供创新和广泛的体验与发展机会。

3．人才配置

为每个领导岗位设定后备人选的"板凳"序列（继任者计划），并确保符合多元性要求；

对于每个招聘岗位，明确若干符合多元化要求并具有高潜力的候选人；

人员配置决策高度流程化，一切按照标准表单操作；

在所有业务层面进行年度领导力回顾检讨，通过流程化管理突出其重要性并强化后期行动跟进。

第八节 壳牌领导力素质模型

一、背景介绍

总部位于荷兰海牙的英荷皇家壳牌集团（SHELL），简称壳牌公司，成立于1907年，是国际资本合资设立的世界第一大石油垄断集团，其经营的石油和天然气约占全世界的8%。2010年壳牌营业总收入约2851亿美元，财富杂志2010年世界500强企业排名第二。壳牌集团的基本战略方向是"更多的上游、赢利的下游"。壳牌上游业务的发展重点是勘探新的石油和天然气资源，开发大型项目，以技术和经验为资源拥有者带来价值。在下游业务，壳牌的重点是通过运营现有资产和在增长型市场进行选择性投资，实现持续的现金流。目前，壳牌业务遍及90多个国家和地区，员工人数约为93 000人。

壳牌在全球90多个国家都运用统一的价值观、原则和指导方针开展业务。壳牌的《壳牌商业原则》、《行为准则》和《道德准则》帮助每一名员工按照"诚实、正直和尊重他人"的核心价值观行事，并遵守相关法规。壳牌坚信，增强信任，开诚布公，协作精神，专业精通，以自己从事的事业为荣，这一切都具有十分重要的意义。

壳牌在《壳牌商业原则》中提出自己担负的五大责任：对股东的责任、对客户的责任、对员工的责任、对有业务往来者的责任和对社会的责任；并提出了在经济、竞争、商业道德、政治活动、健康安全保安与环保、当地社区、沟通和交流、遵纪守法等八个基本原则。

由于作为全球化企业，壳牌在90多个国家的上千个项目环境下进行运作，对壳牌集团经营提出了很高的要求，而且在文化多元性与人才管理方面的要求更是近乎苛刻。壳牌集团的领导力模型是迄今为止较为经典和全面的国际化公司领导力模型，无论是与其公司匹配程度还是对其他公司的借鉴意义都不同凡响。

二、　模型描述

○·····★　★　★·····○

壳牌集团的领导力模型（又称为九星模型）由九个核心要素组成：具有远见和号召力（build shared vision）、以客户/利益方为中心（champion customer & stakeholder focus）、及时扩大商机（maximise business opportunity）、力求表现个人卓越（demonstrate self mastery）、显示良好人际效率（display inter-personal effectiveness）、表现勇敢坚定（demonstrates courage）、激励，引导和发展员工；（motivate, coach and develop）、尊重差异不同（value difference）、领导他人共创佳绩（deliver result through others）。而且针对每一个要素在不同管理级别上的要求和行为特征，都有细致的描述。

在九个要素中，客户导向、企业家精神、关系构建、风险管理、学习型组织构建、多元化及其应用，在其领导力模型中都得到了较为充分的体现。

三、核心要素

1. 具有远见和号召力

为组织建立高度一致的长期目标，并能够通过一系列沟通渠道激励他人接受和达成相应目标。

2. 以客户/利益方为中心

对客户当前和可预见的未来需求有深入了解，提出和执行可持续的，量身定制的客户意见方案，为客户提供世界一流的产品与服务，进而提升壳牌声誉。推行客户为中心严重依赖于客户的正确识别，这里的客户应包括内部客户、外部客户与政府。

3. 及时扩大商机

具有企业家精神和财务智慧，能够将战略性计划转化为具体的成长计划。通过收入流入和成本领导创造价值。在当地积极寻找支持公司整体目标的商业机会。

4. 力求表现个人卓越

能够尽责完成任务，并明确展现出较深的专业知识与能力。持续性学习与创新。由于对工作环境把握到位，因此具有强烈的现实感觉。

5. 展现良好人际效率

做人正直，言行一致。在不同环境下能够恰当展现自信。具有驱动力、恢复力、真诚、个性开放、自知之明等特质。可以通过人际敏感度影响他人。能够有效应对不确定性与边界不清的情况。能在数据不全或者冲突情况下果断决策。紧急情况下，依然头脑清晰，在行动中聚焦，避免偏差。建立有效的关系网络与联盟。

6. 表现勇敢坚定

接受个人责任，并不断通过影响、挑战、化解阻力和解决冲突等方法，实现持续改进。有效利用当前条件创造紧张氛围，推动组织前行。营造一种强力支持、鼓励和挑战他人为改进与创新而承担风险，寻找机会的文化氛围。

7．激励，引导和发展员工

定制性创造环境，以有效激发个人动机和支持学习。以正式与非正式形式指导他人工作。吸引和发展人才。鼓励形成员工承认失败并从中学习，接受和借鉴他人方案的学习型组织文化。

8．尊重差异不同

寻找和利用各种不同的员工与资源，以达成期望目标。鼓励他人从不同视角看待问题，并主动挑战自我看法。积极看待由于持不同观点的同事工作所产生的紧张氛围。尊重他人贡献，激发其发挥权力潜力，使每个人都做到最佳。

9．领导他人共创佳绩

通过沟通建立高期望值与紧迫感。积极使用各种流程与资源管理测量手段进行监控，并采取决定性行动保证业务正常开展。

四、基本应用

○……★　★　★……○

1．评价与识别

壳牌利用基于领导力模型的测评，识别出具有管理和领导潜质的管理者，再进行提供配套快速提升课程来提高其领导与管理能力。壳牌和第三方机构一起针对所有层级岗位进行了测评中心设计，利用纸笔测验、角色扮演、沙盘模拟等各种手段综合评价，而且不同层级领导的测评手段有一定差异。

2．领导力发展

壳牌设计有基于领导力模型九大要素的领导力系列课程，并结合前期测评结

第二部分　案例篇

果，为每个学员进行个性化能力提升计划定制。壳牌集团设立有评估发展中心，该中心采取了较为特殊的案例研讨方法，让受训者分析讨论，同时安排经验丰富的高级经理们在旁边观察和辅导，并在现场提出高价值的即时建议，帮助员工得到最有效的指导与最好的发展。

3. 绩效管理

壳牌的绩效管理中将领导力要素融入到绩效考核能力指标中，有效对管理者的领导力提升与行为改善进行强有力的牵引。而且绩效面谈中包括有未来能力提升计划，员工与上级就职业发展与能力提升达成共识，将短期工作目标与中长期职业发展目标有机结合起来，推动公司与员工的共同发展。

第九节　西门子领导力素质模型

一、背景介绍

○·★·★·★·○

总部位于柏林和慕尼黑的西门子公司是世界上最大的电子和电气工程公司之一，主要业务为工业、能源和医疗领域。目前，西门子拥有约 40.5 万名员工，主要从事产品的开发及生产、复杂系统和项目的设计及安装，并为客户个性化的需求提供广泛的解决方案。西门子成立 160 多年来，以其卓越的技术成就、不懈的创新追求、出众的品质、令人信赖的可靠性和广泛的国际性在业界独树一帜。西门子公司是世界上最大的环保技术供应商，其绿色产品和解决方案创造了大约 230 亿欧元的营收，约占西门子总营收的三分之一。在 2009 财年（截至 2009 年 9 月 30 日），西门子公司总营收达到767亿欧元，净收入达到 25亿欧元。

1999年，西门子首次构建领导力模型，到2002年，具有150年历史的西门子发现自己需要重新定义公司价值观和原则，并借用领导力模型推动公司的持续改进。2000—2003年，西门子集团高层借助领导力测评、反馈与培训推行创新管理，以确保西门子管理层具备创新能力。

二、 核心思想

西门子认为，对话与投入是西门子人才管理的基本原则。每年绩效沟通时，每个员工都会对衡量自身绩效的个人目标负责。**这是将公司与个人目标的汇聚点，是激励员工取得一流绩效的关键所在**。开放式谈话与相互尊重，明确目标与果断领导是西门子文化的坚实基础。

作为国际巨头，西门子领导力模型是西门子领导力系统的基础。**秉承清晰、公开和一致性，领导力模型确定了西门子对优秀领导人的定义，描述了对管理者绩效考核的标准以及对他们能力的期望与要求**。这些标准对于管理者的年终绩效沟通至关重要。

三、 模型描述

西门子的领导力模型是围绕财务、员工、客户与流程的四大能力行为域组成的系统逻辑框架。西门子的领导力模型框架由两个部分组成，第一部分为领导人需要具备的四项关键行为能力域，包括驱动力（Drive）、专注力（Focus）、作用力（Impact）和引导力（Guide）等四个行为域；第二部分为领导力所产生的结果，包括财务表现、员工状况、客户满意度和流程控制情况。

西门子认为，不同企业文化下对于领导力理解不同，但是最终的结果却是相同的，即外在表现为优秀的财务表现、士气高涨的员工团队、高度满意的客户和卓越的管理流程。很明显，管理者只有在这四个方面长期表现出色才能取得成功。

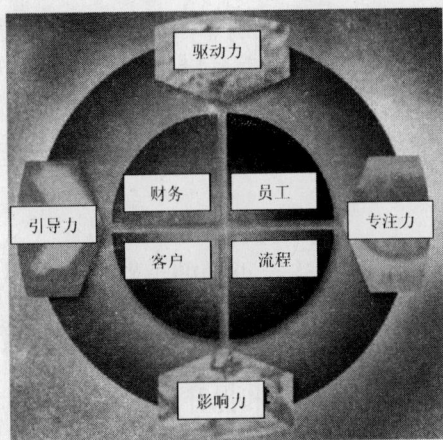

四、　核心要素

○┈┈★　★　★┈┈○

西门子领导力模型中的四个行为域又涵盖了17个素质要素。其中包括有：

1. 驱动力

基本定义：及时主动识别和捕捉机会的能力，意味着推行创新思维、放弃个人思念、启动项目并成功结项。

包括要素：主动性、结果导向、创造力、变革导向、决策能力。

2. 专注力

基本定义：全球竞争要求管理者思维清晰，专注于关键事项并坚持达成既定目标的策略。这种策略的实施离不开快速理清复杂关系和挑战的能力。为了找到恰当的理念，管理者需要同时考虑收益与风险问题。

包括要素：学习能力、分析能力、战略导向、组织与质量导向。

3. 作用力

基本定义：只有和正确的伙伴合作，才能将好的想法变成现实。通过作用力，管理者将向每个员工展示自身的价值与解决方案的正确性。他们公正而又个性化地影响决策流程。在团队中，他们推行性别、宗教、文化、道德平等，而且他们与众不同的思维方式有效提高了解决问题的创造力。

包括要素：自信、沟通技巧、关系网络技能、聚焦客户。

4. 引导力

基本定义：条条大路通罗马，选定正确的道路并和团队一起达成目标，这就是引导力。管理者的引导力可以帮助他们进行清晰的目标与策略沟通，协调工作，建立激动人心和挑战性的团队氛围，识别和提升员工潜力。

包括要素：激励和激发、教导与指导、团队管理技能、情境敏感性。

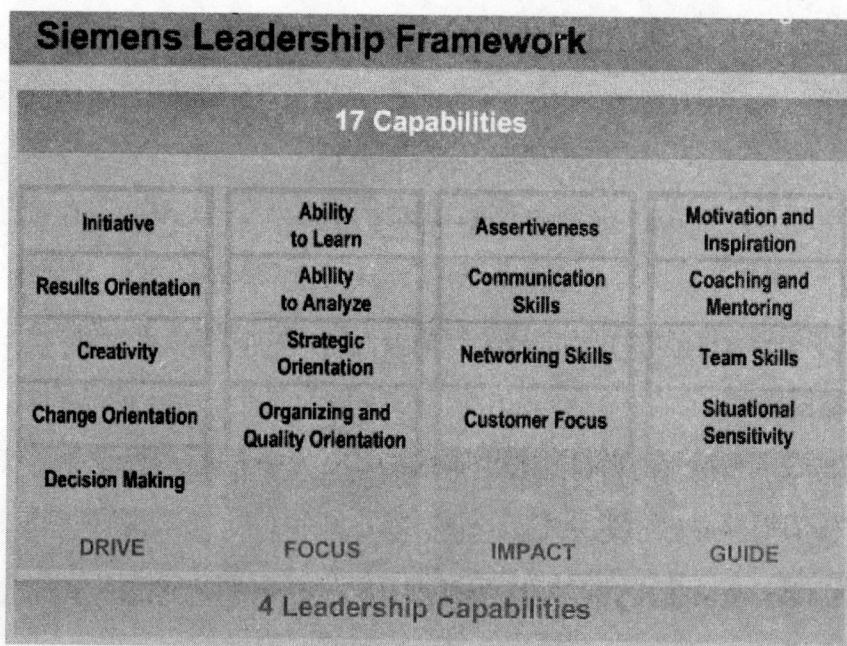

Siemens Leadership Framework

17 Capabilities

DRIVE	FOCUS	IMPACT	GUIDE
Initiative	Ability to Learn	Assertiveness	Motivation and Inspiration
Results Orientation	Ability to Analyze	Communication Skills	Coaching and Mentoring
Creativity	Strategic Orientation	Networking Skills	Team Skills
Change Orientation	Organizing and Quality Orientation	Customer Focus	Situational Sensitivity
Decision Making			

4 Leadership Capabilities

五、基本应用

○·····★★★·····○

西门子领导力模型是西门子公司领导人员管理的世界通用标准，无视所在地域和业务单元，对所有西门子管理者都有着硬性的束缚力。此外，西门子领导力模型与人力资源管理系统高度融合。这是西门子全面高质量推行领导力标准的基石。

为保证其高级职位能够招聘到一流人才，西门子专门设计了统一标准流程，以确保管理者的筛选与提升都按照世界承认的原则进行操作。公司直接上级与员工进行的绩效面谈影响很大，因为其中包括有对个人的绩效与能力评价，直接决定了员工未来收入与职业发展。根据个人潜能评价结果，上级将与员工就财务、客户、员工和流程四个方面达成更高的目标，此外还将就下一步能力提升计划达成共识。

每年的西门子管理总结大会上，公司会根据员工绩效沟通的潜力评价结果，讨论每个关键业务岗位的在职者与后备梯队人选问题。与会人员包括有决策经营层以及所在业务集团或者地区的负责人，以确保公司关键重要岗位的任职人员的谨慎任命与未来培养。

在招聘方面，西门子领导力模型是招聘领导岗位的重要基础，在待招岗位的职责说明书与候选人筛选流程中都包括有相关素质要求。

在培训方面，西门子2005年建立了客户聚焦学院，并构建了以领导力模型为导向的管理技能学习项目体系，量身定制的课程能够让管理者具备达成卓越绩效所需的各种能力。

在薪酬福利方面，西门子坚持优秀领导人才必须享受相匹配待遇的策略，并将以领导力模型为基础的绩效评价结果与薪酬水平相挂钩。

第十节 美国西南航空公司领导力素质模型

一、背景介绍

★★★

成立于1971年，美国西南航空（Southwest Airlines）总部设在得克萨斯州达拉斯。美国西南航空以"廉价航空公司"经营模式和成功的"低成本战略"闻名于世，并是全美唯一一家连续37年盈利的航空公司，即便在多次全球性经济危机冲击下依然保持不败之记录。美国西南航空主营业务为美国国内城际短程航线，是多项美国民航业纪录保持者：美国国内通航城市最多，利润净增长率最高，负债经营率较低，资信等级在全美民航业中首屈一指。2010年，西南航空公司投诉率全美最低，财富杂志"全球最令人羡慕公司第七名"（全球最令人羡慕的航空公司），商业周刊"全球最具创新力的公司"。

西南航空成功的核心要素之一在于独特的企业文化，该公司已经达到"文化治理"阶段，虽无规范的奖惩制度，但员工具有强烈主人翁意识，在激情中以自己个性化方式提供服务，为自己和顾客创造快乐。创始人凯德勒认为西南航空的核心文化特质主要是三个："利他主义"（公司原则为员工第一、客户第二、股东第三）、"爱心"（Luv，"爱心"，关心员工+关心顾客，西南航空公司广告主题）、"幽默"（即快乐）。西南航空视经过文化熏陶的员工为第一财富，用其创始人凯德勒（Herb Kelleher）的话来说："竞争对手试图复制我们的成功，但是失败了，因为他们无法复制我们的员工。"

在本书所有企业领导力案例中，西南航空公司是最为独一无二的，因为其领导力和其文化一样并无正式模型，但却最具现代管理精神和效率，"由员工管理自己"，"无形"胜有形。国外对西南航空公司所做研究很多，本文将力求系统客观对其领导力进行综合概述。

二、核心思想

从某种意义上，西南航空公司的领导力带有创始人凯德勒的明显个人特征。凯德勒领导力的核心思想可以总结为**四项原则**：（企业家领导力，玛丽科维特克博士）

（1）构建一种"培育和接纳持续性变革"的企业文化，西南航空对外部环境变化非常敏感，多次以团队力量快速应变，甚至自身主动求变占据优势地位。

（2）谦虚地与一线人员沟通探讨，凯德勒认为员工只有在被聆听和理解的时候，才能敞开心扉，听取管理者的想法。

（3）为以工作为乐的员工提供发展机会，凯德勒认为快乐的员工才能为顾客提供开心的个性化服务，公司才能生存和发展。

（4）持续鼓励员工决策，以激发和提升企业家精神。凯德勒认为员工身居第一线，对情况最熟悉，最有发言权。此外，员工自己决策，自己执行，能够有效提升自豪感和工作效率。

三、模型描述

○•••★★★•••○

西南航空公司的领导力同时具有**变革型领导力、真诚型领导力、"目标-路径"情境型领导力和服务型领导力**模型的种种特点，西南航空自己也没有成文的领导力模型。经过大量资料分析，我们总结了由六个要素组成的西南航空领导力模型，**一个以真诚为基础、变革创新为主线、目标路径明确、全员参与领导、管理者提供支持服务、强调相互关心的领导力模型。**

四、核心要素

○•••★★★•••○

1. 真诚作为基础

西南航空要求所有员工必须正直和真诚，公司信任员工，员工也必须信任公司，这一点已经落实到实际管理行为中。某位员工的话可能是最好的说明，"我们的意见被重视，我们工作被关注。总之，公司在乎我们"。

2. 变革作为主线

西南航空鼓励开放、透明的人际关系，提倡领导信任下属，与员工充分沟通说服，进而激发下属全身心投入开展创新。员工最了解客户需求，因此他们的创新最符合客户视角。公司要求管理者引导员工创新，并承担风险。

3. 目标路径明确

凯德勒为所有员工指明了工作目标，即为客户提高高价值服务，这同时也就定义了员工工作的价值。公司强调成果，强调成长，并为员工消除工作过程中的各种障碍。

4. 全员参与领导

凯德勒是典型的参与型领导者，在其眼中，领导并非公司高管职责，而是所有员工的共同职责。每个员工只要具备相关经验，就具备了类似情况的领导和决策能力。西南航空的员工相信公司的未来，并为之奋斗。

5. 领导就是服务

西南航空公司的组织结构是倒置的金字塔形状，管理层在下，基层在上，基层员工是真正做事的，而管理者只是为他们提供支持与帮助。基层员工是真正的英雄，他们的领导力支持着西南航空公司的高速发展。高层身先士卒，每天工作10~12小时是寻常事。此外，西南航空高度关注社会公益事业与社区服务。

6. 关心周边同事

西南航空不仅要求员工专注自己拥有权限的工作领域，但同时还要求员工关心周边同事，倡导团队协作。

五、 基本应用

○……★ ★ ★……○

（1）组织保证：为突出对公司人力财富的重视，西南航空公司没有设立人力资源部，而是设立了员工与领导力发展部。此外，专门设立了自己的企业大学，为公司提供针对新员工培训、潜在领导者识别、管理者培训等不同层级的各种服务支持。

（2）工具使用：企业大学中大量使用了MBTI职业性格测量工具，以更高效进行团队构建、问题解决和领导力提升。

（3）课程支持：2009年，公司开设的竞争性管理者系列培训课程为公司培养了56名高潜力管理者。其中，针对主管与团队领导级别管理者定制的第一级课程，40名首批学员当年完成3个月20课时的学习毕业。针对经理与总监的第二级管理课程开办，16名高管参加跨度8个月时间6周的学习，掌握了识别自身领导风格、关键问题研究与陈述、和团队构建技能。

（4）激励推动：西南航空公司设计有一系列"贡献承认计划"（包括基蒂霍克奖、精神胜利奖、总统奖和幽默奖、当月顾客奖等）来鼓励和支持它想得到的职业化行为。

（5）构建信任与体现关注：高管大门永远向员工敞开，"一线座谈会"是一个全日性的会议，专为那些在公司里已工作了十年以上的员工而设的。会上副总裁们对自己管辖的部门先作概括介绍，然后公开讨论。

（6）培育一线管理者领导力：西南航空一线主管与员工比例全美最高，这些一线主管既承担实际工作，同时又兼顾管理职能，并承担着一线员工的教练责任，指导他们解决实际问题。甚至高层经理每季度也必须有一天参加第一线实际工作，担任订票员、售票员或行李搬运工等。

（7）基于素质的招聘与培训：西南航空特别重视招聘候选人的态度与素养。公司为在职员工安排了"行走—英里计划"安排员工们每年一天去其他营业区工作，以了解不同营业区的情况。旅游鼓励了所有员工参加这项活动。

第十一节　沃达丰领导力素质模型

一、背景介绍

总部设在英国伯克郡的纽布利（Newbury）及德国的杜塞尔多夫的沃达丰（Vodafone）成立于1984年，是全球最大的移动通信运营商。到目前，沃达丰分别于伦敦证券交易所（代号VODL）及纽约证券交易所（代号VOD）上市，其网络直接覆盖30个国家，并在其他40多个国家与其合作伙伴一起提供网络服务。2010年，沃达丰用户已达3.71亿，移动数据业务达到50亿英镑，固定电话业务达到30亿英镑。沃达丰的业务涵盖语音、数据、互联网接入服务，并且提供客户满意的服务。沃达丰集团公司目前在全球拥有8.3万名员工。

沃达丰集团的使命是要成为世界上移动通信的领导者，丰富顾客的生活，让个人，企业和社区在移动世界中更紧密地连接在一起。沃达丰的企业文化价值观的核心要素包括：

速度——沃达丰关注市场应变的速度，并持续不断的重视和追求对我们业务产生重大影响的各种成果。

简洁——沃达丰力求让客户、合作伙伴与同事的生活变得更为简洁。

信任——沃达丰处事透明可靠，既为他人服务，同时也相信他人也会如此待我。

此外，沃达丰高度重视创新，创新是沃达丰的五大关键战略目标之一。

二、 核心思想

★★★

沃达丰的领导力管理是按照斯蒂芬·德罗特（Stephen Drotter）、詹姆士·诺埃尔（James Noel）、拉姆·查安（Ram Charan）提出的**领导补给线（Leadership Pipeline）理论基础**上发展起来的，该理论认为公司发展的长久之计在于从内部构建、发展并保有一条高素质领导力供给线。沃达丰在各管理层级都努力发展和培育管理人才。

在世界经济相对低迷和多变的今天，沃达丰更加关注领导和管理团队的培养，以帮助企业更好地应对现实挑战。

三、 模型描述

★★★

沃达丰的管理者素质模型分为自我管理、他人管理、管理管理者、职能经理、总裁/董事等5个等级，还包括这5个阶段间的4个领导力"关键过渡点"。每个"关键过渡点"意味着对于素质要求的重大变化，其中包括有价值观、时间观念以及各种新的管理技能要求。目前沃达丰特别看重的是管理他人与管理管理者这两个层级。

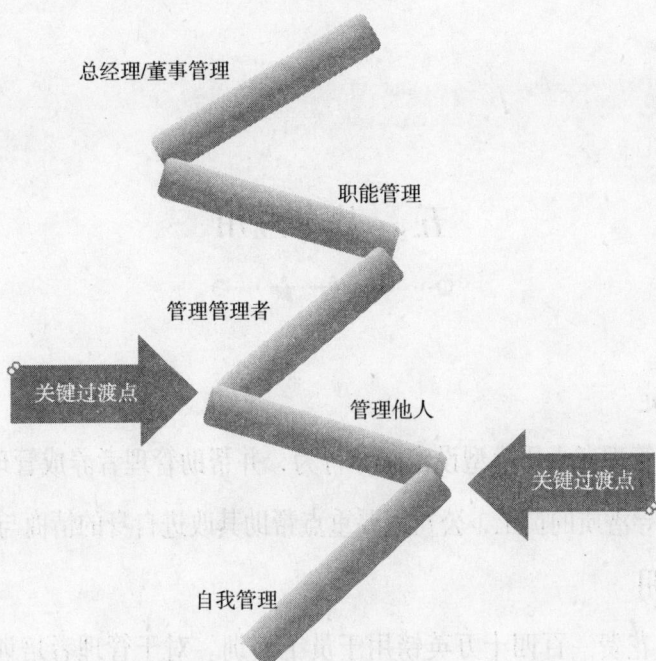

总经理/董事管理

职能管理

管理管理者

关键过渡点

管理他人

关键过渡点

自我管理

四、核心要素

★　★　★

1．自我管理

2．他人管理

由建立信任、鼓励参与、绩效驱动和榜样垂范四个要素组成。

3．管理管理者

由正直领导、团队授权、激励与沟通、能力构建四个要素组成。

4．职能管理

5．董事管理

五、基本应用

1. 行为设定

沃达丰按照管理者素质模型设定领导行为，并帮助管理者养成管理特质。沃达丰认为，对于有领导潜质的员工，公司需要重点帮助其改进自身的情商与沟通技巧。

2. 培训应用

沃达丰每年花费一百四十万英镑用于员工培训。对于管理者培训，沃达丰以反思性学习理论为基础进行课程设计，即按照体验—反思—抽象—应用四步循环。近两年，沃达丰启动了针对管理者的"美梦成真：领导力提升"课程，按照素质模型针对不同层级的管理者，提供针对性课程。

3. 综合反馈

沃达丰采取了360°评价反馈、小组座谈、自我指导学习、成对学习、业务经理指导等多种手段组合的培训手段。

第十二节　美国国家航空航天局领导力素质模型

一、背景介绍

○·····★ ★ ★·····○

美国国家航空航天局（National Aeronautics and Space Administration，缩写为 NASA），中国台湾地区译作美国国家航空暨太空总署，港澳译作美国太空总署，是美国负责美国的太空计划的政府机构，同时也是全世界最大和最先进的民用航天机构。1958年艾森豪威尔总统签署《美国国家航空暨太空法案》，NASA正式成立。NASA的主要业务为太空计划，以及民用以及军用航空宇宙研究。NASA在载人空间飞行、航空学、空间科学等方面成就斐然，主持和参与了阿波罗计划、航天飞机发射、太阳系探测等一系列知名的重大航天工程，为人类探索太空作出了杰出贡献。到2010年底，NASA的员工总数已达2万3千人。

美国国家航空航天局的使命是"做未来太空探险、科学探索、航空研究的急先锋。"（To pioneer the future in space exploration, scientific discovery, and aeronautics research.）NASA的核心价值观包括安全、正直、团队与卓越四大要素。近年来，NASA对于平等与多元化重视程度不断提高，出台了专门的政策加以保证。

NASA近年来由于美国航天政策变化，特别是航天飞机退役，转而研发CEV，要求NASA的管理者不仅仅能够解决技术难题，同时也必须能够领导团队平稳过渡转型难关。为开发这套模型，NASA投入了大量人力物力，在与600多名管理者，近2000场面谈基础上，构建了这一整套领导力素质模型，这一模型已经通过了美国政府、行业协会以及相关学术界的多重验收。

二、核心思想

领导力是NASA达成愿景与目标的动力引擎，构建NASA的领导力模型是为了保证公司领导力与管理者职业发展的连贯性与一致性。NASA领导力模型中的每个管理角色中定义了做好该级别工作所必备的各种素质，任职者达到要求就能够胜任所在管理层级的岗位。

NASA的领导力模型独树一帜，它以管理角色层级差异为基础，设定多个子模型，通过大量访谈分析寻找绩效行为差异形成要素及配套的知识与行为标准，并经过反复验证，形成了具有NASA特色的领导力模型。NASA领导力模型是NASA领导力提升体系的有机组成部分，NASA还为领导力模型设计了相应的自测工具，以及领导力发展模型。NASA此外还另有一套针对NASA高层的认证体系–高管核心认证（ECQ's），ECQ's是成为NASA高管的必备条件之一，而且是公司绩效管理的组成部分。

三、模型描述

○·······★★★·······○

NASA的领导力模型对五个不同层级的管理者角色设计了五个子领导力模型。每个子模型中的要素都是从后台39种技能与素质要素组成的要素库中提取而来。这五个管理层级分为：影响层（Influence Leader）、主管层（Team leader）、督导层（1st Line Supervisor）、管理层（Manager）和决策层（Executive）。

每个子模型由4层结构，第一层为素质域，第二层为素质要素，第三层是相应的技能要求，第四层是行为标准。第三层的技能可以通过培训与实践积累获得，第四层的行为。所有子模型的第一层的5个素质域和第二层的20个素质要素名称是一样的，但是在第三层和第四层会根据层级情况有所不同。五大素质域为个人效能（Personal Effectiveness）、专业素质（Discipline Competency）、管理信息和知识的能力（Managing Information & Knowledge）、商业才智（Business Acumen）以及领导他人的能力（Leading People）。

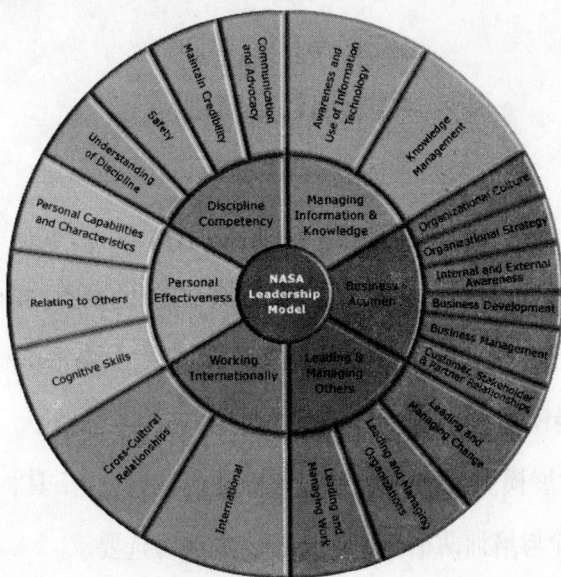

四、核心要素

1．个人效能

要素：个人能力与特质、与他人交往、认知技能。

2．专业素质

要素：结果驱动、沟通与宣传、保持声誉、重视安全、专业理解。

3．管理信息和知识的能力

要素：了解并运用信息技术、知识管理。

4．商业才智

要素：把握内外部情况、组织文化、组织战略、业务发展、业务管理、客户和利益相关者及合伙人间关系。

5．领导他人的能力

要素：领导和管理变革、领导团队和员工。

五、基本应用

1．领导力发展模型

NASA领导力发展模型与NASA领导力模型配套的管理工具，其中定义了相关管理层级上人员在经验与培训两个方面的核心要求与可选要求。

NASA认为领导者由于在管理角色中学习和获得经验的方式不同，而且个人晋升欲望不同，所以领导者在学习体验形式上存在较大差异。

NASA建议学员可以采取体验工作、继续培训与教育、测评反馈和指导引导等多种方式进行学习。

每个管理角色的模型中都包括有关键的经验与轮岗等扩充经验的机会，而且课程中还设计有做好当前工作和晋升到下一层级的培训内容。

NASA提供有各种基于模型中相关要素的课程，能有效地提升领导者能力。

2．绩效管理与个人发展

NASA管理者培训大都与其个人绩效计划与评估挂钩，这与NASA认为学员必须承担绩效个人责任的价值观有很大关系。此外，所有进入到NASA领导力发展模型中的员工都会有配套的个人职业发展计划，相关培训也都被记录在案，成为个人职业发展的关键事件。

第二部分　案例篇

第二章

国内标杆企业
管理者素质模型案例

2008年以来，国内企业界和学术界对于领导力越来越重视，国内知名企业都纷纷构建自己的管理者素质模型，特别在领导力素质模型领域更是新模型层出不穷。《中国企业家》与Hay（合益）集团已经连续三年举办中国最佳领导力培养公司的评比活动，2010年的Top20排名榜包括：阿里巴巴集团、华为技术有限公司、华润（集团）有限公司、联想集团有限公司、万科企业股份有限公司、中国粮油食品（集团）、浙江吉利控股集团、复兴高科技（集团）、中国平安、招商银行、中国工商银行、比亚迪股份有限公司、美的集团有限公司、腾讯集团、苏宁电器集团、海尔集团公司、上海宝钢集团公司、TCL集团、三一集团有限公司、中国中信集团、青岛啤酒、北京同仁堂集团。2009年，凯洛格《中国企业领导力培养现状调查报告》中选取了联想、李宁、中粮集团和万科作为主要标杆。

根据行业分布、企业规模和模型公开情况，本书中选取了阿里巴巴、李宁、海尔、华润、华为、联想、中粮、万科八家国内公司作为参照标杆，供大家借鉴。这些企业覆盖了互联网、服装、食品、保险投资、生产制造等行业。

第一节　阿里巴巴集团领导力模型

一、背景介绍

阿里巴巴是中国领先的B2B电子商务公司，为来自中国和全球的买家、卖家，搭建高效、可信赖的贸易平台。阿里巴巴在1999年成立于中国杭州市，2009年6月底，阿里巴巴营业收入突破17亿元人民币，利润超过5.6亿元人民币，注册会员数超过4280万，员工人数突破9289名。

阿里巴巴通过旗下三个交易市场协助世界各地数以百万计的买家和供应商从事网上生意。三个网上交易市场包括：集中服务全球进出口商的国际交易市场、集中国内贸易的中国交易市场，以及透过一家联营公司经营、促进日本外销及内销的日本交易市场。此外，阿里巴巴也在国际交易市场上设有一个全球批发交易平台，为规模较小、需要小批量货物快速付运的买家提供服务。

阿里巴巴的使命是：让天下没有难做的生意，2010年又延拓为"促进开放、透明、分享、责任的新商业文明"。公司愿景是"成为一家持续发展102年的企业"，成为世界最大的电子商务服务提供商，成为世界最佳雇主公司之一。价值观是：客户第一、团队合作、拥抱变化、诚信、激情、敬业（即六脉神剑），近两年又升级为阿里橙文化，形象寓意着对各种子文化的包容。橙核是六脉神剑，橙皮是各子文化丰富多彩的外显形式，各具鲜明业务特征的各子公司在集团文化基础上有独立、区别于其他子公司的子文化。

阿里巴巴具有较为独特和强势的企业文化，这种文化很大程度上是其领军人物马云所缔造，这种文化充满激情、武侠情结和表达直白的特征也深深地印刻在阿里巴巴的领导力方面。阿里巴巴先有六脉神剑的企业文化，再有九阳真经的领导力模型。

马云认为，企业文化的精神内核是一种油然而生的使命感，企业如宗教，企业的价值观如同宗教信条，信则进（加入企业），进则必须信，不信则换（换工作）。进入企业，你就必须以积极心态去适应企业文化，转变自己的价值观。

二、核心思想

在讨论领导力时，马云强调，领导力首先不是权力，而是责任心，责任心多大舞台有多大。"你是经理，别人的成功才是你的成功，向你报告的7个人他们的加工资，他们的买房子，他们的快乐，他们家庭的快乐都跟你有关系的。"所以马云强调，**在阿里巴巴，要提拔一个人做经理，首先要考核的是他愿不愿意为底下人负责**。除了价值观，马云认为，做一个好领导，还需要考核三个指标，**眼光、胸怀和超越伯乐**。他尤其强调胸怀的重要性。如果说阿里巴巴的愿景和使命是阿里巴巴的"道"，那么领导力就是阿里巴巴由道派生出来的，确定和保证阿里巴巴做事价值观的"德"。

三、模型描述

○……★ ★ ★……○

　　阿里巴巴的领导力模型是在公司核心价值观六脉神剑基础上加入对高管团队的特殊要求融合而成，由九个关键要素组成。很明显，这九个要素融入了阿里巴巴高层的集体智慧和情感，朴实而又不是激情四射，最为关键的是数量不多，但却言简意赅地勾勒出阿里巴巴理想的核心领导人物特征。所有领导力要素都有详细的定义与行为描述（由于篇幅所限，本文中略去了相关描述说明部分）。

四、核心要素

○……★ ★ ★……○

1. 客户第一

客户第一、员工第二、股东第三

走近客户，了解客户，为客户解决问题

建立并不断完善机制确保客户满意

2. 团队合作

平凡人做非凡事，领导者是平凡的；荣誉归团队，责任归自己

建立以结果为导向的团队文化

了解同事，信任同事，营建简单信任的快乐团队

3．拥抱变化——唯一不变的就是变化

变化是一切机会的来源，我们要以乐观积极的心态采取行动，帮助变化成功

理解变化背后的原因，永远以积极正面的声音传达公司信息；带动团队也能够积极行动

善于从错误中学习，持续改进

4．诚信——对客户、对团队、对股东坚守承诺

心胸坦荡，清正廉洁，直言有讳

对客户坚守承诺，对同事言行一致，对上级客观真实

建立流程制度，保障组织健康，承担组织健康的职责

5．激情——永不放弃

追求理想，使命驱动，很傻很天真

在诱惑下坚持使命，在压力下又猛又持久

把自己的激情转化为团队的激情，积极影响感召团队

6．敬业——执子之手，与子偕老

热爱公司，热爱工作

今天最好的表现是明天最低的要求

在团队中营造学习和钻研的氛围，好好学习，天天向上

7．眼光

会看，看到别人没有看到的机会，防止灾难

会Sell，让大家参与进来

有结果（没结果有过程，你什么也不是；有结果没过程，不可复制）

8．胸怀

领导者是寂寞的

胸怀是冤枉撑大的

心态开放，能倾听，善于换位思考

9．超越伯乐

找对人：知人善用，用人所长

养好人：在用的过程中养人，在养的过程中用人

养成人：造接班人，鼓励青出于蓝胜于蓝

五、基本应用

○••★　★　★••○

1．领导力融入绩效考核

2003年开始，**阿里巴巴的绩效考核由业绩、文化和价值观两部分组成，各占50%。**基层员工考核价值观以"六脉神剑"为准，管理团队价值观考核以"九阳真经"为准。价值观考核打分中，要求上级打分时需要给出理由，举出实际案例支持。阿里巴巴通过绩效考核有效牵引管理者向公司所期望的行为处事准则方向发展，进而实现公司文化价值观的有效落地。

2．空降兵的"降落计划"

针对"空降"高管，阿里巴巴专门定制了"百年湖畔"、"降落计划"培训。"百年湖畔"为期一个月，由马云和各个子公司的总裁亲自为新来的"空降"高管，讲解企业文化、阿里历史、"九阳真经"等内容，但很少会讲到业务。"降落计划"则是新高管加入公司3个月后的"回炉"沟通，除集团领导面谈外，还在公司内部指定背景相似的一位同事，为他解惑答疑。

3．融入实际管理与日常活动中

阿里巴巴内部实行政委制，政委发挥类似牧师的作用，解决员工心灵作用，这就更好地发挥公司整体领导力的作用。此外，阿里巴巴不仅通过各种培训让领导力人人皆知，而且通过内部举办的各种"阿里日"，"谈心会"等，强有力彰显了"九阳真经"的领导力精神，深入到员工心中。

第二节　华为技术有限公司领导力模型

一、背景介绍

○ ★ ★ ○

　　总部位于中国广东深圳市的华为技术有限公司，1988年成立，是全球第二大仅次于爱立信的电信解决方案供应商，世界品牌500强第397位（2009年排名），海外科技杂志Fast Company全球最具创新能力的公司第18位（2011年排名）。华为的主要营业范围是交换、传输、无线和数据通信类电信产品，在电信领域为世界各地的客户提供网络设备、服务和解决方案。总裁任正非，董事长孙亚芳。2010年，华为构筑的全球化均衡布局使公司在电信网络、全球服务和终端业务领域均获得了快速稳健的发展，全年实现销售收入人民币1852亿元，同比增长24.2%。目前，华为实施全球化经营的战略。产品与解决方案已经应用于全球100多个国家和地区，服务全球超过10亿用户。国际市场已成为华为销售的主要来源。经过10多年的努力拓展，华为已经初步成长为一个全球化公司。目前，我们在海外设立了22个地区部，100多个分支机构，这使华为可以更加贴近客户，倾听客户需求并快速响应。

　　作为国内罕见的100%员工持股公司和世界品牌500强中唯一没有上市的公司，华为采取了自主品牌、高科技出口的业务模式，并取得了巨大成功。这种成功的背后离不开华为在自主技术路线上的大力投入。在市场方面，华为采取了农村包围城市，从亚非国家开始，再挺进欧美。

华为不仅在企业经营领域取得了巨大发展，而且形成了强有力的企业文化。因为华为人深知，资源是会枯竭的，唯有文化才能生生不息。在企业物质资源十分有限的情况下，只有靠文化资源，靠精神和文化的力量，才能战胜困难，获得发展。华为的《华为基本法》早已是国内最为知名的企业文化范本。

华为的愿景是丰富人们的沟通和生活，华为的使命是聚焦客户关注的挑战和压力，提供有竞争力的通信与信息解决方案和服务，持续为客户创造最大价值。华为公司有六大价值观：

1．成就客户

为客户服务是华为存在的唯一理由，客户需求是华为发展的原动力。

2．艰苦奋斗

华为没有任何稀缺的资源可依赖，唯有艰苦奋斗才能赢得客户的尊重和信赖。坚持奋斗者为本，使奋斗者获得合理的回报。

3．自我批判

只有坚持自我批判，才能倾听、扬弃和持续超越，才能更容易尊重他人和与他人合作，实现客户、公司、团队和个人的共同发展。

4．开放进取

积极进取，勇于开拓，坚持开放与创新。

5．至诚守信

诚信是华为最重要的无形资产，华为坚持以诚信赢得客户。

6．团队合作

胜则举杯相庆，败则拼死相救。

和所有企业家对自己创造的企业一样，创始人任正非对于华为文化的形成，对公司领导力的塑造，有着决定性的作用。

第二部分　案例篇

二、 核心思想

任正非认为，公司需要完全的"职业化"，就是在同一时间、同样的条件，做同样的事的成本更低，而领导力就是"坚定不移的正确方向，来自灰度、妥协与宽容"。所谓灰度就是指灰色混沌中的掌握适当合理方向，妥协是在特定利益格局下的有智慧的务实与权变，宽容是有计划有目的的让步，是坚强而非软弱的美德。好的领导者可以实现，"不同利益之间要设法达成妥协，多元价值之间要设法彼此宽容，最终达成多重利益和多元价值基础上的团结。"

华为近年来的一系列准备，**推行职业化管理与引入国际职业经理人模式相结合的领导力框架**。任正非认为，只有在职业化管理平台之上，引入的职业经理才能留住并发挥作用。华为管理改革采取"先固化后优化"的策略，即先通过国际顶级管理顾问公司来帮助自己构建和落实公司制度改变，再由制度的改变逐步促进人的改变。而后期华为逐步改变由自己培养高端管理人才的策略，开始考虑在适当的时机引入核心人物，也就是任正非所说的引入"丙种球蛋白"。只有经历过国际化大公司管理实践洗礼的高层管理人员才具有华为目前自身缺少的特殊能力，才能帮助华为实现管理水平从国内一流向国际水准的超越。

三、 模型描述

1997年，华为邀请国际知名咨询公司Hay（合益）集团共同开发人力资源管理体系。

2005年，华为再次邀请合益集团合作，共同完成领导力培养、开发和领导力素质模型的建立，为华为公司面向全球发展培养领导者。**当时领导力素质模型包括有发展客户能力、发展组织能力、发展个人能力三大素质领域，每个领域下又有2-4个关键素质要素。**

四、核心要素

1．素质域：发展客户能力

关注客户：这是一种致力于理解客户需求，并主动用各种方法满足客户需求的行为特征。"客户"是指现在的、潜在的客户（内外）。

建立伙伴关系：这是一种愿意并能够找出华为与其他精心选择的合作伙伴之间的共同点、与他们建立具有互利共赢的伙伴关系来更好地为华为的客户服务的行为特征。

2．素质域：发展组织能力

团队领导力：这是一种运用影响、激励、授权等方式来推动团队成员关注要点、鼓舞团队成员解决问题以及运用团队智慧等方法来领导团队的行为特征。

塑造组织能力：这是一种辨别并发现机会，以不断提升组织能力、流程和结构的行为特征。

跨部门合作：这是一种为了公司整体利益而主动与其他团队合作、提供支持性帮助并获得其他部门承诺的意愿和行为特征。

3．素质域：发展个人能力

理解他人：这是一种准确地捕捉和理解他人没有直接表露或只是部分表达出来的想法、情绪以及对其他人看法的行为特征。

组织承诺：这是一种为了支持公司的发展需要和目标，愿意并能够承担任何职责和挑战的行为特征。

战略思维：这是一种在复杂模糊的情境中、用创造性或前瞻性的思维方式来识别潜在问题、制定战略性解决方案的行为特征。

成就导向：这是一种关注团队最终目标，并关注可以为公司带来最大利益的行动的行为特征。

五、基本应用

1. 文化推动

华为的领导力模型与华为的价值观之间有着非常紧密的关系。无论是发展客户能力还是发展组织能力，特别是成就客户和团队合作的文化价值观，在华为领导力模型中都得到了充分展现。华为领导力模型的落地，本身就是华为文化的落地，而华为文化的持续推动，也是华为领导力素质模型的广泛应用铺平道路。

2. 国际化人才管理

华为在全球扩展中取得了巨大的成功的重要原因在于华为在业务国际化的过程中，也实现了人才管理的国际化，将全球经理人放在同一个管理平台，通盘考虑其发展、轮岗和继任等。华为国际化人才培训方面，更多的还是倾向于"实战洗礼"模式，在国际化的发展过程中，华为提倡在"上甘岭"培养各级干部，要把具有领袖风范、高素质和团队感召力的员工，把目标方向清晰、管理结构良好的员工，选拔到公司干部队伍中来。

3. 人才培养

华为通过组织形态和做事规则的设计来培养领导者的协作意识和横向领导力。华为的高层领导认为，他们的产业本身需要高度的群体合作才能成功。此外，华为设立有华为大学，旨在以融贯东西的管理智慧和华为的企业实践经验，培养职业化经理人，发展国际化领导力，成为企业发展的助推器。

第三节　华润集团素质模型

一、背景介绍

1938年，华润（集团）有限公司（下简称华润）前身"联和行"在香港成立，1948年更名为"华润公司"，1983年再更名为"华润（集团）有限公司"。在72年的历史中，华润一直是中国进出口贸易在港澳及东南亚的总代理，并参与发起了广交会。改革开放后，华润通过一系列实业化投资，逐步发展成为以实业为核心的多元化控股企业集团。

目前，华润集团旗下共有18家一级利润中心，在香港拥有6家上市公司：华润创业、华润电力、华润置地、华润水泥、华润燃气、华润微电子。截至2010年底，集团总资产已达5420亿港币，营业额2170亿，2010年华润集团利润总额在中央企业排名第九，在《财富》全球500强2009年度排名中位列第395位，企业员工达30万人。其中，华润创业、华润电力、华润置地是香港恒生指数成分股，华润燃气是恒生综合指数成分股。

华润的经营涉及消费品、电力、地产、水泥、燃气、医药、金融等多个领域。其中，华润的零售和啤酒经营规模全国第一，华润电力是内地效益最好的独立发电商，华润置地是最具实力的综合性地产发展商。雪花啤酒、怡宝水、万家超市、万象城是享誉全国的著名品牌。华润94%的总资产、93%的营业额来自于内地市场。截至2009年9月，华润在内地累计投资近4000亿元人民币，涉及13个领域，遍及除青海外全国各省市自治区。

华润集团在积极拓展业务的同时，倡导"培训"和"行动学习"，鼓励创新，提倡无边界沟通，追求卓越管理。华润集团秉承"诚信"的经营理念，在"集团多元化，利润中心专业化"的经营理念指导下，集团大部分资产都已纳入上市公司，在借助资本市场发展壮大自己的同时，也接受市场和投资者的监督。华润集团重视企业创造价值，努力践行企业公民责任，近年来每年纳税总额超过100亿元，累计对教育、赈灾、扶贫等慈善公益事业捐款捐物总值超过1亿元，通过实际行动，回馈社会。华润集团秉承庄严的使命，以人为本，开拓进取，努力实践与大众携手共创美好生活的企业承诺。

华润的愿景使命是"通过坚定不移的改革与发展，把华润建设成为在主营行业有竞争力和领导地位的优秀国有控股企业，实现股东价值和员工价值最大化"。华润认为，国有企业是否能搞好不在所有制，不在是否拥有垄断经营权，而在是否坚持以市场化为导向，按照市场化的原则去经营企业。华润以其自身实践充分证明，国有企业在竞争性领域也同样能够搞好。

华润的核心价值观是：诚实守信、业绩导向、追求业绩第一、客户至上、感恩回报。华润努力塑造"简单、坦诚、阳光"的组织文化氛围，员工之间坦诚相对，相互欣赏和激励，由此形成心情舒畅、朝气蓬勃、奋发向上的工作氛围。

华润从自身特点出发，构建了6S多元化控股企业管理模式，即通过战略规划体系、商业计划体系、管理报告体系、业绩评价体系、内部审计体系和经理人考核体系等六大体系，对战略业务单元进行更为有序、结构扁平化、基于及时信息分析的战略管理。

二、核心思想

○……★　★　★……○

1．华润集团人才发展愿景

"这是一个海纳百川的组织，在这个组织里，普通的人变成优秀的人，优秀的人变成卓越的人，源源不断的人在这里实现自己的人生梦想。"

2．华润集团领导力发展的使命

为集团培养受到国际业内高度尊重的职业经理人队伍，并逐渐形成适合经理人发展的文化和制度环境，将华润打造成为经理人价值最大化的平台。

3．华润集团领导力发展的核心理念

以科学测评和在实践中检验选对人；

以综合训练提升和发展人；

以跨部门跨行业的挑战性工作历练人；

以事业平台和优秀文化留住人。

4．华润集团的领导人

华润的领导人是指独立负有经济责任和管理责任的"一把手"（含董事长和总经理），包括三批人及其有潜力的继任者：

集团领导；

一级利润中心及部室总经理；

各一级利润中心区域总经理、城市公司总经理、部门总经理，包括厂长等；

华润集团领导力的发展对象，是指以上三批人及其继任者。

第二部分　案例篇

三、模型描述

◦┈┈★┈★┈◦

2008年，华润在国际咨询公司合益集团（Hay Group）协助下构建了自己的领导力素质模型。华润的领导力素质模型框架由三个层面组成：第一层整体模型由三大类素质组成；第二层每大类下又再细分出共八大能力要素；第三层每个要素按照标准四层级设计具体行为描述。华润认为，第一层面的三大类素质之间存在着一定的内在逻辑关系。

（1）"创造组织优势"及"引领价值导向"置于图形底部，分别代表企业内部硬性能力和软性能力，是企业生存及发展的根基。

（2）"赢得市场领先"置于图形顶部，是企业努力的方向，是企业的战略目标。

（3）"赢得市场领先"是企业持续"创造组织优势"及"引领价值导向"的动力，而"创造组织优势"及"引领价值导向"为"赢得市场领先"源源不断地提供能量和支持。

华润集团领导力素质模型 CRC Leadership Competency Model

赢得市场领先
◎为客户创造价值
◎战略性思维
◎主动应变

创造组织优势
◎塑造组织能力
◎领导团队
◎跨团队协作

引导价值导向
◎正直坦诚
◎追求卓越

Compete for
Market Leadership
◎Creating Value for Customers
◎Thinking Strategically
◎Acting Proactively

Re-generate
Organizational Advantages
◎Building Organizational Capability
◎Leading Your Team
◎Collaborating Across Team

Champion
Corporate Credo
◎Acting with Integrity
◎Driving for Excellence

除框架逻辑解读外，华润集团在上述模型的色系设计上也是煞费苦心：

1．赢得价值领先

华润黄代表朝气、积极、领先，代表收获和成果。

2．创造组织优势

蓝色代表规则和程序，组织优势即是指企业的战略、文化、制度、流程、机制。

3．引领价值导向

绿色代表生命和生机，价值导向是领导人的生命之本，是华润基业长青的根基。

四、 核心要素

○┈┈★　★　★┈┈○

华润集团对领导力素质模型中八大素质都设计了配套的要素定义、维度说明、层级定义和行为描述，甚至为部分要素还提取了分层级的典型故事脚本。由于篇幅关系，我们这里只给出要素定义、维度定义。

1．为客户创造价值

定义：以客户为中心，研究并洞察其需求，不断驱动产品和服务的改善和创新，为客户创造价值，赢得忠诚的客户。

维度：对客户需求的满足程度；注释：客户在这里指的是外部的客户。

2．战略性思维

定义：面对各种情境，基于数据信息，运用多种思维方式，系统性地形成对业务的认识和判断，并最终做出有创意的战略性决策。

维度：围绕思考的广度、深度。

第二部分　案例篇

3．主动应变

定义：预见未来可能存在的挑战或机遇，并且主动进行谋划布局，争取并整合资源，坚韧地致力于问题的解决。

维度：预见未来的难度、解决问题的难度。

4．塑造组织能力

定义：根据企业整体战略、文化、价值观的要求，建立并持续优化、完善组织架构、业务与管理流程、团队人才发展机制等，落实战略、文化、价值观，提升组织能力，从而形成难以复制的竞争优势。

维度：塑造手段的复杂性、与战略匹配程度。

5．领导团队

定义：明确团队目标，建立规则和体系，实现团队有序运作，并激励团队，培养团队能力，有效提升凝聚力，最终打造高绩效团队。

维度：团队有效性的程度、团队领导的影响程度。

6．跨团队协作

定义：尊重和认可跨团队的成员，并与之通力协作，提供相互支持与帮助，以实现资源共享，发挥组织的协同优势，提升核心竞争力。

维度：协作的难度，协作所产生的效果。

注释：跨团队指的是跨部门、跨业务单元。

7．正直坦诚

定义：做人坦诚，敢于讲真话，处事公正，坚持原则，为公司利益，不畏权威。

维度：行为的难易程度、所承受外界压力的大小。

8．追求卓越

定义：勇于不断挑战自我，设定更高更具挑战性目标，突破与超越过去的成绩，积极主动地追求更加卓越的业务结果。

维度：所设定目标的难度、自我挑战的程度。

五、基本应用

○┅┅★★★┅┅○

1. 有效的领导力测评体系

目前，华润集团已经建成"领导力测评和发展中心"，不仅完成了领导力测评题库，解决了工具方法的问题，还培养了20多位"领导力测评师"。这些测评师通过一年多的学习和实践，学会了如何使用测评工具、撰写测评报告、给予高管测评反馈，并帮助高管制订个人发展规划。这一团队已经开始为华润集团各个部门领导力的测评提供服务。

2. 务实的短板弥补方式

通过对各层面领导团队的进行基于领导力模型的能力测评，华润集团发现了中高层领导者的能力短板，并采取了独特"举实例、讲故事"的方式，聚焦问题，深度发掘原因，找到系统解决方案。例如在测评中，华润发现领导团队在团结协作上存在的问题。他们以此为契机，通过让中高层领导者分析实际团结协作中出现问题的根源是什么，从而找到系统的解决方案。这些解决方案都围绕着战略共识、管控模式的进一步澄清，和领导者的团队领导力来展开。

3. 基于领导力模型的领导力提升项目——60班

60班是以华润集团领导力素质模型作为基础设计的高级领导人才发展项目，由宋林董事长任班主任，部分集团领导、各部室、SBU和一级利润中心共37名高级经理人参加，目的是培养一批具有国际视野、有使命感、有能力带领华润走向未来成功的卓越领导者。60班项目，为期18个月，发展内容包括 "赢得市场领先"、"创造组织优势"、"引领价值导向"等三个专题模块，综合采用课堂培训、辅导教练、岗位历练等多种领导力发展方式。

4．与绩效挂钩

华润集团09年开始，在下属部分企业开展绩效评价与领导力发展相结合的试点工作，将按照领导力模型的个人领导力发展计划融入绩效评价与改进计划中，切实实现公司领导力提升与绩效改进的真正融合。

5．文化重塑

华润集团本身处于文化转型期间，即由华润集团的原生态文化，经由兼并企业文化和原生态文化的混合状态，向华润集团的新文化转型之中。统一的领导力模型和领导力提升可以有效推动文化再造和重塑，为华润集团的"简单、坦诚、阳光"文化氛围的全面形成铺平道路。

第四节　海尔集团领导力模型

一、背景介绍

○━━★　★　★━━○

　　海尔1984年创立于中国青岛，是世界白色家电第一品牌的全球化集团公司。截至2009年，海尔在全球建立了29个制造基地，8个综合研发中心，19个海外贸易公司，全球员工超过7万人。2010年，海尔全球营业额实现1357亿元，品牌价值已达207.65亿元，并入选美国《新闻周刊》网站评选的"全球十大创新公司"。2008年3月，海尔第二次入选英国《金融时报》评选的"中国十大世界级品牌"。2008年6月，在《福布斯》"全球最具声望大企业600强"评选中，海尔排名13位，是排名最靠前的中国企业。

　　海尔要创造互联网时代的世界名牌，就需要能快速满足用户的个性化需求，企业需要大规模定制而非大规模制造。海尔抓住互联网的机遇解决这一挑战，积极探索实践"人单合一双赢模式"，通过"倒三角"的组织创新和"端到端"的自主经营体建设，实现从"卖产品"到"卖服务"的转型，创造出差异化的、可持续的竞争优势。

　　海尔累计申请专利1万多项，居中国家电企业榜首，并率先实现国际标准的零突破。海尔累计已经参与了51项国际标准的起草，其中27项标准已经发布实施。海尔通过标准输出，带动整个产业链的出口。

海尔在发展的同时积极履行社会责任，援建了129所希望小学，制作了212集儿童科教动画片《海尔兄弟》。海尔是2008年北京奥运会全球唯一白色家电赞助商。

海尔的管理实践在国内外享有较高声誉，"日事日毕，日清日高"的"OEC"（Overall Every Control and Clear）管理模式、"市场链"管理及"人单合一"发展模式引起国际管理界高度关注。目前，已有美国哈佛大学、南加州大学、瑞士IMD国际管理学院、法国的欧洲管理学院、日本神户大学等商学院专门对此进行案例研究。海尔的30余个管理案例被世界12所大学写入案例库，其中，"海尔文化激活休克鱼"管理案例被纳入哈佛大学商学院案例库，海尔"市场链"管理被纳入欧盟案例库。

2010年，海尔实施全球化品牌战略进入第五年。海尔将继续发扬"创造资源、美誉全球"的企业精神和"人单合一、速决速胜"的工作作风，深入推进信息化流程再造，以人单合一的自主经营体为支点，通过"虚实网结合的零库存下的即需即供"商业模式创新，努力打造满足用户动态需求的体系，一如既往地为用户不断创新，创出中华民族自己的世界名牌！

海尔官网上对海尔企业精神、工作作风做了如下诠释：

求变创新，是海尔始终不变的企业语言。更高目标，是海尔一以贯之的企业追求。

1. 第一个十年：创业，创出中国第一名牌

海尔精神：无私奉献　追求卓越

海尔作风：迅速反应　马上行动

2. 第二个十年：创新，走出国门，创国际化企业

海尔精神：敬业报国　追求卓越

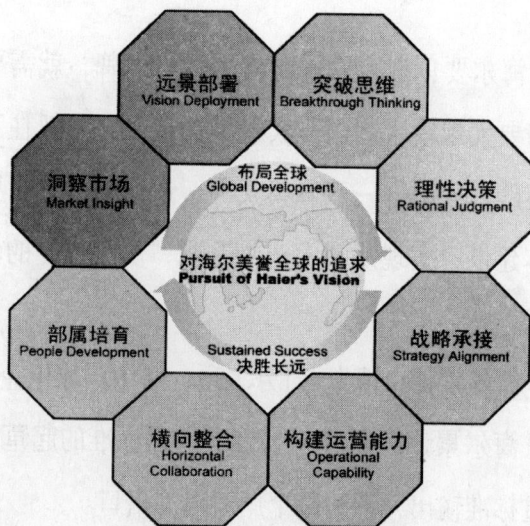

海尔作风：迅速反应　马上行动

3．第三个十年：创造资源，实施全球化品牌战略

海尔精神：创造资源　美誉全球

海尔作风：人单合一　速决速胜

全球化的海尔，需要全球化的海尔精神。

海尔的全球化，需要企业的全球化追求。

二、核心思想

⚬⭒⭐★★⚬

海尔的人才管理的理论依据是"斜坡球体人才发展论"，人才管理原则是"赛马不相马"。

"斜坡球体人才发展论"指，每一个人恰似在斜坡上上行的球体，市场竞争越激烈，企业规模越大，这个斜坡的角度越大。员工的惰性是人才发展的阻力，只有提高自己的素质，克服惰性，不断向目标前进，才能发展自己，否则只能滑落和被淘汰。止住人才在斜坡上下滑的动力是人的素质。

"赛马不相马"，包含三条原则：一是公平竞争，任人唯贤；二是职适其能，人尽其才；三是合理流动，动态管理。在用工制度上，实行一套优秀员工、合格员工、试用员工"三工并存，动态转换"的机制。在干部制度上，海尔对中层干部分类考核，每一位干部的职位都不是固定的，届满轮换。

由于公司整体战略和人力资源转型需要，海尔研发了自己的领导力模型，其意义目的有三点：

1．引领业务

帮助领导者理解"集团全球化品牌战略"对企业领导力的要求，即海尔领导团

第二部分　案例篇

191

队要知道自身应该具备哪些领导力，才能有效识别和把握时代机遇、应对挑战，不断增强组织的"卓越运营"能力，推动海尔全球化目标的实现。

2．领导团队

帮助领导者理解海尔在迅速发展壮大中对领导者"培养和领导团队"的迫切要求，以及领导者应该在企业发展壮大的过程中展现怎样的领导行为，才能更有效地构建一支"有激情、有活力、有能力"的团队，建立稳固的海尔领导梯队。

3．提升自我

结合领导力评估工作，帮助领导者理解自身领导水平和领导能力的缺陷，旨在结合领导力提升建议，更加清楚自身能力提升的方向和阶段性发展的目标，并据此制订有针对性的个人发展计划，加速领导力的提升，从而实现并保持长期、稳定、高绩效。

三、 模型描述

《海尔领导力模型》是海尔的领导者在未来获得更佳绩效所需具备的一种关键能力；它的根本目标是为了"刻画"卓越领导者，从而有效牵引海尔领导群体的领导力提升。领导力模型将作为海尔集团"人的再造"过程中针对领导人才队伍的基础性工具，目的旨在明晰集团期望的领导力和行为要求，"导引"领导力提升。

本领导力模型由"两个纬度，一个核心"共9项领导力构成。两个维度指布局全球和决胜长远，一个核心指海尔对美誉全球的追求。

每个要素包括领导力名称、概念、易于判断的负面表现、帮助理解的行为进步维度以及该领导力在不同层级上的行为指标等。每个要素分为四个能力层级，即初步展现、展现、展现优秀和展现卓越。

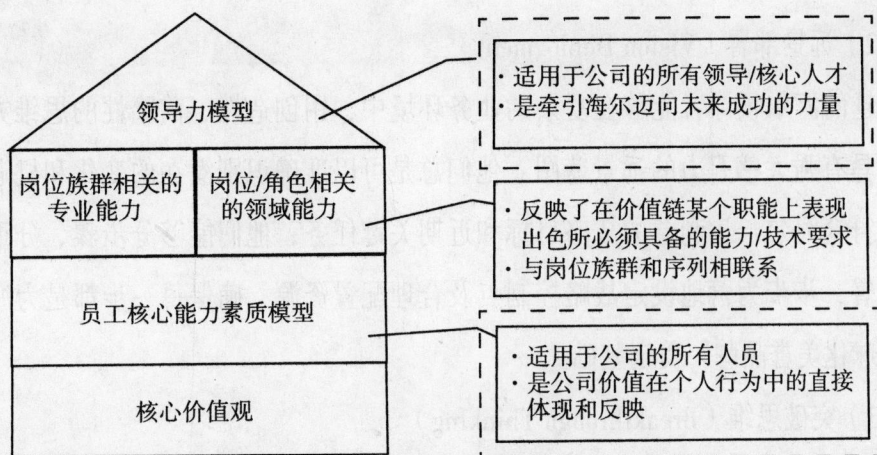

海尔的领导力模型是海尔公司素质模型的核心组成部分，海尔公司素质模型由若干部分组成，即针对领导和核心人才的领导力模型、反映各职能角色高绩效必备技术/能力要求的专业能力与领域能力、适用于公司所有人员的员工核心能力素质模型和核心价值观。

四、核心要素

1．布局全球（Global Development 战略维度）

（1）洞察市场（Market Insight）

卓越的海尔领导者能始终保持对商机的敏锐嗅觉。他们洞悉"三情"：能够敏锐识别本土及全球市场变化、准确预测行业发展趋势、辨别潜在风险、深刻洞察和发掘客户需求；他们密切关注竞争对手举动，总能抢先一步攻占市场；他们在对海尔自身优、劣势客观认知的基础上，善于识别差异，扬长避短。他们总是能在复杂的环境中找到能为海尔带来利益的市场，有效识别企业未来发展的商机、要点，为海尔持续发展奠定坚实的基础。

（2）远景部署（Vision Deployment）

卓越的海尔领导者能够在复杂的业务环境中，用创造性、前瞻性的思维方式，描绘出具有强大感召力的远景蓝图。他们总是可以准确识别潜在的变化和机遇，制定切实符合海尔长远利益的战略目标和近期关键任务；他们能够分步骤、分重点地系统部署，步步为营地设定战略控制点及合理配置资源，确保每一步都是为海尔实现"全球化美誉品牌"奠定基础。

（3）突破思维（Breakthrough Thinking）

卓越的海尔领导者能够在不断变化的、复杂的客观环境中，不受既定工作模式和传统思维的束缚，自我挑战，多角度、创新性地思考，能够看到事物间不易发现的内在联系，正确识别突破点，重塑商业/运作模式，切实推动海尔持续发展。

（4）理性决策（Rational Judgment）

卓越的海尔领导者在面临重大决策时，能够在客观数据、事实的基础上，广泛听取他人意见，充分考虑各种备选方案。当在决策信息不完整或环境复杂的情况下，他们能够凭借对市场的敏锐洞察，结合自身的经验与直觉，当机立断、自信地做出决策，合理分配资源。为了海尔的长远目标，他们勇于承担风险，即使饱受非议，牺牲小我，也要坚持做对海尔"正确的决定"。

2. 决胜长远（Sustained Success执行维度）

（1）战略承接（Strategy & Alignment）

卓越的海尔领导者基于对海尔愿景、使命、价值观及战略的精准解读，能够针对不同地域、不同市场，结合业务线/产品线特征和优势，因地制宜地、创新性地落实集团策略、部署本组织的执行；他们不遗余力地向员工沟通和传递公司愿景、使命、价值观和战略，营造充满活力的组织氛围、运用多种形式激励和调动团队动能，让员工清楚知道自己的工作对企业的贡献和价值，统一员工个体发展与组织发展目标,指导员工将组织目标落实为个人行动计划；在推进集团战略落地过程中，他们胜不骄、败不馁，即使困难重重，依然义无反顾。

（2）横向整合（Horizontal Collaboration）

卓越的海尔领导者面对复杂的业务挑战，能够以全球化的广博视角，从市场需求出发，进行横向跨流程环节的"端到端"思考，迅速识别和评估组织内外的各类可用资源。对内，他们能够灵活调配和充分利用海尔自身优势；对外，他们能够积极调动、横向整合产业链上各环节资源(资金、技术、管理等)，为海尔所用；他们能够洞察多方利益，通过增值性资源交换，发挥资源的协同效应，凸现资源整合优势，最终实现战略所需优质资源的缔造（如流程创新、产品创新和商业模式创新等），为海尔创"全球化美誉度"品牌铺平道路。

（3）构建运营能力（Operational Capability）

卓越的海尔领导者致力于构建服务于海尔"长期"利益的"卓越运营"能力；他们倡导建立高效畅通的组织网络，合理配置资源；他们借鉴并吸纳组织内外部的成功经验，洞悉海尔自身优势，借助信息化手段，将内外部经验和自身的优势条件以流程的形式固化，实现组织内部优势资源的沉淀和共享，构建组织长期的竞争能力。

（4）部属培育（People Development）

卓越的海尔领导者愿意主动花费时间和精力培育部属；他们能够保持组织要求和个人发展目标的一致性；他们信任员工，正确识别员工差距，运用有针对性的方式进行培养，唤醒他人潜能；他们能够正确预估业务潜在风险及损益，预设关键控制点，适当授权，明晰责、权、利，给予部属充分的发展空间；他们拥抱多元化，发现差异之美并且善用差异；他们精通业务，在工作中和困难面前，制定明确目标并不断给予部属正确指导和鼓舞，持续提升团队绩效，使员工为之雀跃，形成一个学习型、工作型、快乐型的工作氛围。

3．核心

对海尔"美誉全球"的追求（Pursuit of Haier's Vision）：

卓越的海尔领导者致力于实现海尔"美誉全球"的理想，热衷于把民族品牌推向全球，他们不仅仅满足于当前的市场表现，也深信海尔卓越的品质和持续发展的能力。他们始终以真诚为本，对用户、合作伙伴、员工、企业、事业的激情和热忱感染其他人共同发掘海尔的独特潜力，以实现海尔"全球化美誉品牌"的战略愿景。作为海尔的一分子，他们为自己对公司做出的贡献倍感自豪。

五、基本应用

1．标杆对比

2007年开始，为了解各集团整体能力差距，海尔进行了内部管理团队测评项目，与世界标准进行对标，为后期领导能力的针对性提升奠定基础。

2．课程构建

引进国际上先进的课程，加速全员领导能力的提升：根据海尔集团领导力模型，海尔大学与著名咨询公司IBM合作，在大中华区首次制定领导力解决方案培训课程，作为海尔集团领导力提升的助推器，分层次设计相关的领导力课程。这些课程分为基础管理学习方案、中层管理学习方案及高层教育方案三种类型，全面提升海尔集团基础领导力，并统一沟通语言。本次领导力发展的主题为"引导、发展、转型"，它很好地呼应了海尔集团转型的战略目标。海尔集团领导力提升项目培训周期为半年，培训内容分为在线学习、体验式学习及在岗实践三个部分。

3．职业发展

海尔的领导力发展是与职业发展和后备人才培养相结合的领导力发展，不仅能够有针对性地提升员工的领导力，而且与员工的职业规划进行结合，让员工成为学习的主人，同时领导者的主动学习，有效地推动了企业自主学习文化氛围的形成。

4．后备人才培养

根据海尔集团的战略发展，海尔大学对重点岗位族群进行后备人员的培养项目，范围覆盖到生产、销售、供应链等。项目从设计到实施周期3~6个月不等。对于后备人员的培养，分为脱产、在岗两种。脱产模式是指员工完全脱离原来岗位，培训合格后重新竞聘上岗，岗位是否应聘成功完全取决于员工培训成绩的好坏。在培训模式上，所有的后备培育项目都采用领导力培训的模式，每个学员都会有一位导师在在岗实践阶段指导学员的实践。导师都是惠普或者摩托罗拉的专家，在解决课题的同时，也会带给学员很多新的思路。

第五节　联想集团领导力模型

一、背景介绍

联想集团于1984年在中国北京成立，是全球第四大个人电脑厂商。现在的联想集团由原联想集团和原IBM个人电脑事业部组合而成，从事开发、制造及在世界各地销售可靠、高质、安全易用的技术产品及优质专业的服务。联想2009/2010财年营业额达166亿美元，该财年全球PC市场份额8.8%。联想从1997年以来蝉联中国国内市场销量第一，并连年在亚太市场（日本除外）名列前茅（数据来源：IDC）。联想集团于1994年在香港上市（股份编号992），并且设有美国预托证券在美国进行买卖（预托证券代码：LNVGY）。

联想集团全球总部位于中国北京和美国罗利，制造和物流基地主要设在中国、墨西哥、美国、印度、马来西亚、日本和澳大利亚等地。目前，联想在全球拥有全球员工约26000名。联想在全球超过60个国家经营业务，为逾160个国家的客户提供个人电脑。联想独特的业务架构，分为新兴市场和成熟市场，以便因应各自的市场特色，迅速而有效地执行适当的战略。

联想是一间极富创新性的高科技公司，秉承自主创新与追求卓越的传统，联想持续不断地在用户关键应用领域进行技术研发投入。联想建立了以中国北京、日本大和和美国罗利三大研发基地为支点的全球研发架构，在中国大陆，联想还拥有北京、深圳、上海和成都四大研发机构。联想拥有近2000名包括世界级技术专家在内的一流研发人才，他们赢得了数百项技术和设计奖项——包括2000多项专利——而且开创了诸多业界第一。联想在2009和2010连续两年入选彭博社《商业周刊》全球创新50强。

凭借正确的战略和有效的执行，联想集团保持强劲的增长势头。联想的"双拳战略"（"Protect and Attack"）进一步巩固中国业务和全球企业客户业务，同时积极拓展高速增长的新兴市场和全球交易型业务市场，特别是消费用户与中小企市场。

在联想的发展中，形成了深厚的联想根文化，它的核心是企业利益第一、求实进取和以人为本。以联想根文化为基础，结合联想集团的特点和国际化环境的需求，联想进一步发展出了被称为"4P"的价值观，它的口号是"联想之道——说到做到，尽心尽力"。联想文化扎根在联想员工心中，支持联想全球战略的实施，并为联想的持续发展提供动力。

1．联想的企业定位

联想从事开发、制造及销售最可靠的、安全易用的技术产品。

我们的成功源自不懈地帮助客户提高生产力，提升生活品质。

2．联想的使命：为客户利益而努力创新

创造世界最优秀、最具创新性的产品。

像对待技术创新一样致力于成本创新。

让更多的人获得更新、更好的技术。

最低的总体拥有成本（TCO），更高的工作效率。

3．联想的核心价值观

成就客户——我们致力于每位客户的满意和成功。

创业创新——我们追求对客户和公司都至关重要的创新，同时快速而高效地推动其实现。

诚信正直——我们秉持信任、诚实和富有责任感，无论是对内部还是外部。

多元共赢——我们倡导互相理解，珍视多元性，以全球视野看待我们的文化。

第二部分　案例篇

二、 核心思想

★★★

联想集团总裁柳传志说："办公司就是办人。人才是利润最高的商品，能够经营好人才的企业才是最终的赢家。"现代企业的竞争，归根结底是人才的竞争。联想对于管理干部的重视可见一斑。

柳传志认为，联想职业经理人一定要认可联想的文化，特别是核心价值观。现在联想集团的文化建设由柳传志自己负责，在核心价值观方面，联想集团的要求比联想控股以及其他子公司的要求都更高。翻译成中文是两句话，"说到做到"和"尽心尽力"。

在柳传志眼中，"我们的员工都是认真培养的，并且花了学费和代价，这就是文化差异。像戴尔这种文化，在美国企业中有很多。相比之下，我更看重的是联想集团的长远发展"，这一点与戴尔等外企严格绩效即时淘汰的做法差异很大。

在管理人才培养上，联想有的独特逻辑与规则：

1．"缝鞋垫"与"做西服"

培养人才和培养裁缝类似，刚学裁缝要先学缝鞋垫，不断实践积累，才能提高技术，然后才能做西服。企业培养人才应该逐步历练，扎实培养，不能一蹴而就。郭为与杨元庆都是经过十次以上岗位变动，不断磨炼，最后才能展示才华，走上领导岗位。

2．"赛马中识别好马"、"谁跑得快支持谁"

联想认为，人才识别的最佳方式就是在工作中观察，人才培养的最佳方式也是需要通过工作锻炼。只有在工作中培养出来的人才，才是最适合企业需要的人才。因此，在联想的领导力模型中，依然也会存在绩效导向这个重要分支。

3．训练建班子、协调作战的能力

建班子、定战略、带队伍是联想的管理基础，而建班子是第一位的，好的领导班子成员不仅能够给予最高决策者足够的尊重和支持，而且同时还能够和敢于从不同视角提供高质量建议与意见。联想1994年就成立了总裁办公室，让各部门经理集思广益，锻炼协作作战能力。

三、 模型描述

联想对于高管人才的评价包括业绩评价、能力评价和潜力评价三大部分。其中的业绩评价是由真实当期绩效考核而来，能力评价是依据领导力素质模型进行的，潜力评价主要针对领导的学习能力、成就动机、聪明程度和全球思维能力。

联想的领导力素质模型由三大领域组成，即建立卓越组织、业绩导向、主动负责，这三个素质领域共同为"对客户需求充满激情"的整体目标服务。

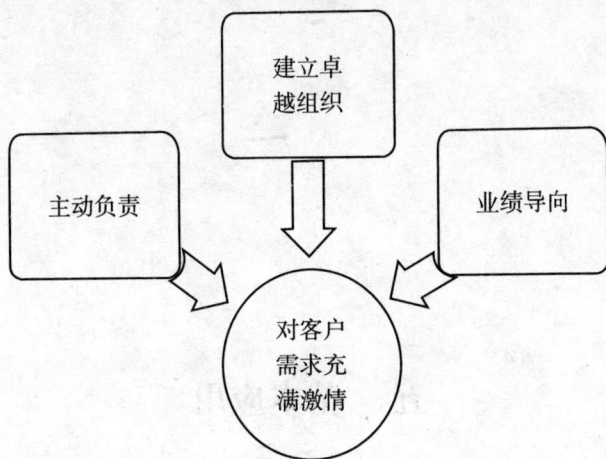

四、核心要素

★★★

1．建立卓越组织

激励团队

有效领导与发展他人

促进学习和创新

庆祝成功

2．业绩导向

全球化与战略思维

设定挑战性目标

重视质量与流程

测量与事实导向

3．主动负责

诚信待人

快速执行

直接沟通

信守承诺

五、基本应用

★★★

1．绩效应用

如同上面所言，联想将领导力模型应用于管理团队的日常绩效考核中，并且要求指出被考核人的具体行为中存在的问题，找出这个人的优势与劣势，并在绩效面谈中进行较为充分的沟通，商定行为改进计划，有效促进管理者行为改善，进而提升整体绩效，为公司战略目标达成提供更好的服务。

2．文化融合

联想领导力模型中的各个要素都是和联想公司的核心价值观及文化密切相关的，特别是部分要素与联想国际文化融合相关。例如联想收购IBM PC业务一年后，实施了一次文化审计，结果发现中国团队与外国团队之间存在不信任，互相抱怨不断，这在很大程度上降低了工作效率。为了改变这种情况，这些素质的表现将作为联想每年对领导者进行潜力评价盘点时的重要依据，从而有效地把对个人行为的要求与组织目标联结在一起。

3．评估人才识别

联想集团人力资源部每年会根据绩效、能力和潜力综合评价情况，利用专业工具为每位管理者制作个人评价档案，将公司管理团队进行大排队，按照九宫方格方式对每个管理者进行综合评价，对其绩效、能力与发展潜力进行客观评价和系统展示，为后期拟定管理方案起到非常关键的基础作用。

4．继任计划——长板凳计划

联想对于公司管理团队已经建立起了全面覆盖的继任计划，每年都会检讨组织继任人才储备情况，目前已经成为公司例行管理行为，变成一种公司文化。利用基于领导力模型的测评结果，公司可以设计出较为科学合理的后备人才梯队建设体系。

5．人才发展与人才培养

借助基于领导力素质模型的评估，联想已经可以实现人员的分层分类，并为他们匹配相应的针对性培训课程，包括高潜质员工培训、新任总监培训等等。另外更为重要的是，联想根据人才评估可以实现个性化的人才发展，这个人才发展不同于常规的培训概念，而是通过达成目标，做好工作，获得成就感。因此，联想采取了工作轮换、轮岗、绩效面谈、网络学习、配套培训等综合的人才发展手段，达到了较好的人才培养效果。

第二部分　案例篇

第六节　李宁体育用品有限公司领导力素质模型

一、背景介绍

★★★

从广东三水起步，李宁公司成立于1990年，经过21年的发展，已成为代表中国、具有东方元素的国际领先的运动品牌公司。李宁通过体育用品事业推动中国体育发展，并不遗余力赞助各种赛事。截至2009年12月31日止，李宁的收入上升25.4%至人民币83.87亿元。李宁公司拥有中国最大的体育用品销售网络，店铺总数已达8156家，并且在东南亚、中亚、欧洲等地区拥有多家销售网点。国际权威的美国市场研究机构SGI《体育用品情报》针对全球体育用品产业公司推出了市值排名表，李宁公司位列世界综合运动品牌前四强。李宁公司于2004年香港上市以来，公司业绩连续6年以30%以上的速度快速增长。

李宁公司现在已经发展成为一个多品牌的大家族。目前，公司旗下拥有的品牌包括：知名的李宁品牌（LI-NING）、超过160年历史的法国顶级户外品牌——艾高（AIGLE）、国际领先的乒羽品牌——红双喜（DHS）、倡导"快时尚"的大卖场品牌——新动（Z-DO）、意大利运动时尚品牌乐途（LOTTO）及羽毛球品牌凯胜（KASON）。

李宁公司也长期致力于支持各项运动事业的发展，开创了多项运动营销领域，李宁公司曾与NBA、ATP等国际顶级赛事结为战略合作伙伴。其他的与李宁公司曾合作的国际运动资源，除了像奥尼尔、柳比西奇、托希尔德森等知名运动员，更有西班牙奥委会、西班牙篮协、瑞典奥委会、阿根廷篮协以及美国国家乒乓球队等，都证明李宁品牌的专业实力得到国际顶尖体育团队和个人的认可。

目前，李宁公司已经形成了适合自己特点的战略规划与经营管理模式，在业内是公认的"正规军"。李宁已在全国范围内建立以ERP为起点的信息系统，全面整合产品设计、供应链、渠道、零售等资源，发展电子商务，进一步提高运作效率和品牌形象。

李宁自己认为运动是一种积极的生活态度，而最终被提炼成为李宁公司的核心文化：崇尚运动！李宁是一个推动运动文化的公司，是把人们内心对运动的激情通过产品发掘出来。"一切皆有可能"。**李宁公司的核心战略与使命是：专注品牌提升和产品创新，实现差异化竞争；专注运动的本质，以体育激发人们突破的渴望和力量。"崇尚运动、诚信、激情、求胜、创新、协作"是李宁公司的六条核心价值观。**

李宁公司发展至今，离不开李宁自身的知人善任，也离不开第一任总经理陈义宏和现任总经理张志勇的努力。后面两者分别代表着李宁公司发展的两大转型阶段。

二、核心思想

◦⋯⋯★ ★ ★⋯⋯◦

回首李宁公司成立20多年历程，在解决生存问题之后，李宁公司就高度关注管理平台设计，以组织流程来规范内部管理，并同时不断吸引外部优秀职业经理人和

"空降兵"引进李宁，以实现李宁品牌真正的国际化。

"我的能力有限，所以需要构造出一个强大的组织来领导、运行这个企业。我一直在公司推行不要把李宁跟李宁公司混为一谈，否则既违背这个公司创立的初衷，也损害我个人的利益，因为我很喜欢自由。不能因为我毁了企业，也不能因为企业把我毁了。"李宁如是说。

张志勇说过："你要求的人太完美的话，会在短期内给公司造成的巨大压力。"现在，**对每一个岗位和每一个人才都进行分类，通过流程将岗位的职能和他的胜任能力进行组合。**

李宁公司认为企业的核心竞争力是人才的竞争力，企业不仅要有优质的产品，更要有一流的具有国际眼光、策划意识及市场推广能力的国际化人才。李宁公司引进的外部人才需要具备勇于进取，敢于面对困难、富有创造性和挑战精神。张志勇认为，"最重要的标准并非中国经验，你可以没有中国经验，但一定要有中国精神"。

李宁公司的六条核心价值观衍生出对员工的四大要求：

（1）商业管理技能：做事的能力。

（2）人际关系技能：做人的能力。

（3）领导技能。很多公司把领导技能只作为管理者的要求，但李宁公司的所有人都要学习这项技能。马成功说："李宁公司只有900多人，而围绕李宁品牌从业的人数大约10万~20万人，包括OEM的制造商和特许加盟的销售商，所以这900多人其实都是领导，要领导着整个行业一起来完成品牌最终的使命。"

（4）个人基本能力：包括主动积极等内在的能力。

三、 模型描述

○·····★ ★ ★·····○

　　李宁公司综合考虑自己的企业文化体系、公司未来战略发展、内部优秀管理人才与关键岗位人才的行为特征、国际标杆公司的员工行为与领导行为，总结出了自己的核心素质模型和领导力素质模型。核心素质模型是公司所有员工必备的个人素质和综合能力特征要求，其中包括职业诚信、应变能力、追求卓越、团队合作与沟通能力五大要素。

　　领导力素质模型是公司领导层必备的个人素质和综合能力特征，模型的核心是李宁公司的核心价值观"赢得梦想"，分为领导业务、领导团队、领导他人和领导自我四个层面，其下再细分出若干要素。

四、 核心要素

○·····★ ★ ★·····○

李宁的领导力素质模型中包括有七个关键要素：

战略思考

商业意识

创新能力

结果导向

发展员工

决策能力

影响能力

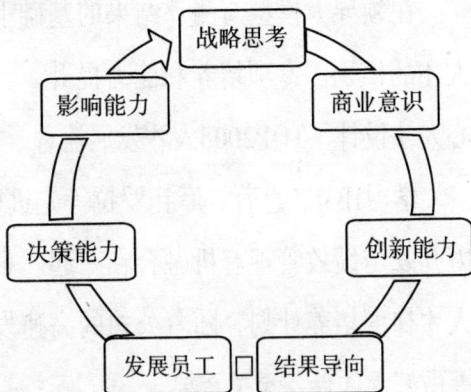

战略思考
商业意识
创新能力
结果导向
发展员工
决策能力
影响能力

第二部分　案例篇

五、基本应用

1. 高效的人才测评体系

对于领导层，李宁公司以领导力素质模型为基础，设计了360°反馈和PDP人才测评工具。为了发挥360°反馈的作用，李宁公司对这个工具采取开放和充分交流的实施策略，360°反馈都是公开、面对面的，并且取得了良好的效果。

PDP测评工具可以帮助公司迅速了解一个新加入团队的人的性格，把不同性格的人组合到合适的岗位上，一方面可以发挥一个人最大的潜能，一方面可以实现团队的合作，提高团队整体工作效率。通过PDP测评，李宁公司获得了很多建议性的参考数据，比如说对高速发展的团队，哪个特质要占主导，人员配比要占百分之多少。所以李宁公司一方面用这个工具来做测评，一方面在选拔人才时，在组建、调整、匹配一个经理的管理团队时，都可以用这个工具来做测评。

每年李宁公司都对全体员工进行人才盘点，按照绩效前20%优秀人才划入后备人才计划，绩效最后的5%~10%给予考察期缓冲。

2. 体系化的人才梯队培养计划

在领导力模型与测评结果的基础上，李宁公司安排了人才梯队培养计划，进行人才的识别、专项培养和能力提升。针对管理层安排了人才梯队培养计划，针对核心人才设计了TOP2008人才发展流程，面对全体员工推广了IDP人才发展计划。

学习IBM、惠普、摩托罗拉等先进标杆，根据领导力素质模型，李宁公司将领导力开发与绩效管理有机融合在一起。根据得出的数据与分析结果，李宁公司树立了人才梯度培养计划，随着公司的高速发展，关注人才的梯度培养，为公司的长远发展做好人才储备至关重要。

对于核心人才培养，李宁公司借鉴IBM"人才快车"，专门设计了"TOP2008"人才发展流程，以提高现任管理人员的管理素质，保证公司的后备领导人员的储备和培养。即基于选择人、培养人、评价人、用人、保留以及衡量的流程。基于对人才资质的要求来规划课程体系，对一线经理和中级经理，不同的人才规划不同的课程体系。

李宁公司采取了IDP发展计划，也就是由员工的绩效KPI指标与行为KDI指标考核结果，进而引出个人的业务成果如何改进、个人的行为如何改进等两个计划。

第七节　中粮集团领导力素质模型

一、背景介绍

成立于1952年的中粮集团有限公司（COFCO）(简称"中粮"、"中粮集团"，英文简称COFCO)是中国最大的粮油食品进出口公司和实力雄厚的食品生产商，享誉国际粮油食品市场，在地产、酒店经营以及金融服务等领域也颇有建树，1994年以来，一直名列美国《财富》杂志全球企业500强。

中粮集团目前下设中粮粮油、中国粮油、中国食品、地产酒店、中国土畜、中粮屯河、中粮包装、中粮发展、金融等9大业务板块，拥有中国食品（HK 0506）、中粮控股（HK 0606）、蒙牛乳业（HK 2319）、中粮包装（HK 0906）4家香港上市公司，中粮屯河（600737）、中粮地产（000031）和丰原生化（000930）3家内地上市公司。福临门食用油、长城葡萄酒、金帝巧克力、屯河番茄制品、家佳康肉制品以及大悦城Shopping Mall、亚龙湾度假区、凯莱酒店、雪莲羊绒、中茶茶叶、中英人寿保险农村金融服务等等，诸多品牌的产品与服务组合，塑造了中粮集团高品质、高品位的市场声誉。同时，中粮集团利用国内外资本市场展开一系列的产业整合和重组并购，引入国际资本市场监管与评价机制，完善资源配置体系、管理架构和运行机制，持续提升企业竞争力。

中粮集团是中国从事农产品和食品进出口贸易历史最悠久、实力最雄厚的企业，几十年一直是国家小麦、玉米、大米、食糖等大宗农产品贸易的主导者。从粮油食品贸易加工起步，中粮围绕于客户和社会需求以及潜在的发展机遇，建立起相关多元化的发展模式，延伸至生物能源发展、地产开发、酒店经营和金融服务等业务领域，在发展历程中不断扩大与全球客户在农产品原料、粮油食品、番茄果蔬、饮料、酒业、糖业、饲料乃至地产酒店、金融等领域的广泛合作，持久地为客户提供价值，并以此回报股东和所有权益相关者。作为投资控股企业，中粮有效利用自身遍及世界的业务网络来组织、调配各项经营资源，取得稳健快速的业绩增长，名列美国《财富》杂志全球企业500强，居中国食品工业百强之首。

2009年，中粮集团将自身的战略定位为：全产业链粮油食品企业。中粮将"诚信、团队、专业、创新"界定为自己的企业精神，体现了社会价值、企业价值、员工价值三者的统一。诚信是中粮的品格，任何一种管理经营行为都以市场规则为指南，这是中粮的社会价值标准；团队是中粮在企业内部培育乐于沟通的开放型管理模式，人与人之间坦诚相待，追求阳光、透明的文化，这是中粮的组织价值基点；专业是要求员工本着追求卓越、精益求精的态度，把每一件事、每一项任务做到最好，体现员工的价值所在；创新则要求用心思考，打破陈规，常葆蓬勃朝气和活力，这是中粮创造未来价值的保障。中粮集团的企业文化为：诚信、业绩、专业、团队、学习、创新、公开、公正、透明、简单、处公心、与人为善。

中粮集团不仅持续提升健全的经营治理结构、完善的财务结构以及风险管理能力，而且始终将人才作为集团现在和未来最核心的资源，发现和培育人才得到了充分的重视。2008年和2009年，中粮集团被媒体评选为"最佳CEO摇篮公司"、"最佳领导力培养公司"。2005—2009年，中粮集团营业收入、利润总额年增长率高达22.8%和40.4%，目前已有10项业务位居国内同行业第一，5项业务位居第二。显然，各层级经理人的贡献功不可没。

2008年5月，中粮集团——企业大学忠良书院正式开业，中粮书院旨在搭建学习交流的平台，为中粮的成长注入了新的活力与动力。忠良书院被定位成中粮人思想的摇篮、精神的家园。忠良书院还是中粮领导力开发中心，承担着培养中粮经理人的摇篮，中粮管理思想的发源地，集团经理人学习、研讨和决策的中心，中粮人洗礼的地方等四大职能。

二、核心思想

宁高宁董事长语录：

（1）"我们团队的业务管理能力有多高？必须进行反思。我坚信只有队伍自身成熟了，业务才能真正发展，队伍才能往前走。"

（2）"我想中粮集团应该一级一级培养团队成员加深对团队的理解、对自身特质的认识、对领导力的控制和对系统的把握能力。"

（3）"我们看看GE的领导力开发模型。第一强调的就是认识领导力对商业成功的重要性。如果每个团队的每个成员，哪怕是在任何一个小小岗位上负责的人，如果都有创造力和带动性，很多问题就容易解决了。第二是有一个领导力培训开发流程，包括领导力开发学院、开发体系、课程体系、职业生涯规划，这些都容易做，中粮的这一套体系也正在建设中。第三是以行为标准定义领导力特质，领导不仅要创造数字，还要创造价值。我觉得这是资本市场的认识，领导力不仅带来盈利、有营业额，还要带来商业模式和战略上的价值，带来资本市场的价值。我相信等我们上市公司多了，大家的体会能更深刻些。第四是把领导力与管理实践相结合。第五是上级负责下级领导力的开发。"

（4）"我们应该建设中粮的领导力开发程序。程序建立起来以后，大家一定会按照这种思维主动去发展。将来我们的团队就能够用领导力开发的、培训的、讨论的、互动的手段来带领队伍不断去进步，并通过领导力，通过团队的学习来完善整个团队建设，形成一个真正有活力、有创造力、有业绩的队伍。"

三、　模型描述

○——★　★　★——○

　　"全产业链粮油食品企业"战略新目标确定后，**中粮集团深入分析了推动战略新目标所需要的商业驱动力，包括制定竞争战略；转换商业思维，创建以客户为中心的文化；推动流程、技术、产品创新；培养组织人才；整合组织架构，推进内部协同；强化品牌等六大商业驱动力，并进一步在六大驱动力下细分出十六个能力要素。**

　　中粮集团设计了A、B两个层级的职能领导力模型和业务领导力模型，分别针对集团职能总监、业务单元总经理、一般职能总监和一般业务经理。该模型以商业驱动力和公司核心价值观为基础，以绩效为导向，关注"知识"、"能力"、"态度"和"个性"。其中，"知识"这一部分关注于学识和经验；"能力"这一部分关注于人际交往能力、业务管理能力和领导能力；"态度"关注于业绩导向、关注于领导者自身的特质，鼓励差异化，但在宏观层面上又有基本的要求。最后，整个模型的导向是"业绩表现"即"绩效"，这是模型的评价标准和目的，领导力培养是为了实现卓越的业绩表现；反过来，其结果也是通过个人和部门的业绩来衡量。

商业驱动力	能力要素
制定竞争战略(外向型）	制定战略
	财务视角看业务
转换商业思维，创建以客户为中心的文化	制定战略
	客户导向
	业绩导向

推动流程、技术、产品创新	引领变革
	运营决策
	业绩导向
培养组织人才	建立组织人才优势
整合组织架构，推进内部协同	引领变革
	制定战略
	团队建设
	推动战略合作
强化品牌	制定战略
	调动资源
	客户导向

四、核心要素

○·······★　★　★·······○

1. A级职能类领导力模型——集团职能总监

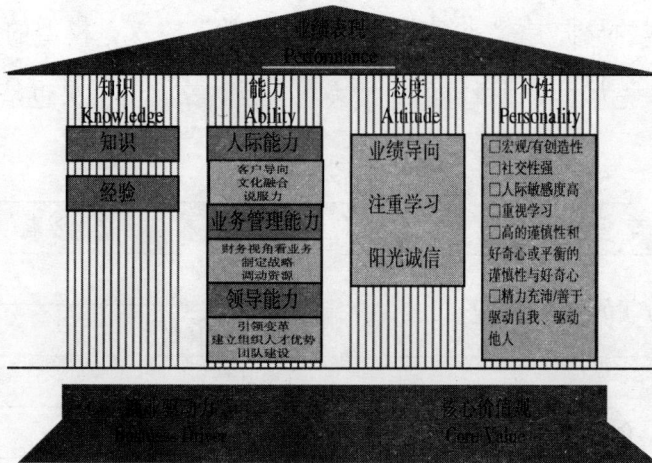

业绩表现
Performance

| 知识
Knowledge | 能力
Ability | 态度
Attitude | 个性
Personality |

知识
经验

人际能力
客户导向
文化融合
说服力

业务管理能力
财务视角看业务
制定战略
调动资源

领导能力
引领变革
建立组织人才优势
团队建设

业绩导向
注重学习
阳光诚信

□宏观/有创造性
□社交性强
□人际敏感度高
□重视学习
□高的谨慎性和好奇心与平衡的谨慎性与好奇心
□精力充沛/善于驱动自我、驱动他人

业务驱动力
Business Driver

核心价值观
Core Value

2. A级业务类领导力模型——业务单元总经理

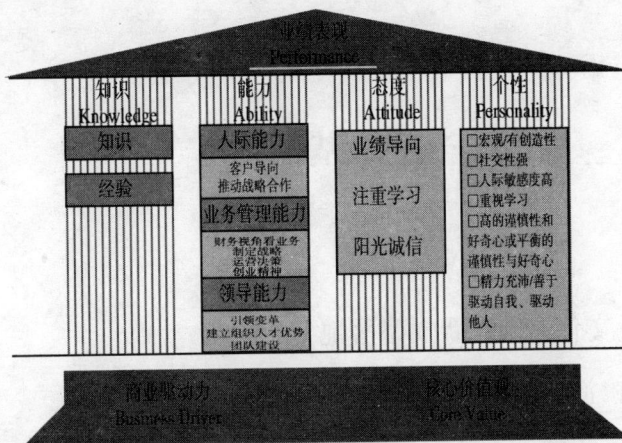

業績表現
Performance

知识 Knowledge	能力 Ability	态度 Attitude	个性 Personality
知识	人际能力	业绩导向	□ 宏观/有创造性
经验	客户导向 推动战略合作	注重学习	□ 社交性强 □ 人际敏感度高 □ 重视学习
	业务管理能力	阳光诚信	□ 高的谨慎性和好奇心或平衡的谨慎性与好奇心
	财务视角看业务 制定战略 运营决策 创业精神		□ 精力充沛/善于驱动自我、驱动他人
	领导能力		
	引领变革 建立组织人才优势 团队建设		

商业驱动力　Business Driver　　核心价值观　Core Value

3. B级职能类领导力模型

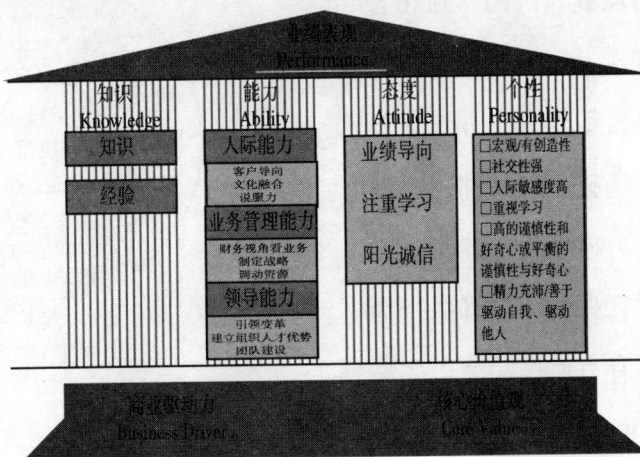

業績表現
Performance

知识 Knowledge	能力 Ability	态度 Attitude	个性 Personality
知识	人际能力	业绩导向	□ 宏观/有创造性
经验	客户导向 文化融合 说服力	注重学习	□ 社交性强 □ 人际敏感度高 □ 重视学习
	业务管理能力	阳光诚信	□ 高的谨慎性和好奇心或平衡的谨慎性与好奇心
	财务视角看业务 制定战略 调动资源		□ 精力充沛/善于驱动自我、驱动他人
	领导能力		
	引领变革 建立组织人才优势 团队建设		

商业驱动力　Business Driver　　核心价值观　Core Value

4. B级业务类领导力模型

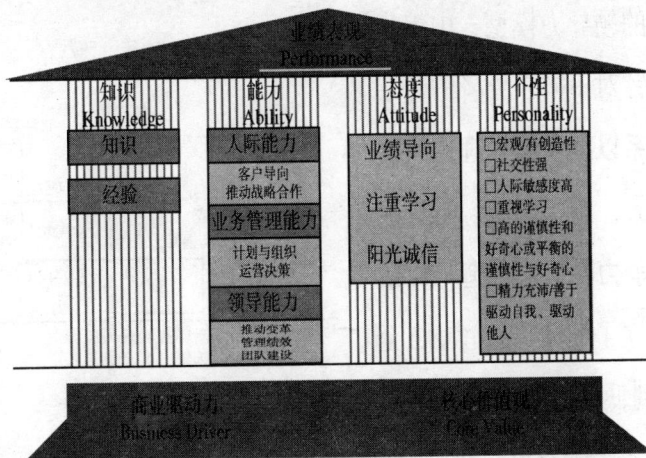

業績表現
Performance

知识 Knowledge	能力 Ability	态度 Attitude	个性 Personality
知识	人际能力	业绩导向	□ 宏观/有创造性
经验	客户导向 推动战略合作	注重学习	□ 社交性强 □ 人际敏感度高 □ 重视学习
	业务管理能力	阳光诚信	□ 高的谨慎性和好奇心或平衡的谨慎性与好奇心
	计划与组织 运营决策		□ 精力充沛/善于驱动自我、驱动他人
	领导能力		
	推动变革 管理绩效 团队建设		

商业驱动力　Business Driver　　核心价值观　Core Value

五、 基本应用

○······★　★　★······○

1. 强化企业文化，推动新战略落地

"全产业链粮油食品企业"战略新目标确定之后，中粮一直致力于深化对公司战略的理解和认同，强化客户导向的思维方式，进一步提升公司核心团队的战略营销能力，并作为今后集团进行人才选拔、晋升和培养的标准。通过领导力模型的构建，中粮进一步细化了对管理团队的具体行为和特质要求，强有力地推动公司战略新目标的落地，并有效强化了公司倡导的核心价值观。

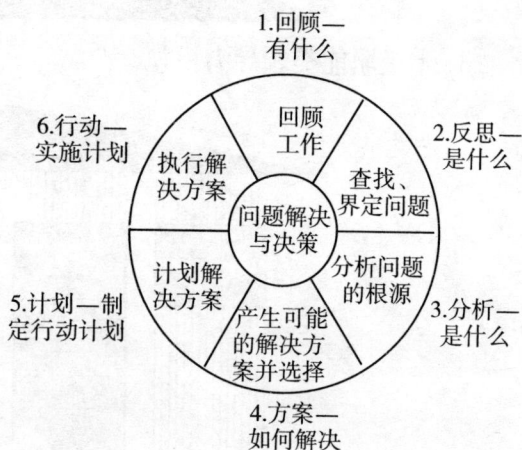

1.回顾——有什么

6.行动——实施计划

回顾工作

执行解决方案

2.反思——是什么

查找、界定问题

问题解决与决策

5.计划——制定行动计划

计划解决方案

分析问题的根源

产生可能的解决方案并选择

3.分析——是什么

4.方案——如何解决

2. 系统化的分层分类课程体系

基于分层级的领导力模型，中粮集团设计并开展了针对不同领导者的分层级课程。**课程体系以五步组合理论为基础，通过选经理人、组建团队、制订战略、培养市场竞争力和价值创造与评估的五步循环**，设立了三个层级（由A至C，成熟度由高到低）、针对四类人群

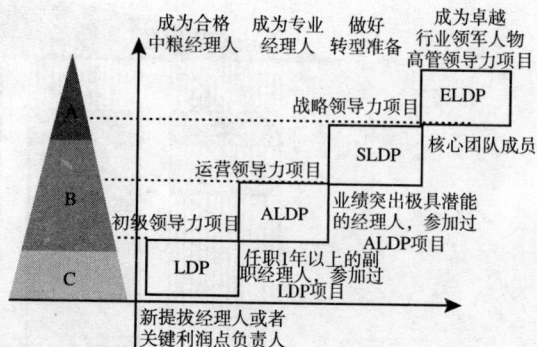

成为合格中粮经理人　成为专业经理人　做好转型准备　成为卓越行业领军人物高管领导力项目

ELDP

战略领导力项目

SLDP　核心团队成员

运营领导力项目

A

B

ALDP　业绩突出极具潜能的经理人，参加过ALDP项目

初级领导力项目

LDP　任职1年以上的副职经理人，参加过LDP项目

C

新提拔经理人或者关键利润点负责人

的四种课程项目：分别是LDP（初级领导项目，C级），ALDP（运营领导力项目，B级），

SLDP（战略领导力项目，B级）和ELDP（高管领导力项目，A级）。见图：基于五步组合论的领导力课程体系。

3. 团队学习，聚焦问题中粮的培训很有特色，中粮认为培训是为了形成有效的团队工作方法不断思考自己存在什么问题，怎么解决，用什么方法解决，从而促进组织的发展。

"团队学习"，就是从解决企业发展中的实际问题出发，通过"结构化会议"的方式，引导团队成员在统一的逻辑和思维框架下思考问题，达成共识，最终解决问题。

这种团队学习方式有众多好处。首先，可以针对业务发展中的关键问题，直接服务于集团战略的战略。其次，通过培训可以高效方式将公司领导力中的关键理念融进工作方法中。其三，是将培训与经理人日常工作有机衔接，使经理人成为各单位工作的第一负责人。其四，这种方式还能激发团队智慧，通过组织的改变提升组织能力和个人能力。第五，注重改善团队氛围，体现企业文化。第六，倡导质疑反思精神，强调系统思考。

4. 为个性化培养提供基础

以领导力模型作为基础，中粮定期通过经理人综合评价体系，从知识、能力、态度、个性、业绩五个方面对经理人进行评价，找准每位经理人的"短板"。一旦发现经理人的"短板"，中粮就会安排他们在不同业务之间、产业上下游之间、职能部门与业务部门之间进行轮岗交流；对思想和个性层面存在问题的，安排更高层次的管理人员担任导师，进行"一对一"辅导。

5. 后备人才梯队建设

中粮集团为满足业务快速发展需要，已经初步建立了分层级、分行业的后备人才队伍，但是能够带领团队持续进步、建立行业领导地位的行业领军人物还明显不足。为解决这一问题，近期中粮集团从335名候选人中，经过层层选拔，专门建立了由26人组成的针对业务单元一把手的后备人才队伍，成立了专门的基于领导力素质模型的培训和培养项目。

第八节　万科集团领导力素质模型

一、背景介绍

万科企业股份有限公司（简称万科或万科集团），成立于1984年5月，是目前中国最大的专业住宅开发企业，也是股市里的代表性地产蓝筹股。万科总部设在深圳，截至2010年，万科已在20多个城市设立分公司，公司在册员工22850人。2010年，万科的销售规模首次突破千亿，全年实现销售面积897.7万平方米，销售金额1081.6亿元，营业收入507.1亿元。在《2010中国房地产品牌价值研究报告》中，万科以155.77亿元的价值成为"2010中国房地产行业领导公司品牌"。在《财富》（中文版）发布的"2010最受赞赏的中国公司"名单中，万科荣登"2010最受赞赏的中国公司全明星榜"，在"房地产开发"行业榜中位列第一位。

公司秉承"创造健康丰盛的人生"的核心价值观，愿景是"成为中国房地产行业领跑者"，倡导"客户是我们永远的伙伴"、"人才是万科的资本"、"阳光照亮的体制"及"持续的增长和领跑"、"做卓越的绿色企业"等价值理念，专注于为客户提供优质的生活空间和服务，充分尊重人才，追求开放透明的体制和公平的回报，积极促进公司业绩的持续增长和市场地位的提升，推动公司向绿色企业转型，在投资者、客户、员工等各方面，实现产品和服务的均好发展。

万科2010年年报中宣称，万科自己27年的成长经历，积累的最大财富是始终坚持的信念：

（1）追求卓越（意味着持续领跑，敢为天下先）。

（2）客户导向（意味着从懂得客户生活开始。对我们所提供的产品和服务，唯有客户评判能决定其价值）。

（3）报效股东（意味着创造优异回报。我们以股东回报作为衡量经营成果的最终尺度）。

（4）共同成长（意味着尊重员工与伙伴。万科的成功，来自员工的努力；万科的发展，是团队共同的事业）。

（5）效率优先（意味着珍惜资源，快速周转，依靠专业能力获得公平回报）。

（6）可持续发展（意味着稳健经营，与社会、自然和谐相处。在任何情况下，我们首先确保企业经营的安全性）。

二、 核心思想

人才是万科的资本，公司制定和实施有利于企业可持续发展的人力资源政策。《万科职员手册》明确了"以德为先"原则，是否具备良好的职业道德，是万科判断人才的首要标准。

万科创立不久就提出了向**职业化方向发展**的思路。万科是股权分散的公司，以职业经理人管理为主，采用这种方式，一方面体现了股东对经理人的信任，另一方面也反映了万科的特点。现在，万科领导力素质模型是对万科人的职业化进行的进一步规范和细化。在万科，一个人不职业或不专业都是要被看不起的。

万科执行副总裁解冻认为："我们的领导力建设，更多的思路来自于**企业战**

略，在企业的发展过程当中，万科的领导力建设系统与战略的结合是非常紧密的。""认识到万科的领导力建设的重要性之后，我们首先做的是，建立了领导力资质模型和通用资质模型，界定什么是优秀的万科人。""有了模型之后，我们就可以把有限的资源投入到最有价值的人的身上。我们建立了一系列的评估体系，设计了各种工具和方法。"

解冻说："光靠我们自身培养，是否能够满足公司的快速发展？所以我们一直保持开放的心态，首先，吸取跨国企业的成熟经验，包括我本人在内，派了一批同事，到国外或跨国企业进行比较长时间的交流和学习；其次，通过引进与公司现有人员不同背景和资质的人才，确保公司人才多样化并帮助公司获得增长。"

万科的领导力发展中心本质是领导力提升，而非领导力测评。测评是为提升服务的基础工具。

三、 模型描述

万科员工随身必备三张卡片：价值观、通用资质模型、领导力模型。其中的价值观、通用资质模型适用于所有员工，而领导力模型则适用于公司特定领导岗位上的人员。万科的领导力模型先后至少有三个正式版本：2002版、2005版和2008版。

2002年，万科请上海交通大学管理学院开发了一个包括108项指标的管理人才资质模型，但是后来由于缺少配套的测评工具而难以对招聘、考核等人力资源选用培养工作进行有效指导。

2004年，万科决定再开发一个更为完备的人才资质模型，经招投标后由上海人才有限公司在与100多名万科经理人的抽样访谈分析基础上，历时10个月构建完成。2005年版的素质模型新人才资质模型包括包括"万科通用资质模型"、"万科领导力资质模型"，以及"销售"、"设计"、"工程"、"客户服务"等其他五个分专业的资质模型。"通用资质模型"又包括职业操守、客户意识、结果导向、开放合作、学习成长、理想激情、前瞻思维、持续创新、追求卓越等9条标准，而"领导力资质模型"则包括战略思维、市场敏锐、关系能力、有效决策、组织执行、用心尊重、教练指导等7条标准。为便于使用，每一条标准都附带了很具体的注释，并分出星级，非常具有操作性，具有"定量的刻度"。测评工具则包括心理测验、场景模拟等手段。

2008年，万科邀请合益集团（Hay Group）对自己的领导力模型进行了修订。合益认为万科具有流程型文化的主要特征：团队合作、客户导向和持续改进，并将万科领导力分为三个层面：修身、齐家、平天下，然后在三个层面下分解出共十个能力要素，并对每个元素进行了详尽的说明，而且还辅以万科发生的具体案例加以阐述。

四、核心要素

❍━★ ★ ★━❍

（1）"修身"：包括整合性思维、学习成长和持续改进三个要点。

（2）"齐家"：包括发展他人、团队领导和塑造组织能力三个要点。

（3）"平天下"：包括客户导向、市场敏锐、股东视角、伙伴关系和协同一致五个要点。

修身	齐家	平天下
·整合性思维 ·学习成长 ·持续改进	·发展他人 ·团队领导 ·塑造组织能力	·客户导向 ·市场敏锐 ·股东视角 ·伙伴关系 ·协同一致

第二部分　案例篇

五、 基本应用

1．配套领导力发展中心（评价中心）

万科的领导力发展中心具有领导力评价功能，具有各种专业测评工具，包括360反馈、业绩考核与行为考核的综合考核方式、Q12微观环境评价、敬业度调查等各种常见工具使用。领导力发展中心在优秀管理人才的识别、招聘、提拔方面有着特殊作用。万科每年对高层经理人员进行领导力测评。对中层管理人员进行360度反馈，实行中高级管理人员赴任交流制度。

2．分层分级的领导力发展体系

万科在领导力发展体系方面分为三个层面：高管晋升计划（LPP），为成为高管而储备的人才发展计划；经理晋升计划（MPP），为了发掘业绩突出部门领导的潜能，使其成为能够超越部门范围的领导；人才晋升计划（TPP），为具有良好个人业绩和可持续发展潜力的团队领导发展为部门层级的人才量身定做。

万科在三个层面都有不同的培训体系，都有标准的发展培训方案，TPP的培养方式主要是课堂学习，万科有网上培训课件可供选择；针对MPP以上人员，万科建立了领导力培养中心，并且已经更新到第三个版本了；高管LPP只针对极少数有望成为万科高层管理人员的候选人，在公司内是保密的。LPP的培养方式更多地强调教学相长，必须教别人，万科有专门人士协助备课，通过这个过程加深LPP对企业管理的理解和认识，同时，人力资源部会观察讲课的过程，有针对性地帮助LPP提高。高管晋升计划（LPP）还包括海外进修课程，以及董事会主席、总裁辅导和指导。

3. 高级管理人才的外部招聘

2001年万科发起"海盗行动"，从同行引进了30多位管理人才，包括执行副总裁、副总裁和分公司总经理等重要岗位，以补充人力资源，这为万科下一阶段的发展奠定了坚实基础。2007年新版领导力模型出台，万科又展开了"007行动"，招聘来自外资企业的精英人才，万科现任的5个副总裁中有3个是从外企来的。

第三章

各国政府公布的
通用管理者素质模型

由于国家公布的通用素质标准往往更有权威性，其系统性、可比性与适用性都比企业的管理者素质模型更具借鉴价值，特别是在可比性方面为企业提供了管理人才评价与培养的基础参照体系。因此，本书中收录了部分国家公布的通用管理者素质模型。此外，本章节中还包括了美国政府高管以及英国政府高管的相应素质模型，以供大家参考。

　　目前，澳大利亚、加拿大、新西兰、南非、英国等国家都公布有自己的管理者职业资格认证模型，而美国则公布有对公务员管理者的素质模型。其中澳大利亚、英国的模型相对完整，与我国情况相对接近，借鉴意义最大，因此选入本章节中。

第一节　澳大利亚管理者资格认证模型

一、背景介绍

澳大利亚的职业资格将普通教育证书、职业教育证书和高等教育证书纳入同一资格框架体系之中，成为分为八个能系带组成的一体化资格框架体系，即"澳大利亚资格框架体系"（AQF）。这个体系中，凡是国家认证的资格证书都可以找到自己的级别，实现学分互认，顺畅衔接。2000年，包括职业教育、职业培训和普通教育在内的AQF年在澳洲全面落地。

二、核心特点

该系列证书主要是为个人获取资格认证设定的标准，在澳洲属于国家认证的资格证书，国内通用。AQF体系中有关管理素质的资格认证有四个：一线管理资格证书（三级）、一线管理资格证书（四级）、战略管理资格证书（五级）、战略管理资格证书（六级）。这些认证标准由澳洲商务服务培训有限公司研发（简称BST），版权归澳大利亚国家培训局所有（简称ANTA）。证书课程采取培训与考证一体化方式操作，和国内单独考试取证的方式有差异。申请该系列证书基本不需要学历、任职条件。

澳大利亚职业资格认证机构主要由TAFE学院（技术与职业教育学院）负责。所有职业认证的岗位素质分为岗位职业技术操作能力(含紧急情况处置能力)、职业道德规范素（含团队精神）、管理协调控制能力(含工作环境保护能力) 和基础素(含技术、知识、语言和文化技巧)。而且认证由必修模块与选修模块组成，选修部分允许学员根据自身实际情况选择工作最需要的素质进行针对性提升。

三、 模型结构

1．一线管理资格证书（三级）

适合于所有目前岗位中带有领导职能的人员，例如主管、团队领导、协调官，以及未来希望进入管理岗位的人员。三级证书由六个模块组成，其中四个必修模块，三个选修模块。

核心素质模块	可选素质模块
人事管理优先排序与职业发展；	参与、领导与帮助团队工作；
工作中的领导力；	办公区域信息管理；
建立和管理有效的工作关系；	客户服务质量管理；
为达到预期结果进行的行动管理；	持续改进系统与流程的构建与监控；
发展和维护工作环境安全。	推动和利用变革与创新；
	营造办公区域学习氛围。

2. 一线管理资格证书（四级）

适用于在各种机构的一线管理岗位任职，并向上级经理汇报的人员。他们虽然在特定领域内具有专业技能与资质，但需要在管理能力方面得到认证。四级证书由四个核心素质课程，六个选修素质模块（从下列表格中选择）组成。

核心模块	选修模块
在工作中展示领导力； 行动计划的执行； 工作环境安全监控； 推动团队效率。	客户服务战略的协调实施； 满足客户需求； 客户服务标准的实施； 财务活动报告； 商务资源协调； 办公区域信息系统实施； 推动团队创新； 陈述技巧； 商业技术的保持； 持续改进的实施； 领导和帮助异地团队； 产品与服务推销； 管理项目； 建立关系网络； 分析和呈现调研信息； 风险的识别与风险管理流程的应用； 建立有效的工作关系； 工作优先顺序的确定； 编制复杂文件。

3. 战略管理资格证书（五级）

适用于有直接下属，或者从事增值性管理工作的人员，他们不仅在专业领域经验丰富，而且有较好的管理理论基础与团队绩效管理经验。五级证书由五个核心素质模块，三个选修素质模块（从下列表格中选择）组成。

第二部分　案例篇

核心模块	选修模块
客户服务质量管理；	构建针对违反规定行为的管理流程；
预算与财务计划管理；	客户服务质量管理；
信息或者管理系统的管理；	预算与财务计划管理；
营造工作区域的学习氛围；	连锁运营管理；
员工绩效管理；	员工的招聘、筛选与入职引导；
行动计划管理；	绩效管理系统管理；
推动持续改进；	人力资源规划管理；
工作环境安全保证；	营造工作区域的学习氛围；
管理项目；	员工绩效管理；
风险管理；	推动持续改进；
个人工作优先顺序管理与职业发展；	构建可持续性工作区域的管理策略与流程体系；
保证团队效率。	劳资关系管理。

4．战略管理资格证书（六级）

适用于中型企业的高级管理人员或者小型企业的总经理，旨在提升他们在四个领域的战略与运营技能。六级证书由五个核心素质模块，三个选修素质模块（从下列表格中选择）组成。

核心模块	选修模块
战略方向设定；	从澳洲官方公布的"商务服务培训资料包"中选取三个模块，而且至少两个模块从相应五级证书中选取。
战略计划的设计与实施；	
商务计划的评价与改进；	
商务运营管理；	
组织领导力；	
客户聚焦管理；	
知识与信息管理；	
创新和持续改进管理；	
风险管理；	
环境管理系统的管理；	
风险管理策略设计；	
知识管理体系的计划与实施；	
知识管理体系的评价与改进；	
发展和实施多元化政策。	

四、基本应用

★ ★ ★

（1）上述管理者素质模型在澳洲的职业培训上得到了广泛应用，成为各培训机构、大学提供培训的统一国家标准。

（2）相关认证可以作为企业设定相关管理岗位的任职资格或者素质要求时的参照标准，也可以成为企业人员外派培训的基础依据。

（3）学员通过相应认证管理者资格认证后，学分可以被相应学历课程承认，减免学分和课程。

第二节　英国管理者资格认证 NVQ模型

一、背景介绍

英国的职业资格证书体系是全世界历史最为悠久，也是最为复杂的。英国大学及学院联合会（简称UCAS）负责英国国家资格证书框架体系内所有资质证书的管理工作，其中主要包括基本素质证书、普通教育类证书、职业教育类证书和岗位教育/培训证书。管理者相关资格认证属于岗位教育/培训证书，其中最为普遍的是NVQ系列证书。本文中主要介绍NVQ中的3~5级管理者资格证书。

二、核心特点

该系列证书主要是为个人获取资格认证设定的标准，在英国属于国家认证的资格证书，国内通用。所有NVQ证书单元都包括知识、技能与个人特质三部分，因为这三个因素对个人绩效影响最大。

　　NVQ体系中有关管理素质的主要资格认证有三个：NVQ管理资格证书（三级）、NVQ管理资格证书（四级）、NVQ管理资格证书（五级）。英国设计管理素质系列NVQ证书，是基于市场竞争、安全管理、质量管理和变革管理四大领域的需求而诞生的。整体框架分为A自我管理与个人技能、B提供指导、C推动变革、D与他人合作、E资源利用和F达成结果六大领域。证书课程采取培训与考证一体化方式操作，测评以现场观测、以证据为基础的报告评价、现场提问的综合方式进行。

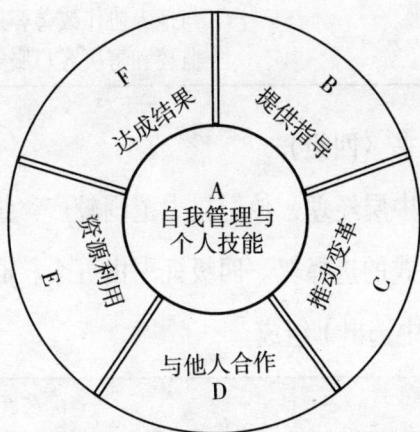

三、　模型结构

1. NVQ管理资格证书（三级）

　　适合于当前已经在岗位职责清晰情况下，承担决策责任的管理者。三级证书由七个模块组成，其中四个模块为必修模块，并从十一个模块中选出三个选修模块。

核心素质模块	可选素质模块
确保自身职责领域内的安全与健康标准； 管理自身资源与职业发展； 在自身职责领域内发挥领导力； 在自身职责领域内进行流程分工、检测与质量控制。	推动自身职责领域内的机会平等与多元化； 鼓励自身职责领域内的创新； 制定变革计划； 实施变革； 与同事发展建设性工作关系； 招聘、筛选和维护员工团队； 为同事提供学习机会； 预算管理； 项目管理； 与他人协作改善客户服务； 监控和解决客户服务问题。

2．NVQ管理资格证书（四级）

适用于在各种机构的中层经理，他们权力范围较广，绩效责任较重，而且拥有较大的资源分配和行动方式的选择权。四级证书由五个核心素质模块，三个选修素质模块（从17个选修模块中选出）组成。

核心素质模块	可选素质模块
在自己职责领域内发展和实施行动计划； 在自己职责领域内鼓励创新； 与同事和利益相关者发展建设性工作关系； 确保自己责任领域内的健康与安全标准； 商务流程管理。	自我资源管理和职业发展； 发展个人关系网络； 在自己职责范围内发挥领导力； 保证符合法律、规定、道德与社会要求； 在自己职责范围内推动机会平等与多元化； 领导变革； 计划变革； 实施变革； 招聘、筛选和保有员工； 在自身职责领域内进行流程分工、检测与质量控制； 在自己职责范围内进行财务管理； 为同事提供学习机会； 项目管理； 为互补性项目制订计划； 与他人合作改进客户服务； 建立对市场与客户的组织性理解力； 管理客户满意度。

3．NVQ管理资格证书（五级）

适用于承担有资源管理与战略指标任务的高级经理。五级证书由四个核心素质模块，三个选修素质模块（从下列表格中选择）组成。

核心模块	选修模块
为组织发挥领导力； 鼓励组织内的创新； 确保有效的健康安全的组织策略； 提升组织绩效。	管理自身资源和职业发展； 发展个人关系网络； 将自身组织运营环境抽象成图； 为自身组织发展战略性业务规划； 将战略性业务计划付诸实施； 确定符合法律、规定、道德与社会要求； 发展组织文化； 管理风险； 推动组织内的机会平等和多元化； 领导变革； 计划变革； 实施变革； 发展与同事和利益相关者之间的建设性工作关系； 人力资源需求规划； 为同事提供学习机会； 为组织提供额外资金； 在组织内推动信息技术的使用； 拟定互补性项目的计划； 发展和审视市场营销框架； 建立组织对市场和客户的理解； 构建以客户为中心的组织。

四、基本应用

★★★

（1）上述管理者资格证书在英国的职业培训上得到了广泛应用，是统一的国家标准，全国通用。

（2）上述管理者资格证书由于在制定时融入了行业内领军企业的管理实践，因此市场认可度较高，在招聘时作用较大。此外，资格认证课程中的选修部分可以灵活满足学员的实际需求。

（3）相关认证可以作为企业设定相关管理岗位的任职资格或者素质要求时的参照标准，也可以成为企业人员素质评价与培训提升的外部参考依据。

（4）学员通过相应认证管理者资格认证后，学分可以被相应学历课程承认，减免学分和课程。

第三节 中国劳动与社会保障部 的通用管理能力培训认证项目

一、背景介绍

★★★

　　人力资源和社会保障部职业技能鉴定中心是人力资源和社会保障部的直属事业单位，主要负责全国就业、职业培训的技术指导以及职业技能鉴定的技术指导和组织实施工作。通用管理能力项目是劳动和社会保障部职业技能鉴定中心（以下简称部鉴定中心）为满足社会对提高各类从业人员职业素质和基本管理能力的迫切需要，面向全社会提供的能力型培训与考核认证服务项目。该项目于2001年开始立项，2003年开始推广。

二、核心特点

★★★

　　通用管理能力培训认证是目前国内唯一由政府认证并实施的通用型管理能力等级认证。通用管理能力标准体系是劳动和社会保障部职业技能鉴定中心依据国际先进管理理论、能力培训标准和课程设计成果，组织各界专家力量，制定的我国第一个国家级通用管理标准。部鉴定中心在天向互动教育中心的支持下，吸收了国际上的先进经验，特别是新闻集团TSL教育机构的特别协助，推出了通用管理能力培训认证体系。

通用管理能力分为"基础级"和"综合级"两级，"基础级"对应两个模块，"综合级"对应四个模块。通过每个模块都会有模块证书，通过每个级别的所有模块会有级别证书。

通用管理能力项目的认证采取全国统一考核认证方式，考核内容包括理论知识和技能操作，采用闭卷计算机考试或笔试的方式进行，得分在60分及以上者为合格，对考核合格的学生，由人力资源和社会保障部职业技能鉴定中心统一核发相应证书。

三、模型结构

1."基础级"证书

适用人群广泛，初入职场人员与管理在职人员均可申请。三级证书由两大模块组成，20个能力要素组成。

个人与团队管理证书	资源与运营管理证书
走出困境	财务表现
工作谈判	工作环境
团队简报	招募并留住伙伴
工作沟通	资源配置
时间管理	项目管理
自我规划	客户质量
团队激励	促使变革进行
实现目标	解决问题和决策
团队学习	
团队腾飞	
个人与企业	
个人与团队	

适用人群广泛，初入职场人员与管理在职人员均可申请。基础级证书由两大模块18个能力要素组成。

2."综合级"证书

经综合级正规培训达规定标准学时数者，可申报参加综合级相应模块的认证。学员可向开展通用管理能力的院校或社会培训机构报名参加认证。综合级证书由四大模块12个能力要素组成。

自我发展	团队建设
自我管理	员工发展
工作关系	绩效管理
商业意识	团队建设
资源使用	运营绩效
招聘选拔	项目管理
信息管理	变革管理
财务管理	质量运营

四、基本应用

○……★　★　★……○

通用管理能力认证标准经国家社会劳动保障部批准，具有权威性和普遍适用性，已经为共青团中央团干部培训、首都职工素质教育工程、教育部"一村一个大学生"计划、民政部妇女干部培训、中企联、湖南省职工素质工程、人事部高培中心等政府机构所使用；广本、柯达、安徽广电、北汽福田、首旅集团、首钢、中石化等千余企业将通用管理能力作为中基层干部的培训课程；上百所院校将该课程纳入学历教育体系；社会上也有50多家知名培训机构加盟培训。

第二部分　案例篇

239

通用管理能力认证由于来自企业实践，可以系统提高学员的管理理论与工作技能，提升员工的个人职场竞争力的同时，也可以为企业招聘提供参照标准。

学员通过通用管理能力认证后，可以向加拿大WILLIS大学申请职业经理人证书，或者向英国伦敦城市行业协会申请参加相关国际资格证书的认证。

第四节　英国内阁高级官员通用素质模型

一、背景介绍

英国的内阁（The Cabinet）是由首相任命的由最资深政府部长组成的政府部门的正式国家部门，多数成员是英国关键政府部门的负责人，通常都带有"国务大臣"头衔。这些成员通常由下议院议员，以及少数几位上议院议员所组成。

英国内阁办公室（The Cabinet Office）是英国政府最核心的部门，设立目标是提升政府工作效率。英国内阁承担着帮助首相与内阁的重任，主要职责为支持跨政府部门的政策有效制定、协调与实施，并且还承担有确保英国公务员为政府达成目标提供最为有效服务的责任。

英国内阁办公室认为，所有政府岗位招聘时都应进行基于素质模型的测评筛选。

2003年，英国政府、专家与其他利益相关者共同制定了政府职业技能标准（Professional Skills for Government），针对所有公务员提出了通用性技能要求。英国政府职业技能标准分为三大领域，领导力、核心技能与专业技能，并针对总监、副总监、6～7职层、SEO/HEO/EO/AO/AA四大职位系列分别提出了四套标准。

二、 核心特点

英国内阁办公室在英国政府职业技能标准基础上提出了自己的素质模型，该模型是对所有内阁办公室成员提出的通用技能、经验与能力要求。该模型采取架构为统一要素维度基础上，针对不同职层设定行为描述标准。具有简单、易于理解、便于观察的特点。内阁办公室设计这套素质模型旨在帮助构建和维护达成政府工作目标的能力，通过强化组织认可、推崇和奖励的各种行为，推动组织对平等与多元化的努力与投入。这套素质模型还可以帮助员工清晰地看到在不同层级自身素质水平的达标情况。

三、 模型结构

该模型针对四个不同级别的管理者提出了四个子模型。每个子模型中的都包括有相同的七个素质要素，并进行了相应的差异化行为描述。这七个子素质要素为：领导与团队协作、领导并珍视他人、证据分析与战略性思考、项目支持与管理、财务与资源管理、以客户与利益相关者为中心、沟通与市场营销。

（沟通与市场营销）
（领导与团队协作）
（领导并珍视他人）
（证据分析与战略性思考）
（项目支持与管理）
（财务与资源管理）
（以客户与利益相关者为中心）

- Communicating and Marketing
- Leading and Teamworking
- Focusing on Customers and Stakeholders
- Managing and Valuing People
- Managing Finance and Resources
- Analysing Evidence and Thinking Strategically
- Managing and supporting Programmes and projects

四、 基本应用

○┄┄★★★┄┄○

该模型是英国内阁招聘相关人员所必须具备的素质能力要求，相关招聘评价
环节都以此模型作为基础进行设计。

第二部分　案例篇

243

第五节　美国政府高管核心资格认证框架

一、背景介绍

美国法律要求所有到任何政府部门管理岗位的员工在上岗前，都必须符合相关岗位的高管核心资格认证标准（英文简称，ECQ）。该标准是美国政府投入巨资在政府公共服务部门与民营经济领域做了大量调查后开发研制而成，并于1997年进行过最新更新。该认证标准归美联邦政府人事管理部所有。

二、核心特点

美国政府设计ECQ认证标准的目的在于对政府高官的经验与潜能进行测量，以确定特定个体是否具有胜任美国政府高层岗位的足够技能。

ECQ共分为五个素质域，每个素质域中包括若干特质要素帮助高层管理者有效发挥领导职能。这五个素质域为：领导变革，领导员工，结果导向，商业智慧，建立同盟/沟通。ECQ是所有在美国政府工作的新任高层所必备认证，目前已经有5500多名高管进行过相应认证。

所有新任高层必须通过所有五个素质域的测评，证明自己的经验或者潜能已达到相应标准。

三、模型结构

○……★　★　★……○

1. 领导变革

持续学习、创造与创新、外部意识、灵活适应、恢复能力、服务动机、战略性思考、愿景。

2. 领导员工

冲突管理、利用多元性、正直诚实、团队建设。

3. 结果导向

责任意识、客户服务、果断决策、企业家精神、问题解决、专业可信度。

4. 商业智慧

财务管理、人力资源管理、技术管理。

5. 建立联盟/沟通

影响力/个人谈判技能、口头沟通、政治悟性、伙伴关系构建、书面沟通。

四、基本应用

○……★　★　★……○

ECQ系列认证标准已经成为美国通用的管理技能标准，同时还是世界各国制定政府公务员高管技能标准的参照标杆。

　　所有美国政府高管都遵循这一认证标准，美国政府高管都需要接受相应测评。测评时，新任高管必须针对每个素质提交一份一页纸的报告，内容涵盖情境、挑战、行动与结果等信息。报告由专业委员会进行高管潜力评价，评价重点不是专业知识而是高管岗位工作经验与潜力。

第三部分

构建篇

管理者素质模型的开发与构建一直是国内外相关学者争论的焦点之一，因为这是标准之争。目前管理者素质模型的主流构建方法依然是经典建模法，即针对每个公司客户进行绩效优秀的管理者与普通管理者之间进行差异比较，发现和提取核心素质的方式来构建素质模型。但是，近年来，随着通用管理者素质模型的推出与领导力模型的普及，以外部通用管理者素质模型为基础并根据企业特点进行个性化修订的快速建模法，也越来越受到客户的欢迎。本部分将就管理者素质模型的经典建模法与快速建模法，从目标、前提、原则、流程与注意事项等各方面进行介绍和比较，以帮助大家对如何构建管理者素质模型有更为直接的体会和理解。

第一章

经典建模法——方法与实例

经典建模法是最为传统和规范的素质建模方法，由于其理论扎实、方法成熟、操作规范、精度性高、针对性强等明显优点，目前在国内外应用颇为广泛。但是由于经典建模法同时受到应用条件苛刻、项目周期较长、投入较大和对相关人员要求较高等现实问题限制，造成企业往往难以自行构建，推广难度较大。本章中以实操为导向，提供了尽可能详细的经典建模法的具体流程、工具等各方面的方法与实例，为读者按图索骥建立管理者素质模型，提供有力支撑。

第一节 经典建模法的基本概念

一、任务目标

○······★···★···★······○

根据公司战略与文化特性要求，按照绩优管理者与一般管理者对照分析的方法，提出对于各层级管理者的各种素质的组合，即管理者素质模型（也就是国内常见的领导力模型），其成果包括对各类管理者提出的各种素质要素的名称及定义，以及相关等级标准。

二、关键前提

○······★···★···★······○

（1）理论前提：针对每个企业，**管理者素质模型都应做绩效优秀人员与绩效一般人员进行全面比较，并能提取出实际差异。**

经典建模法的基本思路是绩效差异背后必定是素质差异，没有这种比较就难以设立符合企业特点的素质模型。因此，每次建模都应进行较为充分的个体访谈和分析，以突出企业对管理者的个性化要求。

（2）体系前提：有效运作的绩效管理体系。

从理论框架来看，经典建模法的核心方法是寻找绩效优秀人员与普通绩效人员之间的素质差异。公司需要应该在进行建模前，已经设立有绩效管理体系，并运行了一段时间，能很好地对这两类管理者进行区分，这样才能保证最终构建出的管理者素质模型能反映优秀员工的行为和动机，才对企业有实际参考价值。

（3）资源前提：公司的高度重视和大力投入。

从实操角度来看，经典建模法需要进行大量管理者访谈、内部研讨和调研，项目周期在2~3个月左右，而且由于专业性过强，需要聘请外部第三方咨询机构全程协助参与。这种情况下，公司在建模项目上投入的资金和时间成本都很高，现实中，几乎所有管理者都参与访谈，特别是高管甚至需要多次访谈。因此，经典建模法的前提之一，就是公司对于管理者素质模型的高度重视和大力投入的决心。

三、 原则

○······★ ★ ★······○

原则一：现实性与牵引性相结合

既要挖掘公司现有优秀管理者的素质特点，也要基于公司未来发展，从牵引的角度提炼公司发展对管理者提出的要求。现实性更多的是指通过BEI访谈寻找过去绩效优秀人员的内在特征，而牵引性更多的是指通过战略与文化演绎分析，从公司整体视角，对管理者管理团队提供的特殊要求。

原则二：定性与定量相结合

为了保证模型开发结果的科学性和准确性，采取定量、定性相结合的方法：一方面，通过问卷统计和访谈频度分析等定量方法，分析管理者应具备的素质特点；另一方面，通过资料分析、战略与文化演绎等定性方法，提炼管理者应具备的关键素质要素。

原则三：基于职层与职类划分

经验告诉我们，管理者所负责的职类与所在管理层级不同，对管理者的素质提出的素质要求有一定差异性，特别是管理层级对素质要求的影响很大。完全基于岗位的素质模型在实操中会有很多问题，多达几十个岗位的素质模型的管理复杂性和工作量都过大。因此，真正科学合理的管理者素质模型应该是基于职层职类，而非基于岗位划分的。

原则四：结果应用导向

公司投入大量资源建设管理者素质模型，可能是为了企业文化建设、公司战略实施、管理人才选拔与培养中的某一项服务的。但无论是哪一个，素质模型构建时必须考虑建成后的应用问题。例如，如果以人员选拔与培训为目的，那么素质模型中就需要匹配等级描述才能为后期运用奠定基础。但是必须指出一点，经典建模法完成的模型个性化较强，后期测评中心往往需要重新设计的内容较多。

原则五：凸显公司个性化特征

经典建模由于基础工作扎实，对公司企业文化、战略以及行业了解相对深入，时间相对充裕，各种开发工具都能得以运用，所以能够开发出个性化特色显著、高度符合公司特征的管理者素质模型。

四、组织分工

◦⋯⋯★★★⋯⋯◦

在经典建模法中，将会涉及有四个主要角色，它们分别是：项目决策小组、项目工作小组、公司项目协调小组、管理者团队。它们在经典建模法中分别承担着不同职责分工。

第三部分 构建篇

1. 项目决策小组

（1）人员组成：公司高管层，通常为经营决策班子成员；如可能，会有外部咨询公司人员担任技术顾问。

（2）主要责任：审定项目思路、负责方案的方向性指导；总的项目质量控制，对建模成果的最终评审。

2. 项目工作小组

（1）人员组成：由外部咨询顾问团队，或者公司内部具体负责建模的内部咨询顾问组成。

（2）主要责任：负责编制建模项目工作计划并组织具体执行；负责沟通、协调各方资源，以完成建模工作；负责素质模型的如期交付。

3. 项目协调小组

（1）人员组成：主要由公司人力资源部相关人员组成。

（2）主要责任：项目行动的协调、沟通，支持执行小组完成任务；项目日常管理与支持；就素质模型提出细化建议方案；进行变革的宣传与推动。

4. 管理者团队

（1）人员组成：公司各层级管理者

（2）主要责任：积极参加相关访谈、研讨与问卷调查活动，提供反馈意见；就素质模型提出高价值的完善建议。

第二节 步骤及注意事项

一、任务目标

★ ★ ★

1.明确职层职类
2.确立模型框架
3.开发素质要素
4.构建素质模型
5.实施动态维护

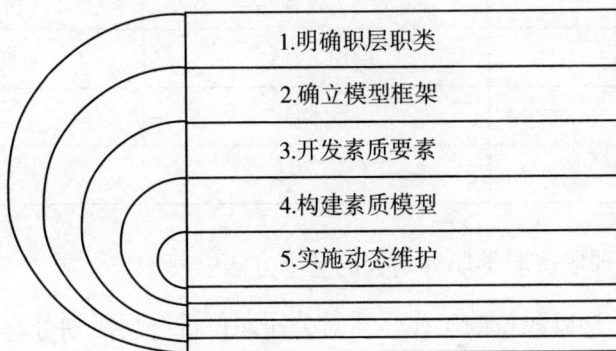

步骤一：划分职层职类

多年项目实践证明，管理者素质模型的合理对象不是单个的职位，而是某一类性质相似的职位组（即职位序列），因此**管理职位分层分类是建立管理者素质模型的逻辑起点**。该步骤的结果是素质模型的适用对象的分层分类。

（1）根据工作相似性原则，将所有职位进行整理和分类（如下表）。

职类	职种	职位
管理类	经营	总裁、副总裁
	管理	总监、部门经理

技术类	研发	研发工程师、工艺员
	工艺	化验员、检测员
营销类	销售	销售业务员、销售代表
	营销支持	品牌经理、市场调研员、推广经理
‥‥	‥‥	‥‥

（2）然后根据职位类别对企业的重要性、任职人数等条件划分职种内部的等级（如下表）。

研发职种	工程职种	管理职种
首席研究员	副总工程师	总经理
资深研究员	主任工程师	副总经理
研究员	主管工程师	高级经理
副研究员	工程师	中级经理
助理研究员	助理工程师	初级经理
	技术员	
‥‥	‥‥	‥‥

（3）进行管理职位职类职种划分的基本方法：

职位分层分类是以职位的工作性质对公司职位进行层级划分与归类，包括横向分类和纵向分层。

横向分类主要以工作涉及领域的广度和区分度为依据，工作性质与能力素质要求相似；纵向分层主要以工作在某一领域的深度和复杂度为依据，管理层级与管理能力要求相似。

步骤二：确定模型框架

能力模型结构是对管理者领导力素质模型的内部逻辑联系，分层分类管理职位素质模型的总体规划和呈现，是构建分层分类管理者素质模型的框架结构。模型框架阶段的成果是公司管理者素质能力要求的类别和性质的整体界定，为随后的素质模型构建提供基础框架。

　　素质模型的开发往往有明确的目标导向性，不同的目的往往会需要不同的模型框架与之匹配。

　　以招聘甄选及评价为目标的胜任素质模型往往强调核心胜任素质。以平安保险公司为例。

B类管理干部胜任素质模型

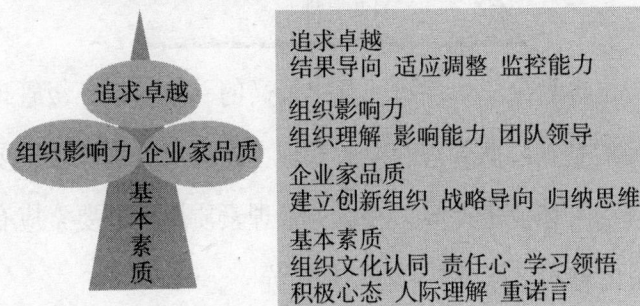

追求卓越
结果导向　适应调整　监控能力

组织影响力
组织理解　影响能力　团队领导

企业家品质
建立创新组织　战略导向　归纳思维

基本素质
组织文化认同　责任心　学习领悟
积极心态　人际理解　重诺言

（图：追求卓越、组织影响力、企业家品质、基本素质）

　　以培训开发和职业发展为目标的胜任素质模型更强调专业胜任素质或两者兼顾。以联想公司为例。

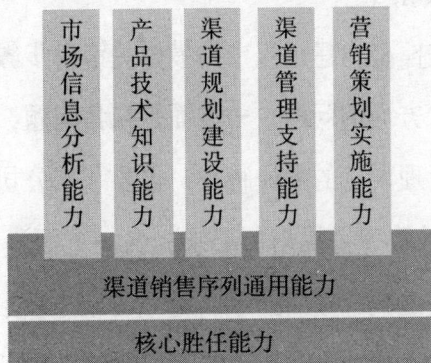

（图：市场信息分析能力　产品技术知识能力　渠道规划建设能力　渠道管理支持能力　营销策划实施能力）
渠道销售序列通用能力
核心胜任能力

　　有不少公司的管理岗位素质模型的开发是以招聘甄选为导向，但同时也兼顾今后的培训开发、领导力提升、职业发展，为人力资源开发奠定基础。此时，较为通用的管理者能力模型结构为三大板块组成，这种模型源自麦克利兰的原型。自我管理突出其自身的价值观、人格特质、态度与动机，为相对底层素质；团队管理突出其人员管理与团队建设能力，素质层次居中；业务管理突出其专业素质及主管专业的潜在能力要求，为相对表层素质。

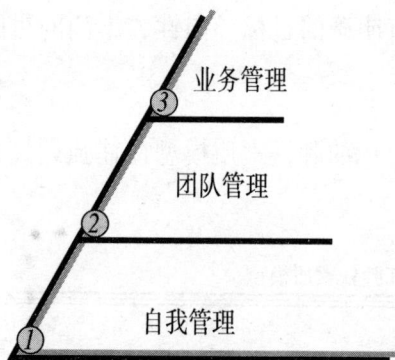

如果将管理岗位再划分三个层级，其中最高的一级与二三级管理职位的素质要求明显差异，更多的是在团队管理和业务管理上的素质类别和层次要求差异。二三级岗位，由于管理的具体业务差异，在业务管理素质层面的要素应有所差异。同一职类、不同层级岗位对素质等级要求有高低差异。

由于建模目的差异，模型的框架结构应根据公司实际需要进行调整。重要的框架的内在逻辑清晰，相互之间界限清晰，而且能涵盖常见管理素质能力。

步骤三：开发素质要素

开发素质要素是素质模型构建过程中的最为关键的步骤。探讨管理者应具备的素质要素，应该考虑两个方面的问题。**一方面是视角问题，即现实性和牵引性相结合**，既要挖掘现有优秀管理人员的素质特点，也要基于公司快速发展的需要，从牵引的角度提炼公司发展对管理者提出的要求；**另一方面是研究方法问题，即定量与定性相结合**，既要通过编码、统计分析等定量方法来获取管理者应具备的素质特点，也要通过资料分析、演绎和讨论等定性方法提炼关键素质要素。

通常，素质要素开发阶段的主要成果为管理者素质清单与基本定义描述，以及与相关要素的素材，为素质模型的实际构建铺平道路。

在理想状态下，标准要素开发应按照下列路径进行操作：

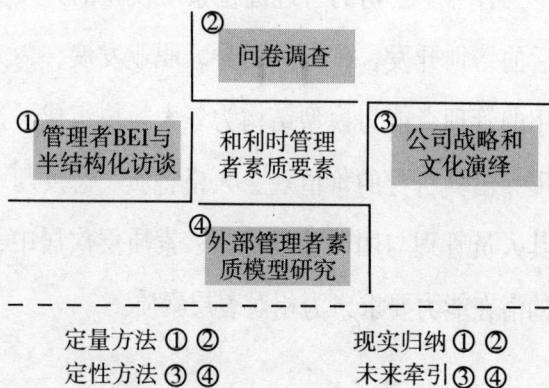

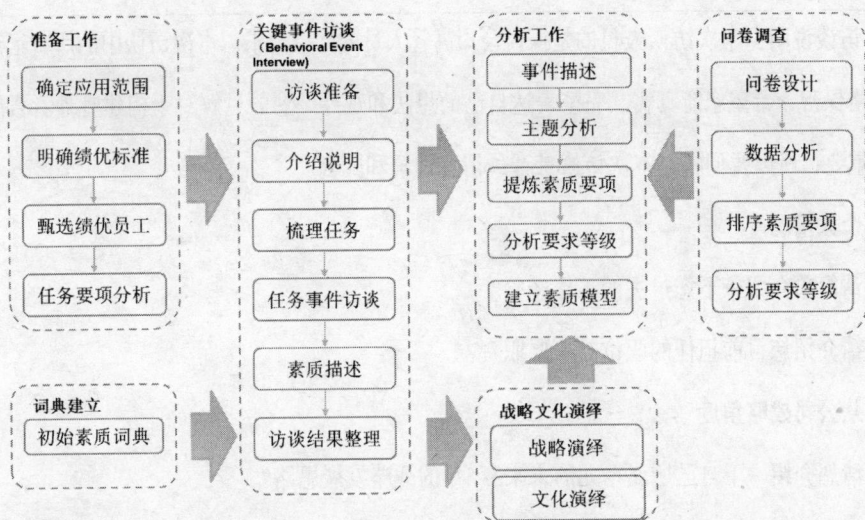

准备工作	关键事件访谈 （Behavioral Event Interview）	分析工作	问卷调查
确定应用范围	访谈准备	事件描述	问卷设计
明确绩优标准	介绍说明	主题分析	数据分析
甄选绩优员工	梳理任务	提炼素质要项	排序素质要项
任务要项分析	任务事件访谈	分析要求等级	分析要求等级
	素质描述	建立素质模型	

词典建立		战略文化演绎
初始素质词典	访谈结果整理	战略演绎
		文化演绎

1. 有关访谈

访谈是应用最为广泛的建模工具，**其目的通常有两个，一个是在于通过现场询问来发掘与归纳出优秀管理者的能力水平、态度、动机和个性特点，另外一个则是搜集汇总公司战略、文化、职位等各种相关信息。访谈的规范流程应包括访谈准备、访谈实施、访谈整理三个环节**。其中访谈准备和实施最为重要。

访谈的最有价值的成果是编码分析，即对于不同职类不同层级的绩效优秀人员的素质能力要素的列表清单。

（1）有关半结构化访谈

访谈可以分为结构化访谈和非结构化访谈两种形式。所谓结构化访谈是指按照事先拟定的提纲进行访谈的工作模式，而非结构化访谈则是在无提纲状态下的访谈模式。由于建模工作的特点，通常应采取半结构化访谈模式，在保持整体框架完整不遗失关键信息点的前提下，给予受访人员一定自由空间，以便于进行深度信息发掘的工作。半结构化访谈中最为常见的内容包括管理者自身的工作职责、相关重大事件及相关职位员工应具备的素质。值得指出的是，对于高管访谈除了了解其自身情况外，还应该关注其对公司管理团队与下属的期望。

下表为高管访谈提纲样表：

访谈对象：事业部总经理/副总经理

第三部分　构建篇

访谈说明：本次访谈人目的是探讨公司高管人员的能力要求。本次访谈中的所有记录都将严格保密，希望您能真实、完整表达自己的想法和观点。您的见解对于构建管理者素质模型很重要，所以我们将对本次访谈录音，请您理解和配合。

个人情况

请简单介绍一下您过去的工作经验？

请介绍您目前担任的职位及主要职责？

从公司战略角度

请您介绍一下自己所属单元的未来3~5年的战略发展思路？

未来这个单元的核心竞争力是什么？这种核心竞争力对于公司二级管理团队提出了何种要求？（本单元内部二级管理者团队是否根据部门划分有更具体的要求？有没有侧重？）

从公司文化角度

您所在公司所宣传的文化中的核心要素是什么？这些要素实施状况如何？哪些要素在您所属单元得到了较为充分的落实？哪些有待进一步强化？

您所属单元具有哪些特殊文化要素？

这种文化在您所属单元下的二级管理团队体现出来是什么？

从公司现状角度

您所属单元二级管理团队包括哪些岗位？（直接下级）。这些二级管理管理者团队管理水平如何？优点是什么？能力短板是什么？

请描述两件您认为自己在部门工作中做的最为成功的关键事件。

如果一个二级管理者位置出现空缺，您会建议在选取继任者时，重点考察哪些方面？

（2）有关关键事件访谈

本质上，**关键事件访谈是一种特殊的访谈技巧，是半结构化访谈的最核心的技术基础**。关键事件访谈是对优秀管理者进行深入了解和分析的强有力工具，发源于行为心理学的访谈方法，要求被访谈对象描述他们在工作中遇到的最具决定性作用的关键事件，如在顾客服务、团队领导、危机处理、分析问题等方面遇到的若干成功和失败人典型事件，他们在实践中的角色及表现，事件最终的结果和影响等，从中总结访谈对象的思想、情感和行为。从关键事件中提炼出的素质特征，经过整理后将成为素质模型的雏形。

关键事件访谈按照STAR模型来获取实例的全部信息，即：事情发生的情境（Situation）、任务内容（Task）、采取的行动（Action），最后的结果（Result）。例如：

讲述两件由自己组织/主要参与的工作中最成功的事件。

①它是何时、何地、如何发生的？（WHEN+WHERE+HOW）

②它是怎么一回事？（WHAT）

③它当时涉及哪些人或事？（WHO+WHOM）

④你当时是如何处理的？为什么？当时有何感受？

⑤事情的结果如何？结果是如何发生的？产生了什么样的影响？

⑥您认为这起事例反映了什么？

⑦您认为这起事例所反映出的东西对于你成功解决问题的重要程度是什么？（重要性：非常重要、比较重要、中等、不太重要、非常不重要）

⑧您认为那些在该职位上有优异表现的人是不是都会表现出同样或类似的东西？（特异性）

（3）访谈结果分析

在访谈中，访谈人应仔细完整记录原始会谈内容，不应加入自己的判断或者诠释。做完记录后，再由经验丰富的专业访谈人员进行编码分析和出现频率统计。

完成行为事件访谈后，可以采用主题分析技术，根据经典素质词库对访谈文本进行编码分析，补充完善素质词库。

- 成就导向（ACH）
- 主动性（INT）

- 影响力（IMP）
- 关系建立（RB）

- 人际理解力（IU）
- 客户服务（CSO）

目标与行动族

帮助与服务族　　影响力族

管理族　　　认知族　　　自我概念族

- 培养人才（DEV）
- 团队合作（TW）

- 演绎思维（AT）
- 归纳思维（CT）
- 专业知识技能（EXP）

- 自信（SCF）
- 适应性（FLX）

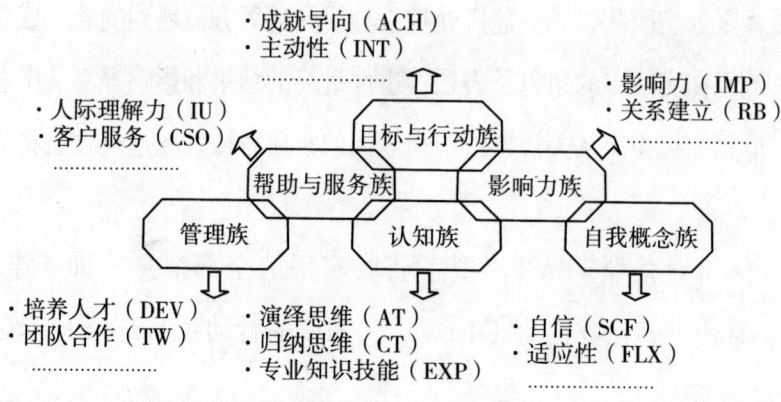

所谓编码分析，就是对访谈内容中所涉及的被访谈人的关键行为进行归类与抽象，提取出所有隐含在这些资料中的素质要素，并进行命名和编码，再进行频度分析。频度分析可以采取Nvivo软件进行，也可以采用人工方式进行。

访谈内容	素质1
Q：为什么一定要做 A：因为当时我很有压力。因为公司当时让我做培训就是希望带动公司的培训工作、学习型组织的建设、对人员素质的提升，公司对我肯定有很大的期望。如果当时不去做也可以，但是我想是必须要做，而且要做起来。前期与各个高层领导进行沟通，每次我都带个本，因为他们工作也很忙，我趁他们不是太忙的时候，详细了解他们喜欢讲哪方面的内容，对哪方面课程有优势，安排到什么时间合适。每次我都一直在他们门外等，半小时、一小时，他们有空的时候就见缝插针。这方面的韧性我还是有的。晚上我也等，有时候等他们开完会，他们开完会比较放松，我们可以坐下来进一步谈。内训师课程的名字、需要将哪方面课程、安排在什么时间合适，我都跟他们一一进行沟通，沟通完以后我整理了一下，形成公司内部培训师成立的方案，姓名、职位、将哪方面内容等基础资料，这些资料是要提交公司董事长的。整理出来后有个内训师的制度，他们必须开发课件、必须要每月组织一次，这是公司大范围的。在部门内部他们要身先士卒，带领整个团队的素质达到公司的要求。	战略思维 成就动机、自信 沟通能力 敬业 适应能力 沟通能力 关注细节 制度建设 组织能力

（4）分析判断

完成编码分析和频度分析之后，按照出现频度多少排序，就能针对不同的管理者对象，得到相应的素质编码统计表。如下表。对于其中出现频度明显高于均值的要素（即，第一提及区和第二提及区的分法），应直接归入要素库中。而对于出现频度低于均值的要素，需要考虑战略文化演绎、外部标杆分析等方法综合考虑再行决定是否剔除。

按职类划分中层管理者素质频度排序

要素	工程	经营决策	生产	销售	研发	职能管理
综全分析能力	5	1	4	2	21	15
抗压能力	3	1	1	3	12	3
有效沟通	9	1	5	5	32	12
执行力	9	2	7	7	32	15
开拓变革	4		3	1	10	7
持续改进	6	1	7	5	15	10
资源整合能力	5	2	7	3	24	5
追求效率	6		2	4	15	1
计划能力	8	1	7	5	29	11
全局思维	7	2	6	7	25	14
决策能力	6	2	4	3	25	10
体系构建能力	3	1	6	2	12	12
客户导向	7	2	2	6	16	8
关注细节	2		1	2	10	4
精确性			2	3	6	1

2．有关问卷调查

（1）有关问卷调查

问卷调查是一种量化的建模工具，其核心目的在于收集公司各层管理者对于管理素质范围与重要性的意见，为关键要素的选取提供量化数据支持。此外，问卷调查还可以通过设置开放式问题来获取。

（2）有关问卷调查设计

在前期相关资料研究基础上，项目工作小组结合BEI与半结构化访谈结果分析结果，选取可能适合于公司管理者的素质要求的素质要素及其定义，编制《领导者素质调查问卷》，面对公司内部管理者征求意见。因此，通常问卷调查会晚于访谈工作，待访谈分析结果出台后才会开始。

问卷调查要求答卷人根据本岗位工作的真实情况和公司发展的需要，对每项素质要素的重要性进行排序，并给出每个要素的本岗位要求的参照分数。重要性排序是为了对素质要素进行统计筛选服务，参照分数是为了后期为该岗位相应要素的要求标准进行统计筛选服务。以下是一个调查问卷的题干部分的摘录。问卷设计有两种方式，一种为所有管理者答同一通用问卷，另外一种为针对不同层级管理者设计不同版本问卷。通常，前期访谈分析结果显示层级差异明显时，需要采取第二种问卷设计方式。

姓名：	部门：		岗位：

维度	定义	排序	标准
第一部分　自我管理（对以下6个维度进行排序，并且选择标准）			
责任感	敬业爱岗，兢兢业业，勇于承担责任；具有职业使命感，为了自己的职业而乐于奉献		
组织忠诚	具有强烈的组织认同感，以身为组织中的一员感到骄傲，对组织保持忠诚		
学习成长	通过吸取自己或他人的经验教训、科研成果及其他知识，不断地更新自己的知识结构，增加学识、提高技能，从而获得有利于未来发展的能力		
成就导向	不满足于现状，对成功具有强烈的渴求，设定较高目标，要求自己克服障碍，完成具有挑战性的任务		
工作激情	对工作充满活力，保证拥有积极心态和热情从事工作		
正直诚信	为人正直诚信，做事自律，坚持原则，谨守职业道德		
第二部分　团队管理（对以下6个维度进行排序，并且选择标准）			
冲突处理能力	以令各方都感到满意的方式来化解冲突，并使冲突各方意见达成一致或妥协，最后能够有效解决问题的能力		

激动与培养下属	激发、引导和维持下属的工作热情，保证预定目标的实现；关注下属的潜能与可塑性，并在实际工作中帮助其成长		
有效授权与监控	能够根据下属的特点合理分配任务，并且进行有效监控，及时发现问题并采取有效措施		
组织能力	能够有效地对相关人员进行组织协调，并掌控事态按预期方向发展		

（3）有关问卷调查的组织实施

为保证调查效果和效率，问卷调查的发放最好以电子版本进行，最简单的方式为使用电子邮件发送和回收Excel表格，而有条件的公司可考虑采取网络答题方式进行调查。问卷调查中需要注意两个细节，一个是在问卷发放时，需注明回收时间与文件格式，另外一个细节是注意不同岗位人员的身份核实问题，核实内容主要为职类与职层，否则在调查结果统计分析时会由于基础信息缺失或者错误导致分析结果偏差。

（4）问卷调查结果统计与分析

在问卷调查如期结束，问卷收集完成后，需要进行调查有效性分析、素质要素排序分析和素质要素标准分析三项工作。调查有效性分析指对问卷回收率、管理者覆盖率的统计，一般应达到70%~80%才符合代表性和量化统计的要求。素质要素排序分析基本思路为按照职层职类，根据第二阶段确定的模型框架在每个领域内分别进行排序，以确定每个职类职种的在模型框架的每个领域中要素的排名。

例如，在经典自我管理、团队管理、业务管理框架下，某公司的工程、经营决策、生产三个职类的业务管理领域中相应素质要素排名情况如下：

工程

要素名称	次数
执行力	9
有效沟通	9
计划能力	8
全局思维	7
客户导向	7
追求效率	6

经营决策

要素名称	次数
执行力	2
资源整合能力	2
全局思维	2
决策能力	2
客户导向	2
综合分析能力	1

生产

要素名称	次数
执行力	7
持续改进	7
资源整合能力	7
计划能力	7
全局思维	6
体系构建能力	6

第三部分 构建篇

3．有关战略和文化演绎

公司的战略目标从未来发展的角度反映了组织对管理者素质的要求，可能这些素质在当前的管理者身上并不普遍具备，或者具备的程度并不能完全满足公司发展的需要，因此，基于公司的战略目标进行素质演绎，对形成管理者素质模型具有导向性和牵引性的作用；另一方面，每个公司都有其个性化的文化因素，不同的文化氛围和价值导向对管理者的素质会提出不同的要求。在分析时，需要关注企业所在行业特点，以及公司所处发展阶段，企业文化特征等各方面因素，对于管理者提出的素质要求，可以对管理者素质模型的构建起到方向指引和补充作用。

战略演绎可以从企业核心竞争力分解角度出发，提出公司需要强化的核心能力，进而分解为相关管理者的素质要求。如果公司曾经做过相应的战略地图，将对战略演绎有较大价值。例如，下图是某公司的战略演绎分析图。

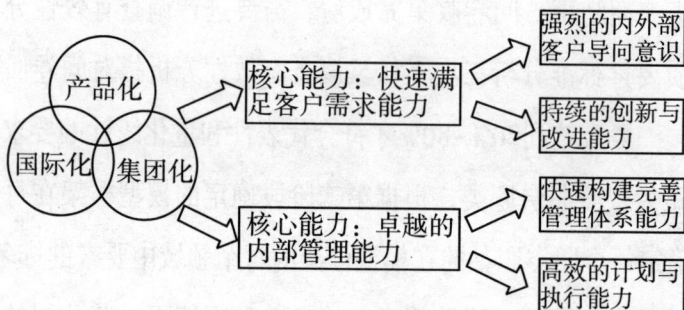

而文化演绎则更多从公司宗旨、理念、文化价值观角度，对管理者提出公司特有的素质要求。例如公司倡导阳光文化，在管理者素质模型中就会突出正直忠诚此类的要素。

4．外部标杆借鉴

外部标杆借鉴主要是参考外同行知名公司、其他行业优秀公司的管理者素质模型，以此对前期分析结果进行验证与补充。我们服务过的很多企业，都希望借鉴相关公司的管理者素质模型，并在其基础上进一步完善和细化了素质模型框架及其要素描述。

同行业企业由于行业特点类似，可比性较强，特别是行业中公认的优秀企业，借鉴价值更高，例如IBM之对IT行业，海尔之对家电行业，Vistas之对风电行业，Facebook之对互联网。这些企业的很多理念和价值观对所在行业整体都产生了巨大影响，确实是非常好的参照系。

但是，我们也必须认识到，由于各种条件限制，很多企业未必能找到本行业中优秀标杆企业的管理者素质模型信息，这个时候更多的是要关注类似行业中的优秀企业或者类似文化的。

5. 素质要素清单

通过综合应用各种工具，我们可以得到自己企业的一个素质要素清单，其中包括了各层各类管理者建模所需的素质要素。当然，所有要素在这个阶段应该已经有简单扼要的初步定义。

维度	素质要素
业务管理	综合分析 有效沟通 执行力 开拓创新 资源整合 系统思维 决策能力 关注秩序 客户导向 关注细节
团队管理	绩效导向 团队建设 组织能力 协同合作
自我管理	责任 组织忠诚 学习成长 成就导向 工作激情 弹性适应 职业操守

步骤四：构建素质模型

这个阶段主要是在素质要素清单的基础上，结合前阶段访谈、战略文化演绎和问卷调查结果，项目工作小组与指导小组之间需要进行多次深入沟通，以形成分层分类的管理者素质模型及要求标准，并对每个要素进行准确定义和行为级别描述，形成完整的素质词典。

这一阶段的主要成果为分层分类的管理者素质模型与配套的素质词典。素质模型是为分层分类的管理者对象设计的要素组合以及要求标准，素质词典是对每个要素的具体定义、等级描述，是素质模型的支撑基础。

1. 素质模型设计

项目工作小组需要针对每个分层分类的管理者群体设计相应的素质模型，即根据各层各类管理者岗位特点和对任职人员的要求，从素质要素清单找寻和确定与之匹配的素质。**考虑到后期应用与实际管理需求，通常每个素质模型中包含要素数量应该在9～14个，太少则容易出现关键要素遗失，太多则后期管理复杂度过大，难以操作。**如果出现数量超过14个以上，又难以取舍的情况，可考虑进行重要性排序淘汰或者尝试进行要素融合，将相关的两个要素进行合并处理。

对管理者而言，职层比职类对于素质要求的影响更为明显。按照经典三职层划分法，一级对应的素质模型可以与二三级的素质模型有差异，而同职类的二级与三级的素质模型中要素相同但在要求水平上有差异。

下例是某公司中层管理干部按照职类划分后形成的素质模型，其中自我管理和团队管理模块为通用要素，业务管理则需要根据职类特点进行了差异化设计。

维度	工程	经营决策	生产	销售	研发	职能
业务管理	计划能力 有效沟通 全局思维 客户导向	计划能力 资源整合能力 全局思维 体系构建能力	计划能力 执行力 持续改进 体系构建能力	执行力 全局思维 客户导向 有效沟通	计划能力 执行力 开拓创新 客户导向	综合分析能力 全局思维 有效沟通 体系构建能力
团队管理	组织能力、有效授权与监控、冲突处理能力、激励与培养下属					
自我管理	责任感、成就导向、学习成长、工作激情、正直忠诚					

2. 素质词典的基本内容与编制流程

运用前面四种方法，项目工作小组可以得到相对范围较宽的相关素质清单，这个清单中除了要素名称外还应有该要素的初步定义描述。以这个清单为基准，项目工作小组就可以进行素质词典的编制了。

素质词典的作用是对前期素质模型框架下的所有素质要素的具体定义和等级描述，不仅包括所有类别干部素质模型中的目前要使用的素质要素，甚至还应包括前期发掘出来的备选素质要素。素质词典一般按照素质模型框架进行章节设置，以保持素质要素的体系性。例如可以按照前面所谈的自我管理、团队管理和业务管理三个部分组成。每个部分中再包括该模块中所有的相关素质要

素。（见下表示例）

素质词典的编制主要包括两部分内容，一个是要素定义的开发，一个是要素分级标准开发。要素定义开发主要指要针对每个要素，以素质词典库中的素质定义为基础，结合优秀管理者半结构化访谈编码结果，开发管理者素质模型中各素质要素的定义。而要素分级标准开发，将管理者各项关键素质的具备程度看作一个连续体，一端表示"具备的程度非常低"，另一端表示"具备的程度非常高"。从牵引性与现实性两个角度，我们将连续体均分为4~7个层级，分别开发各层级的行为标准，为未来进行素质评价提供基础。层级划分不宜过少或者过多，低于4个在测评中难以实现学员的评价差异，超过7个则容易造成评价人对标准理解困难，评价偏差概率增加。

第一节自我管理（PM）	第三节业务管理（BM）
PM-01 责任感	BM-01 综合分析
PM-02 信任力	BM-02 有效沟通
PM-03学习成长	BM-03抗压能力
PM-04成就动机	BM-04 计划能力
PM-05工作激情	BM-05 执行力
PM-06角色认知	BM-06 资源整合
PM-07自信心	BM-07 全局思维
第二节团队管理（TM）	BM-08 决策能力
TM-01 影响力	BM-10 客户导向
TM-02 组织能力	BM-11 开拓创新
TM-03有效授权与监控	BM-12持续改进
TM-04激励与培养下属	BM-13 关注细节
TM-05文化宽容	BM-14精确性
TM-06 协同合作	BM-15追求效率

以下是一个按照五个层级设计的学习成长要素的定义及层级描述的范例。其中层级0为负面表现的不合格管理者，层级1为稍低于最低要求者，层级2为基本符合最

低要求，层级3为较高水平，层级4为较为理想的水平。

学习成长
定义 通过积极地吸取自己或他人的经验教训、科研成果而及其他信息和知识，不断地更新自己的知识结构，增加学识、提高技能，从面获得有利于未来发展的能力

学习成长
层级0
满足于自己的知识、技能现状，看不到自身的缺陷；
对于自己欠缺的知识和技能缺乏学习意识；
缺乏总结自己或他人经验教训的能力，不断犯同样的错误。
层级1
在工作中，能够看到自己知识上的不足，但不主动采取积极措施去弥补；
能够通过参加培训、经验交流会等形式获取与工作密切相关的知识、经验和技能；
能按公司要求更新自身的知识和技能，符合本岗位的要求。
层级2
主动学习相关知识和技能，并能灵活地运用于当前工作中；
熟练运用各种学习方法和途经，及时补充自身的知识或技能缺陷；
善于从经验中反思和总结，同样的错误不会再重复出现。
层级3
能伴随公司发展主动更新自己的知识结构，提升工作质量，有较强的危机意识；
对新的知识或技能有强烈的渴求，对自身的成长有明确、长远的规划；
面对自己不太熟悉的任务时，能够通过最有效的途径快速学习，迅速掌握必备的工作知识或技能，从而尽快适应新的工作要求。
层级4
深入了解当前最新的知识和技术，并能够意识到其在行业和公司内的应用前景，注重与公司实际结合，不生搬硬套
学习型组织的力行者，带领团队对日常工作进行不断的反思总结，抓住一切机会帮助团队增加学识、提高技能，在组织范围内打造学习创新的企业文化
为组织的学习做长远规划，并有计划、有目的地推动组织完善知识结构、提升核心能力。

较为高效的工作流程应为项目工作小组应与项目领导小组就最终成果的要素表现形式达成共识，然后由项目工作小组独立完成素质词典草稿编制工作后，经项目工作小组与联络小组内部讨论后，项目工作小组与项目领导小组举行专门座谈会，就每个要素进行逐条确认。

3．素质要素的定义

根据前期开发的能力素质框架与要素定义，通过内部大量的研讨，融合外部专家意见和企业内部意见，对要素进行更为准确的要素纬度选择，要素定义描述和级别划分描述。

素质要素定义中比较重要的是其准确性和适用性，一方面要在素质模型整体上进行思考和划分，保证管理者素质的完整覆盖性和要素之间的相对独立性，另一方面则是要根据企业文化和战略对其描述进行设计和调整，保证要素描述在企业环境中的适用性。

每个要素的定义可参考外部市场能获得的经典素质词典库，例如海氏分级素质词典中对于成就动机的定义为："希望工作杰出或超出优秀标准。其标准可以是某个人自己过去的业绩（力求改进之），或一种客观衡量标准（只论结果），或比其他人做得更好（即竞争性），或某人自己设定的挑战性目标，或任何人从未做过的事（改革性）。因此一种独特的成就也可定为ACH。"某企业根据国情特点以及企业特色，将其调整为"不满足于现状，对成功具有强烈的渴求，总是设定较高目标，要求自己克服障碍，完成具有挑战性的任务力"。

需要特别强调的是，为保证与企业文化的兼容性，原则上所有要素的定义都应该根据企业情况进行二次修订，以避免出现要素标准与企业实际管理实践冲突的情况。

4．素质要素行为级别的矩阵划分法

前面已经介绍过，为了便于后期测评与培训应用，每个素质要素都需要分为4~9个级别，而行为级别描述就是这些级别划分的具体行为标准。很多朋友在行为级别描述方面都有一定疑惑，不知道这么多文字描述的依据是什么，自己如何下手根据自己公司情况来进行调整。其实，问题的症结在于对于各要素的设计方法的不

理解和对设计工具的不熟悉。设计较为合理的素质词典中，每个素质要素的行为级别描述是典型的框架性思维的产物，简而言之，就是每个要素的等级都是利用在若干子维度上的行为差异来进行等级差异描述的。

每个要素的级别行为描述的基础是要素的关键子维度的选择，关键子维度的选取需要关注重要性和逻辑性。关键子维度尽可能选择对该素质要素较大影响的关键要项，并要对这些子维度之间逻辑关系进行分析。这些维度的主要作用是对要素进行有效的级别划分。最为常见的子维度包括：

行动的强度：这是描述素质要素的定义和级别的核心维度，该维度展现了相关行为的强度和行为的完整性，例如在综合分析中的核心子维度包括有责任感的奉献精神，可以代表责任感的强度。

影响的大小：影响范围表示受该要素影响的人的数量、职位的高低以及规模的大小。例如，一个素质要素可能影响到一个人、一个团队、一个部门、整个企业，甚至社会。

努力的程度：主要指对象在主观上努力的程度，即为达到目标的关注程度与投入额外的精力或时间的多少等

为便于读者理解，现举出一个实操案例供大家参考。在定义的基础上，首先进行要素的纬度划分，例如责任感，可以按照责任感、责任承担、使命感、奉献精神四个纬度划分，以便进行五个层级的差别设计和定义。一般要划分四个层级需要至少两个维度来帮助进行具体级别标准的区隔，五个层级至少需要三个，最好是四个维度矩阵来进行区隔。

	责任意识	责任承担	使命感	奉献精神
层级0	无责任意识	推卸责任	无使命感	个人优先
层级1	本职工作	不推卸		
层级2	团队责任	主动承担		冲突时组织优先
层级3	体系责任		一定使命感，以身作则	额外支持他人
层级4	企业责任		强烈使命感	牺牲并说服下属

上表中每个维度中纵向都按照由低到高的顺序进行等级设计，层级越高，各维度上的表现越佳。以此维度矩阵作为基础框架，我们就可以对责任感的五个等级进行具体描述，每个级别的描述是将各维度的表现转化为工作中的通用行为描述。

责任感	
定义	爱岗敬业，勇于承担责任，具备使命感，乐于奉献
层级0 对岗位责任或角色不明晰，不关心自己的工作给组织带来的影响； 只关心自己眼前利益，没有即时回报就不愿意全身心投入工作； 工作中出现问题便推卸责任。	
层级1 能按照工作规范的要求认真完成自己的本职工作； 对自己的工作失误能承担应有的责任，不推卸。	
层级2 有团队责任感，关注团队工作质量，避免因为本团队的工作失误给公司带来损失； 积极承担对职责界定不清的任务，主动承担责任； 当工作要求与个人利益发生冲突时（例如加班与个人时间安排有矛盾），以组织利益为优先考虑。	
层级3 具有强烈的组织责任感，高度关注所负责业务或管理体系的工作质量，力求充分发挥其应有作用； 对规定职责以外的工作做出贡献，当他人的工作需要帮助时，付出自己的时间精力，对规定职责以外的工作做出贡献； 有一定的使命感，希望通过自己和团队的努力使公司变得更强，发展更好，并在实际工作中以身作则； 在必要时刻，敢于实事求是提出异议，做出大胆及时的决策并鞭策不达标的下属。	
层级4 具有强烈的公司责任感，一切行动从公司长远利益考虑； 把组织利益放在首位，当组织目标需要时，愿意接受牺牲本部门的局部利益，并能说服下属接受； 具有强烈的使命感，充分认识到自己当前的工作对公司、行业甚至社会的意义，并为之不懈努力。	

通过上面这个实例操作说明，相信大家已经对如何解读素质词典中的要素定义

第三部分　构建篇

和等级描述有了一定了解。素质词典中的每个要素都应按照类似的方法设计，但是通常市面上看到的各种素质库一般都只呈现等级描述，原始的维度矩阵设计表都隐藏不公布，往往需要自己在提炼和分析之后，再进行分析。如果要加入或者去除某个子维度，较为有效的做法也是要先设立矩阵表后，思路清晰后，再做具体文字调整，最忌讳的就是先修改再思考，因为很容易破坏要素等级维度的内在递进关系。

5. 素质模型的要求标准设计

在为分层分类的管理者对象构建素质模型框架和要素归级，并设计好配套的素质词典之后，素质模型还剩下一项重要的工作有待完成。每个分层分类的素质模型中的每个要素都需要设定相应的要求标准。例如对于一级经营管理类的管理者，沟通能力应该要达到0~4级中的哪个层级呢？这是素质模型后期测评与培训应用的一个基本标杆数据。这个标准代表着公司对于管理者在各个要素上的要求和期望。

对于每个层级的素质模型中的每个要素，都应该设定这样的要求标准，形成类似下表的一张汇总表：

这些标准的设定有两种方式，一种是外部标杆法，一种是内部标杆法。外部标杆法是参照外部标准进行设定，但这种外部标准不容易获得，加上国内对相关能力要素的定义不统一，只能依靠第三方咨询机构提供数据，因此费用和可靠性都相对较低。**内部标杆法是根据素质模型等级设计标准，结合分层分类管理岗位特点，逐点进行级别设定。**内部标杆法的优点在于完全可控，但是缺乏外部可比性。特别值得指出的是，这里所说的标准是"胜任"标准，而非"准入"标准。

分层分类的素质模型的相应标准确定后，素质模型的最核心部分基本告一段落。

维度	素质	三级				
		销售	研发	生产	工程	职能
自我管理	责任感	3	3	3	3	3
	学习成长	3	3	3	3	3
	成就导向	3	3	3	3	3
	工作激情	3	3	3	3	3

团队管理	影响力					
	激励与培养下属	2	3	2	2	2
	有效授权与监控	3	3	3	3	3
	组织能力	2	2	2	2	2
	冲突处理能力	2	2	2	2	2
业务管理	综合分析能力	2				2
	资源整合能力					
	全局思维	2		2	2	
	决策能力					
	体系构建能力		2	2		
	开拓创新		2			
	有效沟通	3	2		2	3
	计能能力		2	2		
	执行力	2	2	2	2	2
	关注细节			3		
	持续改进			3		
	客户导向	2	2		2	

步骤五：实施动态维护

为了保证管理者素质模型的有效性和稳定性，需要设计配套机制对素质模型进行定期和不定期的维护与完善。这就要求公司制定和执行一套针对管理者素质模型的管理制度与流程。这套制度与流程中应该对素质模型管理的目的、原则、责任分工、更新维护步骤、注意事项等各方面进行明确界定。如需要进一步了解相关信息，读者可参考本书最后一章节中的制度范本。

第三部分　构建篇

二、注意事项

◎······★　★　★······◎

1．先思路后操作，先框架后要素，先定义后等级

管理者素质模型的成功构建首先始于公司对于构建方法论的认同，只有公司相关人员对于构建方法和自己需要扮演的角色有较好认知后，项目进程才可能通畅。

经典构建法对模型框架很重视，这种模型框架不仅仅要与素质模型构建的目的相一致，而且要体现公司的战略与文化价值观特色。如果整体框架不为公司高层所接受，后期工作很容易陷入冲突中，难以开展。例如，用于企业文化与价值观宣传目的的素质模型，对于要素定义可能干脆就没有等级描述，而只有对于鼓励和反对的行为的描述。

在开始框架构建阶段，素质要素必须要有初始定义才能做相关问卷调查，但由于时间有限不可能精雕细琢，需要等到后期素质模型构建阶段才可能确定子维度，清晰定义和设定具体行为级别描述。在前期过度追求维度定义的精准性，后期很可能会大面积返工，浪费时间。

2．头脑风暴法的使用

（1）什么是头脑风暴法

此处的头脑风暴法指召集企业内部相关管理者以及人力资源部对接小组成员，就素质模型的框架结构，要素的基本定义，要素的层级描述这三项内容进行全面、开放而深入的探讨。这种探讨采取小组座谈形式进行，应由素质模型执行小组负责人主持，按照既定议程展开，但过程中采取开放式沟通，充分采集各种建设性意见，以为素质模型构建提供各种完善素材。

（2）素质模型构建过程中，头脑风暴作用重大

智慧激发和利用是非常关键的不可或缺的一环，作用和意义重大。首先，头脑风暴能够将各方人员参与和凝聚起来，成为素质模型的设计力量，而不是成为素质模型的抵制力量。其次，头脑风暴能够有效提升素质模型的易读性，多重不同视角的审视通常会对素质模型的结构与解读有更高的通用性要求，因此素质模型的文本在这个过程中会进一步优化。其三，头脑风暴会解放思想，每每会有新的子维度或者新的调整因素加入到每个要素的描述中，特别是在级别对应的行为描述中体现得更为明显。

（3）头脑风暴法的基本原则

原则一：充分准备，事先预演

考虑到小组会议影响较大，加上开放性研讨变数较多，组织者需要在会前做好包括会议目的、议程设计、参会范围、问题预见、预防策略等各方面在内的准备。为保证效果，会议前就必须针对各种可能出现的问题，特别是在要素行为级别描述上要认真准备，预先进行事前演练。特别是缺乏类似会议操作经验的人，更是在计划时留出准备时间。头脑风暴会最糟糕的情况就是成为批斗会或者诉苦会，没有收集到各种建设性意见，而是各种情绪性反映。

原则二：鼓励参与，欢迎对抗

此类会议的核心目的在于将与会人员纳入到设计团队中来，因此必须想尽方法为与会人员提供各种参与意见的机会，让他们对最终成果有所贡献。关键在于参与，过程中出现意见差异而发生冲撞情况是非常正常的现象，更为重要的是这些人往往代表着项目组外部的各种意见，这种碰撞在今后很可能还会遇到，在问题萌芽状态解决远远比未来问题真正爆发时要好很多。

原则三：正面引导，艺术对应

现场中无论是出现技术细节的冲突，还是对项目本身意义的否定，主持人都不要着急回应，更不能硬性否定。简单而言，只有在有能力和有必要时可以进行较为客气的解释，而非火力压制。在无法临场解决的时候，应该坦然承认问题较为复杂，将相关意见记录在案，会下再进行分析解决反馈。

原则四：把握主旋律，聚焦问题

从会议开始，就要对本次会议的目的进行强调，努力将大家的心态调整到献计献策、共同学习研讨、脑力激荡、产生高价值建议的核心思路上来。围绕每个要素的维度矩阵，进行实质性探讨，尽量规避讨论过于理论化的问题，聚焦最终成果，才能在会议周期内产生期望结果。

（4）头脑风暴法的基本实施步骤与注意事项

会前准备

会议前准备是否到位对会议质量影响很大，通常会议前应拟定和发布会议议程以及时间地点信息，至少提前一天通知与会人员，并与之确认是否能够参加。此外，组织者需要制定好会议实施计划，细分到会议主持、人员签到、会议记录等分工，做到责任到人。组织者还需要安排会前会，检查相关任务完成情况，并就会议中可能出现的问题和预防措施进行内部研讨，为会议顺利开展奠定基础。如有可能，会场里面要配备投影仪、接线板和白板，以便进行展示和研讨。

开场破冰

会议开始时，由主持人宣布会议目的与议程，确定会议基本基调，对参加人员的期望，明确会议规则。这个过程中，主持人应简要介绍项目组成员及参与人员，最好能让大家简单地做个亮相，以便创造一个相对宽松的氛围，让大家快速相互熟悉，能够在会议中更为开放地进行沟通。这个阶段，主持人需要强调会议的基本程序和规则，以保证大家的积极参与。

模型介绍与自由研讨

主持人可以自己或者安排他人进行管理者素质模型的概要说明，通常这个说明中应包括理论基础、模块结构、构建原则与过程、每个模块下的要素组成。说明本着简明扼要和突出重点的原则，重点并不是强调基本理论，而是给出结果，说明构建过程的目的是让大家明白这个模型并非空穴来风，而是在坚实的基础上建立起来的。这个模型介绍的时间应该在15～20分钟以内。

然后主持人请相关人员就模型框架自由提出自己的看法。在会议开始阶段，由于与会人员兴趣和知识的差异，提出的问题会比较谨慎，一般会围绕为什么这么设计来展开。在这个过程中，主持人需要确保他们的意见得到尊重，常识性的问题得到有效的专业答复，而参与人的兴趣会被进一步激发。当遇到难以现场解答的问题时，主持人可以视情况决定是否进一步探讨或者会后私下沟通。为保证会议能在预定时间内结束，复杂问题最好能记录下来在会后再行处理。

较为理想的情况，模型介绍应以PPT作为媒质进行，便于大家理解，关键在于思路的宣讲，不要过于拘泥于细节说明。

要素介绍与研讨

在素质模型框架介绍与研讨结束后，会议将进入最为艰难的部分，也就是要素定义与描述的讨论阶段。由于个人经验、阅历和背景差异，与会人员在要素的细节描述上注定会有较多意见分歧，必须经过较为充分的论证才会达成一致意见。在这个过程中，需要秉承一种共同做出精品的精神，敞开心灵，允许大家讲出自己的看法，说明相关事例。

曾经在一次沟通中，人力资源部一位经理就对自我管理模块的各要素，提出了自己独特的见解，即虽然所有自我管理要素主要属于管理者自身内在素质，但是管理者的核心素质是要体现在对下属的影响上，因此例如工作激情等要素的行为级别描述中应该对这种差异性进行定义。虽然这种看法可能与我们原有的将自我管理与管理他人模块化区隔设计有所差异，但的确容易为客户所理解和接受，所以最终我们将此项融入到部分自我管理要素的等级描述中。

当然，未必是所有参与者的观点都是正确的，对于参与者坚持自己明显不合理看法的情况，我们应尽可能进行解释，但不必在现场就要进行决定，可以记录在案，说明事后处理为佳。

由于要素数量较多，相关研讨比较耗时，但通常前一个小时研讨较为激烈，之后的讨论中与会人员的精力与注意力会有所下降，因此需要控制时间，并安排中间休息，并注意过程中记录。一个较为理想的状况是，在讨论过程中，直接在电脑屏幕上利用word软件的"修订"功能直接进行细节修改基本定稿，或者利用"标注"

第三部分　构建篇

功能记录修改意见以便会后做细致雕琢。

为提高效率，建议在朗读要素定了以后，直接展示要素的子维度矩阵，说明设计思路，然后听取与会者对于子维度选取以及层级划分的建议，进行充分讨论后，再引导大家讨论级别的文字叙述更为高效。

总体回顾与意见汇总

在相关讨论告一段落后，主持人需要对会议中各种与会者提出的各种修改意见进行汇总，并进行整体回顾。这种汇总和回顾的质量高度依赖于主持人自身的专业素养。总体回顾的基本目的在于对本次会议的初步成果进行描述，肯定与会人员的参与价值。要达成这一目的，主持人需要在会议过程中对重点问题进行记录，并且从专业角度进行解读。常见的总体回顾会按照模型框架，要素模块，具体要素问题，由整体到个体的逻辑顺序，进行意见汇总和描述，以便与会人员理解。

在几乎每次会议中，在最后这个环节，当项目小组提及相关与会者的意见贡献时，相关人员都发出会心的微笑。这种愉悦和认同将有效地将与会人员和项目结合在一起。这是与会议目的紧密相关的关键细节，因此是需要特别加以注意的。

未来计划安排

主持人在总结各种修改意见之后，需要就后期素质模型的修订计划（其中包括时间进度、人员分工、成果），进行说明。这一修订计划应在会议前就基本准备就绪，只不过根据会议情况进行微调后，在这个环节进行呈现。

会议结束

在上述各步骤完成后，主持人宣布会议结束，并感谢与会人员所做出的各种努力与所做贡献。

会议后方案完善

在会后，项目工作小组需要再举行一次"会后会"，就会议中搜集到的各种意见以及发现的问题进行专项研讨，研讨的焦点在于如何解决这些意见上的分歧。这里较为重要的一个原则是，项目工作小组必须要形成自己的专业意见，即什么是

"正确的看法"，并将相关看法融入到素质模型中。无原则地顺从与会人的意见，虽然对方案的最终通过有好处，但是后患无穷。因为与会人员一般都是从自己的角度来进行素质模型解读的，因而未必会符合素质建模的整体初始思路与要素内在逻辑关系。所谓专业意见的核心在于从整体框架出发，从对管理者职能出发，从对人性的了解出发，从以往其他企业的实践出发。

3．有关典型事例的提取

在与所有客户的沟通过程中，都能听到头脑清醒的HR人员对于素质模型的一个要求，那就是："我们的素质模型能不能有典型事例做支持呢？"实际上他们希望的是用实际的故事来对每个素质要素进行注释，以帮助企业中的管理者和员工真正理解这些素质的含义，而不是只靠专业术语定义出来的抽象描述。

客观来讲，这种需求有一定正当性，但确实又是难以满足的。由于每个企业行业和文化的差异，造成典型事例的差异性较大，通用性不强。要满足差异性需求，就需要进行实际定制，而这种定制就必须有大量的BEI访谈与事例提取。典型事例本身是一种补充性描述，这项任务工作量大，而且可复制性低，外部的咨询公司由于投入产出比的问题不愿做，而企业内部人员由于专业性和时间不足，完成的难度较大。所以典型事例注释在我们看到的管理者素质模型中较为少见。

通常典型事例可以从前期访谈记录中进行提取，或者是在后期根据素质模型要素设计进行补充访谈和二次提取。典型事例最后表现形式可以是对禁忌事项的描述，也可以是对较高级别行为的描述，但应该不是各层级都有事例描述，因为在现实中，很难进行事例的完全匹配。在本书后面章节中，将提供部分要素的典型事例描述。

4．设计人员的水平将直接影响素质模型质量

由于管理者素质建模工作的复杂性，项目工作小组中的核心人员应具备较为全面的素质，他们的素质水平对最终的成果将产生非常重大的影响。一方面是对管理者职责与日常工作内容要熟悉，才能在素质模型中的要素选取上不出现大的偏差；另一方面要有相当的生活阅历，对人性较为了解，才能在行为级别描述上

从多角度考虑，文字恰当；此外，设计人员还需要接触过大量的管理者，有深厚的感性经验积淀，才能够在要素子维度上的细节处理到位。此外，设计人员的沟通能力，是对素质模型的解读清晰的基础。公司在组建项目工作小组时务必要重视相关人员资质的审查与选择。

5. 经典建模法项目周期

管理者素质模型构建项目，一般可以分为内外部调研分析阶段和能力模型设计阶段两部分。调研分析阶段主要工作是外部标杆研究、内部调研和BEI访谈，而能力模型设计阶段将会涉及能力词典设计和内部研讨。

规范的经典建模法要求的项目周期在2个半月（10周）左右，调研分析3～4周，余下4~6周的时间用于模型设计与研讨。

6. 各素质模型中的要素要求标准与未来测评结果的对应难题

很多客户希望能够根据自己的管理者素质模型的各种要求标准进行全面的个性化测评中心定制，但由于这项工作需要的时间和精力投入很大，所以实际上很少有客户能做这种定制性开发。于是，管理者测评的得分标准与客户内部素质模型中的标准之间未必完全匹配，这需要根据情况进行修订。此时会有两种调整方法来实现两套标准之间的一致性，一种方法是根据测评结果重新设定管理者素质模型里面的标准，另一种方法是将测评结果整体根据素质模型标准成比例转换，以保证在不改变内部排序情况下将两种标准调成一致。

第二章

快速建模法——方法与实例

快速建模法是近年来兴起的新型建模方法，其本质就是以外部素质模型标杆作为基础，根据公司特点再加以调整完善。快速建模法具有应用条件要求低、项目周期短、投入产出比高、通用性好、外部可比性强等优点，并因此便于企业自行构建和完善，因此得到了很多企业的青睐。但是必须指出的是，快速建模法高度依赖于外部的素质模型标杆，以及战略和文化演绎。为帮助广大读者和企业正确运用快速建模法，自行构建符合自身需求的管理者素质模型，本章中提供了快速建模法的任务目标、组织分工、基本步骤和关键注意事项等详细内容。此外，为方便读者更高效的建模，本书中特地编写了《工具篇》，其中更是附上了快速建模法必备的相关表格工具，随书的光盘中也刻录有相关的电子表格，供读者直接借鉴参考。

第一节 快速建模法基本概念

一、任务目标

根据公司战略与文化特性要求，**以外部通用管理者素质模型为基础进行修改完善**，提出对于各层级管理者的各种素质的组合，即管理者素质模型（也就是国内常见的领导力模型），其成果包括对各类管理者提出的各种素质要素的名称及定义，以及相关等级标准。

与经典建模法相比，快速建模法的主要差异是在对要素的开发方式方面。快速建模法更看重战略与文化演绎，更看重外部通用模型借鉴价值，更追求结果的外部可比性。

二、关键前提

1. 理论前提：绝大部分企业对管理者素质要求有较强通用性

快速建模法认为企业中管理者的角色定位相近，职责相同，素质要求类似，所以通用的管理者素质模型是普适的，只需要根据公司文化与战略情况进行微调，就能形成比较符合公司需求的管理者素质模型。

2. 体系前提：规范合理的素质模型参考

快速建模法必须依托外部较为可靠的素质模型才能进行，而这种外部参考除了具有结构合理、要素定义与行为级别描述规范清晰的特点外，最好还应包括有子维度的要素矩阵表，以便在进行设计调整时参考使用。

3. 资源前提：公司更重视投入产出比

从实操角度来看，与经典建模法相比，快速建模法由于省去了大范围的以寻求个体差异为目的的访谈，建模所需的时间、人工成本都有大幅下降。而成果质量上也能达到并满足公司的实际使用需求。

三、原则

○┈┈★★★┈┈○

原则一：突出规范性，追求标准性

借鉴通用管理者素质模型中要素的标准描述，将有助于规范企业内部管理者行为。此外，由于框架和要素标准相近，素质模型将更为标准化。

原则二：定性与定量相结合

为了保证模型开发结果的科学性和准确性，采取定量、定性相结合的方法：一方面，通过抽样个体访谈、问卷统计等定量方法，分析管理者应具备的素质特点；另一方面，通过资料分析、战略与文化演绎等定性方法，提炼管理者应具备的关键素质要素。

原则三：基于职层与职类划分

根据企业自身特点，结合外部标准职类职种的标准素质模型，对管理者进行职层职类划分，并以此为基础来设计公司的管理者素质模型。

原则四：结果应用导向

快速建模法完成的管理者素质模型由于通用性和标准性都较好，后期测评中心设计相对简单，而且测评结果容易和外部标杆进行比较。

原则五：强调公司文化与战略特征

快速建模法由于省去了大批量访谈和频度分析环节，并大量借鉴外部标杆模型，所以为保证素质模型和企业适用性，通常需要加强战略与文化演绎。

四、组织分工

★★★

在快速建模法中，设计的角色与经典建模法中的角色相同，依然是四个主要角色，它们分别是：项目决策小组、项目工作小组、公司项目协调小组、管理者团队。

1．项目决策小组

（1）人员组成：公司高管层，通常为经营决策班子成员；如可能，会有外部咨询公司人员担任技术顾问。

（2）主要责任：审定项目思路、负责方案的方向性指导；总的项目质量控制，对建模成果的最终评审。

2．项目工作小组

（1）人员组成：由外部咨询顾问团队，或者公司内部具体负责建模的内部咨询顾问组成。

（2）主要责任：负责编制建模项目工作计划并组织具体执行；负责沟通、协调各方资源，以完成建模工作；负责素质模型的如期交付。

3．项目协调小组

（1）人员组成：主要由公司人力资源部相关人员组成。

（2）主要责任：项目行动的协调、沟通，支持执行小组完成任务；项目日常管理与支持；就素质模型提出细化建议方案；进行变革的宣传与推动。

4．管理者团队：

（1）人员组成：公司各层级管理者。

（2）主要责任：积极参加相关访谈、研讨与问卷调查活动，提供真实看法；就素质模型提出高价值的完善建议。

第二节　步骤及注意事项

一、任务目标

○‥‥‥★　★　★‥‥‥○

1.明确职层职类
2.确立模型框架
3.开发素质要素
4.构建素质模型
5.实施动态维护

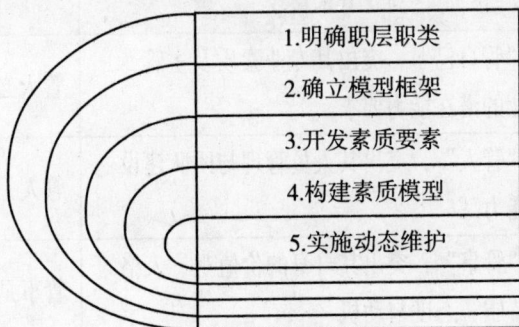

步骤一：划分职层职类

此步骤同经典构建法基本相同，该步骤的结果是素质模型的适用对象的分层分类。一般来说，管理者按照3层级划分，4~6个职类划分，基本上已经能够较为充分体现管理岗位对管理素质的差异。

步骤二：确定模型框架

能力模型结构是对管理者领导力素质模型的内部逻辑联系，分层分类管理职位素质模型的总体规划和呈现，是构建分层分类管理者素质模型的框架结构。无论如何进行模型框架设定，内在逻辑关系较为重要，但更为重要的是不能遗漏核心关键要素，任何一个管理者素质模型都应该至少包括以下六大要素：

（1）决策制定：决定行动路线。

（2）计划技能：如何设立目标与实现。

（3）问题解决：分析各种备选方案并选择行动路线。

（4）道德与社会责任：在各种情况下如何做正确的事。

（5）创造力：如何跳出问题看问题，找到更高效率的解决办法。

（6）系统思维：从更高层面，更宽视角分析问题。

例如，推荐参考以下两种模型框架，当然也可以参考其他优秀标杆公司或者更适合公司情况的其他管理者素质模型。

第一种，较为经典的三分法框架：

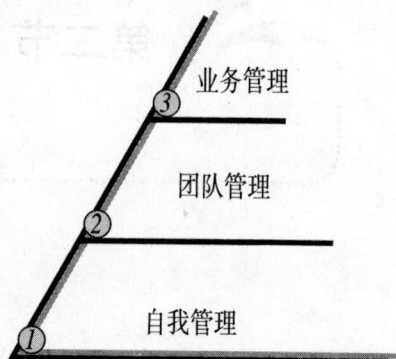

素质模块	基本概念	逻辑关系
自我管理	"管自己"，突出其专业素质及主管专业的潜在能力要求	管人必先管己
团队管理	"管人"，突出其人员管理与团队建设能力	管人是管理者核心职责
业务管理	"管事"，突出其自身的价值观、人格特质、态度与动机	管事是管理的有效载体

第二种，根据管理者核心传统行为域设计的五分法框架：

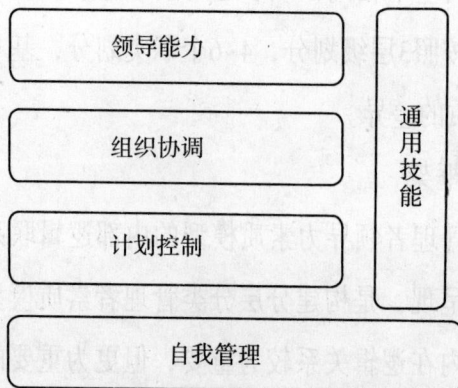

素质模块	基本概念	逻辑关系

自我管理	"管自己"，突出其专业素质及主管专业的潜在能力要求	一切管理活动均以"自我"为基础
计划和控制	源自经典的"计划"和"控制"两个核心职能行为域，即如何设定和达成目标	管理者首要任务是追求绩效，绩效本质即目标管理
组织能力	源自经典的"组织"职能行为域，即如何根据目标整合管理资源	组织资源是实现计划的基本保障
领导技能	源自经典的"领导"职能行为域，如何在变化中"定方向"，并影响和激励下属同行	获得下属认同和拥护，才能有效发挥资源效率
通用技能	日常管理工作中，除计划、控制、组织、领导等四大职能行为域外的各种常见管理能力	各种专项技巧是经典模型的必要补充

步骤三：开发能力要素

快速建模法在开发能力素质要素开发的整体思路是以事先选定的外部参考管理者素质模型作为基础，经过内部抽样访谈确定基本范围，再以问卷调查分析要素优先顺序，并最终参考公司战略与文化演绎的结果作为补充和校验。步骤三的成果是一张分层分类的素质模型要素清单。

（1）外部参考管理者素质模型的选定

选择外部参考管理者素质模型有三个标准，首先是权威性，尽可能地选择大型专业咨询或者培训机构发布的素质模型，因为他们相对更为严谨和专业；其次是全面性，尽可能地选择要素覆盖面广的模型，以便要素选择时保持一定灵活性；最后是完整性，所选模型应包括要素定义、等级描述，最佳情况还应包括子维度矩阵。

（2）抽样访谈名单的确定与访谈提纲

由于采取快速建模方法，访谈不必像经典建模法那样全面铺开。根据项目经验，建议访谈范围是高层全访，中层覆盖率一般达到60%以上，核心强势部门一定要访谈到位，基层管理者访谈只需选取各职类人员1~2人即可。

由于快速建模法中访谈的核心在于获取相关岗位特性要求和素质要求，而非聚焦行为差异比较，所以访谈提纲中重点问题更为直接，例如，可以直接询问直接上级对于相关岗位在职人员的素质要求。项目组需要根据访谈情况进行外部参考素质模型的修订。

在访谈中，还需要特别注意与企业文化与战略信息的发掘，并通过多人询问来进行核实确认。

（3）问卷调查手段的应用

快速建模法中，问卷调查在于征集相关管理者意见，为分层分类的素质模型构建提供量化参考数据。设计问卷时，应尽可能根据前期访谈情况对要素库进行二次调整，形成菜单式问卷。特别需要注意的是，分层分类的素质模型的意见征集需要事先界定调查关系，即哪些职位由谁来评价？

（4）战略与文化演绎的作用

战略与文化演绎在快速建模法中作用很大，因为战略演绎将为素质模型界定基调。例如，公司目前正在国际化过程中，对多元文化的宽容就更为重视，而处于快速发展期的公司，素质模型中就应包括变革管理要素，同时处于集团化过程中的公司，素质模型中的尽责忠诚则是必备之选。在文化演绎方面，分析时一方面需要重点分析高层领导的相关访谈与意见，另一方面则对于公司实际干部与员工表现出的价值观特质要敏锐感知和提炼。

步骤四：构建素质模型

步骤四的主要工作是在步骤三成果的基础上，进行素质模型确定、素质要素定义、分级描述、分级标准方面的设计。与经典建模法比较，快速建模法更注重相关人员的参与，以提高通用模型在企业中的适用性。

（1）素质模型的设定与解读

由于是外部参考管理者素质模型，所以素质模型框架的解读和要素的说明，对于获得公司高层的支持至关重要。因此在设计过程中，应该利用各种机会进行沟通和说明。

（2）素质要素定义与行为级别描述

在细节问题上，每个要素都需要通过"头脑风暴"会形式加入本公司的管理基因，所以会议应尽量安排相关高管参加，以保证要素行为级别描述和公司价值观、现行管理习惯相一致，不会出现差异过大的情况。

在每个要素设计上，首先要对定义进行简要说明，然后是从子维度矩阵的说明，即解释每个要素是从哪几个子维度考虑进行层级区别的。与经典建模法类似，需要尽量提供意见表达机会，但项目小组需要坚持专业原则，以保持模型科学性与完整性。

（3）级别标准设计

根据行为级别描述，并借鉴外部标准，项目小组对相关素质模型中各个要素进行标准初始化设定，然后与项目领导小组探讨，征求意见并进行最终修订，确定内部标准。

步骤五：模型动态管理

这部分同经典建模法，不再赘述，具体制度可参见本书后面章节。

二、注意事项

○……★ ★ ★……○

1. 借鉴而非照搬

很多公司相关人员在利用外部参考素质模式时由于种种原因，对外部通用模型框架与要素定义及行为级别描述理解不够透彻，知其然不知其所以然，造成面对他人质询时，无力变通，而是只能照搬原文。特别是在公司内部环境具有一定特殊性的情况下，原有模型本应根据环境对子维度进行增减或者调整，生搬硬套是无法让其他人认同模型的。

2．聚焦要素，关注思路

素质模型框架与要素定义及层级描述，本质上都是表达对于合格管理者的一种认识，是思维模式的外在体现。要素是素质模型最基础和最核心的部分，值得花大力气精雕细琢。为了快速建模成功，就必须成功地让公司高层理解并接受相应模型背后的思维方式。此外，在要素探讨中，最佳的策略也是首先阐述思路，也就是子维度矩阵的解读，帮助其他人有效解读方案。探讨中出现的各种争执都不过是思维模式的碰撞而已。借助外力形成对管理素质的正确认识，是最为高效的建模路径。但是所有模型都必须经过读者自身的思考和理解，才能内化为自己看法，有效使用。

3．发展先于现状

素质模型是对于公司未来发展对管理团队提出的素质要求，而且是有一定前瞻性的要求。公司当前内部管理中的一些特殊问题不应成为素质模型中要素层级描述的障碍，因为哪些问题在企业发展过程应该会逐步消失。在素质模型设计中，强调常规理想状况下的管理者的差异表现有助于对管理者管理能力的引导和提升。

4．快速构建法的计划示例

这是一个中等规模集团总部的管理者素质模型构建项目的计划，包括具体细节，周期约4周。快速构建法对时间要求相对较高，紧凑而节奏快，讲求效率，至少要做到周计划，最好能做到日计划的安排。

星期	项目具体内容	完成成果
第1周	周二召开项目启动会议，组成项目小组，确定项目小组结构、工作机制，确定咨询项目总体工作计划； 周二按照项目组提交文件清单，在协作组帮助下进行内部资料收集工作； 周三开始在对接组协作下，进行内部访谈，提取关键要素 根据了解状况，对问卷进行个性化设计，并在周五提交给对接组，开始问卷发放； 基于公司现状进行现有管理职位进行分层分类。	《某公司咨询项目需要资料清单》；《某公司领导力提升咨询项目调查问卷》；《某公司咨询项目访谈提纲》。

第2周	周五完成所有资料收集与初步分析工作； 周五收回所有问卷统计数据，周日完成初步分析； 周五完成所有相关人员访谈，周日完成访谈中各类素质要素的初步提取； 项目组内部对于关键素质模型修改意见的重要研讨。	
第3~4周	第3周项目组进行内部研讨与分工，构建素质模型，并与对接小组讨论确定要素名称； 第4周完成各要素定级工作； 完成素质模型草稿构建工作，争取在10月1日前提交给客户。	《某公司项目素质模型草稿》

5. 有关语言

在对素质要素进行定义以及等级行为描述时，应该保持以下基本原则：

（1）语言简练，易于理解和记忆。素质词典不是写给专业人士看的典籍，而是写给管理者使用的制度工具，因此必须简练。

（2）用词准确，描述生动。让读者能够快速理解和把握行为描述的特征，素质词典不仅仅是管理者提升自己的指引，更是后期进行相关测评与培训的一个基础，因此需要尽量具体实际。

（3）与企业的实际相融合。只有能和公司文化相结合，与实际业务相结合，能和管理者的日常工作环境相结合，才能真正获得管理者的认同，发挥素质词典的作用。

第三部分　构建篇

第四部分

标准篇

为帮助国内读者对管理者素质模型有直接感性认识和较深理性理解，本章节提供了一个完整的通用管理者素质模型，涵盖了模型的理论基础、模型内在逻辑框架、核心素质要素的定义、子维度矩阵设计、要素级别解读的所有相关内容，旨在为各类公司使用快速建模法时提供实际参考。

　　文中的通用管理者素质模型曾经在北京和利时集团、河南众品集团、云南阳光基业等公司中作为基础模型，在不断完善补充的同时，也获得了客户的高度评价。

　　第四部分根据国际通行的学习模型设计，模型设计与要素部分都按照自我思考，概念学习，概念反思，关键维度分析，子维度矩阵设计，设计练习，总结列表，应用问题，行动建议九项内容进行设计，以帮助读者从管理者素质模型设计中获得最大收益。

第一章

通用管理者素质模型概述

先后历时五年，通过国内外理论与标杆企业研究，管理者素质模型研发小组构建了一整套管理者素质模型，并经过二十多个国内咨询项目实践考验和锤炼，历经多达九次版本更新，最终得到本文中管理者素质模型及配套素质模型库。

本文中的通用管理者素质模型的理论基础：

1. 虽然部分冰山以下的潜在素质高度依赖天分，但是所有管理素质都可以通过向优秀管理者的行为和思想学习，进而自我改变行为而实现提升。因此研究优秀管理者素质有现实意义。

2. 大多数管理者在不同企业环境下，管理职责相近，管理行为类似，对管理素质要求大致通用，可以由经典的计划、控制、组织、领导四大职责行为域为基础设计管理素质模型框架。管理大师德鲁克认为，在所有组织中，90%左右的管理者面临的问题和责任是共同的，不同的只有10%。

3. 本通用管理者素质模型中的素质要素，主要来自对管理者管理职责要求的分析。由于企业内部管理者所属的职层职类不同，对职责产生直接影响，因此需要根据其职层职类进行差异性素质模型设计。而且很明显，职层对管理者素质的影响明显大于职类的影响。

4. 每个素质要素都可以根据该要素的外表现的行为差异进行层次划分，进而每个要素都应形成3~5级的级别描述。企业在实际管理中，可以根据上述级别描述对管理者进行相对客观的评价和配套辅导，帮助他们进行管理素质的有效提升。

第一节 管理者素质模型使用说明

一、通用管理者素质模型使用说明

本管理者素质模型为通用模型，适用于各层级管理者，涵盖了常规领导力模型的要素范围。在使用时，**最为有效的方法为根据公司情况，针对各个职层职类从模型中的五大行为域中选取适合本公司的素质要素，即可形成具有本公司特色的管理者素质模型。**

值得指出的是，无论如何进行选择，其中的核心要素是管理者必备之素质，应包括在素质模型之中。此处的核心要素包括自我管理模块中的责任要素、正直诚信、压力管理、学习成长；计划控制模块中的计划能力、绩效评价、执行力；组织能力中的授权管理、培养员工、创建高绩效团队；领导能力中的决策能力、员工激励和开拓创新。

如果以本模型为主要参考标杆，采取快速建模法建模，可按照以下思路进行设计：

（1）设计本公司管理团队的职层职类划分。

（2）为每个职层职类设计一个素质模型，即参照本模型研讨其中每个模型中应包括的素质要素，必要时可以加入新的要素或者合并原有要素。

（3）就每个要素进行更为细致的定义并根据公司情况，调整等级文字描述。

（4）设定公司各职层职类的素质模型内部等级要求标准。

（5）编制公司管理者素质模型手册（具体样本请参见附录）。

二、有关通用要素模块结构的说明

★ ★ ★

管理他人必先管理自己，自我管理模块是所有其他四个模块的基础。计划和控制、组织能力、领导能力三个模块是按照管理者核心职责派生出来的素质模块（由于计划与控制要素相关性非常强，所以计划和控制模块合并为一个计划和控制模块）。**在这三个模块中，计划和控制能力与绩效间关系最为直接和显著，组织能力次之，领导能力影响最为隐形。**

我们研究发现，除了上述四个模块之外，还存在若干综合管理技能，例如角色识别、建立信任、人际网络构建、项目管理等，这些综合管理技能对计划、控制、组织和领导中的各种素质的正常发挥有着较大影响，因此单独设立出来。

模块二：计划和控制	
模块三：组织能力	模块五：综合能力
模块四：领导能力	
模块一：自我管理	

三、有关素质的分类与分层

★ ★ ★

行为域	自我管理	计划和控制	组织能力	领导能力	综合能力
基础要素	责任感 正直诚信 学习成长 自信心	计划能力 绩效评价 执行力 创造性解决问题 关注细节	授权管理 培养员工 创建高绩效团队	员工激励 客户导向 开拓创新 系统思维	角色识别 建立信任 有效沟通 专业知识技能
综合要素	成就动机 压力管理 弹性适应	战略思维 冲突管理	组织设计 体系构建能力	决策能力 影响力 权力认知 变革管理	文化建设 关系网络构建 项目管理

为了便于设计者根据建模对象进行灵活设计，我们将相关素质按照模块进行了层次划分。所有要素都被分为两类，一类为基础要素，更适用于部门经理及以下管理人员的素质建模；一类为综合要素，更适用于总监及以上管理人员的素质建模。

上述表格中加黑的素质为管理者通用的基础素质，加红的素质为管理者发展所需的综合素质。

第二节 分层分类的管理者素质模型

在实际操作中，由于实操性限制，素质模型建立的对象不是单个的职位，而是某一类性质相似的职位，因此几乎所有的管理者素质模型的起点都是职位的分层分类。职位分层分类是以职位的工作性质对公司职位进行层级划分与归类，包括横向分类和纵向分层。横向分类主要以工作涉及领域的广度和区分度为依据，工作性质与能力素质要求相似；纵向分层主要以工作在某一领域的深度和复杂度为依据，管理层级与管理能力要求相似。相对而言，纵向分层，也就是职层对管理者素质要求的影响明显更大些。

作为管理者素质模型而言，职层设计比职类设置影响更大，所以素质模型应先以职层为主线、职类为辅线划分矩阵式分层分类职位框架，进而才可以将相关岗位装入框架中。

一、管理职位的分层分类矩阵

★ ★ ★

本文中提供的管理岗位分层方法虽然具有一定普遍性，但是由于企业的行业与定位差异，组织结构与汇报关系的差异，在应用中，读者需要根据自己公司情况进行管理岗位分层分类的调整。按照国际通用惯例，公司内部管理者会分为四层，由低到高，从基层管理者、中层管理者、中高层管理者到高层管理者。这种分法比较适合规模较大、管理层级较多的中大型企业。相关分级的参照标准，请见下表。

管理 职层	管理 跨度	常见 岗位	主要职责
高层	全局管理大中型企业或者超大型集团公司核心事业部	总经理（总裁）、副总经理（视情况）	追求公司愿景与使命； 制定企业的战略性规划和经营计划，并推动执行； 监督企业各系统运行情况，审批各项决议； 确定公司组织机构设置与核心流程； 就公司各类重大事项进行决策； 建立和维护企业人才激励和培养机制； 推行公司商业模式、各系统、产品与服务等变革； 建立和保持组织与外部的良好沟通与社会形象。
中高层	整合管理2个或多个不同专业部门、业务系统	副总经理、总监、副总监	负责根据公司整体战略与目标，对多个重要部门或系统的经营策略设计、计划编制、资源配置、执行监督和协调工作； 分析和解决影响生产、销售、技术或企业政策的高度复杂问题； 不断优化相关领域流程与组织设计，提升组织效率； 建立和维护相关系统中的人才激励与培养机制； 推动所负责业务、服务或管理领域的创新。
中层	监管具体职能部门，或多个团队，或多个小组项目，对基层管理者进行管理	部门经理、部门副经理、中心主任、厂长	负责两个及以上高度相关的业务或者职能小组或者团队的管理工作； 负责中长期复杂项目和本部门工作的计划、执行监督、资源争取和协调工作； 针对非常规和复杂问题，设计和推行新的标准化工作流程，优化岗位设计； 有效识别、激励和培养部门内优秀人才； 为下属提供教练式专业指导或监督。
基层	管理单一小组或团队，直接指导基层员工工作	主管、科室主任、车间主任	负责小组中员工个人的直接管理，对现场任务的达成承担主要责任； 对各种例外事件，及时调整标准流程进行处理； 应用自身专业知识优化现有流程，分析和解决非常规问题，与他人共同或指导他人开展工作； 负责较小的各种短期项目的计划和实施管理。

与四分法相比，国内中小型企业较为普遍地使用三分法，即高中基三层管理者，即将上表中的中高层与中层或者中高层与高层合并处理。在界定清晰职层之后，我们需要进一步根据职位以工作涉及领域的广度和区分度为依据，划分出工作性质与能力素质要求相似的若干职类。例如，最为常见的包括市场营销、研发技术、生产采购、工程服务、职能管理的五大职类分法等。职类分法由于受到公司经营模式和组织形态影响较大，可粗可细，灵活性很高，读者根据自身企业情况进行设置。

下表是某集团公司的三职层六职类划分的示例。

层级	名称	对应职位	类别					
			经营决策	职能管理	研发	工程	销售	生产
一级	决策层	子公司、事业部总经理、职能总监	子公司、事业部总经理	职能总监	研发中心副主任			生产中心主任
二级	管理者	事业部副职、职能部门负责人		职能部门管理者	事业部主管副职；研发二级部门主任	事业部主管副职	事业部主管副职	生产中心副主任
三级	监督执行者	其他部门管理（含副职）			三级研发科室管理者	三级、四级工程部门管理者	三级销售部门管理者	生产职类部门管理者

为便于大家理解和借鉴使用，我们在后面两个章节给出了基于职层职类的管理素质参照模型。由于每个企业的行业特点、企业文化与职类职层划分差异，每个职类中的素质要素可能需要根据实际情况进行增加删减与合并调整。

考虑到国内企业情况，我们以下将分别就高层、中高层/中层、基层管理者，逐一给出分层分类的素质模型建议。

二、分层分类的管理职位的素质要求对比

要进行管理职位的分层分类素质模型设计，就得从相关职级的特点入手。以下是相关职级岗位基本定位、工作重心的特点汇总表。

管理职层	管理角色	工作重心
高层	最高决策者，公司整体的全面责任人	决定"做什么"，重心在于"做势"； 制定组织长中短期总体目标与战略，构建公司文化价值观，明确组织的大政方针，整合相关的内外资源，进行关键事项决策，评价整个组织的绩效，管理组织对外联络，推动商业模式、产品、服务等重大变革。
中层	承上启下的中间责任人，贯彻高层意图，并指挥协调基层管理者工作	明确"怎么做"，重心在于"做实"； 负责贯彻实施高层制定的总体战略与政策，注重短期目标的实现，不断完善优化工作流程与制度，有效推动产品服务管理创新，提拔和培养优秀人才，建立良好的关系网络，并鼓励团队合作和解决冲突。
基层	基层团队的责任人，执行中层意图，带领基层员工达成目标的一线管理者	负责"认真做"，重心在于"做事"； 基层团队的日常管理（例如任务分工、现场指挥和监督等），例外事件处理，员工业务指导，优化和改进相关流程，保证各项任务的有效完成。他们最为关心的是具体任务的完成。

上述高层、中层和基层管理者定位与工作重心进行分析，不难得到三个结论：

所有管理者，无论层次如何划分，其职责确实都包括计划、组织、领导、控制四大部分，并且也都离不开本书中通用素质要素模块中的绝大多数素质，主要是在应用的范围、频率和水平高低上存在差异。

高中基层管理者由于定位和工作重心差异，在计划和控制、组织能力、领导能力、综合能力几个方面差异的要素上需要突出的要素存在一定差异。很明显，由于

中层必须承上启下，各方面的素质要求最为综合，要素要求的数量最多。

从五大素质模块来看，自我管理模块是对各层管理者的基本要求，差异性主要体现在各要素的标准要求高低差异上。

必须指出的是，由于企业的战略、文化、组织结构千差万别，本文中所提出的素质框架为通用模型，提出的是菜单式要素构想，数量较多，读者需要根据情况自行调整。

素质模块 职层	计划和控制	组织能力	领导能力	综合能力
高层管理者	战略思维 冲突管理 计划能力 绩效评价	授权管理 组织设计 体系构建能力 创建高绩效团队 培养员工	权力认知 决策能力 影响力 变革管理 系统思维	文化建设 关系网络构建 建立信任 项目管理
中层管理者	战略思维 冲突管理 计划能力 绩效评价 创造性解决问题 执行力	授权管理 组织设计 体系构建能力 创建高绩效团队 培养员工	权力认知 员工激励 客户导向 开拓创新 系统思维	角色识别 建立信任 项目管理 文化建设 有效沟通 关系网络构建 专业知识技能
基层管理者	计划能力 绩效评价 执行力 关注细节 创造性解决问题	授权管理 创建高绩效团队 培养员工	客户导向 员工激励	角色识别 项目管理 建立信任 有效沟通 专业知识技能
自我管理	责任感　正直诚信　成就动机　学习成长　压力管理　弹性适应　自信心			

三、分职类的高层管理者的管理者素质模型

★ ★ ★

除了必须考虑职层影响外，在设计管理者素质模型中还必须考虑职类的影响，本通

用模型中针对不同级别的管理者还进行了分职类的通用模型细分，供读者设计时参考。

由于高层管理者工作职责中管理内容占据比例较大，通用性较强，职类差异在对素质要求方面差异较小，所以往往模型中要素只存在个别要素差异。主要思路为在基于职层划分的素质模型基础上，再根据职类特点增加或者删除了若干要素，以构建更为有效的分层分类的管理者素质模型。

例如，对于高层管理者而言，在计划与控制模块中，按照高层特点，各职类都应包括战略思维、计划能力、绩效评价和冲突管理，但根据研发职类强调创造性解决问题而非冲突管理的特点，进行了素质的替换。同时，考虑到工程、营销、生产三大职类对公司整体绩效的影响力度，又为其单独加入了执行力的要求。此外，高层管理者的综合能力方面更强调关键项目管理、关系网络管理、企业文化的构建和公司信任氛围的营造。

模块	经营	职能	研发	工程	营销	生产
计划与控制	计划能力 战略思维 绩效评价 冲突管理	计划能力 战略思维 绩效评价 冲突管理	计划能力 战略思维 绩效评价 创造性解决问题	计划能力 战略思维 绩效评价 执行力	计划能力 战略思维 绩效评价 执行力	计划能力 战略思维 绩效评价 执行力
组织能力	授权管理 组织设计 体系构建能力 创建高绩效团队 培养员工	授权管理 组织设计 体系构建能力 创建高绩效团队 培养员工	授权管理 组织设计 体系构建能力 创建高绩效团队 培养员工	授权管理 组织设计 体系构建能力 创建高绩效团队 培养员工	授权管理 组织设计 体系构建能力 创建高绩效团队 培养员工	授权管理 组织设计 体系构建能力 创建高绩效团队 培养员工
领导能力	决策能力 影响力 权力认知 系统思维 变革管理	权力认知 影响力 员工激励 系统思维 变革管理	系统思维 影响力 员工激励 变革管理	系统思维 影响力 变革管理	系统思维 影响力 员工激励 变革管理	系统思维 影响力 变革管理
综合能力	项目管理	文化建设	关系网络建	建立信任		
自我管理	责任感	成就动机	学习成长	压力管理	弹性适应	自信心

第四部分　标准篇

四、分职类的中高层/中层管理者的管理者素质模型

★ ★ ★

由于管理层级越低，专业性职能在工作中占的比重越大，中高层/中层管理者的职类差异相对明显，主要差异体现在部分要素选择的差异和要素水平要求上的差异两个方面。

例如，在计划与控制模块，中层管理者虽然按照职层特点都应具有冲突管理能力，但是对于研发类中层干部，还必须加入技术难题的解决能力要素，同时对于工程类和生产类的需要加入关注细节要素，对于经营管理类的需要加入战略思维要素。在综合素质方面，与高层相比，中层管理者应更突出自身角色认知、有效沟通和专业知识技能的要求。具体情况见下表。

模块	经营	职能	研发	工程	营销	生产
计划与控制	计划能力 绩效评价 执行力 冲突管理 战略思维	计划能力 绩效评价 执行力 冲突管理	计划能力 绩效评价 执行力 冲突管理 创造性解决问题	计划能力 绩效评价 执行力 冲突管理 关注细节	计划能力 绩效评价 执行力 冲突管理	计划能力 绩效评价 执行力 冲突管理 关注细节
组织能力	组织设计 授权管理 创建高绩效团队 体系构建	组织设计 授权管理 创建高绩效团队 体系构建	培养员工 授权管理 创建高绩效团队	培养员工 授权管理 创建高绩效团队	培养员工 授权管理 创建高绩效团队	培养员工 授权管理 创建高绩效团队
领导能力	决策能力 影响力 权力认知 系统思维	员工激励 权力认知 系统思维	员工激励 客户导向 开拓创新	员工激励 客户导向 开拓创新	员工激励 客户导向 开拓创新	员工激励 客户导向 系统思维
综合能力	建立信任	有效沟通	角色识别	项目管理	专业知识技能	文化建设
自我管理	责任感	正直诚信	学习成长	压力管理	弹性适应	自信心

五、分职类的基层管理者的管理者素质模型

✦ ⋯⋯⋯⋯⋯⋯⋯⋯ ★ ★ ★ ⋯⋯⋯⋯⋯⋯⋯⋯ ✦

由于管理层级越低，专业性职能在工作中占的比重越大，基层管理者素质存在一定职类差异，主要差异体现在要素水平要求上的差异。与中层管理者相比，基层管理者素质模型更为强调实际业务管理，更关注要达成具体任务目标所必需的相关素质。整体上，基层管理者素质模型以基层管理者的自身职层通用素质要求为基础，在各个职类延续了中层管理者模型中各个职类的特点。

例如，基层管理者在计划与控制模块中，都有对于计划能力、绩效评价和执行力的三个要素的通用要求，但是由于职类特点，对于职能、工程、生产就需要强调关注细节这一素质。类似的，研发与营销则需要强调创造性解决问题的素质。再如，虽然基层管理者主要是依据公司组织架构、岗位职责和相关流程开展工作，但是职能管理类的基层管理者的工作中涉及组织设计和流程优化，所以特别提出了组织设计要素要求。具体情况请见下表。

特别需要说明的是，由于经营职类中通常无基层管理者，所以此处为空。

模块	经营	职能	研发	工程	营销	生产
计划与控制	此类无基层	计划能力 绩效评价 执行力 关注细节	计划能力 绩效评价 执行力 创造性解决问题	计划能力 绩效评价 执行力 关注细节	计划能力 绩效评价 执行力 创造性解决问题	计划能力 绩效评价 执行力 关注细节
组织能力	此类无基层	组织设计 授权管理 创建高绩效团队	培养员工 授权管理 创建高绩效团队	培养员工 授权管理 创建高绩效团队	培养员工 授权管理 创建高绩效团队	培养员工 授权管理 创建高绩效团队
领导能力	此类无基层	客户导向	客户导向	客户导向	客户导向	客户导向
综合能力	建立信任	有效沟通	角色识别	项目管理	专业知识技能	
自我管理	责任感	正直诚信	学习成长	压力管理	弹性适应	自信心

第三节　各模块要素组成概览

按照美国国家人事部发布的KSA（知识、技能和能力）框架来看，所谓能力是在恰当时机使用所掌握的知识与技能达成目标的特质。所以本通用管理者素质模型中，要素域（也称要素模块）主要侧重能力差异进行划分。而**能力外在表现于行为，所以本模型中的要素等级描述中基本以行为形式进行描述**。

管理学者们普遍认为，一半以上的管理者管理效率的行为，可以分类为控制组织环境及资源、组织和协调、处理信息、为成长和发展做准备、激励员工以处理争端、解决战略性问题等六种行为（引用：J.J. Morse and F.R.Wagner, "Measuring the Process of Managerial Effectiveness," Acedemy of Management Journal（March 1978）：23~25）。美国著名管理学家彼得.F.德鲁克（Peter F.Drucker）提出基本的八项管理技能：制订计划、行动与检查、授权、指导、拟定绩效期望、传达绩效期望、有效沟通和培养员工。

如果将这些管理行为与一般管理职能相结合，我们可以得到成功管理所需要的30多种核心管理技能，它们分为五个要素域：自我管理、计划和控制、组织能力、领导能力和综合能力。

这里需要特别说明的是，**以上的管理素质主要是从企业对管理者要求的视角进行分析和提炼的，而非从管理者自身特质视角考虑**。

一、自我管理

○·······★　★　★·······○

现代心理学发现，对每个人来说，都同时并存着两个世界，即"真实存在的世界"和"个人心中的世界"。"个人心中的世界"与"真实存在的世界"二者之间的一致性，往往代表着个人对现实的认识和理解。而这种认知主要体现在责任感、成就动机、正直诚信、压力管理、学习成长、系统思维等要素。古话道，"人贵有自知之明"，只有管好自己，才能管理他人，这是一个非常朴素的真理。**自我管理是管理者素质框架的基础和起始点。**

1. 责任感

作为管理者，责任心是各方都极为看重的基本素质。无责任心者，不仅发挥不稳定，而且在各种复杂环境下容易退缩，对企业而言，管理者的责任感是不可或缺的基础要求。

2. 成就动机

当今迅速变化的世界中，公司不再对个人的职业发展负责，管理者必须维持和提高自身水平，追求更大的发展。**管理者应有清晰的个人职业发展目标，并和公司发展紧密相连，在困境面前才能迸发激情，后劲十足。**

3. 正直诚信

企业诚信源自管理干部诚信，诚信是管理之本。在任何场合都选择做"正确"的事情，将为公司的中长期发展铺平道路。

4. 压力管理

生存挣扎有压力，快速发展有压力，突破瓶颈有压力，保持增长有压力，管理者从来都在高压下生活，如何在压力下平衡自己，转换压力为动力，是管理者取得突破性成长的前提。

5．学习成长

这世界唯一不变的就是不断改变，不断改变的环境对管理者的要求也持续改变，这就要求管理者不断提升和完善自身素质。所以，学习成长也已经成为管理者必备的基础素质之一。

6．弹性适应

管理者身处要职，工作的不确定性很高，完全照搬原有制度与策略处事面对变动的环境，是无法解决问题的。管理者需要有效识别外部环境变化，迎接新思想与新变化，根据外部环境调整自己的目标与策略，快速适应。

7．自信心

管理者在高压力环境下，随时可能遇到挑战，坚定的信心是克敌制胜不可或缺的法宝。管理者需要对自己达成目标的意愿和能力具有信心，敢于面对现实。但必须指出的是，这里的自信并非浮于表面的盲目自信，而是基于对自身实力的客观认知。

二、计划和控制

○┄┄┄★　★┄┄┄○

作为公司而言，最重要的管理系统当属绩效管理。而绩效的核心在于对于目标的合理设定、有效的监控和有力的执行。经典管理理论中，将计划与控制作为两大职能行为域是有其道理的。计划的功能在于明确组织的目标，制定全面的策略与计划来进行协调，即"做什么"和"怎么做"。而控制的功能，则是对实际情况进行监控，并将实际情况与计划进行比较，以便随时进行纠偏，进而保证计划目标的达成。**计划与控制是公司管理的生命线，也是管理者的最明显的素质外在体现。**

1．战略思维

管理者身处复杂的不确定环境中，需不断思考与澄清工作重点，以保证公司战略清晰性以及工作目标一致性。好的管理者不仅对现状与公司战略间联系有深入理解，并且总能从长远视角分析，并通过自身行动和影响为公司战略实现贡献独特贡献。

2．决策能力

面对众多不确定因素，管理者要拟定计划和进行控制，就必须以强有力的决策能力作为基础。决策能力需要魄力、经验和天分，是表现突出而又极其特殊的一个管理素质。在现实工作中，"管理就是决策"所言非虚。

3．计划能力

管理者计划能力涉及对未来业务发展目标的提前设定与阶段分解，并以此进行公司资源的提前布局和有效配置。起手见高低，出手现水平。好的计划对外部环境发展趋势与公司能力的估计正确，并能提出针对性有效的应对策略，公司内部资源应用效率很高，最终实施结果与预定计划目标相一致。

4．绩效评估

绩效评估是管理者的核心技能，其核心是对计划执行过程与结果进行监控，以保证执行效果与计划目标的一致。好的管理者需要对下属团队的工作业绩进行客观、公正的评价与反馈，这些评价不仅仅是为了下属薪酬的有效依据，更是团队业绩目标乃在公司业绩目标实现与提升所必需的有力支撑。

5．执行力

本质上，管理者的执行力就是所负责团队达成业绩目标的能力，即"团队战斗力"。这种团队战斗力既需要管理者的决心和意志，也需要团队的上下一心，同时还依赖于管理者对于公司目标的正确理解，以及对问题的识别与及时解决。**执行力是管理者综合实力的一个缩影，是公司对于管理者的核心要求。**

6．冲突管理

现实中管理者会面对各种价值观、职能定位、利益等各种难以调和的差异性所造成冲突。这种冲突过多会对组织中各种关系形成冲击和破坏，而过少则会使得组织缺乏生气。管理者需要维持一定程度冲突，并帮助下属在冲突解决中受益。

7. 创造性解决问题

管理者每天工作中都在面对各种各样的问题，其中既有老问题也有新问题，既有简单问题也有复杂问题，既有临时处理办法也有系统解决方案。**发现问题，分析问题，解决问题一直是管理者所必备之核心素质**。对问题成因分析的深度与广度，对问题解决方案的有效构建，对团队在决策中的合理参与，以及问题解决的最终效果都是解决问题能力的关键评价维度。

8. 关注细节

"细节决定成败"，无论是计划还是监控行为，都必须以事实为基础，需要透过表面细节洞察背后复杂关系与规律的能力。此外，管理者对下属管理中，也需要通过对关键要点，构建完善管理机制，在细节上下工夫，保证团队成果质量。

三、组织能力

○……★　★　★……○

管理者必须将工作进行合理有效分解，并交由下属完成，而在这一过程中，自己从中进行协调，这就是组织。**组织能力的本质就是"如何分解任务"，"由谁来完成"，"由谁来决策"，"在何时何地决策"**。组织能力包括部门与岗位设置、授权管理、员工的筛选与培养、高绩效团队创建与体系构建能力。

1．组织设计

部门设置与岗位设置对在职者行为与工作效率影响很大。管理者需要根据企业情况，明确公司工作任务，有效分解职责，为员工在工作中充分发挥自身优势，创造高绩效，奠定基础。

2．授权管理

为保证预期效果的达成，必须给予相关执行人恰当的授权，并在执行过程中有效监控计划的执行情况。此处授权指公司内部资源的调配权，通常会受到任务目标难易、工作量大小、下属能力、性格、兴趣等多方面因素影响。监控是管理者的必要核心职能，无监控的授权将受制于下属自我约束，失败概率很高。

3．培养员工

识人育人是管理者的基本技能，也是组织职能的开始。管理者和教练一样，是游戏规则和环境的设计者，定义工作目标和期望值，界定相关人员的角色范围，提供相应资源和培训支持，启发和激励下属，使得下属能在环境中充分发挥自身能力和潜力。

4．创建高绩效团队

现代经济中越来越多地以团队合作模型展开，管理者创建高绩效团队已成必然。高绩效团队需要有共同的愿景和价值观、合理的组成结构、恰当的管理风格、高效的沟通机制。管理者需要根据下属和自身特点，分阶段搭建团队。

5．体系构建能力

管理者绩效的提升在于团队绩效的提升，而团队绩效的提升很大程度上依赖于合理的内部规则与秩序。根据自身工作特点，不断总结经验和引进外部标杆，设定和完善内部管理制度与流程，强有力推动团队绩效的进一步改善。

四、领导能力

○┈┈★ ★ ★┈┈○

管理者的领导职能的核心是指明团队发展方向，并引导和激励下属自愿跟随自己，振奋精神共同努力。管理者领导能力包括有决策能力、影响力、员工激励、客户意识、变革管理、创新管理。领导的魅力在于为混沌现实世界中，为人们树立一盏指路明灯，吸引人们前行。"领导变革之父"约翰·科特曾有过一句名言："取得成功的方法是75%～80%靠领导，其余20%～25%靠管理，而不能反过来。"

1. 影响力

管理学界有句名言，"领导就是影响力"。**管理者要对他人进行领导，就必须要影响对方的观点与行为，这就是影响力。**这种影响力是正向的，以人为本的，立足于发掘人的潜能和价值，以自身魅力引导他人自愿跟随。

2. 决策能力

"管理就是决策"，此言非虚。管理者几乎每时每刻都面临着从备选方案中进行决策的挑战。**良好的决策能力是管理者为他人指引明灯的重要前提，高人一等的见解与判断才是影响和引导他人的背后力量。**

3. 员工激励

所有管理行为的最终目的都是通过他人的努力而实现的。从人性角度出发，除了日常正式工作布置与指导外，管理者需要巧妙地和员工一起明确所期望的正向回报，并告诉他们通过自身努力帮助公司达成绩效目标，从而获取这种回报。此外，管理者还需要帮助下属排除各种消极因素的影响，保持高昂的士气。

4. 权力认知

为实现对他人的领导和实现绩效目标，管理者需要获得相关的权力和资源，以影响他人完成工作。管理者应具有一定技巧来树立自身形象，与公司上级与同级结成联盟，进而控制公司资源，发展与下属建立稳固关系，保障领导的基础。

5．客户导向

作为领导者，必须在复杂环境中指明方向，客户意识则是管理者破解问题的必要维度。无论是对外部客户还是内部客户，管理者都担负提供高价值服务的责任。特别是对于自己下属员工，管理者自身更应有服务和支持意识。

6．开拓创新

管理大师德鲁克认为，只要是企业就应该不断创新，这种创新不是"聪明的创意"，而是注重机会的把握。创新能力是管理者所必备的基础管理能力，同时也是企业创新能力发挥的基本保障。管理者在企业创新中需要起到示范榜样、营造环境、有效引导三个作用。

7．系统思维

管理者日常工作中每天都为海量的具体问题所包围，但实际这些问题都是在企业管理系统中发生的局部问题。管理者不仅仅需要关注这些"小问题"，更为重要的是从更高层面的"大系统"去看。系统思维是管理者素质之大成，是区隔一般管理者与优秀管理者的核心要素。

8．变革管理

"领导变革之父"约翰·科特认为领导者的工作是确定方向、整合相关者、激励和鼓舞员工，其目的是产生变革。管理者始终处于接受和结束变革的过程中。由于内外部条件的改变，管理者往往需要突破历史束缚，锐意进取，在技术和管理上设计和执行各种创新，突破技术瓶颈，改善员工关系，优化工作流程，保持企业活力，提高组织绩效。管理者不仅仅要保持自己对于变革的积极欢迎态度，而且还要帮助下属员工适应和处理变革所带来的不确定性和焦躁。

五、综合能力

除了自我管理、计划与控制以及领导能力三个领域中泾渭分明的传统经典素质外，有部分通用管理素质难以严格界定属于上述任何一个领域中，但拥有这些技术和能力可以有效提升管理效率，因此单独设立综合能力模块。

1．角色识别

管理者要处理各种关系就需要准确在各种环境下识别出最恰当合理的自我角色定位，以及配套的应对策略。角色识别是所有关系构建的基础，也是管理者职场生涯的基本功，自我管理、计划控制、领导都离不开审时度势。

2．建立信任

管理的本质是关系管理，而关系是建立在相互信任基础上的。通常信任是指可以依靠对方达成共同的目标，而建立信任则是管理者通过自身行为来获得他人对自己主观无恶意，为人和能力可信赖的个人印象。

3．有效沟通

沟通对于管理者而言是公认的基础能力，与他人积极、有效的交流，对从他人角度了解自我，对促成相互理解提升计划与控制效果，对获得他人支持与配合以夯实领导基础，都有着不可忽视的作用。

4．文化建设

管理者对于公司企业文化的正确理解和执行对于所带团队和公司文化的一致性和协调性起着重要作用。企业文化由共同愿景、价值观和行为标准组成，是公司对员工的工作态度和行为方式的期望和要求。

5. 项目管理

现代经济对"无疆界工作"的需求日益明显，企业中重大事务也经常以项目管理进行操作。项目管理技巧对保证这些重要事项的进度、质量、成本至关重要，是高素质管理者必备能力之一。

6. 专业知识技能

管理者日常工作开展离不开专业知识与技能，否则极易出现"外行领导内行"情况，严重影响其他管理技能效果的发挥。专业知识技能是所有管理者都需要具备的基础素质。

第二章

要素诠释与行为级别描述

无论是采取经典建模法还是快速建模法，无论是采取何种模型架构，素质库，特别是素质要素的诠释和行为级别描述都是衡量素质模型质量的关键的环节之一。要想建成的模型令人信服，建模人就必须经得起周边各种人士对于要素诠释和级别描述的质疑。因此，建模人应该对各种常见要素的标准定义与级别划分耳熟能详，而且能解释其相关原理与分级理由。

为帮助读者快速、全面、深入地了解通用管理者素质模型中的相关要素，我们将多年积淀下来的各个要素相关知识、理论与实际行为的研究成果全部贡献出来，按照要素模块，逐个对要素进行定义诠释，并对其行为级别的划分思路与方法进行了细致讲解。作为通用管理者素质模型的有机组成部分，本章是全书中内容最为复杂但却最具实用性的内容之一。

借鉴德雷福斯兄弟的经典五层级划分方法，本书推荐的通用管理者素质模型的所有要素均按照五层级进行划分。简单来讲，在每个要素上，0级表示该项表现过差近乎于无，1级表示明显低于管理岗位要求，2级表示基本满足管理岗位的最低要求，3级表示明显高于岗位的要求，4级表示极为优秀近乎完美。

为便于读者理解和掌握，并考虑到读者可能采取三分法的情况，下文中各要素的关键维度文字描述时，按照0~1级（不合格）、2~3级（合格）、4级（优秀）三层方法进行划分。同时，为读者提供更为细致的参考模型，在要素的设计矩阵和附录中的素质模型库中，又进行了进一步细分，采取了五层级划分设计。

在每个要素层级描述设计时，本书通常会提供3~6个子维度的说明来帮助读者识别和把握相关要素的外在行为特点，并从中选取3~4个子维度进行实例层级分解，以直观方式解读层级划分方法。读者可以按照同样方法选择适合自身状况的子维度，实现定制式设计。

第一节　自我管理模块诠释与行为级别描述

学习目的

完成本模块学习后，你应该能够：

更好地理解管理者的自我管理素质；

知道如何识别和确定自我管理素质要素的关键子维度；

掌握构建责任感的子维度设计矩阵的技巧；

提高编制相应行为级别描述的技能；

更好地了解自己，为今后发展提供指导。

一、责任感

1. 自我思考

您认为管理者的主要职责应该包括哪些？

您认为管理者的责任感应该体现在哪些方面？

您会如何定义管理者的责任感？

您认为管理者的责任感和普通员工的责任感有何差异？

您认为优秀的管理者的责任感与一般的管理者的责任感有何差异？

如何将管理者的责任感的强弱按照层级划分？

2．基本概念

（1）什么是责任感？

在所有客户的各种访谈中，我们每次都会听到，**"管理干部的第一个要求就是责任感"**，在问卷调查中责任感也经常居于管理者素质的首位，得到几乎企业各个层面的普遍重视，甚至有专家称之为**"第一执行力"**。美国著名心理学博士艾尔森曾对全世界范围中各个领域中的最杰出的100名人士做了调查，结果发现其中61名都是在自己不太感兴趣的领域里取得的辉煌成就。他们取得如此成就，除了天分、勤奋和机遇等因素外，还有什么因素呢？这些杰出人物的答案高度类同："任何的抱怨、消极、懈怠，都是不足取的。唯有把那份工作当作一种不可推卸的责任担在肩头，全身心地投入其中，才是正确与明智的选择。"责任感如此重要，那么究竟什么是责任感呢？

通常的责任感，是指个人对自己和家庭，对团队和公司，乃至对国家和社会所负责任的认识、情感和信念，以及与之相应的遵守规范、承担责任和履行义务的正向积极的，自发自觉态度。我们平时经常听到的"做一天和尚撞一天钟"，"拿人钱财与人消灾"都是这种责任感和职业精神的现实体现。和大多数管理素质一样，责任感不是靠"说出来"或者单纯语言表达出来的，而是"做出来"的，更多的是要看其实际行为。责任感的最直接体现在当个人利益与集体、公司、国家、社会利益出现矛盾时，个人的价值趋向。

（2）管理者的责任感

管理者的责任感就是对管理者职责的深度认知和坚决执行，管理者对于自身管理职责认识不足，就会造成责任感的偏颇，会严重影响管理作用的发挥。对于管理者而言，其主要职责为根据公司内外部环境，设定目标，制定策略并监督他人执行，并主导解决执行中出现的各种问题（计划与监控），合理分工和调配资源（组织），此外还肩负着领导和激励下属职责（领导）。其职责不可谓不重要，工作量不可谓不大，做好这些职责的基础就是责任感，因此责任感在企业内部获得如此重视是非常正常的。

管理者的责任感要比普通员工的责任感来得更为强烈并更为宽泛。首先管理者的责任感范围既包括个人责任，同时还包括团队责任。其次管理者大都由于表现突出从基层脱颖而出，通常其责任感是公认的佼佼者。普通员工的责任感合格标准不过是"爱岗敬业"，而管理者的合格标准至少是"勇于承担责任"。

（3）参考基本定义

爱岗敬业，勇于承担责任，具备使命感，乐于奉献。

3．描述素质级别的关键维度

（1）管理责任意识

管理者的责任感在管理责任意识范围上存在一定的差异性。例如，新的管理者，特别是技术出身的新管理者，往往习惯性只关心自己个人的工作职责，对其他人员的工作关注不够，潜意识中责任感范围较窄。而经验丰富的中高层管理者则会视很多非直接相关职责范围内的事务为分内之事。例如，人力资源部经理接到客户投诉电话虽然会转到其他部门，但随后会跟进投诉处理效果。

（2）责任担当

管理者本身应该是个性成熟的员工，而个性成熟的基本特征是敢于面对现实，勇于承担自己应该承担的责任。一位朋友曾经碰到一位年老的外籍上司，这位上司年龄较大，几乎从来不参与本部门和其他部门的联席会议，而是直接安排下属与对方打交道，项目进展顺利则积极表功，项目不顺则把所有责任推给下属。这种管理者不仅会影响到下属士气，更为关键的是对公司任务的完成设置人为障碍。

（3）使命感

一个健康的企业要求上下同心，这种上下同心的根源在管理者团队，核心是在高管团队。公司的使命感是由上到下，逐层传播传递下来的。**把公司愿景当做个人使命的管理者，才将会在危机和压力下保持稳定。管理者层级越高，越趋向于追逐**

个人价值实现，更推崇事业的使命感，这是我们在项目中多次验证的一个规律。

（4）奉献精神

绝大多数人在评价所认识的管理者时，对责任感这一要素的评价，经常是这样开始的，"李经理责任感非常强，是个孝子，去年父亲病重他非常想回去探望，但是因为项目正处于最紧要关头，他最终一天假都没请，结果最后一面都没能见上"。**真正的管理者从走上管理岗位的时候，就不再是纯粹为个人角度出发了，而是要为团队奉献了。**老板也是人，也有自己的业务爱好，也未必喜欢和适应日益繁重和复杂的经营管理工作，但是为了一起创业的伙伴们，也只能奉献自己的时间和精力，奋力再上层楼。

4．概念测验

您认为什么是管理者的责任感？

您认为管理者的责任感可以从哪些关键维度进行分析和评价？

合格的管理者的责任感至少应该具备哪些特性？

优秀的管理者的责任感有哪些特点？

5．子维度矩阵设计举例

经验告诉我们，如果一个素质要素按照五级标准划分，通常在设计行为级别描述时应需要3～4个子维度才能保证级别标准的清晰性与可用性。五级标准设计参照前面章节描述的以0～4级形式展现，其中层级0为负面表现的不合格管理者，层级1为稍低于最低要求者，层级2为基本符合最低要求，层级3为较高水平，层级4为理想的最高水平。

针对责任感要素，我们选择上述四个描述素质级别的关键维度作为行为级别描述的子维度。根据这四个描述素质级别的关键维度的特点，责任意识和责任承担主要应用于层级0~2级，使命感和奉献精神主要用于层级3~4级设计。0级由于缺乏责任意识或者责任担当，不再赘述，读者感兴趣可参见附件：完整通用素质模型库。

责任感子维度是可以根据责任认知的范围进行层级区隔的，由欠缺到个人责任再到团队，进而到体系责任和企业责任，与0～4层级匹配。责任承担则是按欠缺、相对被动到主动承担与0~2层级匹配。使命感则在层级3开始明确体现，奉献精神是层级2开始体现并逐级强化的。

级别	责任意识	责任承担	使命感	奉献精神
层级1	个人责任	不推卸		
层级2	团队责任	主动承担		冲突时组织优先
层级3	体系责任		一定使命感，以身作则	额外支持他人
层级4	企业责任		强烈使命感	牺牲并说服下属

根据上面的子维度设计矩阵，就可以更为高效地编制责任感的五个层级的行为描述。一种比较简单而有效的方法是每个层级的描述中，为每个子维度编写一句话。

对于责任感的相关描述，设计完后可与附件：完整通用素质模型库中的相关层级标准进行比对。

6．关键子维度矩阵设计练习

作为一种管理工具，素质模型构建只有参照标杆，并无标准答案。请根据您所理解的责任感和您所选择的关键子维度，设计适合于您公司的子维度矩阵，并以该矩阵为基础编制要素等级描述。

您打算将责任感分为几个标准等级？为什么？

您打算从几个子维度来区隔这些标准等级？这些子维度之间是否存在逻辑关系？

每个子维度在这些标准等级中又是如何表现出差异的？

请以这些子维度作为基础，编制相应的标准行为级别描述。编制后，您需要找一位朋友，进行简要解释后，请他/她帮忙找出行为级别描述中不清晰或者有争议之处。您自己是如何看待被指出的这些问题的？

7．总结列表

管理者的责任与普通员工的责任差异较大；

责任感是管理者所有素质的基础；

管理者的责任感在责任意识范围、责任承担意识、使命感和奉献精神等子维度

上有一定差异;

责任感关键子维度矩阵设计需要考虑级别标准的整体差异定义、相关关键子维度的选择、相关关键子维度在各级别中的差异表现等要素。

8. 行动建议

用自己的语言定义管理者的责任感;

用自己或者他人经历对责任感其中的关键子维度进行深度理解和解读;

思考如何衡量自己的责任感。自己需要在什么方面提高责任意识?

在您的内心中,遇到个人利益与公司利益冲突问题,您将如何选择?您如何来看待相关的投入与回报?

二、正直诚信

$\circ$······★ ★ ★······$\circ$

1. 自我思考

您认为什么是正直?什么是诚信?

您认为正直诚信对管理者是否重要?

您认为管理者的正直诚信和普通员工的正直诚信有何差异?

您认为优秀的管理者的正直诚信与一般的管理者的正直诚信有何差异?

如何将管理者的正直诚信的强弱按照层级划分?

2. 基本概念

(1)什么是正直诚信?

所谓正直,就是正直处世,做人客观公正,做事公开公平,不畏强势,敢作敢为,不因一己私利而费公利,能抵制不道德的行为。

《说文解字》中对于诚信的解释:“诚,信也”,“信,诚也”。可见,诚信的本义就是要诚实、诚恳、守信、有信，遵守公司制度规定，反对隐瞒欺诈、反对伪劣假冒、反对弄虚作假。

正直诚信是道德素质，其本质是在言行一致和坚持公平原则。

（2）管理者的正直诚信

正直诚信是所有社会人都应该具备的最基本的道德素质，从定义上来看，普通员工与管理者的诚信并没有太大差异。但是**由于管理者位高权重，手握公司资源及权力，他们的态度、决策和行为可能对组织、他人乃至社会产生相当广泛和深远的影响，因此管理者的正直和诚信比员工的正直诚信来得更为重要。**

正直诚信是公司对于管理者的最基本道德要求，因为只有管理者严格规范自己，才能通过自己榜样示例，才能去要求和影响他人。如果管理者不能以身作则，公司可能会上梁不正下梁歪，下属表面一套背后一套，后果必然是对外不能取信于客户，对内不能取信于员工。

中国社会经济目前和可见的将来都处于转型期，传统社会价值观已渐消失而新的主流价值观尚未诞生，但纵观快速发展而又历久弥新的中国企业必定是坚守原则，富于道德感，而企业的道德感来自管理团队，管理团队的道德感来自公司领导。万科有王石所坚持倡导的"阳光文化"，即便"不行贿"拿不到好地也在所不惜；柳传志给父亲的悼词中写道："只要做一个正直的人就是我的好孩子……这么一句话，指导我好好走过了40年的路程！"

（3）参考基本定义

遵守公司制度规定和职业道德，为人公正客观，言行一致，忠诚于公司，并抵制不道德的行为。

3．描述素质级别的关键维度

（1）言行一致

言行一致，言必有信，一诺千金。答应他人的事情一定要做到。许诺是非常严肃的行为，管理者不能随意给下属许诺一些不应办或者办不到的事情，一旦许诺，就一定要全力去实现。曾经有位老板，年初公司动员会上公开允诺，凡是做到百万级业务的部门经理奖励汽车一辆。结果年底，有人做到百万业绩而老板食言，最后的结果是下属士气大受打击，那位干将半年内离职。当然，如果在履行诺言过程中出现特殊情况导致无法兑现诺言，管理者也应向对方真诚道歉并阐明原因，以获得谅解。**恪守诚信是正直诚信中的核心要素。**

（2）坚持原则

遵守公司规定和职业操守，在面临诱惑或者压力的情况下，依然能够坚持原则，不超越制度规定权限，不因情绪或者其他原因影响自己行为。**这里所指的坚持原则是在大是大非前，要在不违反社会公德情况下，坚决从公司利益角度出发，坚决保持职业操守。**例如，公司需要引进ERP系统，在众多投标者中，公司老板管明显倾向供应商A，但信息部发现A提交方案中存在严重瑕疵，此时信息部经理应坚持原则，将情况与老板如是反映，坚持打低分。当然，这种坚持原则并不等同于生硬处理，其实坚持原则与冲突处理的艺术性并无冲突，相反是相辅相成。

（3）客观公正

客观公正即对事情应实事求是，不夸大或者缩小事实，不胡乱散播未经证实的消息。坚持客观公正并非易事，因为在很多场合中，讲真话需要很大勇气，而且需要承担一定风险与压力。但也只有客观公正，才能真正赢得他人的心和他人的信任。**管理者能够保持客观公正，公司的风气自然积极公正，对公司的快速发展是极为有利的条件。**

（4）组织忠诚

真正的诚信并不是对个人私利的忠诚，而是对公司利益的忠诚。无论所坚持的原则还是客观公正，都应是从公司利益出发，而非从个人利益出发。简单说，**管理者不能因为一己私利而扭曲事实，损害公司利益。**

4. 概念测验

您认为什么是正直诚信？您认为自己正直诚信程度如何？

您认为管理者的正直诚信可以从哪些关键维度进行分析和评价？

合格的管理者的正直诚信至少应该达到什么程度？

优秀的管理者的正直诚信应该具备哪些特质？

5．子维度矩阵设计举例

以下，我们将针对正直诚信要素，按照五级标准划分，由上面的四个关键子维度设计矩阵。五级标准设计参照前面章节描述的以0～4级形式展现，其中层级0为负面表现的不合格管理者，层级1为稍低于最低要求者，层级2为基本符合最低要求，层级3为较高水平，层级4为理想的最高水平。

根据这四个描述素质级别的关键维度的特点，言行一致、坚持原则、客观公正与组织忠诚将都用于全部1～4层级。0级由于对自我要求过低，不在此处赘述，感兴趣的读者可参见附件：完整通用素质模型库中相关要素的0级行为描述。

言行一致子维度是可以根据一致的程度进行层级区隔的，坚持原则在三级后加入反对他人不道德行为。由于客观公正与组织忠诚之间存在一定相关性，组织忠诚程度是客观公正的一个重要条件，因此考虑在实际行为级别描述时，二者混为一句。

级别	言行一致	坚持原则	客观公正	组织忠诚
层级1	时有不一致	原则性过弱	有时扭曲	个人利益
层级2	大多数一致	自己遵从规范	日常工作中，基本公正	有大是大非观念，但受个人利益影响
层级3	基本一致	能规劝他人，反对不道德行为	高压下，依然较为公正客观	主要公司利益出发
层级4	完全一致	艺术性有效规劝	完全客观公正	完全公司利益

根据上面的子维度设计矩阵，可以得到正直诚信的五个层级行为描述。具体内容请参照附件：完整通用素质模型库中相关表格。

6．关键子维度矩阵设计练习

作为一种管理工具，素质模型构建只有参照标杆，并无标准答案。请根据您所理解的正直诚信和您所选择的关键子维度，设计适合于您公司的子维度矩阵，并以该矩阵为基础编制要素等级描述。

您打算将正直诚信分为几个标准等级？为什么？

第四部分　标准篇

您打算从几个子维度来区隔这些标准等级？这些子维度之间是否存在逻辑关系？

每个子维度在这些标准等级中又是如何表现出差异的呢？

请以这些子维度作为基础，编制相应的标准行为级别描述。编制后，您需要找一位朋友，进行简要解释后，请他帮忙找出行为级别描述中不清晰或者有争议之处。您自己是如何看待被指出的这些问题的呢？

7. 总结列表

正直诚信是管理者的道德品质要素；

正直诚信的核心要素包括言行一致、坚持原则、客观公正和组织忠诚；

正直诚信关键子维度矩阵设计需要考虑级别标准的整体差异定义、相关关键子维度的选择、相关关键子维度在各级别中的差异表现等要素。

8. 行动建议

用自己的语言定义正直诚信；

强化自己对正直诚信重要性的认识；

用自己或者他人经历对正直诚信其中的关键子维度进行深度理解和解读；

思考如何衡量自己是否正直诚信。自己需要在什么方面加以改进？

了解一下其他人眼中的你是否正直诚信；

评价一下周边管理者是否正直诚信。

三、成就动机

1. 自我思考

您认为什么是成就动机？对您自己而言，什么要素最能驱动自己努力奋斗？

您认为成就动机是否重要？

您认为管理者的成就动机和普通员工的成就动机有何差异？

您认为优秀的管理者的成就动机与一般的管理者的成就动机有何差异？

如何将管理者的成就动机的强弱按照层级划分？

2. 基本概念

成就动机本质上是个人努力工作，获取成就的内在驱动力量。对个体而言，从长期来看，它对个人的工作和学习起着至关重要的决定性作用。对企业而言，对员工成就动机的研究是企业有效激发与控制员工潜能的重要前提。所以成就动机早已成为国内外专家关注的焦点领域之一。

（1）成就动机相关理论

"成就动机"的概念最早在1938年由美国心理学家默瑞提出，他认为成就需要是指"尽可能快和尽可能好地做事的愿望或倾向"。但真正的成就动机理论的提出者是哈佛大学教授麦克利兰和著名心理学家阿特金森两人，因为这两位美国学者分别从宏观社会集体成就动机水平与社会经济发展关系，以及从微观环境下动机实质、动机发生、发展及成就两个方向对成就动机进行了深入研究，并分别形成了比较著名的两套理论系统。

麦克利兰认为：**"成就动机就是与自己所特有的良好或优秀的标准相竞争之下，个人所学习而来的一种追求成功的需要或驱动力。"**简言之，就是对"优秀标准"的"竞争"，或实现个体目标的愿望。

麦克利兰认为成就动机是人格中非常稳定的特质，人的高层次需求可归纳为对成就、权力和亲和关系的三大需求。成就需求即争取成功希望做得最好的需求，权力需求是影响或控制他人且不受他人控制的需求，亲和需求是建立友好亲密的人际关系的需求。其次，由于具有不同需要的人需要不同的激励方式，了解员工的需要与动机有利于合理建立激励机制。再次，麦克利兰认为动机是可以训练和激发的，因此可以训练和提高员工的成就动机，以提高生产率。

阿特金森于1957年提出了"期望-价值"成就动机理论，即**个体的成就动机由期望成功与害怕失败两种倾向构成。**当个体面临关键性选择时，两个倾向同时发挥作用，二者求代数和，期望成功大于害怕失败倾向会表现出较高的自我成功主观概率估计，反之则体现为较高的自我失败主观概率估计。成功概率估计高，个体行为更为积极主动；失败概率估计高，个体行为更为保守谨慎。

（2）管理者的成就动机

和其他员工一样，管理者是人，是有动机的社会人。在面对日益繁杂和混乱的工作环境中，很多关键时刻管理者也会感到迷惑和无助，此时管理者选择的策略对企业发展往往是生死抉择。**管理者的选择最终服从于其内在动机，这就是成就动机，管理者的成就动机也是支持管理者不断发展和前行的幕后决定力量。**管理者追求的目标是财富、权力、成就还是和谐的人际关系，会严重影响其作出的各种判断。

管理者的成就动机在高度与强度上都明显需要高于普通员工，管理者要领导和激励追随者，其动机强度必须高于下属，其动机水平与志向也应优于下属，才能在关键时刻树立榜样和提供引导，让下属信服和跟随。

（3）参考基本定义

不满足于现状，对成功具有强烈的渴求，总是设定较高目标，要求自己克服障碍，完成具有挑战性的任务。

3．描述素质级别的关键维度

（1）追求卓越

麦克利兰认为，高成就动机的人会全力将事情做得更完美，工作效率更高，成功更巨大。换言之，高成就动机的管理者都是完美主义者，追求的是不断提升和完善，取得一个又一个更完美的成功。他们不会满足于现状，总是会提出合理而又更高的目标，付出辛苦和汗水，最终完成这些挑战性任务。一般管理者可能只是满足于达到或者略高于岗位职责要求即可，但高成就动机的人会提出更具有挑战性要求。例如，有的管理者自己在描述工作时就会谈到，"我认为，我们早是国内第一了，但和国外巨头相比，在还是有差距。我们已经开始海外业务，今年打算在一个核心业务领域达到他们的水平。"

（2）动机类别

作为一个社会人，管理者自身所追求的目标可能比较复杂，但依然有一定倾向性。**借用麦克利兰的分析模型，按照成就需求、亲和需求与权力需求进行分析。**

与成功所带来的物质奖励相比，高成就动机的人更在意争取成功过程中的发现困难和解决难题的乐趣，以及成功之后的个人的成就感。高成就需求者最适合的岗位是小企业中的高管人员或者大企业中部门管理者，因为他们对工作绩效而不是影响他人感兴趣。此外，成就动机低的人倾向选择风险较小、独立决策少的职业，类似中国传统文化中的"守业"型人才；而成就动机高的人，倾向于从事具有开创性的工作，并在工作中勇于作出决策，类似中国传统文化中的"创业"型人才。

国外研究发现，高权力需求而亲和需求较低的人，往往较为成功。因为作为优秀管理者很多情况下需要对他人施加影响，选择最为恰当的人来解决问题，而非自己解决问题，此外，由于管理者很多时候必须令行禁止，降低人情对管理的影响。**在中国特色文化环境下，往往较为出色的管理者是高权力需求和高亲和需求的"双高"。**

（3）职业发展目标

成熟的管理者对于自己的优缺点有着清醒的认识，对自己的职业发展也有明确合理的设想。大多数管理者在职业起步期通常想验证公司是否有潜力帮助他们实现职业目标，随后会更关注如何取得成功，到中期管理者会比较关注提高自身专业能力和管理能力，到后期则更关注下属的培养和指导。无论在哪个阶段，管理者都应保持自己的发展目标与公司实际现状基本相一致，至少在短期内相一致。否则，管理者会挣扎于痛苦的理想与现实之间，难以充分发挥个人潜力。虽然管理者未必会将自己的目标告诉他人，但实际上高成就动机的管理者一定会为自己设定发展目标，通常这个目标会略有挑战性，而且还具有一定合理性，绝非空中楼阁。此外，由于管理者需要通过影响他人的工作成果来达成自己和组织的目标，因此其较理想的职业发展目标也就超越了个人层面而上升到了组织层面，以公司发展目标作为个人发展目标。

（4）成就归因

美国著名心理学家韦纳的杰出成就之一是成就动机归因理论，即把认知因素引入到成就动机理论中，探讨个体对成败的归因对未来行为的重要影响。韦纳认为，能力、努力、任务难度和运气是个体对成功或失败的结果所认定的最普遍的主要原因。这些原因都可以从原因部位（内部和外部）、稳定性（稳定和不稳定）、控制性（可控和不可控）三个维度加以区分。个体对成败的不同原因、不同维度的归因会对个体以后的态度、行为产生不同的影响。如果把失败归因于能力等稳定的不可控因素，则会使个体削弱动机；如果把失败归因于努力程度不够这一可控的不稳定因素，则会增强动机。

在现实生活与工作中，我们都会遇到两类较有特点的人群，一类是倾向于将失败主要原因归于自身内在因素，另一类是倾向于将失败主要原因归于外部因素。如果不出现心理崩溃的极端情况，前者将会稳步提高自身能力，更容易取得成功。

4．概念测验

您认为什么是成就动机？您认为自己哪种成就动机特征更为明显？

您认为管理者的成就动机可以从哪些关键维度进行分析和评价？

合格的管理者的成就动机至少应该具备哪些特性？

优秀的管理者的成就动机有哪些特点？

5．子维度矩阵设计举例

和责任感要素一样，对于成就动机这一要素，如果按照五级标准划分，3～4个子维度设计矩阵，我们又该如何设计呢？五级标准设计参照前面章节描述的以0～4层级形式展现，其中层级0为负面表现的不合格管理者，层级1为稍低于最低要求者，层级2为基本符合最低要求，层级3为较高水平，层级4为理想的最高水平。

针对成就动机要素，我们选择上述追求卓越，职业发展目标和成就归因三个描述素质级别的关键维度作为行为级别描述的子维度。根据这四个描述素质级别的关键维度的特点，职业发展目标与追求卓越将作为核心子维度应用于全部1～4层级，成就归因主要用于层级1～3级设计。0级由于对自我要求过低，不在此处赘述，感兴趣的读者可参见附件：完整通用素质模型库中相关要素的0级行为描述。

成就动机子维度是可以根据追求卓越的程度进行层级区隔的，由岗位要求到较高要求，到主动迎接挑战，到极高挑战性的不断提升，与0～4层级匹配。职业发展目标则是按清晰度与合理性与1～4层级匹配。成就归因则在层级1开始明确体现，但达到3级后达到极致，基本无差异，所以主要用于1～3级的定义。

级别	追求卓越	职业发展目标	成就归因
层级1	符合岗位要求	相对模糊	外部归因为主
层级2	稍高于岗位要求	基本清晰但不尽合理	外部归因与内部归因兼有
层级3	欢迎挑战	清晰而且合理	内部归因为主
层级4	极高要求	以公司发展为己任	

根据上面的子维度设计矩阵，可以得到成就动机的五个层级行为描述。具体内容请参照附件：完整通用素质模型库中相关表格。

6. 关键子维度矩阵设计练习

作为一种管理工具，素质模型构建只有参照标杆，并无标准答案。请根据您所理解的成就动机和您所选择的关键子维度，设计适合于您公司的子维度矩阵，并以该矩阵为基础编制要素等级描述。

您打算将成就动机分为几个标准等级？为什么？

您打算从几个子维度来区隔这些标准等级？这些子维度之间是否存在逻辑关系？

每个子维度在这些标准等级中又是如何表现出差异的呢？

请以这些子维度作为基础，编制相应的标准行为级别描述。编制后，您需要找一位朋友，进行简要解释后，请他/她帮忙找出行为级别描述中不清晰或者有争议之处。您自己是如何看待被指出的这些问题的呢？

7. 总结列表

成就动机是管理者工作的内在动力；

成就动机可以分为成就需要、权力需要和亲和需要三大类；

管理者成败的归因趋势对未来工作的动机有较大影响；

管理者的成就动机具有不断追求卓越、动机分类、职业发展目标清晰合理、成功内归倾向的特点；

成就动机关键子维度矩阵设计需要考虑级别标准的整体差异定义、相关关键子维度的选择、相关关键子维度在各级别中的差异表现等要素。

8．行动建议

用自己的语言定义成就动机；

用自己或者他人经历对成就动机其中的关键子维度进行深度理解和解读；

思考如何衡量自己的成就动机。您需要在什么方面改变自己的成就动机？

设想一下自己的职业发展目标与路径。

四、学习成长

○……★★★……○

1．自我思考

您认为什么是学习能力？

您认为学习对管理者的重要性体现在哪些方面？

您认为管理者的学习和普通员工的学习有何差异？

您认为优秀的管理者的学习能力与一般的管理者的学习能力有何差异？

如何将管理者的学习能力的强弱按照层级划分？

2．基本概念

（1）什么是学习？

学习是个体因练习或反复经验而产生的行为、努力或心理倾向上的比较持久的变化过程。国外学者从各种角度对学习进行研究，并形成了多种学习理论，但整体上可以分为三类：

学习是指刺激–反应之间联结的加强（行为主义）；

学习是指认知结构的改变（认知学派）；

学习是指自我概念的变化（人本主义）。

在中国，"学习"一词源自孔子："学而时习之，不亦说乎？"意思是学了之后及时、经常地进行温习和实习，不是一件很愉快的事情吗？"学"就是闻、见与模仿，是获得信息、技能，而"习"就是温习、实习、练习，偏重于实践。

学习的本质在于外部刺激和内在反应之间建立联系，是人类个体获得后天知识与技能的核心手段，更是人类社会文化得以传续的不二法门。人类生存环境与生活方式复杂多变，固定不变的本能行为少，绝大部分行为为后天习得。对于每个管理者与员工而言，自觉、积极、有效的学习是在社会上生存与发展的核心要求。同时，学习本身是个认知过程，认知对象既包括个体对外界环境，也包括对个体自身特点，是连接外部现实世界与内心心理世界的关键纽带。

（2）什么是学习能力？

学习能力是人们顺利完成学习活动所必需的个性心理特征，是集观察能力、记忆能力、思维能力和实验能力等相关具体能力之大成的综合能力体现。学习能力的高低强弱对学习的效率与效果影响巨大，换言之，决定着几乎所有其他个体素质潜力的开发。

（3）管理者的学习成长

对于管理者而言，所有的管理技能都是可以通过后天习得和改进的。各类培训机构与大学已经尝试过从传统课堂讲授到教练式指导等各种学习形式，以帮助管理者进行更高效的学习。而最终这些尝试的结论是一样的，那就是"不闻不若闻之，闻之不若见之，见之不若知之，知之不若行之。"孔子所言非虚，真正的学习是"学以致用"，知识的传递可以通过讲座进行，但管理技能学习的核心是不断去尝试和犯错的学习，产生一系列"有用"的行为，并养成习惯，最后结果是更高的绩效目标的达成。

（4）参考基本定义

通过积极地吸取自己或他人的经验教训、科研成果及其他信息和知识，不断地更新自己的知识结构，增加学识、提高技能，从而获得有利于未来发展的能力。

3．描述素质级别的关键维度

（1）主动学习

学习的天敌并不是贫瘠的资源，也不是薄弱的知识基础，而是主动学习的意识。很多人的学习是为生活或者工作环境所迫，而并非主动学习。例如，有不少管理者由于日常工作缠身，抱怨没有时间学习，其实他们自己心知肚明，真正的原因是没有主动学习的意识。主动学习的本质是开放心态，管理者如果满足于当前的知识与技能现状，就看不到自己的缺陷，会为自己人为设定发展上限，也会制约团队的效能提升。

（2）反思总结

孔子曰，君子当日三省吾身。反思总结就是内省，即审视自己，及时总结自身以往成功经验与教训，不断完善自己的认知结构，提高自身知识与技能，提升自身整体素质。反思总结的较高层次的表现是自知之明，人贵有自知之明，反思总结能够帮助管理者对自己优缺点有全面客观的认识。

（3）成长计划

由于每个人的生命都是有限的，能为学习投入的时间和精力也都是有限的。空谈自我超越实际上对于管理者的实际指导意义不大，更为重要的是学习目标必须明确，同时配套的学习计划具有相应的前瞻性和合理性。学习目标有两个主要来源，一是最常见的近期工作所遇到问题带来的迫切学习需求，二是较为少见的，对照管理者职业生涯的阶段性目标对管理者提出的素质要求，与管理者当前自身素质水平，发现二者之间的差距所带来的长期学习需求。从这个角度来看，**管理者自身职业发展目标和自我反思评价都是学习计划合理的基础条件**。这一点，大多数管理者都是认同的。

（4）观察识别

通过观察和思考，快速理解和识别环境内在规律，特别是抽象概念与技能，这也就是通常大家所说的悟性，即将所获得的新知识或者经验融入自身思维方式，触类旁通，举一反三。在心理学的标准智商题目中，就有大量这种题目，让受测人在指定的有限时间内从大量复杂图形或者数字中找到变化规律，进而推断出空缺处的图形形状与数字。

（5）学以致用

学习行动最终是要讲求效果的，而这个效果是衡量学习能力最为有效的子维度之一。在日常工作中，我们经常会遇到一些学习能力较强的管理者，他们可以在非常短的时间内，理解和掌握大量的专业知识和技能，高效解决工作中的难题。**管理者的最高境界是构建组织学习机制，形成学习型组织，为团队的学以致用提供最佳氛围。**

4．概念测验

您认为什么是学习能力？您认为自己学习方面做得如何？

您认为应该从哪些关键维度对学习成长素质进行分析和评价？

您认为自己的主动学习、反思总结、成长计划、观察认知和学以致用如何？

合格的管理者在学习成长方面至少应达到什么程度？

优秀的管理者的学习能力应该具备哪些特质？

5．子维度矩阵设计举例

以下，我们将针对学习能力要素，按照五级标准划分，以上面的主动学习、反思总结、成长计划和学以致用四个关键子维度设计矩阵。五级标准设计参照前面章节描述的以0～4级形式展现，其中层级0为负面表现的不合格管理者，层级1为稍低于最低要求者，层级2为基本符合最低要求，层级3为较高水平，层级4为理想的最高水平。

我们选择这四个描述素质级别的关键维度的特点，学习意识、反思总结应用于1～2层级、学习目标和学以致用用于全部2～4层级。0级由于对自我要求过低，不在此处赘述，感兴趣的读者可参见附件：完整通用素质模型库中相关要素的0级行为描述。

学习意识子维度是可以根据意识的主动和强烈程度进行层级区隔的，反思总结在1～3级后逐步由对比反思，从经验学习到自知之明，逐层提升。成长计划与学以致用在较高层级会在前瞻性上体现出差异。

	学习意识	反思总结	成长计划	学以致用
层级1	被动学习	对比反思		
层级2	主动学习	经验学习	任务导向	方法熟练
层级3	危机意识	自知之明	长期规划	快速上手
层级4			行业趋势	组织学习

根据上面的子维度设计矩阵，可以得到学习成长的五个层级行为描述。具体内容请参照附件：完整通用素质模型库中相关表格。

6. 关键子维度矩阵设计练习

作为一种管理工具，素质模型构建只有参照标杆，并无标准答案。请根据您所理解的学习成长要素和您所选择的关键子维度，设计适合于您公司的子维度矩阵，并以该矩阵为基础编制要素等级描述。

您认为应将学习成长分为几个标准等级？为什么？

您打算从几个子维度来区隔这些标准等级？这些子维度之间是否存在逻辑关系？

每个子维度在这些标准等级中又是如何表现出差异的呢？

请以这些子维度作为基础，编制相应的标准行为级别描述。编制后，您需要找一位朋友，进行简要解释后，请他/她帮忙找出行为级别描述中不清晰或者有争议之处。您自己是如何看待被指出的这些问题的呢？

7. 总结列表

学习成长是管理者所有素质的基础，直接影响着这些潜力的习得与发挥；

管理者的所有素质都可以经过后天努力习得；

学习成长的核心要素包括学习意识、反思总结、学习的目标与计划性、学习能力；

学习成长关键子维度矩阵设计需要考虑级别标准的整体差异定义、相关关键子维度的选择、相关关键子维度在各级别中的差异表现等要素。

8．行动建议

用自己的语言定义学习成长要素；

用自己或者他人经历对学习成长其中的关键子维度进行深度理解和解读；

思考如何衡量自己是否擅长学习。您需要在什么方面加以改进？

了解一下其他人眼中的你是否善于学习；

评价一下周边管理者的学习成长能力如何。

五、压力管理

○┈┈★　★　★┈┈○

1．自我思考

您认为什么是压力管理？

您认为压力管理对管理者的重要程度如何？

您认为管理者的压力主要来自何方？与普通员工的压力有何差异？

您认为管理者应该如何看待压力问题？

您认为优秀的管理者的压力管理能力与一般的管理者的压力管理能力有何差异？

如何将管理者的压力管理能力的强弱按照层级划分？

2．基本概念

（1）什么是压力管理？

压力指在周边环境刺激引发人们心理与生理上的反应。压力本身没有绝对好坏，因为个体的价值观与性格偏好而对压力产生正负面评价。但是，通常**适度的压力有助于个人的行为表现与成长**，此时个体感觉充满活力，效率提升；**压力过大或者过强都对个人健康与成长不利**，此时个体感觉过于紧张，心情低落，效率较低；

压力过小也对个人的表现与成长不利，此时个体会感觉沉闷，无聊，工作效率低下。长期的高压力环境下，个体的生理、心理都会受到严重影响，个别人会出现精神异常现象。

压力管理的目的是通过查找与分析压力源，并采取有效手段，有效管理压力。 压力管理的主体既包括员工个人，还包括公司的管理者与人力资源管理者。员工个人需要通过宣泄、咨询、引导等方式改变自身心态和行为方式，更好地应对压力。而公司管理者与人力资源管理者则需要创造环境，拟定计划，帮助员工有效应对压力。

压力源识别与分析是压力管理的核心。 使人们产生紧迫感的压力源主要有三个方面，一是工作压力，二是家庭压力，三是社会压力。家庭压力和社会压力与工作直接关系不大，但是人们往往需要克服家庭与社会压力才能全身心地投入到工作之中。因此，管理者不仅有责任帮助员工应对工作压力，还担负有责任帮助员工尽量减少家庭与社会压力。

从个体角度来看，不同个性的员工对不同压力源的承受能力差异较大。压力管理能力强的员工的心理承受能力强，能够很好地处理和缓解压力，甚至将压力转化为个人动力。压力管理能力较弱的员工的心理承受能力较弱，自己不能及时对心理压力进行调控，此时管理者就需要对其进行帮助和指导了。

压力管理方式分为宣泄、咨询和引导三种。 所谓宣泄是指通过各种方式有效释放内心压力，例如打球、跑步、攀岩、唱歌等都是有效的宣泄方式。咨询则是向他人倾诉自己的紧张情绪，其本身未必一定是寻求对方的实质帮助或建议，更多的是一种通过沟通而梳理自身情绪的过程，当然由专业心理咨询人员进行的心理咨询另行别论。引导则是由管理者或者他人帮助员工改变自身态度与行为，确立更为恰当合理的目标，一旦目标能够达成，压力将会自动消失。本质上，引导才是对压力源最为有效的管理，是最应该提倡的一种做法。

（2）管理者的压力管理

多伦多大学洛曼管理学院组织行为学终身教授谢家琳博士曾在国内做过调研，

他的研究显示最大的工作压力存在于工作最复杂的工种，即高级管理岗位上。国内高级管理者的主要压力源来自责任重大，超强的工作负荷，不可确定性因素过多，工作关系复杂，知识含量高五大方面。国内的管理者，特别是高级管理者的压力感与紧迫感很强也就是常态状况了。

其实，与普通员工相比，管理者的压力源无论是范围上还是程度上都要高出很多。在范围上，管理者不仅需要对自身压力进行管理，还需要帮助下属进行压力管理；而且管理者处理临时性突发事件的概率远高于普通员工，会带来额外的压力。在强度上，绝大部分国内中高层管理者都需要24小时待机，随时投入工作，这种压力的强度是远超过普通员工的。

正是因为管理者压力大，所以管理者的压力管理能力才日益受到重视。好的管理者不仅仅是在日常工作环境下心态平和，表现稳定，而且在高压力环境下，越战越勇，部分抗压能力强的管理者每每在关键时刻超水平发挥，表现卓越。

（3）参考基本定义

在面对阻力、敌意、冲突和压力时自我调适，保持冷静、控制负面情绪的能力，坚持完成所从事的工作。

3. 描述素质级别的关键维度

（1）压力承受

压力承受能力是管理者必备的素质。管理者由于角色原因，压力无处不在。在常规工作强度压力情况下，大多数人都能做到行为表现正常。但是在高强度工作压力下，不同个体会有明显差异。那些"特别能吃苦，特别能战斗"的管理者注定在公司中得到更多的重视和重用，承担更为重大的责任。其实，这里有个更为深层的关系，即管理者个人发展曲线与公司发展曲线的重叠程度，将对管理者的承受力产生重大影响。当个体理解自己所经历的压力所代表意义的时候，特别是为自己的未来而奋斗的时候，其压力承受能力将获得成倍的增长。当年的江姐等革命先烈都是在高尚使命的感召下，化压力为动力，以痛苦为快乐，才能在如此的严酷打击下坚贞不屈，从容应对。

第四部分　标准篇

（2）情绪控制

情绪控制是压力管理的重要组成部分。面对工作阻力和压力时候，管理者需要保持积极乐观的精神，还要保持客观冷静的情绪，特别是在关键时刻压力巨大时刻，心态的平稳异常重要。情绪不稳定，容易导致发挥失常，并且管理者的不良情绪非常容易感染到下属，使整体团队的状态失控，效率降低。好的管理者可以视压力为挑战，不断调整自己情绪，通过稳定情绪来提高自己的抗压性和解决问题的能力。

（3）压力处理

自我心理调解只是压力管理的一部分，更为关键的是识别关键压力源，并进行有效处理，予以消除，这才是压力管理的核心所在。压力源的处理能力重点在于压力源处理的效果。国外某高科技机构在进行招聘技术管理人才时，就采取了压力面试方式，在狂灌啤酒的状况下，在指定的5分钟内，破解学校服务器的防火墙。在压力下，处理得当，管理者往往可以挖掘自身潜力，另辟蹊径，创新方式解决问题。

（4）时间管理

就压力而言，很多压力源来自日常工作计划的不合理所形成的不必要刺激，可以通过强化时间管理加以事先规避。**优秀的管理者在面临重大事件时，会根据情况，整理思绪，提炼工作要点，对任务进行重要紧急优先排序**。而在日常工作安排时也会预留空白时间，为自己冷静思考和处理突发事件预留弹性时间。

4．概念测验

您认为什么是压力管理？

您认为应该从哪些关键维度对压力管理素质进行分析和评价？

您认为自己的压力承受能力和情绪控制能力如何？

您认为自己在高压力下解决问题的能力和平时的能力比较，有何特点？

您自己的时间管理是否到位？是否一直处于忙乱状态？是否有需要改进之处？

合格的管理者在压力管理方面至少应达到什么程度？

优秀的管理者的压力管理应该具备哪些特质？

5．子维度矩阵设计举例

以下，我们将针对压力管理要素，按照五级标准划分，以上面的三个关键子维度设计矩阵。五级标准设计参照前面章节描述的以0~4级形式展现，其中层级0为负面表现的不合格管理者，层级1为稍低于最低要求者，层级2为基本符合最低要求，层级3为较高水平，层级4为理想的最高水平。

根据这三个描述素质级别的关键维度的特点，压力承受、压力处理与冷静思考可都应用于1~4层级的描述中。0级由于对自我要求过低，不在此处赘述，感兴趣的读者可参见附件：完整通用素质模型库中相关要素的0级行为描述。

压力承受子维度是可以根据个体可承受的工作压力的强烈与冲突的强烈程度进行层级区隔的，压力处理则在1~4级逐步由表现的出色程度进行层级区隔的。情绪控制作为基础要素，适用于1~3层则是从冷静程度和条理清晰度进行区隔的。

	压力承受	压力处理	情绪控制
层级1	常规工作压力，一般性批评和挫折	冲突时表现失常	时有情绪化情况出现
层级2	在较激烈的批评和挫折	冲突时表现正常	反应基本冷静
层级3	长期高强度高难度工作，公开冲突	聚焦问题解决	冷静思考，有条不紊
层级4	艰苦环境下的极高强度与难度工作，并能有效管理下属压力	激发潜力，创造性解决问题	

根据上面的子维度设计矩阵，可以得到压力管理的五个层级行为描述。具体内容请参照附件：完整通用素质模型库中相关表格。

6．关键子维度矩阵设计练习

作为一种管理工具，素质模型构建只有参照标杆，并无标准答案。请根据您所理解的压力管理和您所选择的关键子维度，设计适合于您公司的子维度矩阵，并以该矩阵为基础编制要素等级描述。

您认为应将压力管理分为几个标准等级？为什么？

您打算从几个子维度来区隔这些标准等级？这些子维度之间是否存在逻辑关系？

每个子维度在这些标准等级中又是如何表现出差异的呢？

请以这些子维度作为基础，编制相应的标准行为级别描述。编制后，您需要找一位朋友，进行简要解释后，请他/她帮忙找出行为级别描述中不清晰或者有争议之处。您自己是如何看待被指出的这些问题的呢？

7．总结列表

压力管理是管理者的重要心理素质，但同时也是管理者管理自己的核心技能；

压力管理的核心要素包括压力承受、压力处理、情绪控制、时间管理；

压力管理关键子维度矩阵设计需要考虑级别标准的整体差异定义、相关关键子维度的选择、相关关键子维度在各级别中的差异表现等要素。

8．行动建议

用自己的语言定义压力管理要素；

用自己或者他人经历对压力管理其中的关键子维度进行深度理解和解读；

回忆自己最深刻的一次高压力事件。当时自己的表现如何？如果有机会再经历一次，您需要在什么方面加以改进？

了解一下其他人眼中的您自己的压力管理能力如何；

评价一下周边管理者的压力管理能力如何；

您自己的时间管理情况如何？是否有需要改进之处？如何改进？

六、弹性适应

○……★★★……○

1．自我思考

您认为什么是适应能力？

您认为弹性适应对管理者的重要程度如何？

您认为管理者的适应能力与普通员工的适应能力有何差异？

您认为管理者应该如何看待适应能力？

您认为优秀的管理者的适应能力与一般的管理者的适应能力有何差异？

如何将管理者的适应能力的强弱按照层级划分？

2．基本概念

（1）什么是弹性适应？

所有个体在社会中生存，而环境总是在变化之中，所以个体必须采取方法来适应，主要由三种方式：一是解决问题改变环境以适应自己；二是个体改变自己的价值观，接受新规则，改变自己以适应新环境；第三个方式是心理防御，减轻心理矛盾，消除焦虑，主动筛除不符合环境要求的观念与行为。

很多时候，个体改变环境的难度远小于个体适应环境。当年高仓健就是在朋友的帮助下领悟了这个道理，才会从失业落魄的状况中中走出来，最终成为国际影星的。

所谓弹性适应，是指个体在多种环境、个体与团体条件下的适应能力，即能从自己所处环境需求出发考虑，而非完全从个人意愿出发。

这种能力是适应当前工作以及未来工作环境的变化的必要条件，而且弹性适应在将各种规章制度根据不同情况下的需求进行定制调整方面至关重要。当然这种弹性适应必须以服从企业文化为前提。

（2）管理者的弹性适应

从工作内容的变化程度来看，越是规则和固定的任务，越是应该通过授权给基层员工来完成。因此，岗位层级越高，工作范围和工作环境的变化范围就会越大，不确定性越高。所以管理者的弹性适应能力比普通员工适应能力要高。

管理者的弹性适应能力体现在对外部环境变化的敏感度、面临新信息和新思想的接受程度、适应新事物的速度和心态调整能力上。弹性适应能力比较差的管理者对外部环境变化不敏感，对新思想有抵触情绪，适应速度慢，而且心态适应差，而优秀的管理者对外部环境变化高度敏感，能快速有效调整自己，适应外部环境。

（3）参考基本定义

在不同环境下，与不同的人或者群体工作时所表现出来的适应性，即在情况发生变化时擅长根据实际情况改变自身态度与策略，改变自己与他人行为的能力。

3．描述素质级别的关键维度

（1）环境识别

作为管理者而言，非常关键的一点就是识别出周边环境的变化，只有识别出这种变化，才能为下一步自身策略调整奠定基础。有位朋友原来一直在民企工作，个性与能力都较强，后来有机会去国企工作，她没有感知到相关的变化，依然延续了过去的风格，最后导致她丢失了这份工作。普通管理者在环境识别上不够敏锐，忽视周边条件变化，只有在环境改变发生严重后果的情况下，才会发现环境的变化。优秀的管理者能够敏锐感知环境变化，可以通过机制保障监控外部变化。

（2）适应能力

弹性适应是个体适应环境，所以个体需要保持客观态度，面对他人不同意见或者与自己看法相异的信息时，管理者的弹性适应能力差异就会表现出来。较差的管理者无论周边发生何种变化，会固执坚持原有看法，不能认同他人的看法，难以适应环境变化。合格的管理者能够接受环境变化带来的挑战，应需而变，有效改变自己适应环境。优秀的管理者会根据情况判断变化的真实成因，针对关键变化调整策略、目标与计划，窥一斑而知全豹，甚至前瞻性进行组织范围内的大幅调整。

（3）快速适应

虽然大多数管理者都能适应所在的环境，但是调整自身适应环境的速度存在差异。较差的管理者在很长时间内，都难以适应新环境；合格的管理者虽然能够适应环境，但是需要一段时间；而优秀的管理者能够快速适应环境，并擅长使用妥协、忍让、坚持等各种策略，推动事态向有利的方向进展。

（4）心态调整

积极乐观，具有较强安全感，能够敞开心扉，愿意接纳各种新观点与变革，在环境变化时肯于做出相应调整，而不是固守成规。较差的管理者在心态方面相对封闭，喜欢一成不变的环境，明知环境改变需要适应，也会内心抗拒，拒绝调整；合格的管理者安全感较强，心智相对开放，会根据外部变化调整自己，但对模糊性环境感觉适应有一定困难；优秀的管理者面对任何情况，都能保持开放心态，甚至在模糊的文化氛围中，也依然能够坦然处之，模糊的容忍程度较高。

4．概念测验

您认为什么是弹性适应能力？

您认为应该从哪些关键维度对弹性适应能力进行分析和评价？

您认为自己的弹性适应能力如何？

合格的管理者在弹性适应方面至少应达到什么程度？

优秀的管理者的弹性适应方面应该具备哪些特质？

5．子维度矩阵设计举例

以下，我们将针对弹性适应要素，按照五级标准划分，以上面的四个关键子维度设计矩阵。五级标准设计参照前面章节描述的以0～4级形式展现，其中层级0为负面表现的不合格管理者，层级1为稍低于最低要求者，层级2为基本符合最低要求，层级3为较高水平，层级4为理想的最高水平。

根据这四个描述素质级别的关键维度的特点，环境识别、心态调整、适应能力可都应用于1～4层级的描述中，快速适应适用于1～3级。0级由于对自我要求过低，不在此处赘述，感兴趣的读者可参见附件：完整通用素质模型库中相关要素的0级行为描述。

环境识别是按照敏感程度与识别手段加以区隔的，心态调整子维度是可以根据环境变化下的情绪稳定和开放程度进行层级区隔的，适应能力则在1～4级逐步由表现的对原有策略和目标调整的幅度和有效性进行层级区隔的。快速适应是从适应的速度角度进行区隔的，考虑快速适应与适应能力的高度相关性，通常会在描述中混合在一起。

	环境识别	心态调整	适应能力	快速适应
层级1	能够感知外部环境的部分重大变化	习惯于固守己见，有些拒绝变化	非原则性问题，能做一定调整	较慢
层级2	能感知到外部环境的重大变化	认识到事物不断变化，愿意调整自我	弹性灵活处理问题，必要时可调整策略	较快
层级3	能感知到所有问题变化	情绪稳定，思维灵活，乐于改变自己	适时调整计划，准确把握原则关键	迅速
层级4	通过机制监控外部变化并能辨其真伪	积极主动地前瞻性改变	拟定系统适应方案，顺势而上	

根据上面的子维度设计矩阵，可以得到弹性适应的五个层级行为描述。具体内容请参照附件：完整通用素质模型库中相关表格。

6. 关键子维度矩阵设计练习

作为一种管理工具，素质模型构建只有参照标杆，并无标准答案。请根据您所理解的弹性适应和您所选择的关键子维度，设计适合于您公司的子维度矩阵，并以该矩阵为基础编制要素等级描述。

您认为应将弹性适应分为几个标准等级？为什么？

您打算从几个子维度来区隔这些标准等级？这些子维度之间是否存在逻辑关系？

每个子维度在这些标准等级中又是如何表现出差异的呢？

请以这些子维度作为基础，编制相应的标准行为级别描述。编制后，您需要找一位朋友，进行简要解释后，请他/她帮忙找出行为级别描述中不清晰或者有争议之处。您自己是如何看待被指出的这些问题的呢？

7. 总结列表

弹性适应是管理者的重要自我管理素质，是管理者适应外部环境变化的核心技能；

弹性适应的核心要素包括环境识别、心态调整、适应能力、快速适应；

弹性适应关键子维度矩阵设计需要考虑级别标准的整体差异定义、相关关键子维度的选择、相关关键子维度在各级别中的差异表现等要素。

8．行动建议

用自己的语言定义弹性适应要素；

用自己或者他人经历对弹性适应其中的关键子维度进行深度理解和解读；

回忆自己最深刻的一次环境巨大变化事件。当时自己如何认知这个变化？自己又是如何应对的？如果有机会再经历一次，您需要在什么方面加以改进？

了解一下其他人眼中的您自己的弹性适应能力如何；

评价一下周边管理者的弹性适应能力如何；

您认为弹性适应能力应该如何提高？

七、自信心

○……★　★　★……○

1．自我思考

您认为什么是自信？

您认为自信对管理者的重要程度如何？

您认为管理者的自信与普通员工的自信有何差异？

您认为管理者应该如何看待自信心？

您认为优秀的管理者的自信心与一般的管理者的自信心有何差异？

如何将管理者的自信心的强弱按照层级划分？

2．基本概念

（1）什么是自信心？

社会心理学家认为，**自信心是人类个体对自身判断、能力、影响力等各方面状况的一种心理肯定**，有时会被过度放大。按照心理专家佩尔绍德教授的说法，自信心源自一种自我承诺，即"无论生活如何艰难，我都全力以赴努力以成就自己。我

第四部分　标准篇

虽全力以赴但未必成功，因为成事在天"。健康的自信是自我评价与客观状况基本匹配，而骄傲自大指个体对自身能力的过度信任，而自卑指个体对自身能力的过度低估。后面两者都有其危害。

影响自信心的有两个关键要素：自我效能和自我尊严。所谓自我效能，是指当看到自己或者类似自己的人在相关领域内取得成功时，我们会在内心认为如果自己全力投入，也会取得成功。这种感觉会引导个人接受挑战，并在困难面前死战不退。所谓自我尊严则泛指相信自己能够处理好生活中的一切问题，即只要愿意，我们完全有能力和资格成功。

（2）"自我强化"循环

自信心具有主观能动性特点，即自信心与行为之间会产生微妙互动。自信心在开始时可能"言过其实"，但自信心可能会诱发新的行为，而新的行为会改变原来的现实，因而使得"言副其实"。这就导致了两种极端情况的产生：信心强的人的信心会越来越强的"良性循环"，而信心差的人信心会越来越差的"恶性循环"。

高尔基指出："只有满怀信心的人，才能在任何地方都把自己沉浸在生活中，并实现自己的理想。"战胜逆境的首要条件是树立信心，自信心可以使人从战略上藐视困难，发挥全部能力和潜力去迎接各种挑战。人们通过强化自信心，确实可以在一定程度上改善自身行为。**某种程度上，自信心可以是一种放大器，将人们的能力放大**。但前提必须是人们必须拥有一定的能力。

社会上有学说认为，可以通过自我肯定与积极思维能够形成自信。虽然**通过设定目标和自我肯定能够有助于自信的成长，但更为关键的是能力的增长**。在社会竞争中，实力拥有最后发言权，简单意识层面的过度自信很可能弄巧成拙。在职场中，自信心更多是基于自身专业知识与能力水平，而非纯粹的个性意义上的自信。

（3）管理者的自信心

现实生活中，绝大多数人不希望和一个紧张过度，唯唯诺诺，总是道歉的家伙共事的同时，倾向于和态度肯定，语言犀利，做事坦诚的同事合作。所有的员工都应具有自信，这是很多管理者在管理经验中的共识。

对于管理者而言，管理工作的本质问题是获得信任，而"只有自信的人才能赢得他人的信任"。所以管理者需要拥有高于普通员工的自信才能胜任其岗位要求。

管理者的自信心在日常工作中的自我展示、责任的自主承担、对挑战的应对策略、面对失败的反映四个方面都有明显差异。自信心比较差的管理者表现无力，规避挑战；合格的管理者擅长表现信心，能有所担当，在冲突中能够坚持正确的立场；优秀的管理者主动发起挑战，在挫折面前越挫越强。

（4）参考基本定义

自信是一个人在各种情况下，对自己观点、问题解决与达成目标能力的信念。这种信念在遭遇挑战或者矛盾时表现更为显著。

3．描述素质级别的关键维度

（1）自我展示

管理者在工作中必须要表现出自信，才能获得他人的认可与支持。最直接的表现就是在公开场合自信地展示自我看法与意见。自信力较差的管理者由于能力有限而不敢于尝试，或者尝试时畏头畏尾；合格的管理者能够充满信心敢于"亮剑"，而无论结果如何。自我展示是信心是否合格的一个重要行为指标。

（2）自主承担

管理者自信心在日常工作中的另外一个显著表现是在可独立决策时的独立程度。自信力较差的管理者永远都会请示领导做出决策后再行决定，后果很可能是错失良机；合格的管理者会尽量独立决策，但在自己拿不准的情况下，以领导意见为准；优秀的管理者在必要时，会冒他人甚至上级反对，坚决独立决策。这一点在当年的巴顿将军，千里挥军直奔德国的案例可见一斑。这是自信心的一个全级别行为指标。

（3）挑战应对

有信心的人不怕挑战，而是艺高人胆大，乐于承担有风险和挑战的工作。自信心较差的管理者通常会相对保守，规避具有挑战性、冲突性和有难度的工作；合格的管理者会接受挑战，尽全力积极应对；优秀的管理者有着近乎疯狂的挑战欲望，

第四部分 标准篇

从不贬低他人，即使面对重权在握的上级也能从容应对。这是自信心的一个全级别行为指标。

（4）面对失败

失败时自信心的试金石。自信心较差的管理者面对失败经常自怨自艾，充满负疚和无力感；合格的管理者不会被失败所打倒，能够冷静面对承担责任；优秀的管理者勇于承认自身责任，并从错误中学习，通过分析采取行动提升能力，改进绩效。这是自信心的一个全级别行为指标。

4. 概念测验

您认为什么是自信？

您认为应该从哪些关键维度对自信进行分析和评价？

您认为自己的自信心如何？

合格的管理者在自信方面至少应达到什么程度？

优秀的管理者的自信方面应该具备哪些特质？

5. 子维度矩阵设计举例

以下，我们将针对自信心要素，按照五级标准划分，以上面的四个关键子维度设计矩阵。五级标准设计参照前面章节描述的以0~4级形式展现，其中层级0为负面表现的不合格管理者，层级1为稍低于最低要求者，层级2为基本符合最低要求，层级3为较高水平，层级4为理想的最高水平。

根据这四个描述素质级别的关键维度的特点，自主承担、挑战应对、面对失败可应用于1~4层级的描述中，自我展示应用于1~3级的描述中。0级由于对自我要求过低，不在此处赘述，感兴趣的读者可参见附件：完整通用素质模型库中相关要素的0级行为描述。

在1~3级中，自我展示是按照展现积极性加以区隔的。1~4级中，主动承担子维度是从决策独立倾向和坚持程度进行层级区隔的，挑战应对则是从挑战积极性与挑战对象进行层级区隔的，面对失败是从归责倾向与学习成长两个角度进行区隔的。

	自我展示	主动承担	挑战应对	面对失败
层级1	自信不足	需要指导	有些规避	自责倾向
层级2	敢于展现	征求意见	积极应对	外因倾向
层级3	积极表现	独立决策	自我挑战	全面分析
层级4		坚持正确决定	挑战权威	越挫越强

根据上面的子维度设计矩阵，可以得到自信心的五个层级行为描述。具体内容请参照附件：完整通用素质模型库中相关表格。

6. 关键子维度矩阵设计练习

作为一种管理工具，素质模型构建只有参照标杆，并无标准答案。请根据您所理解的自信心和您所选择的关键子维度，设计适合于您公司的子维度矩阵，并以该矩阵为基础编制要素等级描述。

您认为应将自信心分为几个标准等级？为什么？

您打算从几个子维度来区隔这些标准等级？这些子维度之间是否存在逻辑关系？

每个子维度在这些标准等级中又是如何表现出差异的呢？

请以这些子维度作为基础，编制相应的标准行为级别描述。编制后，您需要找一位朋友，进行简要解释后，请他/她帮忙找出行为级别描述中不清晰或者有争议之处。您自己是如何看待被指出的这些问题的呢？

7. 总结列表

自信心是管理者的重要自我管理素质，是管理者其他能力与素质发挥的放大器；

自信心的核心要素包括自我展示、自主承担、挑战应对、面对失败；

自信心关键子维度矩阵设计需要考虑级别标准的整体差异定义、相关关键子维度的选择、相关关键子维度在各级别中的差异表现等要素。

8. 行动建议

用自己的语言定义自信心要素；

用自己或者他人经历对自信心其中的关键子维度进行深度理解和解读；

回忆自己最深刻的自信心危机事件。当时自己是如何认知这个情况的？自己又是如何应对的？如果有机会再经历一次，您需要在什么方面加以改进？

了解一下其他人眼中的您自己的自信心如何；

评价一下周边管理者的自信心如何；

您认为自信心应该如何提高？

第二节 计划与控制要素诠释与行为级别描述

学习目的

完成本模块学习后，你应该能够：

更好地理解管理者的计划与控制相关的要素的含义；

知道如何识别和确定计划与控制素质要素的关键子维度；

掌握构建计划与控制模块中各要素的子维度设计矩阵的技巧；

提高编制相应行为级别描述的技能；

更好地了解自己在这些要素方面的优劣势，为今后发展提供指导。

一、战略思维

○……★　★　★……○

1. 自我思考

您认为什么是战略？

您认为战略重要吗？如何来分析和思考战略呢？

您认为管理者的战略思维和普通员工的战略思维的要求有何差异？

您认为管理者应该如何看待战略思维的作用？

您认为优秀的管理者的战略思维与一般的管理者的战略思维有何差异？

如何将管理者的战略思维能力的强弱按照层级划分？

2．基本概念

（1）什么是企业战略？

钱德勒在1962年出版的《战略与结构》一书中给出了战略的定义："战略可以定义为确立企业的根本长期目标并为实现目标而采取必需的行动序列和资源配置。"而管理大师德鲁克认为战略从目标开始，目标必须根据"我们的业务是什么，它将会是什么，它应该是什么"来制定。换言之，**企业战略是设立公司愿景目标并对实现目标的路径进行的总体设计，以求在市场竞争中取胜**。这种设计中还应该包括相应的资源配置与能力培养。

国内外存在着多种战略管理流派，但都是围绕以下要素展开的：**经营环境分析、未来发展预测、战略目标设定、战略目标分解和制定战略策略等**。企业战略是对企业各种战略的统称，其中既包括竞争战略，也包括营销战略、发展战略、品牌战略、融资战略、技术开发战略、人才开发战略、资源开发战略，等等。

战略管理是企业为实现战略目标，制定战略决策，实施战略方案，评价战略绩效的一个动态管理过程，是艺术与科学的完美结合。

（2）什么是战略思维？

企业战略管理中考虑如何利用自身有效的资源与资产，在充满竞争的环境下去满足顾客的需求，从而实现价值的创造。所谓战略思维，就是善于着眼全局和长远来观察、思考和处理问题。战略思维的目的在于高屋建瓴，驾驭全局，追求全局的整体利益最大化。战略思维的核心就是全局性、前瞻性和创新性。全局性就是从整体大于局部，战略思维讲求不固守于一城一地，而是整体布局。前瞻性是对未来发展做好准备，有前瞻性。创新性，"兵者，诡道也"，好的战略思维往往会跳出当前思维模式，才能运筹帷幄。

（3）三种战略思维模式

战略思维当前有三种大类型，分别是以资源为本的战略思维、以竞争为本的战

略思维和以顾客为本的战略思维。

以资源为本的战略思维代表人物是加里·哈默与普拉哈拉德，核心观点为企业是一系列多种资源的组合，企业因为这些资源或者能力运用较好而获利。二人进而提出，企业依靠核心竞争力保持竞争优势，这个核心竞争力实际上就是隐含在核心产品中的知识与技能。以资源为本的战略思维，也可以简单理解为，如何充分利用人力、财务、技术、自然条件、法律、知识等资源，提高公司核心竞争力。

以竞争为本的战略思维代表人物是美国著名教授迈克尔·波特，核心观点为"**五力模型**"，即行业现有竞争状况、供应商议价能力、客户议价能力、替代产品或者服务的威胁、新进入者的威胁五大竞争驱动力，决定了企业的盈利能力，并指出公司战略的核心应在于选择正确的行业，并在行业中正确定位。波特还提出了企业应视自身情况取成本领先、差异化和专注化三大战略之一的建议。以竞争为本的战略思维，也可以简单地理解为：如何打败对手，取得竞争优势是战略思维的核心。

以顾客为本的战略思维代表人物是美国斯坦福大学博士汤姆·彼得斯与日本战略专家可尼奇，核心观点为**顾客是企业经营的中心**，所有企业活动都应围绕市场和顾客开展，战略的本质就是向顾客提供价值。以顾客为本的战略思维把顾客当成企业的组成部分，以顾客创造的价值作为顾客价值与企业盈利能力的度量标准。以顾客为本的战略思维，也可以简单地理解为：**发现、满足客户需求、维护客户关系是战略思维的焦点**。

这三种思维模式并无优劣之分，却有适用范围差异。企业往往需要综合使用才能形成适合于自己发展阶段的企业战略。

（4）管理者的战略思维能力

战略思维涉及对关系事物全局的、长远的、根本性的重大问题的分析、判断、预见和决策等关键活动。

作为基层员工，企业更多的是期望其对公司战略的理解认同和实际工作中的执行意识，而由于管理者所发挥的重要作用，企业对于管理者的战略设计能力提出了较高要求。**管理者层级越高，战略思维能力要求也就越高**。特别是对于企业总监层级以上高管，将担负公司整体战略或者相关职能战略的制定与贯彻工作，要求最高。

较差的管理者往往深陷具体事务，思维定式问题比较突出，分析问题主要从本职位现状出发，静态看待问题，结果不是设计的战略与事实差异很大，就是无法正确解读公司的战略本质。优秀的管理者虽然也可能短期内杂事缠身，但由于对事物长期发展趋势判断到位，设计的战略规划与事实基本吻合，解读公司战略得其精髓。

（5）参考基本定义

在复杂模糊情境中，用创造性或者前瞻性的思维方式来识别潜在问题、制定战略性解决方案的能力。

3．描述素质级别的关键维度

（1）战略重视

管理者对于战略的重视程度将决定他们在战略思考上投入的时间与精力，进而也影响了他们在战略规划方面的造诣与成就。很多优秀管理者都经历过三个战略意识的发展阶段，第一个阶段是做完了再想，总结式思考；第二个阶段是边做边想，边做事边考虑未来；第三个阶段是想好了再做，前瞻性思考。战略思维较差的管理者很可能由于过去经验制约，认为长期发展设想是竹篮打水一场空，未来无从预测，只需要关心眼前即可。而合格的管理者认为，即便未来无从预测，但我们仍然需要尽可能做好准备迎接未来。重视战略的作用是合格管理者应具有的基本意识。

（2）战略预见

前瞻性是战略思维的核心特点，是否能够从长期发展视角发现关键发展趋势并设定正确的方向至关重要。对未来趋势的把握是个人经验、知识与天赋的脑力激荡。如同"实践是检验真理的唯一标准"一样，战略预见能力的最有效评价标准是现实实践与战略预见之间的符合程度，这也是优秀管理者的特质。

（3）战略导向

我国著名战略家诸葛亮对战略有着精辟见解："不谋万事，不足谋一时；不谋全局，不足谋一域"。战略思维要求管理者具有较高境界和胸怀，突破岗位职责限制，从公司整体利益角度思考问题。只有放在更为宽广的整体中，局部工作的价值和作用才能得到更为客观和系统的评判和思考。较差的管理者的思维比较狭窄，限于自己职责领域，缺少从跳出圈子看圈子的视角。合格的管理者能够均衡考虑公司长期战略与部门中短期目标间关系问题，而优秀的管理者则会从公司战略出发考虑工作安排。这个子维度可以体现出管理者战略思考能力的水平。

（4）思维导向

战略思维能力高低还会体现在管理者分析战略的高度上。由于所处环境差异和以往惯性依赖，较差的管理者只关心与业务直接相关的成本、利润和营业额，较好的管理者会关心行业地位与产业能力以及组织管理，优秀的管理者则会关心国家或者当地的经济政治环境和文化管理。思维导向是管理者由合格迈向优秀的风向标。

（5）战略创新

企业制定战略的主要目的之一就是要在相关领域内取得竞争优势，因此其战略必须有自己独到的一面，即战略的创新性。管理者战略思维能力在创新性上也会有差异。较差的管理者往往只能生搬硬套其他企业的战略，而不知如何二次改造，而好的管理者则能够提出原创性的高价值策略或者有效的二次调整建议。战略创新是优秀管理者的特质之一。

4. 概念测验

您认为什么是公司战略？

什么是战略思维？目前主流的三种战略思维模式是什么？其核心观点又是什么？

您认为应该从哪些关键维度对战略思考能力进行分析和评价？

您参与过公司战略制定吗？贵公司战略的执行效果如何？是否有地方需要改进？

合格的管理者在战略思维能力方面至少应达到什么程度？

优秀的管理者的战略思维能力具备哪些特质？

5．子维度矩阵设计举例

以下，我们将针对计划能力要素，按照五级标准划分，以上面战略意识、战略导向、战略预见、思维导向和战略创新的五个关键子维度设计矩阵。五级标准设计参照前面章节描述的以0～4级形式展现，其中层级0为负面表现的不合格管理者，层级1为稍低于最低要求者，层级2为基本符合最低要求，层级3为较高水平，层级4为理想的最高水平。

根据这五个描述素质级别的关键维度的特点，战略意识（1～3）、战略导向（1～3）可用于合格管理者与不合格管理者之间的区隔，战略预见（2～4）与战略创新（2～4）用于区隔合格与优秀管理者之间的区隔，思维导向（1～4）可应用于1～4层级的描述中。0级由于对自我要求过低，不在此处赘述，感兴趣的读者可参见附件：完整通用素质模型库中相关要素的0级行为描述。

战略创新子维度是根据借鉴应用水平与原创程度进行层级区隔的，思维导向则在2～4级逐步由导向类别进行层级区隔的。战略意识与战略导向作为基础层级区别的要素，适用于1～3层。战略预见则是从趋势判断与实际发生情况吻合程度进行区隔的。

级别	战略重视	思维导向	战略导向	战略预见	战略创新
层级1	明显欠缺		明显局部意识		生搬硬套
层级2	稍弱	业务导向	基本理解，但偶有出入		基于经验
层级3	重视	行业导向	透彻理解，深入浅出	大致趋同	主动借鉴，有效调整
层级4		宏观导向	主动调整	基本一致	极高价值的创新性战略

根据上面的子维度设计矩阵，可以得到战略思考能力的五个层级行为描述。具体内容请参照附件：完整通用素质模型库中相关表格。

6．关键子维度矩阵设计练习

作为一种管理工具，素质模型构建只有参照标杆，并无标准答案。请根据您所理解的计划能力和您所选择的关键子维度，设计适合于您公司的子维度矩阵，并以该矩阵为基础编制要素等级描述。

您认为应将战略思考能力分为几个标准等级？为什么？

您打算从几个子维度来区隔这些标准等级？这些子维度之间是否存在逻辑关系？

每个子维度在这些标准等级中又是如何表现出差异的呢？

请以这些子维度作为基础，编制相应的标准行为级别描述。编制后，您需要找一位朋友，进行简要解释后，请他/她帮忙找出行为级别描述中不清晰或者有争议之处。您自己是如何看待被指出的这些问题的呢？

7．总结列表

战略思考能力是管理者的高级管理技能，是管理者综合素质的体现；

战略思考是企业长治久安的必做功课，是有关企业资源、顾客、竞争力的核心问题的哲学思考；

战略思考能力的核心要素包括战略重视、战略导向、战略预见、思维导向和战略创新；

战略思考关键子维度矩阵设计需要考虑级别标准的整体差异定义、相关关键子维度的选择、相关关键子维度在各级别中的差异表现等要素。

8．行动建议

用自己的语言定义战略思考能力要素；

用自己或者他人经历对战略思考力其中的关键子维度进行深度理解和解读；

您认为自己对内外部环境的分析能力如何？

您为自己制定过公司战略吗？当时是如何进行分析的？您制定的战略预判是否与后来发生的事实相符？战略是否得到有效执行？为什么？

评价一下自己的战略思考能力，看是否有改进空间；

了解一下其他人眼中的您自己的战略思考能力如何；

评价一下周边管理者的战略思考能力如何。

二、计划能力

○·······★ ★ ★·······○

1．自我思考

您认为什么是计划能力？

您有先拟定预算计划再开始工作的习惯吗？

您设定目标的能力如何？您设定的目标是否能够达成？

您是希望积极主动设定新目标来改变生活，还是相对被动地走一步看一步？

您认为管理者的计划能力和普通员工的计划能力的要求有何差异？

您认为管理者应该如何看待绩效计划的作用？

您认为优秀的管理者的计划能力与一般的管理者的计划能力有何差异？

如何将管理者的计划能力的强弱按照层级划分？

2．基本概念

（1）什么是计划能力？

在管理的四大核心职能中，第一个职能就是计划，计划职能的重要性可见一斑，而成熟的管理者深知，计划贯穿于管理的全过程中。

计划指定义组织目标，为实现目标制定相应策略，并设计相应资源配置与协调方式，而拟定相应管理测试与方案的管理活动。计划中既包括了最终的成果，同时还涉及了工作的方法。根据管理者在企业中的地位差异，会侧重采取不同类型的计划，从时间角度可以分为长期计划、中期计划和短期计划；按计划制定者的层次可以分为战略规划、运营计划、作业计划三大类；按计划的对象可分为综合计划、局部计划和项目计划。

这里对其中最为常用的分类进行解释，战略规划中设定了组织全部目标，由高层管理者制定，用来确定企业3～5年长期发展重点和方向。也就是我们常见的公司战略发展规划。运营计划则是以1年为周期，为实现具体目标，由中基层管理者设定的。如部门年度工作计划、季度工作计划等。作业计划则更多的是以具体任务为目标的，更为基础的工作计划。

对于所有的管理者来说，无论是何种计划，编制程序是类似的，通常会包括机会估量、目标确定、方案寻拟和评估、方案选定、拟定行动计划、编制预算等步骤。

（2）管理者的计划能力

与普通员工相比，管理者的计划职能在范围上明显要更为宽广，而重要性更为显著。普通员工的计划通常只涉及个人工作的目标、策略和资源需求，而管理者计划则需要包含团队整体和每个成员的计划目标、策略和配置需求。由于计划的质量将对最终执行的成果影响很大，**管理者的计划能力高低将对团队的业绩产生巨大影响，因此管理者的计划能力对企业整体绩效是很重要的。**

（3）参考基本定义

工作中能够区分轻重缓急，根据事物发展规律，制定合理的目标与有效的行动计划，并根据实施情况及时进行调整和完善的能力。

3．描述素质级别的关键维度

（1）目标设定

目标设定是计划中最核心的技能，是其他所有计划关键要素的基础。只有目标设定，管理决策才会有方向指引和实际执行的评估标准。**有效的目标要符合具体、可衡量、一致、可实现、时间限定（SMART）的五个原则。**而目标设定过程应按照目标管理体系运转，即从阐明任务、共同设定目标、获取目标承诺、设置目标优先级、时间范围界定、明确绩效衡量标准和提供绩效反馈展开。毫无疑问，目标设定也是最能区别计划能力的高低的一个子维度，而目标设定的好坏要看计划的可执行性。在国内，工作任务的目标可以分为直接与间接两种，好的计划必须能够从更为宽广的视角来设定目标，才能保证计划目标不出现方向性偏差。

第四部分 标准篇

（2）计划层级

不同层级的计划对计划能力的要求是不同的，层级越高，对计划能力的要求也就越高。战略计划最难，经营计划次之，作业计划相对最低。这在现实中，整体计划高于局部计划，整体计划指导局部计划是相一致的。所以，**所负责制定的计划的层级本身就是计划能力高低的一个重要参考标准。**

（3）方案设计

计划的核心构件之一是在对内外部情况深度分析基础上，为达成目标，所设计的执行方案。这种方案应包括计划总体目标分解到相应部门或者员工个人，并设计实施策略与资源配置。计划的可执行性离不开执行方案的支持。虽然管理者大都可以通过经验积累和间接学习提高计划的有效性，但优秀管理者的方案设计中具有一种社会稀缺的特质，即前瞻性，能够预先制定最优化的策略，并统筹安排有限资源，最终保证目标的达成。

（4）风险控制

谋事在人成事在天，计划在过程中总会存在不可控因素，也就是存在变数。最低级的管理者需要他人指导进行计划调整以满足实际业务需要，而最高级的管理者则能事先预埋风险预警与控制工具，以保证计划执行不出现过大偏差。

4．概念测验

您认为什么是计划能力？

您认为应该从哪些关键维度对计划能力素质进行分析和评价？

您平时制定什么类型的工作计划？执行效果如何？是否有地方需要改进？

您认为自己是否能和下属或者上级共同有效开展目标管理？

合格的管理者在计划和目标设定方面至少应达到什么程度？

优秀的管理者的计划设定具备哪些特质？

5．子维度矩阵设计举例

以下，我们将针对计划能力要素，按照五级标准划分，以上面的四个关键子维度设计矩阵。五级标准设计参照前面章节描述的以0～4级形式展现,其中层级0为负面表现的不合格管理者,层级1为稍低于最低要求者,层级2为基本符合最低要求,层级3为较高水平,层级4为理想的最高水平。

根据这四个描述素质级别的关键维度的特点,压力承受、压力处理与冷静思考可都应用于1～4层级的描述中。0级由于对自我要求过低,不在此处赘述,感兴趣的读者可参见附件:完整通用素质模型库中相关要素的0级行为描述。

计划范围子维度是可以根据个体可胜任的计划级别的高低与复杂程度进行层级区隔的,风险控制则在1～4级逐步由及时调整行为的独立性与有效预防程度进行层级区隔。可执行性作为基础层级区别的要素,适用于1～3层。方案设计则是从内容的复杂程度与显性与隐形目标的把握程度进行区隔的。

级别	计划层级	可执行性	目标设定	风险控制
层级1	具体任务	存在较多问题		指导下调整
层级2	目标,多项任务	基本可行,但有不合理之处	内部合理,轻重缓急	独立发现重大问题并及时调整
层级3	团队目标	完全可行	有效设定目标,具有前瞻性	对问题敏感,主动提前处理问题
层级4	业务目标、大型复杂计划		统筹安排	重大潜在风险作出控制

根据上面的子维度设计矩阵,可以得到计划能力的五个层级行为描述。具体内容请参照附件:完整通用素质模型库中相关表格。

6. 关键子维度矩阵设计练习

作为一种管理工具,素质模型构建只有参照标杆,并无标准答案。请根据您所理解的计划能力和您所选择的关键子维度,设计适合于您公司的子维度矩阵,并以该矩阵为基础编制要素等级描述。

您认为应将计划能力分为几个标准等级?为什么?

您打算从几个子维度来区隔这些标准等级？这些子维度之间是否存在逻辑关系？

每个子维度在这些标准等级中又是如何表现出差异的呢？

请以这些子维度作为基础，编制相应的标准行为级别描述。编制后，您需要找一位朋友，进行简要解释后，请他/她帮忙找出行为级别描述中不清晰或者有争议之处。您自己是如何看待被指出的这些问题的呢？

7. 总结列表

计划能力是管理者的基础管理技能，是其他工作展开的重要前提；

计划能力的核心要素包括目标设定、计划层级、方案设计、风险控制；

计划能力关键子维度矩阵设计需要考虑级别标准的整体差异定义、相关关键子维度的选择、相关关键子维度在各级别中的差异表现等要素。

8. 行动建议

用自己的语言定义计划能力要素；

用自己或者他人经历对计划能力其中的关键子维度进行深度理解和解读；

您认为自己对内外部环境的分析能力如何？

您为自己制定过年度工作目标与计划吗？当时是如何进行分析的？您制定的目标合理吗？制定的计划是否得到有效执行？为什么？

回忆自己最成功/最失败的一次计划活动。当时自己的表现如何？如果有机会再经历一次，您需要在什么方面加以改进？

将自己日常工作按重要性和紧迫性进行优先排序，看看是否有改进空间；

您给每项工作制定的目标是否具有一定挑战性？是否可以再提高些？

了解一下其他人眼中的您自己的计划能力如何；

评价一下周边管理者的计划能力如何。

三、绩效评价

1. 自我思考

您认为什么是绩效管理？绩效管理重要吗？

您所在公司已经展开绩效管理了吗？

您评价过他人的绩效吗？对方认同评价结果吗？为什么？

您认为绩效评价的重点和难点是什么？

您认为绩效评价应该怎么做？

您认为优秀的管理者的绩效评价与一般的管理者的绩效评价会有何差异？

如何将管理者的绩效评价能力的强弱按照层级划分？

2. 基本概念

（1）什么是绩效评价？

良性运作的公司离不开绩效管理，因为绩效管理的核心是目标管理，是公司由上至下的目标体系与运作方式，只有绩效管理体系运转起来才能保证公司整体目标的有效达成和不断提升。**公司的绩效管理流程可以按照PDCA循环分为绩效指标设定与计划设计、绩效评价、绩效辅导、结果应用与优化等四个关键子流程，实现闭环循环运转。**

前面一节的计划能力中谈到由管理者和员工一起拟定有效的工作目标与计划，这是绩效评价的前提与基准。而本节的绩效评价则是管理者定期对下属计划执行进展情况的评价，提供建设性反馈，并且用报酬来激励强化效果。如果此时发现下属还未完成目标，管理者需要采取纠正措施帮助其提高自己的绩效水平，完成甚至超过目标。简言之，绩效评价的核心作用之一就是控制。所谓控制就是对员工工作活动的检测与纠偏过程，目的是保证员工完成计划目标并纠正所有的偏差。

对员工而言，绩效评价至关重要，因为绩效评价结果经常成为企业内员工升职、加薪、培训的主要依据。员工绩效评价结果好，员工会因为自己的行为得到公司表扬、加薪与晋升的正向激励，如果员工绩效评价结果差，员工会因为自己的行为受到公司批评、降薪和降职的负向激励。

绩效评价做得好，对公司整体绩效提升帮助很大，而且将为企业文化与员工士气提供强大助力。绩效评价做得不好，将会起到严重的负面作用。**绩效评价是企业实现组织目标，优化内部管理的最常有的工具之一。**

（2）管理者的绩效评价能力

绩效评价至少包括两个主体，评价人和被评价人。普通员工的主要角色是被评价人，而管理者一方面要担任基层员工的评价人角色，另一方面还会担当自己上级的被评价人角色。很明显，企业对普通员工在绩效评价方面的要求远低于对管理者的要求。

国外调查显示，一般管理者平均会有10%时间用于下属的绩效评价。这些时间主要用于绩效评价的**三个步骤：衡量实际绩效；将实际绩效与绩效标准对标；采取管理措施进行纠偏。**这三个环节中最体现管理者水平的是衡量实际绩效，因为其中包括了"评价什么"、"怎么评"等核心问题，其中的"评价什么"也就是绩效指标设计难题最为讲究，这一问题由于企业业务和管理差异而难以有业内统一标准。实际绩效与标准比较步骤中，需要根据实际情况选择采取排序法、关键事件法、叙述法、行为锚定测评法何种方法进行操作。此外，绩效评价的结果要以建设性反馈方式进行有效传递，才能将绩效评价的价值得到体现。

无论对企业还是对普通员工，管理者的绩效评价能力高低确实举足轻重。

（3）参考基本定义

能够对下属计划执行进展情况进行及时有效评价，提供建设性反馈，以帮助下属不断提高自身绩效水平，最终达成甚至超越计划目标。

3．描述素质级别的关键维度

（1）指标设计

德鲁克说过，"你考核什么，员工就干什么"。在绩效评价中，考核指标的设计最为重要，错误的指标会引导员工做错误的事情。例如，只考核销售人员"合同金额"，不考核"回款额"就会造成销售人员努力与客户签订毫无意义的"假合同"以获得个人的高绩效水平。绩效评价的本质是决定员工个人对企业贡献了什么价值，然后再将其转化为可量化的标准。对员工考核是有三个通用准则：能考核个人工作成果时优先考核工作成果（例如销售收入，汇款率，招聘计划完成率）；如果难以区隔个人成果时，优先考核员工个人行为（例如出勤率，客户拜访计划达成率）；如果个人行为也难以评价时，应考核员工个人特征（例如"责任感"、"可信赖等"）。

（2）评价方法

要确定实际绩效与标准之间的差距，管理者需要选择与实际环境匹配的绩效标准与评价方式。**较为通用的方法为排序法、强制分布法、叙述法、行为锚定测评法、关键事件法、图表评分法、多人比较法、群体排序法等**。管理者应对这些方法及原理有一定了解，并选用适合的方法来进行绩效评价，提高评价结果的科学性与客观性。

考评方法	基本思路	优点	缺点
描述法	根据以往观察印象，描述员工过去绩效、优缺点、潜力和改进建议	简单易行，上级意见得到充分发挥	质量高度依赖于评价人员素质
排序法	由上级主管根据员工工作的整体表现按照优劣顺序依次排列	简单易行，花费时间少，减少考评过宽或趋中的误差	主观比较，有一定的局限性，且无法进行员工反馈
强制分布法	按照"两头小，中间大"的正态分布规律，把员工强制分布到各个类别中，一般分五类	可以避免考评者过分严厉或过分宽容的情况发生，克服平均主义	如员工的能力呈偏态或者数量过少，该方法就不适合了

关键事件法	将影响任务成败的有效与无效行为识别出来，并对行为环境与行为进行具体描述	以事实为依据，可全面了解下属如何消除不良绩效、改进提升绩效的	费时费力；只能做定性分析而非定量分析；不能区分重要性差异；难以横向比较
行为锚定等级评价法	为每个绩效维度设计一系列的行为，每个行为代表不同绩效水平，并通过表格形式进行评价	是关键事件法的升级，对绩效的考量更精确，考核标准明确，反馈功能良好，信度较高	设计和实施费用较高，费时费力

（3）客观评价

在评价过程中，难免会受到管理者主观意愿或者倾向影响的情况，此时也是能够区隔一般管理者和优秀管理者的关键之处。一般管理者容易受到个人偏见、过宽评价、居中趋势、近因效应、晕轮效应和牛角尖效应的影响作出有失公正的评价，这种评价偏差将导致无法区隔低绩效员工和高绩效员工。个人偏见将情感与工作绩效混为一谈，过宽评价则是管理者给下属打分整体偏高，居中趋势是管理者趋向于给大多数员工作出相同的绩效评价，近因效应，是指管理者过多受到下属近期工作表现印象的影响或者由于工作过于忙碌而对下属草率做出绩效评价，晕轮效应，是指由于员工在某方面上表现出色导致管理者在所有方面都给该员工较高评价，牛角尖效应则是由于员工在某方面表现不佳而导致管理者在所有方面都给该员工较低评价。

（4）应对措施

管理者在对下属计划执行状况进行评估后，在发现出现偏差情况下，**通常会有两种选择：一是想办法改变实际绩效，二是修改绩效标准或者目标**。如果偏差是因为员工自身绩效低下原因引起的，那么管理者需要对下属进行工作方式改变、流程优化或者员工培训来提高绩效。如果偏差是因为标准不合理造成的，那么管理者就需要修改绩效目标。为了保证绩效的严肃性和可行性，只要原有目标基本合理，管理者应该坚持立场，解释说明并引导员工向更高的绩效目标努力奋斗，将目标转化为现实。

（5）建设性反馈

虽然大多数管理者认为与下属讨论绩效不足之处是一件不舒服的事情，而且容易引起下属反感，但是由于绩效反馈能通过目标设定与提升、指明目标达成路径、表示关心等方式有效帮助提高员工绩效，管理者还是需要进行绩效反馈。反馈包括有积极反馈与消极反馈，管理者应努力在最佳时机进行消极反馈，也就是由地位很高而且可信赖的人提供的，有事实做支撑的客观情况下，员工会最容易接受上司的消极反馈。在反馈过程中，管理者通常需要秉持轻松温和、目标导向、鼓励员工参与、对事不对人、具体而非笼统、根据员工个性化设计、以提升计划为结果的原则，才能保证最终目的的达成。

4．概念测验

您认为什么是绩效评价能力？

您认为应该从哪些关键维度对绩效评价能力进行分析和评价？

您平时是否对下属进行绩效评价？对方接受程度如何？是否有地方需要改进？

您对下属采取何种绩效指标进行考评？为什么？

您采取了何种考评方法以对下属绩效进行评价？

您认为绩效考评中做到客观公正，管理者最难以克服的因素是什么？

合格的管理者应具备哪些绩效评价技能？

优秀的管理者的绩效评价能力能达到什么水平？

5．子维度矩阵设计举例

以下，我们将针对绩效评价要素，按照五级标准划分，以上面的评价方式、客观评价、应对措施、建议性反馈四个关键子维度设计矩阵。五级标准设计参照前面章节描述的以0~4级形式展现，其中层级0为负面表现的不合格管理者，层级1为稍低于最低要求者，层级2为基本符合最低要求，层级3为较高水平，层级4为理想的最高水平。

根据这四个描述素质级别的关键维度的特点，评价方式、客观评价、应对措施、建议性反馈可都应用于1~4层级的描述中。0级由于对自我要求过低，不在此处赘述，感兴趣的读者可参见附件：完整通用素质模型库中相关要素的0级行为描述。

在1~4层级描述中，评价方式子维度从绩效指标与方法选择的独立性与有效性进行层级区隔的，应对措施是从应对效果和预见性两个方面进行层级差异设计的，建议性反馈是从反馈认同情况与反馈技巧两个方面设计的。客观评价作为基础层级区别的要素，适用于1~3层。

级别	评价方式	客观评价	应对措施	建议性反馈
层级1	无法独立设计绩效指标与方式，实施效果较差	过于主观	强硬要求下属，但不能指明方向与方法	反馈效果较差，过于直接或者避重就轻
层级2	能独立设计绩效指标与方式，但效果一般	基本客观，但有一定误差	能察觉关键问题，及时纠偏，但有时判断失误，效果不佳	反馈效果整体积极，但部分结果不认同
层级3	能独立设计有效的绩效指标与方法	中规中矩，避免常见错误	正确判断偏差原因，采取有效措施弥补	反馈效果良好，达成绩效改进计划
层级4	能建立系统而又简洁的指标体系与考核方法		事先有预想，现场有预案	反馈准备充分，技巧高超，高价值建议，下属高度认同

根据上面的子维度设计矩阵，可以得到绩效评价的五个层级行为描述。具体内容请参照附件：完整通用素质模型库中相关表格。

6.关键子维度矩阵设计练习

作为一种管理工具，素质模型构建只有参照标杆，并无标准答案。请根据您所理解的绩效评价能力和您所选择的关键子维度，设计适合于您公司的子维度矩阵，并以该矩阵为基础编制要素等级描述。

您认为应将绩效评价能力分为几个标准等级？为什么？

您打算从几个子维度来区隔这些标准等级？这些子维度之间是否存在逻辑关系？

每个子维度在这些标准等级中又是如何表现出差异的呢？

请以这些子维度作为基础，编制相应的标准行为级别描述。编制后，您需要找一位朋友，进行简要解释后，请他/她帮忙找出行为级别描述中不清晰或者有争议之处。您自己是如何看待被指出的这些问题的呢？

7. 总结列表

绩效评价能力是管理者的核心管理技能，是开展绩效管理的能力基础；

绩效评价的核心要素包括评价方式、评价方法、客观评价、应对措施、建议性反馈五个方面，其中指标设计要素最为关键；

绩效评价中需要避免个人偏见、过宽评价、居中趋势、近因效应、晕轮效应和牛角尖效应；

绩效评价能力的关键子维度矩阵设计需要考虑级别标准的整体差异定义、相关关键子维度的选择、相关关键子维度在各级别中的差异表现等要素。

8. 行动建议

用自己的语言定义绩效评价能力；

用自己或者他人经历对绩效评价能力其中的关键子维度进行深度理解和解读；

您是否对他人进行过绩效评价？当时是如何设计考核指标的？是否有改进空间？

您被他人评价时，是否犯过一些常见错误？

了解一下下属眼中的您自己的绩效评价能力如何；

评价一下周边管理者的绩效评价能力如何；

您是否参加过绩效反馈面谈？作为被考评者，您当时感受如何？

您是否主持过绩效反馈面谈？您当时感受如何？对方对绩效反馈接受程度如何？是否有什么地方需要进一步完善？

四、执行力

○······★　★　★······○

1．自我思考

您认为什么是执行力？执行力重要吗？

您所在公司或者团队的执行力如何？

您是否评价过他人执行力？对方认同评价结果吗？为什么？

您认为执行力的重点和难点是什么？

您认为优秀的管理者的绩效评价与一般的管理者的执行力会有何差异？

如何将管理者的执行力的强弱按照层级划分？

2．基本概念

（1）什么是执行力？

比尔·盖茨认为，"在未来的10年内，我们所面临的挑战就是执行力。"杰克·韦尔奇曾经说过，"没有执行力，哪有竞争力。"而彼得·德鲁克也认同执行力的重要性，**"管理是一种实践，其本质不在于知，而在于行。"**

执行力指的是贯彻战略意图，完成预定目标的操作能力。执行力是把企业战略和规划转化成为效益、成果的关键因素。执行力包含完成任务的意愿，完成任务的能力，完成任务的程度等内容。对个人而言，执行力就是办事情的能力；对团队而言，执行力就是战斗力；对企业而言，执行力就是经营能力。对个人而言，衡量执行力的标准是按时按质按量地完成自己的工作任务；对企业而言，衡量执行力的标准是在预定的时间内完成企业的战略目标。

对一个企业来说，在战略方向既定和计划明确的情况下，最为关键的就是计划的执行，也就是执行力了。如果说前面的绩效评价能力是管理者对下属的控制能力，那么本章中的执行力就是公司视角下，管理者及其所带领团队的价值创造能力。

从外在表现来看，对员工而言，执行力的最低要求就是严格按照上级命令和规则做事，做听话的"好员工"，简单按要求做事。执行力更高一点的员工会在保证按时保质保量完成任务的前提下，发挥自己特长提高工作效率。

（2）管理者的执行力

对企业而言，管理者的执行力在所有的素质中最为看重，因为执行力是公司务实求真，追求使命达成的必备之核心能力。在某种程度上，管理者的执行力可以近似于所带领团队的组织绩效，一个企业对组织绩效再怎么重视也都是理所应当，不算过分。

管理者对于团队执行力的影响是巨大的，"兵熊熊一个，将熊熊一窝"，所谈的就是这个道理。由于管理者对团队承担有计划设定、组织分工、资源配置、难题破解等多项团队管理职责，下属员工个人执行力再好也只是个人层面目标达成问题，而管理者要对团队目标达成负责，并拥有更大的资源调配权限与信息来源。执行力强的管理者具有永不放弃的执行决心，对执行目标和计划的目的有深度理解，对执行过程中有效跟进，并能快速解决过程中出现的各种难题，最终确保了工作目标的达成。优秀的管理者不仅能够通过相关管理体系构建实执行力的基础，而且能够在团队中营造出强大的绩效文化和执行力意识，为公司企业文化和价值观体系建设奠定坚实基础。

（3）参考基本定义

坚决、快速贯彻公司要求，有效跟进既定计划实施状况，准确识别执行过程中出现的差异，及时采取有效措施，保证目标的实现，一次到位。

3．描述素质级别的关键维度

（1）执行意识

当年丘吉尔在自己政治生涯中最后的一次演讲中，面对上万剑桥大学毕业生，他做了一生中最精彩也是最简单的演讲，只讲了一句话，"永不放弃"。作为管理者，现实工作中总会碰到这样或者那样的困难和问题，没有一往无前的精神和永不放弃的执著，就会永远为自己找借口，任务期限一拖再拖。在自己意愿与组织意志不一致的情况下，不合格的管理者会借故拖延或者拒绝执行，合格的管理者依然会遵循公司要求执行任务，优秀的管理者则会说服下属和自己一同坚决执行上级指令。日本京瓷公司《京瓷哲学手册》中对管理者的资质中有明确要求，**"领导必须坚信目标能够实现"**，而且**"领导不能让部下认为可以不必实现目标"**。

（2）目标解读

在执行上，最可怕的错误是对任务目标的误读和坚决执行。实践告诉我们，管理者的固执己见会严重影响对工作目标的正确解读，是执行力的天敌。现实工作中，原有计划执行中肯定存在与环境不符的情况，这个时候需要管理者随机应变，改变行动方案，而随机应变的前提就是对计划目的的正确理解。例如，某咨询公司在为客户服务过程中，客户认为自己实际需求与原有合同存在明显差异，要求进行业务增加。项目经理与客户充分沟通后，增加了部分内容的同时，又对部分模块进行了删减，于是在帮助客户解决问题的同时，也满足了咨询公司自身利益诉求。这个过程中，项目经理对于咨询服务的理解就比较到位，国内工作环境中工作目标未必都明文规定，很多需要自己分析思考。合格的管理者自己理解之后，还需要将目标分解清晰，告诉每个员工他们要干什么，做到什么程度和为什么要这么干。

（3）工作跟进

很多管理者为自己的下属着急，"你做不了，为什么不早说？"。下属往往由于担心受到责骂或者表现出自己不胜任，不敢将真实工作进展向上级汇报。而这种隐瞒的结果往往是悲剧，本来上级事先了解情况后可以调配资源解决问题，但是现在由于事情真相大白时为时已晚而无法补救。发生这种情况，管理者需要承担更多的责任。**要最终结果，就必须关注过程中的关键点，就必须及时跟进**。其实，管理者不仅仅需要和下属就跟进问题及早达成共识，也需要和自己的上级就自己团队工作进度进行沟通。

（4）一次到位

一次性执行到位，而非重复工作达到目标，是管理者优秀执行力的特征。做事考虑不周或者细节未做到位，都会造成浪费性的重复工作，这是管理效率提升的大敌。一次到位的必须要设置提前量、关注细节和做好预防工作。提前量即凡事计划需要打出冗余度，为一次到位创造条件。例如交货期不能按照客户要求的最终交货期来安排生产，而是要把完成日设定在交货期若干天之前，将其作为最后期限来全力完成。这样，万一发生了意外，因为离最后期限尚留有富余，就能够采取有效对应措施，按照工期交货。

（5）结果导向

执行力的最有效衡量标准就是既定目标与计划的执行情况。管理者的执行力会体现在既定团队目标的实现程度上。合格的管理者在遇到一些困难的情况下也能坚持执行，有效达成目标，而优秀的管理者则可以在巨大困难的情况下，通过高效组织资源，按时甚至提前达成目标。

4．概念测验

您认为什么是执行力？

您认为应该从哪些关键维度对执行力进行评价？

您认为自己下属的执行力如何？他们有什么需要改进？

您认为自己的执行力如何？是否有地方需要改进？

您认为在坚决执行、目标解读、工作跟进、一次到位和结果导向中，最重要的是什么？

合格的管理者的执行力应该达到什么水平？

优秀的管理者的执行力应该达到什么水平？

5．子维度矩阵设计举例

以下，我们将针对执行力要素，按照五级标准划分，以上面的坚决执行、目标解读、工作跟进和结果导向四个关键子维度设计矩阵。五级标准设计参照前面章节描述的以0～4级形式展现，其中层级0为负面表现的不合格管理者，层级1为稍低于最低要求者，层级2为基本符合最低要求，层级3为较高水平，层级4为理想的最高水平。

第四部分　标准篇

根据这四个描述素质级别的关键维度的特点，坚决执行、目标解读、工作跟进和工作成效都应用于1～4层级的描述中。0级由于对自我要求过低，不在此处赘述，感兴趣的读者可参见附件：完整通用素质模型库中相关要素的0级行为描述。

在1～4层级描述中，评价方式子维度从目标解读的宽度与深度进行层级区隔的，坚决执行从主动性和对团队影响两个方面进行层级差异设计的，工作跟进是从沟通的有效性与监控有效性两个方面设计的，工作成效是从任务难度与完成质量两个方面进行层级差异设计的。

	目标解读	坚决执行	工作跟进	工作成效
层级1	按照指令执行	请求支持	脚踏实地 定期汇报	按时完成
层级2	主动思考，设立阶段性目标，重点、难点	全力以赴	关注细节 实事求是	力度较强，克服困难也能克服
层级3	预见风险，并落实责任到位	不找任何借口	充分沟通 严格监控	拥有强大推动力，按计划优质高效完工
层级4	从战略、运营和人员多角度的系统理解	群策群力，集腋成裘	风险防范	克服巨大阻力，出色完成任务

根据上面的子维度设计矩阵，可以得到执行力的五个层级行为描述。具体内容请参照附件：完整通用素质模型库中相关表格。

6. 关键子维度矩阵设计练习

作为一种管理工具，素质模型构建只有参照标杆，并无标准答案。请根据您所理解的冲突处理能力和您所选择的关键子维度，设计适合于您公司的子维度矩阵，并以该矩阵为基础编制要素等级描述。

您认为应将执行力分为几个标准等级？为什么？

您打算从几个子维度来区隔这些标准等级？这些子维度之间是否存在逻辑关系？

每个子维度在这些标准等级中又是如何表现出差异的呢？

请以这些子维度作为基础，编制相应的标准行为级别描述。编制后，您需要找一位朋友，进行简要解释后，请他/她帮忙找出行为级别描述中不清晰或者有争议之处。您自己是如何看待被指出的这些问题的？

7．总结列表

执行力是企业对管理者的核心素质要求，是综合素质的最为重要的外在体现；

管理者的执行力与团队执行力高度相关，而且直接关系到公司整体绩效；

执行力的核心要素包括坚决执行、目标解读、工作跟进、一次到位和结果导向五个方面；

执行力的关键子维度矩阵设计需要考虑级别标准的整体差异定义、相关关键子维度的选择、相关关键子维度在各级别中的差异表现等要素。

8．行动建议

用自己的语言定义执行力；

用自己或者他人经历对执行力其中的关键子维度进行深度理解和解读；

您经历过最困难的一个任务是什么？当时目的是什么？有什么困难？您是如何克服的？回顾起来，您认为是否有改进的空间？

了解一下上级眼中的您自己的执行力如何。为什么会出现这种情况？

评价一下周边管理者的执行力如何；

评价一下下属的执行力情况。他们有什么地方需要改进？

五、冲突管理

○┉┉★★★┉┉○

1．自我思考

您认为什么是冲突？什么是冲突管理？

您所在公司或者团队中存在冲突吗？

您是否处理过冲突？冲突各方认同解决结果吗？为什么？

您认为冲突管理的重点和难点是什么？

您认为优秀的管理者的冲突管理能力与一般的管理者的冲突管理能力相比会有何差异？

如何将管理者的冲突管理能力的强弱按照层级划分？

2．基本概念

（1）什么是冲突？

冲突是指双方或者多方之间存在的不可调和的利益矛盾和意见分歧。当其中的一方意识到其他各方的行为对自己的目标、行为或者需求形成了阻碍或者威胁后，冲突就产生了。只要组织存在，它与外部世界的冲突以及内部的冲突就从来不会完全被消灭。由于企业发展阶段和文化特点差异，企业冲突的表现形式可以是相对显性的，也可以是相对隐形的。冲突过于频繁和激烈，会造成敌对或者混乱，企业内耗过多，而冲突缺失或者过少，会制约企业创新和变化，变革受阻，企业发展乏力。因此，**企业需要对冲突进行管理，避免不理想的结果发生，而且尽可能化冲突的负面效果为正面效果，推动企业内部的创新与变革。**

（2）管理者的冲突管理能力

企业中，不同的生活工作经历、不当的组织设计、差异化的价值观、稀有资源的争夺、不同的利益诉求、不兼容的工作风格等都有可能引起冲突。企业需要管理者来化解这些冲突，但冲突由于通常表现形式激烈，而且时间要求高，处理难度大，所以结果不佳是常态。所以，**管理者谈及冲突管理时，往往首先想到的是控制不良后果出现，更高水平的管理者才会关注预防冲突的发生。**

普通员工解决不了冲突的时候，就会把冲突移交给管理者，管理者所面临的冲突也会因此更为重大、更为紧迫、更为困难。合格的管理者不会规避冲突，而是正视冲突，直面现实。优秀的管理者之所以能解决好冲突，在于能洞悉冲突根源本质，并能选择最适合的处理方式，保证最后取得良好的效果。

（3）参考基本定义

以令各方都感到满意、感到受到重视的方式来化解他们的争议和分歧，并使冲

突各方意见达成一致或妥协，最后达成有效的解决问题的方案的能力。

3. 描述素质级别的关键维度

（1）情绪管理

在面对突如其来的冲突时，管理者自己或者对方都有可能产生生气、恐惧或者愤怒的情绪。这种情绪会严重影响管理者自己行为结果的判断。作为管理者，**首先必须勇于面对冲突**，不能任由自己情绪引导，恶意回避或者进一步加剧冲突，应该理性思考后进行判断。**其次是要学会尊重他人和倾听意见**，粗鲁无礼的语言和蔑视的态度是激发冲突的导火索。优秀的管理者在解决冲突前会将处于激动状态的其他各方放松下来，为冲突的解决奠定基础。当然，如果客观分析判断后，认为确实有必要进行问题规避的，另当别论。情绪管理是有效冲突管理的心理基础。

（2）原因洞察

冲突一定是由于某种原因造成的。**管理者对于冲突成因的识别与分析深度也是冲突解决的关键影响要素之一**。能否发现冲突的本质原因是找到最佳解决冲突方法的基础。例如曾经有个公司总经理与副总经理当着下属经理的面产生激烈语言冲突，表面上看是二者情绪失控或者沟通障碍造成的，但深入了解后才发现实际上是由于经营理念的差异所造成的。冲突成因的识别判断错误往往会导致随后处理方式与手段的不当，影响处理的效果。原因洞察是有效冲突管理的客观依据。

（3）冲突选择

有时管理者会面对很多冲突，但并不是所有的冲突都需要管理者深度关注，也未必马上需要加以解决。这个时候管理者需要选择重要的冲突加以管理，而暂时忽略不重要的冲突，以保证自己聚焦于工作重点目标的达成。毕竟，现实中，有些冲突短期内无法解决，有些冲突远远超出自己的影响范围之外，管理者最好选择那些在自己影响范围内，而又能加以处理的冲突，而放弃不切合实际的解决一切冲突的幻想。冲突选择是高效冲突管理的有效工具。

（4）解决效果

冲突处理能力很大程度上可以从冲突解决目标的达成程度上加以分辨。管理者的冲突解决目标是从对冲突重要性、长期关系维护、时间要求这三个维度上加以定义的。在目标确定的前提下，管理者需要根据情况确定自己解决冲突的策略，并加以实施。**问题的解决效果不仅仅要考虑管理者目标的达成，还应考虑其他各方对冲突解决结果的满意程度**。普通的管理者可以说服其中一方妥协以解决问题，但很难引导双方真正达成一致。优秀的管理者可以通过创新性方法帮助各方达成共赢的效果。解决效果是冲突管理能力的直接体现。

（5）冲突难度

不同管理者由于自身处理能力的差异，能够胜任解决的冲突的类型与级别也有差异。合格的管理者能够胜任处理常规工作流程中的冲突，但对非常规工作流程中的一般性冲突只能勉强生硬解决。优秀的管理者能够解决公司的重大冲突。冲突难度的本质是冲突管理能力的定性描述。

4. 概念测验

您认为什么是冲突处理能力？

您认为应该从哪些关键维度对冲突处理能力进行评价？

您认为自己下属的冲突处理能力如何？他们有什么需要改进？

您认为自己的冲突处理能力如何？是否有地方需要改进？

您认为在情绪管理、原因洞察、冲突选择、解决效果、冲突难度中，最重要的是什么？

合格的管理者的冲突处理能力应该达到什么水平？

优秀的管理者的冲突处理能力应该达到什么水平？

5. 子维度矩阵设计举例

以下，我们将针对冲突处理能力子维度设计矩阵。五级标准设计参照前面章节描述的以0~4级形式展现，其中层级0为负面表现的不合格管理者，层级1为稍低于最低要求者，层级2为基本符合最低要求，层级3为较高水平，层级4为理想的最高水平。

　　根据这四个描述素质级别的关键维度的特点，原因洞察、解决效果和解决难度都应用于1～4层级的描述中，情绪管理只应用于1～2级的描述中。0级由于对自我要求过低，不在此处赘述，感兴趣的读者可参见附件：完整通用素质模型库中相关要素的0级行为描述。

　　在1～4层级描述中，评价方式子维度从情绪管理的客观性进行层级区隔的，原因洞察从分析的深度、角度和速度三个方面进行层级差异设计的，解决效果是从问题解决的各方满意程度、有效性和预见性三个方面设计的，冲突难度是从冲突的常见性与重要级别方面进行层级差异设计的。

	情绪管理	原因洞察	解决效果	冲突难度
层级1	不规避	基本认识，不深入	能缓解，但无力解决	例行程序
层级2	勇于面对冲突，客观分析，冷静对待	深入理解原因	解决办法生硬造成单赢	非例行程序
层级3		深刻认识各方需求与期望	有效解决冲突，重视正面效果，多赢思维	重大冲突
层级4		迅速抓住症结	创造性解决 建立机制，防范冲突的发生	

　　根据上面的子维度设计矩阵，可以得到冲突处理能力的五个层级行为描述。具体内容请参照附件：完整通用素质模型库中相关表格。

　　6．关键子维度矩阵设计练习

　　作为一种管理工具，素质模型构建只有参照标杆，并无标准答案。请根据您所理解的冲突处理能力和您所选择的关键子维度，设计适合于您公司的子维度矩阵，并以该矩阵为基础编制要素等级描述。

　　您认为应将冲突处理能力分为几个标准等级？为什么？

　　您打算从几个子维度来区隔这些标准等级？这些子维度之间是否存在逻辑关系？

第四部分　标准篇

每个子维度在这些标准等级中又是如何表现出差异的呢？

请以这些子维度作为基础，编制相应的标准行为级别描述。编制后，您需要找一位朋友，进行简要解释后，请他/她帮忙找出行为级别描述中不清晰或者有争议之处。您自己是如何看待被指出的这些问题的？

7. 总结列表

冲突处理能力是管理者的基本管理技能，管理者面对的冲突的难度与数量都超过普通员工；

冲突不可能被完全消灭，甚至部分冲突注定无法现在解决，但是管理者需要识别和解决自己影响范围内的重要冲突；

合格的管理者必须首先处理好自己的情绪问题，在理性状态下做出明智判断；

有效解决冲突前应对问题进行成因分析，然后再选择恰当的策略；

冲突解决的效果是冲突处理能力的直接体现；

冲突处理能力的关键子维度矩阵设计需要考虑级别标准的整体差异定义、相关关键子维度的选择、相关关键子维度在各级别中的差异表现等要素。

8. 行动建议

用自己的语言定义冲突处理能力；

用自己或者他人的经历对冲突处理能力中的关键子维度进行深度理解和解读；

您经历过最为尖锐的一次冲突是什么？当时是什么原因引起的冲突？解决起来有什么困难？您是如何克服的？回顾起来，您认为是否有改进的空间？

了解一下上级眼中的您自己的冲突处理能力如何。什么会出现这种情况呢？

评价一下周边管理者的冲突处理能力如何；

评价一下下属的冲突处理能力情况。他们有什么地方需要改进？

六、创造性解决问题

○·········★ ★ ★·········○

1．自我思考

您认为什么是解决问题？什么是问题解决能力？

您认为管理者面临的问题和普通员工面临的问题有何差异？

您认为问题可以分为哪几种类型？

您认为解决问题的重点和难点是什么？

您认为优秀的管理者的问题解决能力与一般的管理者的问题解决能力相比会有何差异？

如何将管理者的问题解决能力的强弱按照层级划分？

2．基本概念

（1）什么是问题？什么是解决问题？

《汉语大词典》中给出了"问题"的 4 种含义：①要求回答或解释的题目；②需要研究讨论并解决的疑难或矛盾；③关键或重要点；④事故或意外。简单来讲，**在企业里，问题是目标状态与现实状态的差距**。问题有大有小，有真有伪，有难有易，有生存问题也有发展问题，有理论问题也有实际问题。

解决问题是指人们在实际生活与工作中，如何减小和消除目标与现实差距的过程。这个过程中通常都会包括有察觉问题、定义问题、分析问题、解决方案形成、最优解决方案的选定、具体行动等几个关键环节。解决问题过程的输入是意识到问题的存在，而解决问题过程的输出是问题的解决，即目标的达成。

从某种角度来讲，企业管理就是解决问题，而且是一个持续循环的过程。企业的目标与目标之间永远存在差距，因为人们努力会消除这个差距而达成当前的目

第四部分 标准篇

标，但一旦现有目标达成，新的更高目标就会被设定，于是新的差距也就是新的问题又会产生了。随着企业的发展，公司自身解决能力也在不断提高。快速发展期的企业所面临的问题很可能成熟的企业也同样面对，但是由于大企业在成长过程中拥有了相应解决问题的能力与资源，所以这些问题在大企业来讲已经从制度上能够被解决，无法阻碍企业目标的达成。

（2）什么是问题解决能力？

所谓问题解决能力就是个体在现实环境下，人们运用既有的知识、经验、技能，采取实际行动来处理问题，以保证达到预期目标状态的过程中表现出来的能力水平，它必须在问题解决过程中才能展现出来。这种能力的高低会严重影响到所有计划与管控、组织协调模块的每个素质作用的发挥。

学术界对于问题解决能力的研究有多种派别。创新学派专家认为，"问题解决能力"=创造力，因为识别问题所要求的批判性思维、归纳分析等都属于创造力，而在定义问题与问题解决更是需要创造力。认知学派专家认为，"问题解决能力"="概念认知熟练程度"，因为"温故而知新"，问题解决就是在新环境下在原有认知体系基础上进行思考和行动，本质是对原有理念和知识的深度认知和熟练应用。

（3）管理者的问题解决能力

从企业管理角度来看，如果每个员工都能解决自己应该解决的问题，那么公司就具备了达成整体目标的能力。对于员工而言，主要关注的是自己的职责范围内发生的各种问题，通常以具体业务问题为主。而对于管理者而言，需要解决的是员工解决不了的问题，其中既有业务难题也有员工管理与协作问题。所以管理者的问题解决能力应在宽度与广度上都要比员工更大。

问题处理能力是一种管理者必备的核心能力，而且不同水平的管理者在问题处理能力方面表现会有显著差异。一种较为容易理解的测评管理者问题处理差异的方法，是从面对问题的态度、处理的方式、问题解决的效果三个子维度进行差异设计的。不合格的管理者会同时出现处理能力不佳、解决问题效果差、规避问题中两个以上特征，而优秀的管理者会主动面对问题，根据情况采取恰当的处理方式，并取得良好的解决效果。

最为关键的是，**问题解决能力的核心在于"行"**，只有在问题真实出现和解决过程中才能体现和被观察。

（4）有关问题管理

问题管理，与科学管理、人本管理、目标管理一起，并称为现代管理的四大管理模式。问题管理指的是以解决问题为导向，以挖掘问题、表达问题和解决问题为主线的管理机制与方法。核心思路是通过解决问题优化管理。其中，挖掘问题包括发现问题、分析问题和界定问题，解决问题包括制订解决方案、实施解决方案和跟踪反馈，表达问题并非独立的环节，而是体现在和融入到挖掘问题和解决问题的所有环节之中。

问题管理是从危机管理、事故管理等逐步演变过来的。问题管理的核心观点是以问题为线头切入；筛选真问题，过滤假问题；预防为主，消防结合；跨部门、跨领域分析解决问题，破除专业与部门间的"墙"。

必须指出的是，问题管理和本文中的管理者的问题解决能力之间是有差异的。问题管理是一整套制度和机制，是企业机制层面的管理模式。管理者的问题解决能力是指管理者实际工作中表现出的解决具体问题的能力，是个人层面的管理素质与技能。

（5）参考基本定义

能够主动发现问题，把握问题本质，并选择恰当的解决方法，有计划、有方法、分步骤地有效解决问题的能力。

3. 描述素质级别的关键维度

（1）勇敢面对

管理者对于所发现的问题所采取的态度是不同的，正确的态度是正向、积极的心态。考虑到问题分析的结果有可能指向自己，或者是伤害到朋友亲人，甚至是打击面过大，管理者有时会逃避问题的深入分析。而在此后的问题解决方法选

第四部分　标准篇

择中，管理者也有可能会选择保守策略以规避责任。在后面的解决过程中，管理者为避免冲突和责任也有可能自觉或不自觉地降低推行力度。但是优秀的管理者在对待问题的时候，一经确定其重要性和解决的必要性，就会勇敢面对，义无反顾坚决解决。

（2）问题识别

管理者的主要职责之一是持续寻找和管理现存和潜在的问题，而主要信息来源是通过沟通、下属表现监控、计划执行偏离情况。最容易识别出来的问题是过去已经多次发生过的常规问题，例如原材料短缺导致产量不足。另外一种情况是此前从未发生过的问题，较好的管理者能够及早感知到这些问题的存在，而较差的管理者则需要较长时间或者是问题产生较大影响时才会发现。真正优秀的管理者则是能够借助流程图或者标杆对比等工具将公司理想状况与公司的实际状况进行比较，进而发现内在差异。

（3）分析问题

在识别问题之后，管理者需要对问题进行更为准确的定义，并进行问题的准确说明和彻底分析，可以规避"头疼医头，脚疼医脚"的问题出现。对问题产生背景及成因的分析是拟订针对高效解决方案的基础，对问题分析越透彻，后期方案的有效性就更有保障。通常，发现多个问题时，管理者需要根据其重要性和紧迫性决定先解决哪个问题。

合格的管理者会在时间允许的情况下进行原因分析并找到主要原因，而不合格的管理者则在问题分析上会失之偏颇。较好的管理者善于应用各种问题分析工具，进行相关要素的内在关系分析。例如日本丰田管理的"五个为什么"，以及鱼骨图。此外，在各个学科领域中也都有相应的分析工具可供借鉴使用。例如，SWOT分析、波特的五力模型等。优秀管理者一般都会拥有适合于自身环境的分析思维方式，不仅效率极高，而且效果很好。

（4）解决方案

通常在制订出具体方案之前，需要拟订出方案的目的与设计原则，并在此基础上，制订出配套的解决方案。备选方案是高质量解决方案的前提保证，对于重要问题来说是不可或缺的。**管理者需要在若干备选方案中选择出相对最优的一个，并落实到行动计划，即责任到人、匹配资源和设定进度计划。**不合格的管理者决策选定的解决方案在收益、成本、风险性的综合性价比上会明显较差，而一般的合格管理者通常解决方案选择的不错，但执行计划的全面性和弹性不足。优秀的管理者的解决方案要点突出，手段新奇，措施得当，而且通常备有后备方案。针对问题，管理者可以开出直接的"症状解"来缓解当前症状，也可以开出"根本解"来从根本上消除隐患。后面的根本解在企业中往往是以制度或者流程优化形式表现的管理实践。

（5）解决效果

解决效果是管理者对于问题分析、解决方案选择以及行动实施的最终成果。管理者解决问题水平的高低在问题解决的质量上，也就是目标的最终达成上差异较大。较差的解决效果是问题凌乱、有始无终，基本合格的效果是基本能达到常见水平，较好的效果是各方满意，最佳的效果是由于创造性工作而形成的超越期望。

4．概念测验

您认为什么是问题解决能力？

您认为应该从哪些关键维度对问题解决能力进行评价？

您认为自己下属的问题解决能力如何？他们有什么需要改进？

您认为自己的问题解决能力如何？是否有地方需要改进？

您认为在勇敢面对、问题识别、分析问题、解决方案、解决效果几项中，最重要的是什么？

合格的管理者的问题解决能力应该达到什么水平？

优秀的管理者的问题解决能力应该达到什么水平？

5．子维度矩阵设计举例

以下，我们将针对问题解决能力子维度设计矩阵。五级标准设计参照前面章节描述的以0～4级形式展现，其中层级0为负面表现的不合格管理者，层级1为稍低于最低要求者，层级2为基本符合最低要求，层级3为较高水平，层级4为理想的最高水平。

根据这五个描述素质级别的关键维度的特点，我们可以选择其中的勇敢面对、解决方案和解决效果三个子维度作为矩阵子维度。其中的问题处理和解决效果可应用于1～4层级的描述中，而勇于面对只应用于1～3级的描述中。0级由于对自我要求过低，不在此处赘述，感兴趣的读者可参见附件：完整通用素质模型库中相关要素的0级行为描述。

在1～3层级描述中，问题解决是从独立性、效率两个角度进行层级区隔的。在1～4层级描述中，解决效果是从目标达成、解决问题的数量、满意达成程度三个方面进行层级差异设计的。

	勇于面对	问题处理	解决效果
层级1	有些逃避，但能给予支持	在上级指导下，能处理常规性问题	主要问题勉强完成，主要目的达成，但有部分问题未完成或存在明显瑕疵
层级2	接受问题，并按要求进行解决	独立完成自己职责内的各种问题处理	能够基本解决所有关键问题，解决效果能接受，但不能令人满意
层级3	接受问题，积极主动解决	组织团队合作，合理有效解决问题，但基本为症状解	绝大多数问题都能有效解决，满足各方期望
层级4		成竹在胸，高效协调团队解决高难问题，并提供根本解	创造性解决问题，超越各方原有期望

根据上面的子维度设计矩阵，可以得到问题解决能力的五个层级行为描述。具体内容请参照附件：完整通用素质模型库中相关表格。

6. 关键子维度矩阵设计练习

作为一种管理工具，素质模型构建只有参照标杆，并无标准答案。请根据您所理解的问题解决能力和您所选择的关键子维度，设计适合于您公司的子维度矩阵，并以该矩阵为基础编制要素等级描述。

您认为应将问题解决能力分为几个标准等级？为什么？

您打算从几个子维度来区隔这些标准等级？这些子维度之间是否存在逻辑关系？

每个子维度在这些标准等级中又是如何表现出差异的呢？

请以这些子维度作为基础，编制相应的标准行为级别描述。编制后，您需要找一位朋友，进行简要解释后，请他/她帮忙找出行为级别描述中不清晰或者有争议之处。您自己是如何看待被指出的这些问题的？

7．总结列表

问题解决能力是管理者的核心管理技能，管理者需要处理问题的难度与数量都超过普通员工；

问题解决能力的核心在于"行"，只有在实际动手解决问题过程中才能体现出来；

问题处理能力会影响所有其他素质和能力的发挥；

合格的管理者必须首先面对问题，不能由于害怕惩罚或者伤害自己或者他人，而逃避；

解决问题需要先识别问题，管理者在识别能力上存在差异；

问题解决方案设计需要做好收益、成本、风险决策，以及行动方案的设计；

问题解决的效果是冲突处理能力的最强有力的证据；

冲突处理能力的关键子维度矩阵设计需要考虑级别标准的整体差异定义、相关关键子维度的选择、相关关键子维度在各级别中的差异表现等要素。

8．行动建议

用自己的语言定义问题解决能力；

用自己或者他人的经历对问题解决能力中的关键子维度进行深度理解和解读；

您经历过最为困难的一次问题是什么？当时是什么原因引起的？解决起来有什么困难？您是如何克服的？回顾起来，您认为是否有改进的空间？

了解一下上级眼中的您自己的问题解决能力如何。为什么会出现这种情况呢？

第四部分　标准篇

评价一下周边管理者的问题解决能力如何；

评价一下下属的问题解决能力情况。他们有什么地方需要改进？

七、关注细节

○······★ ★★······○

1．自我思考

您认为什么是关注细节？

您认为管理者是否需要关注细节？

您认为什么类别的管理者更需要关注细节？

您认为优秀的管理者的关注细节与一般的管理者的关注细节相比会有何差异？

如何将管理者的关注细节能力的强弱按照层级划分？

2．基本概念

（1）什么是关注细节？

汪中求在《细节决定成败》中谈到，**中国绝不缺少雄韬伟略的战略家，缺少的是精益求精的执行者**；绝不缺少各类管理制度，缺少的是对规章条款不折不扣的执行。而"现代管理学之父"德鲁克也曾说过："**管理规范的企业，总是单调无味，没有任何激动人心的事件。那是因为凡是可能发生的危机早已被预见，并已将它们转化为例行作业了。**"对企业来说，没有激动人心的事情发生，说明企业的运行时时都处于正常控制之中，而这只有通过每天、每个瞬间都严格地对细节加以控制才有可能实现。海尔集团总裁张瑞敏认为，"把每一件简单的事做好就是不简单，把每一件平凡的事做好就是不平凡。"

所谓关注细节并不是单纯指做事谨慎、仔细。**关注细节的真实目的就是通过细节把握一次到位，也就是一次达到最高标准，一次让客户满意**。细节决定成败，往往企业历尽千辛万苦终于将产品研发成功，绝大部分工作都已完成，但就是由于细节上的小瑕疵，导致整体工作重复再来，资源、时间的浪费暂且不说，更为关键的是这些细节问题导致客户的不满，而客户不会给我们第二次机会。因此一次到位是企业必须正视的关键问题，而关注细节则也因此得到了企业的重视。京瓷的稻盛和夫曾经提到，曾经出现产品研发时由于忽视实验结束后粉末清洗的小细节而造成项目研发多次失败的情况。要一次成功，务必保证能做好的细节都做好。预防工作则是为了规避各种能够预想到的问题而做的事先准备工作。例如，公司生死攸关的项目必须有后备梯队，关键岗位必须有后备人选。

（2）管理者的关注细节能力

有的人认为，"管理"是管理者的事情，"细节"是下属的事情，管理者只需专注大事，不用顾及太多细节。其实这些观点都是错误的。麦当劳总裁弗雷德·特纳说过："我们的成功表明，我们的竞争者的管理层对下层的介入未能坚持下去，他们缺乏对细节持续关注。"无论管理者还是普通员工，大家虽然分工有差异，但共同的责任都是把整体工作做好。管理者对计划安排承担主要责任，举重若轻，但对细节要做到心里有数，不必自己躬身亲行，但必须监控到位。特别是对一些关键要点，无法授权他人来做，管理者身先士卒也必须保证质量与进度。

管理者的关注细节能力体现在对工作的精益求精，对事务严谨的要求，对琐碎细节的洞察，对关键细节的有效把握。较差的管理者做事马虎，能过就过，眼高手低，长于言谈而短于实践。优秀管理者有着近乎病态的完美追求，能够通过自己的穿透力，构建相应流程和规则控制关键环节，不断提升绩效水平，实现一次到位。

根据我们的经验，由于工作岗位性质，生产管理与研发类等两个职类干部的关注细节能力往往很重要，对其工作绩效关联性很大。

（3）参考基本定义

关注事实和细节，而不是抽象的概念；善于通过有效的途径深入了解关键细节，对细节信息可能揭示出的背后问题有敏锐的洞察力。

3．描述素质级别的关键维度

（1）精益求精

如果要持久关注细节，管理者必须具有一种追求完美的强烈愿望。例如，京瓷在研究一款产品的时候，这个产品的所有性能都已达到设计要求，但是稻盛和夫却因这个产品外观不够光滑亮白而退回继续研发。他要求这种产品外观必须达到让人不忍去拿手触摸的地步。也正是这种近乎变态的追求，才成就了京瓷，使其从一个毫无建树的小公司成长为全世界业内首屈一指的顶尖公司。所以一般管理者只能做到关注容易出现的问题，较好的管理者可以做到通过构建机制来不断提升，而优秀管理者则具备精益求精的精神特质，并会通过营造氛围影响他人。

（2）严谨求实

为了逐步走向完美，管理者需要严谨求实、脚踏实地开展工作，因为只有严谨求实、更为准确和快速地锁定不足之处，在细节中实现改进。如无意外就要严格按照既定制度和经过验证的策略做事，尽量用数据和事实为依据进行分析和提案，是合格管理者都应具备的基础作风。

（3）信息敏感

密斯·凡德罗是20世纪四大建筑家之一，他在概括自己成功的原因时，只说了五个字"魔鬼在细节"。管理者要把细节做好，就离不开相关的信息的收集与分析。**有价值的信息收集越多，内在联系分析越深入，细节设计就会越符合工作的需要，也就越会成为公司成功的阶梯。**合格的管理者应具备主动收集信息的意识；较好的管理者应密切关注相关信息，并能发现内部联系；优秀的管理者可以通过完善机制来发掘改进信息，分析发展机会。

（4）细节取胜

所谓的专业和敬业都体现在细节之中，在客户面前公司的实力也都以细节形式一一展现。要一次到位，管理者必须高度重视细节，通过设置各种机制与流程等工具对细节进行有效把控。合格的管理者至少具有流程管理意识，能及时改进或者避免错误再次发生。

4. 概念测验

您认为什么是关注细节?

您认为应该从哪些关键维度对关注细节进行评价?

您认为自己下属的关注细节能力如何? 他们有什么需要改进?

您认为自己的关注细节能力如何? 是否有地方需要改进?

您认为在精益求精、严谨求实、信息敏感和细节取胜几项中, 最重要的是什么?

合格的管理者的关注细节能力应该达到什么水平?

优秀的管理者的关注细节能力应该达到什么水平?

5. 子维度矩阵设计举例

以下, 我们将针对关注细节能力子维度设计矩阵。五级标准设计参照前面章节描述的以0～4级形式展现, 其中层级0为负面表现的不合格管理者, 层级1为稍低于最低要求者, 层级2为基本符合最低要求, 层级3为较高水平, 层级4为理想的最高水平。

根据这五个描述素质级别的关键维度的特点, 我们可以选择其中的精益求精、细节取胜、严谨务实、细节敏感四个子维度作为矩阵子维度。其中的严谨务实可应用于1～2层级的描述中, 而精益求精只应用于3～4级的描述中, 细节取胜和细节敏感都可应用于1～4级描述。0级由于对自我要求过低, 不在此处赘述, 感兴趣的读者可参见附件: 完整通用素质模型库中相关要素的0级行为描述。

在1～2层级, 严谨务实是以严格执行与严谨程度进行区隔的。3～4级精益求精是从管理机制、文化氛围两个角度进行层级区隔的。1～4级中, 细节取胜是以对细节关注的重点、管理的方式、流程管理的程度来区隔的, 细节敏感则是以主动性、收集方法与分析深度来进行层级区隔的。

	精益求精	细节取胜	严谨务实	细节敏感
层级1		关注关键细节	按制度办事	保证关键细节

层级2		更多关注易出错细节	严谨求实，以数据与事实说话	主动收集改善信息
层级3	建立改善机制	注重流程管理		密切关注有价值的细节信息，洞察深层原因与关系
层级4	精益求精氛围	精于制度流程建设，保证效果		完备机制洞察信息，分析发展机会

根据上面的子维度设计矩阵，可以得到关注细节的五个层级行为描述。具体内容请参照附件：完整通用素质模型库中相关表格。

6．关键子维度矩阵设计练习

作为一种管理工具，素质模型构建只有参照标杆，并无标准答案。请根据您所理解的关注细节能力和您所选择的关键子维度，设计适合于您公司的子维度矩阵，并以该矩阵为基础编制要素等级描述。

您认为应将关注细节能力分为几个标准等级？为什么？

您打算从几个子维度来区隔这些标准等级？这些子维度之间是否存在逻辑关系？

每个子维度在这些标准等级中又是如何表现出差异的呢？

请以这些子维度作为基础，编制相应的标准行为级别描述。编制后，您需要找一位朋友，进行简要解释后，请他/她帮忙找出行为级别描述中不清晰或者有争议之处。您自己是如何看待被指出的这些问题的？

7．总结列表

关注细节是管理者的一项重要管理技能；

关注细节的真实目的在于一次到位，一次到位是公司追求的理想境界；

合格的管理者需要学会关注关键细节，秉持严谨务实态度，以事实与数据为依托，客观做事；

优秀的管理者具有精益求精的特质，并重视管理机制建设以寻找发展机会，擅长文化建设以推进不断改进；

关注细节能力的关键子维度矩阵设计需要考虑级别标准的整体差异定义、相关关键子维度的选择、相关关键子维度在各级别中的差异表现等要素。

8．行动建议

用自己的语言定义关注细节能力；

用自己或者他人的经历对关注细节中的关键子维度进行深度理解和解读；

您最佩服的关注细节能力最强的人是谁？为什么最佩服他呢？能否举例说明？

了解一下上级眼中的您自己的关注细节能力如何。为什么会出现这种情况呢？

评价一下周边管理者的关注细节能力如何；

评价一下下属的关注细节能力情况。他们有什么地方需要改进？

第三节 组织能力模块要素诠释与行为级别描述

一、组织设计

1. 自我思考

您认为什么是组织设计？组织设计有什么用？

您认为管理者是否需要具备组织设计能力？

组织设计的重点是什么？

您认为优秀的管理者的组织设计能力与一般的管理者的组织设计能力相比会有何差异？

如何将管理者的组织设计能力的强弱按照层级划分？

2. 基本概念

（1）什么是组织？

所谓组织，是指这样一个社会实体，它具有明确的目标导向和精心设计的结构与有意识的协调的活动系统，同时又同外部环境保持密切的联系。德鲁克认为，"组织的目的是让平凡的人做不平凡的事。"从不同角度组织可以分为很多类型，例如大型组织VS小型组织，营利组织VS非营利组织（政府、医院、学校、教会、NGO），还可以根据其特点分为创业型、机械型、专业型、创新型、多元型、政治型、教会型（Mintzberg）。

组织必须与环境相互作用，也就是成为开放系统，即从环境中获得投入（如原材料、人力资源、信息资源、财务资源等），经过内部转换后，再行输出。组织存在的目的在于满足各利益相关方的需求，例如股东、客户、员工、供应商、政府、社会等。

（2）什么是组织设计?

组织设计是以企业组织结构为核心的组织系统的整体设计工作，同时也是进行专业分工和建立使各部分相互有机地协调配合的系统过程，其核心目的在于追求资源效率最大化，更强有力地支持企业战略的达成。也有专家认为，**组织设计是管理活动的横向与纵向分工。**

组织设计的首要任务是设计组织结构形成组织结构图，其次是设计层级关系形成层级关系图，再进行部门设计形成部门划分方案，最后再进行岗位设计，形成岗位说明书。简言之，组织结构先有建筑框架图（组织结构图），然后细化房间设计（部门设计），最后落实到工位设计（岗位设置）。

组织设计的基本步骤包括确立组织目标、划分业务工作、确定组织框架（包括部门及层级设置）、确定职权关系、设计组织运作方式、决定人员配置、反馈和修正。

国内外管理学家几十年的研究分析，为我们提供了基本的组织设计原则:

目标明确原则

战略决定组织，企业战略是企业在一定时间内共同活动要达到的共同目标，规定了经营活动的基本原则和方向。各个部门是对公司核心价值链进行分解而来，承担着由整体战略分解而来的职能战略，而各部门的设置必须支持部门职能战略，乃至公司整体战略的实现。

责权对等原则

每个职位或者部门都必须承担一定职责，并且具有相应的职权以保证职责得以实现。权力过大则会滥用职权，权力过小则会影响职责的达成。

统一指挥原则

每个职位或者部门只能接受一个上级的直接领导，其他人无权指挥，否则就会造成"政出多门"现象，多头领导的后果就是下属不知所措，效率低下。

精干高效原则

简而言之就是管理层次和管理幅度的问题，尽量减少管理人员数量，提高决策效率。相同情况下，管理幅度（直接下属人数）越大，管理层次就越少，决策效率就会提高，但同时管理幅度增大，对每个下属的具体指导和监督投入就会减少。

分工协作原则

为了提高管理效率，企业往往根据业务性质划分部门，划清职责范围，提高各部门专业化程度。但同时，为保证企业经营活动的协调一致性，需要强化他们之间的横向联系，利用流程来保证任务流的通畅。

弹性原则

组织设计时，需要考虑静态组织结构与动态的环境相适应。组织结构设计中要留出相应的接口和更新机制，以便更快捷地适应外部变化。

通常，影响组织设计的主要影响因素包括：企业发展阶段、战略定位、外部环境不确定性、公司文化、生产技术水平、关键流程等。由于这些因素的差异性，造成企业组织架构的千差万别。

（3）组织设计与流程设计的关系

本质上来讲，流程与组织都是对于公司内部业务与管理活动的描述。**如果说组织是对公司内部管理的纵向划分和描述的话，那么流程则是对公司内部管理的横向划分和描述。**一般进行组织设计时，都会涉及高阶流程的梳理问题。在岗位设计层面，则会涉及低阶流程的梳理问题。通常，组织设计在涉及流程设计时会采取以下两种思路中的一种。

思路一：战略→高阶流程→职能模块→组织结构→低阶流程设计。

思路二：战略→部门定位矩阵+业务流程设计→职能流程设计→流程文件编写→部门职责编写。

（4）什么是岗位设计？如何做好岗位设计？

岗位设计，又称工作设计，指根据企业需求，并兼顾个人需求，规定每个岗位的任务、责任、权力以及与其他岗位关系的形式。岗位设计的核心目的是通过有效的岗位设计来提高工作绩效，有效的岗位设计既考虑了企业的需要与目标，同时也考虑了员工技能、能力和偏好，因此可以激发员工的满意度。

岗位设计的主要内容包括工作内容、工作职责、工作关系三个方面。工作内容是工作设计的重点，一般包括工作的广度、深度、完整性、自主性和反馈性；工作职责主要包括责任、权力、方法以及沟通与反馈；工作关系包括协作关系、监督关系等。岗位设计的成果就是职位说明书。

国内较为通用的岗位设计方法有工作轮换、工作扩大化、工作丰富化三种，其核心思想是将工作丰富化，以消除重复工作的枯燥感与单调感，激发员工工作兴趣。工作轮换是指安排员工在不同部门间调动工作，以积累更多经验，工作扩大化是拓展此前工作的内容（例如由负责单一地区销售扩大到负责多个地区销售），工作丰富化是赋予员工更多的责任与自主权。其中工作丰富化是效果最佳的方法。

对于已经存在的岗位体系进行丰富化再设计，美国的JCM模型建议，可以通过工作合并，创造自然的工作单位，确定客户关系，垂直工作拓展，公开反馈渠道等。

要成功有效的岗位设计，必须综合考虑各种因素，其中既要考虑员工的兴趣和要求、也要考虑组织目标和经济效益，还要考虑市场供给和社会期望。

（5）管理者的组织设计能力

组织设计与岗位设计，从职责分工上来看，主要是各层级管理者应承担的责任，而基层员工应积极参与，提供反馈意见，以帮助对其进行修订和完善。

由于管理者所在的管理层级不同，公司对其组织设计和岗位设计的能力要求也有所不同。组织设计能力是管理者的通用必备核心技能，且管理层级越高，管理者的组织设计能力要求越高，而中基层管理者更着重于岗位设计能力。

较差的管理者所设计的岗位设计会存在明显不合理之处，职能缺失或者不符合基本设计原理。合格的管理者至少应该能够对组织和岗位设计方面提出切实可行的方案，而**优秀的管理者则可以设计出高效简约、满足各利益相关方要求的组织方案。**

（6）参考基本定义

能够通过建立组织结构，规定职务或职位，明确责权关系，提升组织成员协作效率，有效实现组织目标的能力。

3．描述素质级别的关键维度

（1）要点覆盖

组织设计的基础要求是在于企业内部业务与管理的关键活动无遗漏，必须做到总店活动的全面覆盖。标准的组织结构设计应先将相关管理活动列表，做WBS分解，之后再重新进行职责分配。是否有关键活动遗失是甄别管理者组织设计能力是否合格的一项重要参考指标。**合格的管理者会成体系地将相关活动列表，而不出现遗失问题。**优秀的管理者在组织设计完成后，往往通过关键流程梳理等工具，来将业务与管理活动进行穿越，进而确定关键职责有无遗失。

（2）描述清晰

组织设计方案中的每个部门，岗位设计方案中的每个岗位都需要有清晰的定位概述、工作核心内容与关键责任的定义。这些定义描述未必要用大幅文字，但必须清晰，不能引起歧义。这是对组织设计能力的基本要求，合格的管理者都需要做到。

（3）分工合理

组织设计与岗位设计既要考虑公司未来发展需要，同时又需要考虑公司现有各种资源状况，既要考虑公司对人的要求，又要考虑当前人的水平，既要有一定牵引作用，同时又必须要符合现实。在表现上来看，最为真实的评价莫过于下属员工的感知了，他们未必精于设计，但从实操角度进行评价倒是高度可靠可信。组织设计中违背常规原则的地方，在下属工作中一定会体现出来，而且感觉不适。

（4）效率领先

组织设计的目的依然是为了追求更高的工作绩效。人均销售额、决策速度、研发速度、交货速度等都可以是组织效率的外在表现。组织设计高手的成果通常结构简洁、层次清晰、设计精巧，与公司业务高度契合，且公司战略竞争能力的培育意图呼之欲出，实施效果较好。而较差管理者的组织设计方案由于存在关键活动遗漏、分工不清晰、不合理，而且前瞻性太差，造成实施效果往往较差。

（5）层级差异

能够胜任的组织复杂程度和层次性越高，管理者的组织设计能力越强；能够胜任的组织复杂程度和层次性越低，组织设计能力越弱。部门级别岗位设计、公司级别组织设计是管理者组织设计能力的重要分水岭。

4．概念测验

您认为什么是组织设计与岗位设计？

您认为应该从哪些关键维度对组织设计与岗位设计能力进行评价？

您认为自己下属的岗位设计能力如何？他们有什么需要改进？

您认为自己的组织设计与岗位设计能力如何？是否有地方需要改进？

您认为在几项中，最重要的是什么？

合格的管理者的组织设计能力应该达到什么水平？

优秀的管理者的组织设计能力应该达到什么水平？

5．子维度矩阵设计举例

以下，我们将针对组织设计能力子维度设计矩阵。五级标准设计参照前面章节描述的以0~4级形式展现，其中层级0为负面表现的不合格管理者，层级1为稍低于最低要求者，层级2为基本符合最低要求，层级3为较高水平，层级4为理想的最高水平。

根据这五个描述素质级别的关键维度的特点，我们可以全部选择其中的描述清晰、要点覆盖、分工合理和效率领先四个子维度作为矩阵子维度。其中的描述清晰可应用于1~2层级的描述中，而效率领先只应用于3~4级的描述中，要点覆盖和分工合理都可应用于1~4级描述。0级由于对自我要求过低，不在此处赘述，感兴趣的读者可参见附件：完整通用素质模型库中相关要素的0级行为描述。

在1~2层级，描述清晰是以清晰范围与歧义程度进行区隔的。3~4级中的效率领先是从改进效果与方案的先进程度来区隔的。1~4级中，分工合理是以分工可运行程度、前瞻性的程度来区隔的，要点覆盖则是以要点覆盖程度、细节遗失和分阶段覆盖程度来进行层级区隔的。

	描述清晰	分工合理	要点覆盖	效率领先
层级1	大部分职责描述清晰，有部分歧义	分工有明显不合理	有部分关键职能遗失	
层级2	职责描述清晰，无歧义	基本设计可运行，但系统性前瞻性弱	关键管理与业务职能无遗失，但有部分细节丢失	
层级3		分工合理，有一定前瞻性，实施顺畅	无遗漏	新方案实用有效，工作效率有一定改进
层级4		系统设计，前瞻性、合理性俱佳，员工高度满意	将职能进行分阶段设计，并全面覆盖	新方案的结构简洁，工作效率提升明显

根据上面的子维度设计矩阵，可以得到组织设计能力的五个层级行为描述。具体内容请参照附件：完整通用素质模型库中相关表格。

6. 关键子维度矩阵设计练习

作为一种管理工具，素质模型构建只有参照标杆，并无标准答案。请根据您所理解的组织设计能力和您所选择的关键子维度，设计适合于您公司的子维度矩阵，并以该矩阵为基础编制要素等级描述。

您认为应将组织设计能力分为几个标准等级？为什么？

您打算从几个子维度来区隔这些标准等级？这些子维度之间是否存在逻辑关系？

每个子维度在这些标准等级中又是如何表现出差异的呢？

请以这些子维度作为基础，编制相应的标准行为级别描述。编制后，您需要找一位朋友，进行简要解释后，请他/她帮忙找出行为级别描述中不清晰或者有争议之处。您自己是如何看待被指出的这些问题的？

7. 总结列表

组织设计与岗位设计是管理者的一项核心管理技能，凡是管理者都必须掌握；

组织设计的真实目的在于寻求最佳资源组合方式，提升组织绩效；

合格的管理者需要设计切实可行的组织结构和岗位，并且清晰定义相关职责描述；

优秀的管理者不仅可以设计出前瞻性与合理性兼备的组织架构，而且能够有效激发员工满意度，提高工作效率；

组织设计能力的关键子维度矩阵设计需要考虑级别标准的整体差异定义、相关关键子维度的选择、相关关键子维度在各级别中的差异表现等要素。

8.行动建议

用自己的语言定义组织设计能力；

用自己或者他人的经历对组织设计中的关键子维度进行深度理解和解读；

您最佩服的组织设计能力最强的人是谁？为什么最佩服他呢？能否举例说明？他设计的方案有何特点？

了解一下上级眼中的您自己的组织设计能力如何。为什么会出现这种情况呢？

评价一下周边管理者的组织设计能力如何；

评价一下下属的组织设计能力情况。他们有什么地方需要改进？

二、授权管理

○┈┈★ ★ ★┈┈○

1.自我思考

您认为什么是授权？管理者为什么要进行授权？

您认为授权对管理者的重要性如何？

您认为授权的难点在于何处？

第四部分 标准篇

您认为优秀的管理者的授权能力与一般的管理者的授权能力相比会有何差异？

如何将管理者的授权能力的强弱按照层级划分？

2．基本概念

（1）什么是授权？

授权是指上级把自己的部分职权与职责授给下属，从而使下属拥有完成某项任务的相关权力。在企业中，授权是必不可少的基础管理活动，因为授权的作用体现在以下四个方面：权责一致才能保证工作目标的达成，授权是工作开展的必备前提；授权能够使得管理者不必事事亲为，从而能够将时间和精力投入到更重要和更有价值的活动中去；授权还能够有效激励和培养下属，更加充分发挥其作用。

企业内部的授权多为人、财、物等资源的管理权限，最常见的包括：人事任用、罢免、考核、奖罚等人事权力；资金预算、支配、使用、资产使用与处置等资金支配权力；工作内容选择权以及目标、考核标准、工作方式、场所的业务活动权。

授权可以分为两种形式，一种为岗位授权，另外一种为临时授权。岗位授权是在部门/岗位职责说明书中明确界定的内容。责权一致是组织设计的基本原则，授权是组织运作的关键。岗位授权具有高度稳定、体系化设计、制衡合理、公开透明的特点，应该是公司内部授权体系的主体。但由于岗位授权缺乏灵活性，有时会出现官僚作风和效率低下问题。

临时授权是由上级临时以指令形式布置下属完成某项特定任务，并给予相关权力授予的行为。临时授权具有高灵活性、管理风险小的特点。即一事一议，可以不受岗位职责限制，极为灵活，资源调动效率高，事情完成后即可收回权力。但由于临时授权随机性较高，下属相对被动，激励效果较差。

通常授权的基本原则包括：

相近原则：给下级直接授权，不要越级授权；要把权力尽可能授给最适合做出决策和执行的人，以提高反应速度。

授要原则：所授权力应为下属执行任务所必需的最需要和主要的实质性权力。

明责授权：授权以责任为前提，授权必须同时明确下属相关职责范围和权力范围。

动态原则： 授权有一定时限性，为提高效率和避免滥用权力，从实际需求出发从单项授权、条件授权和定时授权等类型中进行选择性授权。

细分原则： 为保证授权效果，上级应对授权进行细分定义，以便操作。例如，可以从流程、职能、项目等角度进行权力细分，以保证授权的针对性和有效性。

（2）管理者的授权能力

授权的实质就是"让别人来做他们可以做的事"。 授权发生在管理者与下属之间，所以授权必须由上级主管与下属共同参与。在这个授权过程中，管理者起主导作用，而下级的积极配合与支持至关重要。管理者虽然和下属可以就权责进行内部划分，但是从管理者上级角度来看，管理者依然要承担授权的实际效果，即工作完成情况。授权给下属的工作没有做好，那么管理者必须承担管理责任，追究授权不当、用人错误或者监管不力错误。

授权能力是所有管理者都必备的基础管理技能，也是管理水平差异的一个温度计。

管理者的授权能力高低主要体现在授权意愿、知人善任、授权监控、授权效果四个方面。 授权意愿是管理者进行授权的心理基础，知人善任是授权的人事匹配基础，授权监控是授权效果的保障。

（3）参考基本定义

能够根据任务与下属的特点合理授权，并且进行有效监控，及时发现问题并采取有效措施解决，充分发挥下属的作用。

3．描述素质级别的关键维度

（1）授权意愿

管理者对于授权的重视程度与看法，决定了对下属权力下放的整体风格，是授权能力的心理基础。较差的管理者缺乏信任，不敢放权或者授权不明，好的管理者能够充分授权，鼓励下属独当一面，提供发展空间。

（2）知人善任

授权是针对下属个人进行的，因为对于下属的了解程度至关重要。较差的管理者只随意分派任务和授权，严重影响了下属积极性的发挥与潜力的激发。好的管理者对下属的兴趣、能力、个性、家庭情况如数家珍，能让下属适时承担挑战性的工作，帮助其获得工作成就感。

（3）授权监控

俗话说，"用人不疑，疑人不用"，但在企业实践中，监控是企业目标管理体系的必要组成，不可或缺。正常情况下，管理者在授权时应与下属商定双方何时何地何时进行反馈，并对工作目标与评价标准进行明确定义。一般的管理者只能大致了解下属工作的进展情况，但把握不到位。好的管理者能够通过构建有效的监控体系对工作进展进行监控，而且及时对发现的问题提供强有力的支持。

（4）授权效果

授权能力的重要评价标准是对授权相关事务的完成效果。如果授权顺利监控到位，工作任务一定会完成较好，但如果授权或者监控不到位，则工作任务的执行一定会出现问题。深入分析任务过程中出现的问题大都会暴露在授权与监控方面的疏忽。

（5）员工参与

授予下属权力范围的最佳确定标准是授权要完成的工作职责本身的需要。上级未必能自己想全所有必需的授权，而下属有时会因为个人利益驱动或者个人视野有限而要求过多或过少的授权，因此通常授权范围是个协商沟通的过程。此外，好的管理者在监控中发现问题，也会坚持要求员工先自行提供解决建议，而非由自己解决，因为一方面授权本身就包括这部分决定，应由下属负责，而另一方面只有通过这种方式才能将下属在实战中培养出来，管理者才能从具体事务中脱身。

4．概念测验

您认为什么是授权？什么是授权管理？

您认为应该从哪些关键维度对授权管理能力进行评价？

您认为自己下属的授权管理能力如何？他们有什么需要改进？

您认为自己的授权管理如何？是否有地方需要改进？

您认为在授权意愿、知人善任、授权监控和授权效果几项中，最重要的是什么？

合格的管理者的授权管理能力应该达到什么水平?

优秀的管理者的授权管理能力应该达到什么水平?

5. 子维度矩阵设计举例

以下，我们将针对授权管理能力子维度设计矩阵。五级标准设计参照前面章节描述的以0～4级形式展现，其中层级0为负面表现的不合格管理者，层级1为稍低于最低要求者，层级2为基本符合最低要求，层级3为较高水平，层级4为理想的最高水平。

根据这六个描述素质级别的关键维度的特点，我们选择授权意识、知人善任、监控力度和授权效果四个子维度作为矩阵子维度。其中的授权意愿、知人善任、授权监控可应用于1～4层级的描述中。0级由于对自我要求过低，不在此处赘述，感兴趣的读者可参见附件：完整通用素质模型库中相关要素的0级行为描述。

在1～4级别中，授权意识是从开放程度与认识深度角度区隔的，知人善任是从对下属特点了解深入程度与授权匹配程度区隔的，监控力度是从监控的力度与下属认同程度区隔的，授权效果是从过失数量与严重程度区隔的。

	授权意识	知人善任	监控力度	授权效果
层级1	有一定意识，但不充分	不了解下属特点，授权时随机分工	把握不到位	个人忙乱有明显过失
层级2	较好的授权意识	了解下属特点，主要从业务难度考虑授权	不定期监控	偶尔有过失
层级3	全面的授权意识	能适当分配职责，并适时进行挑战性分工	不随便干涉，及时监控和辅导	有小过失
层级4	给予下属发挥和成长空间，从而个人能从日常工作中摆脱出来	知人善任	协商确定恰当的监控方式	基本无过失

根据上面的子维度设计矩阵，可以得到授权管理的四个层级行为描述。具体内容请参照附件：完整通用素质模型库中相关表格。

6. 关键子维度矩阵设计练习

作为一种管理工具，素质模型构建只有参照标杆，并无标准答案。请根据您所理解的授权管理能力和您所选择的关键子维度，设计适合于您公司的子维度矩阵，

第四部分　标准篇

415

并以该矩阵为基础编制要素等级描述。

您认为应将关注授权管理能力分为几个标准等级？为什么？

您打算从几个子维度来区隔这些标准等级？这些子维度之间是否存在逻辑关系？

每个子维度在这些标准等级中又是如何表现出差异的呢？

请以这些子维度为基础，编制相应的标准行为级别描述。编制后，您需要找一位朋友，进行简要解释后，请他/她帮忙找出行为级别描述中不清晰或者有争议之处。您自己是如何看待被指出的这些问题的？

7. 总结列表

授权管理是管理者的一项基础必备管理技能，特别是对国内管理者而言更是如此；

授权管理的主要目的在于保证相关目标有相匹配的授权支持，帮助管理者有更多的时间和精力投入在更重要的事务中；

管理者的授权能力中关键子维度包括授权意识、知人善任、监控力度、授权效果和员工参与五项；

授权管理能力的关键子维度矩阵设计需要考虑级别标准的整体差异定义、相关关键子维度的选择、相关关键子维度在各级别中的差异表现等要素。

8. 行动建议

用自己的语言定义授权管理能力；

用自己或者他人的经历对授权管理中的关键子维度进行深度理解和解读；

您最佩服的授权管理能力最强的人是谁？为什么最佩服他呢？能否举例说明？

了解一下上级眼中的您自己的授权管理能力如何。您是否出现过授权和监控方面的问题呢？

评价一下周边管理者的授权管理能力如何。

三、培养员工

○······★　★······○

1．自我思考

您认为什么是培养员工？管理者为什么要培养下属？

培养员工的内容都包括哪些？

您认为培养员工的难点在于何处？

您认为优秀的管理者与一般的管理者相比，在培养员工方面会有何差异？

如何将管理者的培养员工能力的强弱按照层级划分？

2．基本概念

（1）什么是培养员工？

员工培养就是通过员工招聘遴选、员工辅导与培训等手段，获得有能力、有动机、高绩效的员工团队，其本质目的是帮助下属改善绩效。 员工培训对于公司、管理者和员工个人都有着重大意义。对于公司而言，通过培养可以实现激励、宣传贯彻文化和分享最佳实践经验；对于管理者而言，通过培养可以提升下属能力，管理者的工作因此将更为轻松；对于下属而言，通过培养可以解决实际问题、开发自身潜力、规划职业发展轨道，并可以改进个人绩效。

员工培养是从招聘环节开始的。很多中小型公司领导总是感叹现有人员水平不足，难以提高，更谈不上委以重任，而这个问题的起始点正是当初招聘这些人进来时遴选不严格。在管理者广泛参与新员工招聘面试的今天，面试技巧已成为管理者所必备的基础素质之一。"如果要找会爬树的，那就去找一只松鼠"，哪怕我们找一只高素质的老鹰来，后期公司再努力培养，老鹰个人再努力学习，也很难培养出一只擅长爬树的老鹰来。

　　管理者可以通过多种手段来进行员工培养，其中常见的包括入职培训、在职培训、授权管理、有效反馈、行为辅导、个人指导、职业发展指导等。入职培训是新员工适应公司环境的重要渠道，也是新员工"入模"的首要环节。在职培训是老员工更新技能以快速适应环境和工作要求变化的主要手段之一。授权管理是一种"以战养战"的员工培养方式，即用工作实践来帮助员工提升自身能力。有效反馈是在授权与绩效管理环节中，向下属提供的"什么做得好，什么做得不好"的有效信息，并借此让下属感知到上级的关注，进一步清晰目标，明晰自己进展的情况，并更努力达成上级意图。行为辅导是管理者根据情况，定期不定期地在下属需要指导时，与其进行沟通，共同分析绩效并提供改进的意见，但过程中重点是帮助员工不断改进行为，向既定目标不断前进。个人指导是针对下属发生的个人问题，例如婚姻、疾病、酗酒等重大问题，管理者提供相关的指导和建议，帮助下属释放压力，增加安全感。职业发展指导是帮助下属设定职业生涯目标，并努力帮助其发挥全部潜力，鼓励他们在自己的职业生涯规划中更加积极主动。

　　在员工培养的各项活动中，由于资源限制，很多管理者都认为最为有效的培养方式是授权管理、有效反馈和行为辅导，而非传统意义上的在职培训。因为这三类方式聚焦的都是如何解决实际问题，而这才是管理者和个人都最为急迫的需求，学员的参与意愿最高，环境最为真实，技巧最具针对性，效果自然最好。此外，由于实际问题直接与工作绩效挂钩，管理者的意愿也最高。当然，这三种方式由于管理者自身能力问题，效果差异很大。

　　从灵活的个人辅导到规范的培训体系，对管理者的能力要求也越来越高。

　　（2）管理者的员工培养能力

　　从中长期来看，管理者的员工培养能力将最终决定其下属团队能力的高低，也就间接决定了管理者为公司所创造价值的高低。因此，管理者的员工培养能力是其基础性管理能力。在员工培养活动中，管理者是"导师"和"教练"，员工是"球员"和"学员"，管理者占据主导地位，而员工的主要任务是提供建议、积极参与和认真学习。

培训意识的本质是"授之以鱼"还是"授之以渔"的问题。员工培养主要目的之一是让员工具备独立高效完成工作的能力。"授之以鱼"的管理者会经常处于"领导忙死，下属闲死"的状况，因为总是好心为下属分担工作，结果下属总是缺乏锻炼和提升机会，导致独立性较差。聪明的"授之以渔"的管理者会教会下属处理问题的方法，由其自行解决，给予其锻炼和提升的机会。除紧急状况外，管理者都应顶住由自己动手操作的冲动，扮演教练角色，让下属实际操作。

管理者的员工培养能力还会体现在招聘遴选的技巧性、行为辅导的有效性、学习氛围的营造以及职业发展的指导上。

（3）参考基本定义

掌握人才识别技术，有效筛选新员工，并对老员工提供恰当的需求分析、辅导和其他支持，帮助其学习和进步，满足公司业务发展人才的要求。

3．描述素质级别的关键维度

（1）培养意识

管理者对员工培养的重视程度决定了其在员工培养方面的投入和相关能力的提升，正确的培训意识是培训能力合格的基本标准。较差的管理者缺乏员工培养意识，实际中由于种种原因倾向于"授之以鱼"；合格的管理者重视培训，会致力于"授之以渔"。管理者的培训意识是员工培养能力的心理基础，是合格的标准。

（2）人才识别

管理者在新员工招聘方面水平的高低为后期人员培养奠定了基础，管理者必须掌握相关面试技巧，以提高候选人筛选能力。**管理者不仅应掌握包括简历分析、背景调查、笔试、行为模拟、面试等在内的常规面试方法，还应对面试的规范流程，以及最为关键的询问技巧有所研究。**较差的管理者缺乏相关尝试，纯粹依据自身经验随意提问，选错人风险很大。较好的管理者熟知相关技巧与实践，能够按规范方式面试，提升筛选效果。管理者的人员筛选技巧是员工培养的基础技能，是合格的标准。

第四部分 标准篇

（3）辅导技巧

在进行下属辅导中，管理者的技巧差异很大。不合格的管理者往往把对行为的评价和对人的评价混为一谈，概述而不聚焦，极易激起下属逆反心理，效果较差。好的管理者，不仅可以根据下属特点提供针对性的方法指导，而且擅长营造支持性氛围，积极乐观地鼓励正向环境。辅导技巧是管理者的核心技能，是在员工培养方面不合格、合格与优秀差异全层级行为指标。

（4）学习组织

管理者由于业绩压力和工作繁忙，往往在为下属安排正规培训时较为谨慎。普通管理者会力所能及地安排合适的任务，提供培训机会，而优秀管理者会为下属创造机会，构建学习型组织氛围帮助下属学习。学习组织是优秀管理者的特征。

（5）职业发展辅导

对下属职业发展的关注，是员工最为关注的一项内容。管理者承担导师的角色，为新员工指明道路，减少压力。较差的管理者或者言过其实或者沉默少语，员工所得指导价值甚少；合格的管理者能够为员工提供情感上的支持和激励，帮助的员工实现目标。职业发展辅导是员工培养能力合格的关键维度。

4．概念测验

您认为什么是员工培养？

您认为应该从哪些关键维度对员工培养能力进行评价？

您认为自己下属的能力如何？他们有什么潜力？应该如何培养？

您认为自己的员工培养能力如何？是否有地方需要改进？

您认为在培训意识、人员识别、辅导技巧、学习组织和职业发展辅导几项中，最重要的是什么？

合格的管理者的员工培养能力应该达到什么水平？

优秀的管理者的员工培养能力应该达到什么水平？

5．子维度矩阵设计举例

以下，我们将针对员工培养能力子维度设计矩阵。五级标准设计参照前面章节描述的以0～4级形式展现，其中层级0为负面表现的不合格管理者，层级1为稍低于最低要求者，层级2为基本符合最低要求，层级3为较高水平，层级4为理想的最高水平。

根据这五个描述素质级别的关键维度的特点，我们选择培养意识、人才筛选、辅导技巧、学习组织等四个子维度作为矩阵子维度。0级由于对自我要求过低，不在此处赘述，感兴趣的读者可参见附件：完整通用素质模型库中相关要素的0级行为描述。

在1～3级别中，培养意识是从重视程度和认识深度角度区隔的，人才筛选是从对面试技巧掌握与效果检验区隔的。在1～4级，辅导技巧是从主动性、针对性、氛围营造来进行区隔的，学习组织是从学习的正规性与规模区隔的。

	培养意识	人才筛选	辅导技巧	学习组织
层级1	授之以鱼	稍懂面试技巧，选人错误较多	辅导支持不积极	按公司要求被动组织
层级2	有授之以渔意识，但实操中有授之以鱼行为	有一定技巧，熟悉流程，选人有少数失误	随时的有效指导，积极主动	非正规的内部交流
层级3	授之以渔	精通面试技巧，很少失误，熟知下属优缺点	创造发展机会，针对性辅导，阶段性调整	正规培训体系构建
层级4			擅长氛围营造	学习型组织创建

根据上面的子维度设计矩阵，可以得到员工培养能力的四个层级行为描述。具体内容请参照附件：完整通用素质模型库中相关表格。

6. 关键子维度矩阵设计练习

作为一种管理工具，素质模型构建只有参照标杆，并无标准答案。请根据您所理解的员工培养能力和您所选择的关键子维度，设计适合于您公司的子维度矩阵，并以该矩阵为基础编制要素等级描述。

您认为应将关注员工培养能力分为几个标准等级？为什么？

您打算从几个子维度来区隔这些标准等级？这些子维度之间是否存在逻辑关系？

每个子维度在这些标准等级中又是如何表现出差异的呢？

请以这些子维度作为基础，编制相应的标准行为级别描述。编制后，您需要找一位朋友，进行简要解释后，请他/她帮忙找出行为级别描述中不清晰或者有争议之处。您自己是如何看待被指出的这些问题的？

7. 总结列表

员工培养是管理者的一项基础必备管理技能；

员工培养的主要目的在于让员工获得独立高效工作的能力，并帮助员工改善绩效，进而提升组织绩效；

合格的管理者需要重视下属培养，方法上"授之以渔"，掌握面试筛选的基本技巧，能积极主动为员工发展提供及时有效辅导，并能为员工提供一定程度的正规培训支持；

优秀的管理者善于营造正向氛围，并具有推动组织学习的能力；

员工培养能力的关键子维度矩阵设计需要考虑级别标准的整体差异定义、相关关键子维度的选择、相关关键子维度在各级别中的差异表现等要素。

8. 行动建议

用自己的语言定义员工培养能力；

用自己或者他人的经历对员工培养能力中的关键子维度进行深度理解和解读；

您最佩服的员工培养能力最强的人是谁？为什么最佩服他呢？能否举例说明？

了解一下上级眼中的您自己的员工培养能力如何；

您是如何开展员工培养工作的呢？是否有改进之处？

评价一下周边管理者的员工培养能力如何。

四、创建高绩效团队

1．自我思考

您认为什么是高绩效团队？

高绩效团队具有什么特点？

如何设计高绩效团队？形成高绩效团队的难点在于何处？

您认为优秀的管理者与一般的管理者相比，在高绩效团队管理方面会有何差异？

如何将管理者的高绩效团队管理能力的强弱按照层级划分？

2．基本概念

（1）什么是团队？

1994年，著名管理学家斯蒂芬·罗宾斯首次提出了"团队"的概念：为了实现某一目标而由相互协作的个体所组成的正式群体，从而正式将"团队"一词与群体一词分隔开来。所谓群体，是由两名以上成员，为了达到共同的目标而努力，以一定方式联系在一起的人群。很明显，**所有的团体都属于群体，但群体未必是团体。**最核心的差异点在于"相互协作"上，团队能够产生"协作效应"，即成员共同努力，相互协作产生的效果远大于个体功效的简单加总，特别是在成员自愿状态下，效果更佳。当前，团队合作已经成为社会生产的主流基本单元。日本京瓷集团的变形虫模式更是团队协作的范例。

对于企业而言，通过成员技能互补，目标一致，协作努力，合理分工，才能得到"协同效应"，更是其由相对散漫的"群体"变为协同产出的"团体"的关键。

（2）什么是高绩效团队？

所谓高绩效团队是指协作效应突出、产出效果很高的团队。国内外调查发现，高绩效团队具有团队核心清晰、人员结构合理、拥有共同愿景、目标计划清晰、工作方法统一和责任分享等特点。

调查发现，高绩效团队都会存在胜任的核心灵魂人物，即团队领袖，负责团队指引方向和破解难题。此外，高绩效团队内部人员的技能之间互补，专业技术、问题解决与决策、协调沟通等方面都有高手承担，没有明显短板，这才能保证团队胜任重大任务。共同愿景和价值观是团队能高效的基本条件，否则团队将会产生巨大的内耗。目标计划清晰是团队对近期工作思路的细化，是每个步骤的目标界定，可以有效推动工作进展。高绩效团队中的所有成员的工作方法是基本相同的，因为只有方法相同才最有利于降低内部消耗。高绩效团队内部分工清晰，而且更关注共同目标的达成和相互补台，这与很多团队着重个人责任多于团队责任形成明显反差。

通常，和所有团队相同，一个**高绩效团队的构建需要经历五个阶段：初步形成、冲突震荡、规则规范、高效执行以及团队终止**。团队在不同阶段会具有不同的特点，而且需要不同的策略来解决相关问题。不同团队在不同阶段具有不同特点，而且不同团队的进展速度会存在明显差异。

发展阶段	主要特征	需要策略
初步形成	人员、整体任务和资源基本到位，但工作目标、内部角色分工、信任关系都较模糊	团队通过构建愿景、内部价值观、内部角色分工
冲突震荡	开始着手推动工作，但会出现工作推进和内部管理问题，冲突加剧，矛盾直指团队领导，士气低下，沟通出现障碍	重建信任，强化归属感，解决权力分配问题，理清解决问题的思路，高效沟通，观念差异化问题，但核心依然是解决问题
规则规范	团队效率提高，信任关系初步形成，士气提升，开始进一步细分权力分配和个人技能培养，团队规则正式化会引发冲突，但团队内部可能因为追求和谐而避免冲突引起不必要拖延	化解正规化带来的情绪问题，明确个人分工与技能提升方向，内部赞赏奖励强化信任关系
高效执行	团队效率最大化，目标与角色分工清晰，团队规则明确，内部成员间高度互赖，共享团队责任，冲突消失，士气高涨，但可能会出现士气和活力下降问题	不断改进提升生产率，持续维持良好士气氛围

团队终止	由于业务结束或者组织变革等原因，团队使命已经完成，团队面临解散问题，可能成员心态发生变化	做好准备，调整员工心态

（3）管理者的创建高绩效团队能力

创造高绩效团队能力主要源自管理者，普通员工在这一过程中主要起到参与和协助作用。管理者必须围绕如何改进团队绩效这一主题开展工作，根据不同团队阶段进行调整。

管理者从团队创建就开始发挥其作用，在团队的各发展阶段都需要视情况调整自己的领导风格，以推动高绩效团队的形成。在这个过程对管理者提出了指导、激励、参与、授权等各方面的能力要求。

在团队筹建阶段，士气高涨，但员工内部关系未定，效率低下。此时，管理者在任务不清晰，环境不确定下，帮助成员明确愿景和价值观，确定团队目标和初步确定角色分工更为重要，也就是工作指导。

在团队随后的冲突震荡阶段，由于任务上的压力与挫折，会导致内部士气低落。除了前面的指导工作外，管理者还需要展现自己激励下属的一面，很多管理者会采取分享经验、检讨错误、修订目标与策略等方式，来实现内部成员的相互激励。

规范化阶段典型的特点是团队的实力与士气都在增长，此时最需要管理者群策群力，将下属融入到目标调整、规则制定、权力分配中来。

执行阶段更多的是需要管理者逐步将权力下放，积极肯定下属能力，以进一步释放下属能动性和产能，不断提升团队整体绩效。

在高绩效团队的塑造过程中，还需要管理者对团队问题要敏感，而且分析到位，收集数据，分析问题，并制订计划解决问题。

（4）参考基本定义

通过指导、激励、参与、授权等方法，构建具有相同愿景与价值观、员工结构合理、目标计划明确、愿意承担共同责任等特点的高绩效团队的能力。

3．描述素质级别的关键维度

（1）精神引导

管理者作为团队灵魂人物，始终需要塑造团队核心价值观和精神。差的管理者言语空洞，问题解决与内部管理全无思路，且自身经常为各种环境影响，难以为下属提供有效指引。好的管理者能够帮助团队勾勒未来共同愿景，见解过人，且始终保持乐观精神，能为团队提供有效精神支持与指引。精神引导是较高层次的高绩效团队构建技能。

（2）团队激励

将心比心，每个成员都需要他人的鼓励和支持。在团队成长过程中，不可避免会遭遇到一些挫折，管理者此时的激励能力将很大程度上影响团队士气与团队效率。差的管理者吝于赞扬和欣赏，困境中指责多于肯定，而好的管理者擅长通过公开表扬、及时反馈、自我批评、调整目标策略、强化价值观等方式有效激励团队成员。团队激励是合格管理者应具备的技能。

（3）团队参与

团队协作不同于个人独斗，管理者必须让每个成员参与到团队活动中来，并为团队创造价值。管理者最低程度也应保证相关信息能够及时传递给下属。合格的管理者能够听取相关人员意见，让他们参与相关计划、问题的解决与决策活动。团队参与是管理者管理水平的一个全层级行为指标。

（4）团队授权

管理者需要根据团队不同阶段与能力特点调整自身的领导风格，针对下属个人进行授权管理，既保证团队任务的达成，又给予下属展现和发展自身能力的机会。合格的管理者能够进行合理授权，给予下属足够信任，较好发挥下属潜力。优秀的管理者能创造机会为下属授权，以进一步提升。

（5）团队组成

高绩效团队的一个重要特征是合理的能力结构，正常情况下，团队能力应是组内成员在各方面最佳表现组合。作为管理者，一方面在团队组建时就应考虑整体能力是否符合任务要求，另一方面团队组建后内部分工与磨合需要形成最佳人员配置。因此团队组成是管理者水平等的一个全层级行为指标。

（6）团队绩效

无论管理者采取何种手段塑造高绩效团队，最有效的能力衡量标准是其高绩效。合格的管理者能够带领团队按时完成常规的团队任务，优秀的管理者能够带领团队短时期内完成高难度的"不可能任务"，创造性地形成奇迹。团队绩效是管理者管理水平的一个全层级行为指标。

4．概念测验

您认为什么是团队？团队与群体的本质区别是什么？

高绩效团队有何特征？

高绩效团队的形成可以分为哪几个阶段？每个阶段有何特点？

您认为应该从哪些关键维度对塑造高绩效团队能力进行评价？

您认为自己塑造高绩效团队能力如何？是否有地方需要改进？

您认为在几项中，最重要的是什么？

合格的管理者的高绩效团队能力应该达到什么水平？

优秀的管理者的高绩效团队能力应该达到什么水平？

5．子维度矩阵设计举例

以下，我们将针对员工构建高绩效团队能力子维度设计矩阵。五级标准设计参照前面章节描述的以0～4级形式展现，其中层级0为负面表现的不合格管理者，层级1为稍低于最低要求者，层级2为基本符合最低要求，层级3为较高水平，层级4为理想的最高水平。

根据这六个描述素质级别的关键维度的特点，我们选择精神引导、团队组成、团队参与、团队绩效等四个子维度作为矩阵子维度。0级由于对自我要求过低，不在此处赘述，感兴趣的读者可参见附件：完整通用素质模型库中相关要素的0级行为描述。

在1～4级别中，团队组成是团队成立前的结构合理性和团队建立后的内部优化配置两个角度区隔的；团队参与是从团队成员参与范围与深度区隔的；团队绩效是按照任务难度与完成的及时性区隔的。精神引导是从以身作则和感染力两个角度区隔的。

	精神引导	团队组成	团队参与	团队绩效
层级1		勉强运转，明显有不合理之处	分享信息，但成员参与较少	经常勉强完成或者完不成常规任务
层级2		分工合理，有可优化之处	征求和评价对方意见，要求积极参与	基本按时完成常规任务
层级3	以身作则，可信赖的灵魂人物，指引方向	内部分工最优	聚焦问题，追求效率，适时调整	按时完成高难度任务
层级4	具有感染力，提供持续方向与支持	预见考虑，结构合理，分工最优	下属完全参与决策、计划、权力分配过程	提前完成不可能任务

根据上面的子维度设计矩阵，可以得到构建高绩效团队能力的四个层级行为描述。具体内容请参照附件：完整通用素质模型库中相关表格。

6. 关键子维度矩阵设计练习

作为一种管理工具，素质模型构建只有参照标杆，并无标准答案。请根据您所理解的构建高绩效团队能力和您所选择的关键子维度，设计适合于您公司的子维度矩阵，并以该矩阵为基础编制要素等级描述。

您认为应将高绩效团队能力分为几个标准等级？为什么？

您打算从几个子维度来区隔这些标准等级？这些子维度之间是否存在逻辑关系？

每个子维度在这些标准等级中又是如何表现出差异的呢？

请以这些子维度作为基础，编制相应的标准行为级别描述。编制后，您需要找一位朋友，进行简要解释后，请他/她帮忙找出行为级别描述中不清晰或者有争议之处。您自己是如何看待被指出的这些问题的？

7. 总结列表

高绩效团队构建能力是管理者的一项基础必备管理技能；

团队与群体最大的差别在于团队能够形成强大的团队协同效应；

高绩效团队是当今工作的基本价值创造单元，进而提升组织绩效；

高绩效团队具有团队核心清晰、人员结构合理、拥有共同愿景、目标计划清晰、工作方法统一和责任分享等特点；

高绩效团队的构建阶段分为初步形成、冲突震荡、规则规范、高效执行以及团队终止五步；

管理者需要强化团队指导、团队激励、团队参与、团队授权才能更为有效构建团队；

管理者的高绩效团队构建能力的行为主要体现在团队指导、团队激励、团队参与、团队授权、团队组成和团队绩效几个方面；

高绩效团队构建能力的关键子维度矩阵设计需要考虑级别标准的整体差异定义、相关关键子维度的选择、相关关键子维度在各级别中的差异表现等要素。

8．行动建议

用自己的语言定义构建高绩效团队能力；

用自己或者他人的经历对构建高绩效团队能力中的关键子维度进行深度理解和解读；

您最佩服的构建高绩效团队能力最强的人是谁？为什么最佩服他呢？能否举例说明？

了解一下上级眼中的您自己的构建高绩效团队能力如何；

您是如何进行自己的高绩效团队建设的呢？是否有改进之处？

评价一下周边管理者的构建高绩效团队能力如何。

五、体系构建能力

★ ★ ★

1．自我思考

您认为什么是体系构建？

为什么要进行管理体系构建？

如何进行体系构建？

您认为优秀的管理者与一般的管理者相比，在体系构建方面会有何差异？

如何将管理者的体系构建能力的强弱按照层级划分？

2．基本概念

（1）什么是体系构建？

体系构建又称规范化管理，**其核心是将管理者的意志与理念转化为稳定的制度与流程形态，界定和贯彻下来。** 与高度随意的"人治"管理相对立，企业管理体系构建是实现企业"法治"管理的必经之路与核心要素。以制度管人管事，可以将企业最佳实践不断积累下来，实现公司核心竞争力的持续改进，并将逐步摆脱对关键个人的依赖，让企业真正站立起来。纵观国内的成功企业，都离不开建章立制这个阶段。华为、海尔、联想、美的、中国移动等，这些企业内部规范的管理体系都已经成为众多中小企业学习的范本。

按照伊查克·爱迪思博士的企业生命周期理论，企业会经历孕育期、婴儿期、学步期、青春期、盛年期、稳定期、贵族期和官僚期等若干阶段。在这些阶段中，企业会面临不同的难题。企业经过学步期的生存考验之后，规模迅速扩张，面临的首要任务就是公司内部管理/业务运作机制问题，也就是规范化管理问题。这在国内企业中也很常见，这个问题处理好坏直接影响到企业发展速度甚至生死存亡。在随后的各种阶段中，企业管理规范也将是培养内部创新、保持灵活性与可控性的主要工具。

这里的体系是指企业中所经常采取的约束与激励制度，即透明化和规范化的各种管理规则，例如常见的各种制度、流程等。"没有规矩不能成方圆"，这个体系构建就是管理制度的打造，是企业规范化的关键一步。从某种程度上来讲，**管理制度体系也是公司价值观体系的具体体现，可以用来规范员工行为和贯彻企业文化。**

（2）管理体系包括哪些内容？

按照企业经营职能活动来分类，企业管理体系可以分为若干基本职能管理体系：战略管理、市场营销、研究开发、生产制造、财务管理、供应链管理、人事管理、信息管理、质量管理、审计管理等子体系。具体管理工具可以表现为制度、流程、机制、表单等形式。

这些制度与流程基本都由相应的管理者拟定，经公司审定批准后颁布执行。因此，管理者由于职责差异，所负责参与设计、执行、监督与修订的体系也有所差异。

企业管理体系是企业员工在企业生产经营活动中共同须遵守的规定和准则的总称。企业管理制度体系具有系统性、规范性、周期性稳定、适时性调整的特点。所谓系统性指制度由公司统一审定颁布，保证体系的完整性以及相互之间的无缝衔接。规范性是指相关制度不仅是按照规范的过程程序进行编制的，而且结果也要符合企业管理科学原理与实际情况。周期性稳定是指制度体系发布后要在一定时间内相对稳定才能达成管理效果。适时性调整是当企业战略、企业性质、产业特征、人员素质、企业环境、企业家等关键要素变化时，企业管理体系也必须随之进行动态的修改与完善。

（3）管理者的体系构建能力

对于企业而言，**体系构建是解决生存危机之后面临的最重要的任务之一。**而对于管理者而言，**体系构建也是将管理工作条理化，提高效率，保证质量的重要工具。**

不同层级的管理者由于职责差异，所负责构建的体系的范围与深度也有所不同。通常层级越高的管理者，体系构建的责任更加重大，对体系构建能力要求越高。简单的体系设计可以是某个工序操作程序的说明，复杂的体系设计可以是集团公司总部中的职能管理者对总部与子公司进行多层级的复杂制度设计。

管理者的体系构建能力的差异会体现在管理者的制度意识、相关知识把握、系统化设计和规则办事四个方面。

（4）参考基本定义

关注规则与秩序，根据组织的战略规划和业务策略，搭建和优化符合公司实际的、系统化的运营管理体系。

3．描述素质级别的关键维度

（1）制度意识

管理者对于管理制度与流程的重视程度将直接影响其构建体系能力的提升。不合格的管理者往往贪图随意性带来的自由感，放弃对规范管理的努力，从而使团队工作处于无序或者低效状态；合格的管理者会重视制度与流程，有效执行相关规定；优秀的管理者则更重视建立和完善相应制度，提升组织效率。制度意识是管理者体系构建能力的一个风向标，能体现出不同层级管理者的能力水平。

（2）制度知识

制定符合自身需要的制度与流程，比较有效的一种方法是向国内外先进企业的管理实践学习。较差的管理者主要依靠经验主义，以自我总结为主；合格的管理者既重视外部案例借鉴，也重视经验总结。对相关制度知识的借鉴与学习，是管理者体系构建能力是否合格的一项重要标准。

（3）系统设计

在实际工作中，管理者在构建制度框架设计思路是体系构建能力的直接体现。水平较低的管理者只能就问题谈问题，就个别要点谈提升；合格的管理者会从相关业务系统整体出发考虑；优秀的管理者则将会具有公司整体管理体系的视角。系统设计也是构建体系能力水平的一个全层级行为指标。

（4）坚持原则

制度制定是为了执行，管理者构建制度后就需要有坚持按制度或规则办事的决心和魄力。水平较差的管理者缺乏推行制度的勇气，面临问题临阵退缩，结果制度流于形式。合格的管理者能够坚持原则，强力推行制度的实施。坚持原则是合格管理者的基本要求。

4. 概念测验

您认为什么是体系构建？

企业管理体系有何特征？

您认为应该从哪些关键维度对构建体系能力进行评价？

您认为自己构建体系能力如何？是否有地方需要改进？

您认为在几项中，最重要的是什么？

合格的管理者的体系构建能力应该达到什么水平？

优秀的管理者的体系构建能力应该达到什么水平？

5．子维度矩阵设计举例

以下，我们将针对管理者体系构建能力子维度设计矩阵。五级标准设计参照前面章节描述的以0～4级形式展现，其中层级0为负面表现的不合格管理者，层级1为稍低于最低要求者，层级2为基本符合最低要求，层级3为较高水平，层级4为理想的最高水平。

根据这四个描述素质级别的关键维度的特点，我们可将这四个子维度作为矩阵子维度。0级由于对自我要求过低，不在此处赘述，感兴趣的读者可参见附件：完整通用素质模型库中相关要素的0级行为描述。

在1～4级别中，制度意识是执行意识和理解深度两个角度区隔的；制度知识是自我总结与外部借鉴两个角度区隔的；系统设计是从制度思考范围与深度区隔的。坚持原则是从坚持程度和推进能力两个角度区隔的。

	制度意识	制度知识	系统设计	坚持原则
层级1	执行	自我总结为主	提出问题改进提升	按照制度执行
层级2	参与建设和完善	学习先进企业，加自我总结	领会设计主旨	推动制度执行
层级3	全流程视角	对先进企业的管理制度有广泛的了解	业务体系	系统分阶段推进
层级4	文化意识		均衡发展，锐意变革	

根据上面的子维度设计矩阵，可以得到体系建设能力的四个层级行为描述。具体内容请参照附件：完整通用素质模型库中相关表格。

6．关键子维度矩阵设计练习

作为一种管理工具，素质模型构建只有参照标杆，并无标准答案。请根据您所理解的构建高绩效团队能力和您所选择的关键子维度，设计适合于您公司的子维度矩阵，并以该矩阵为基础编制要素等级描述。

您认为应将体系建设能力分为几个标准等级？为什么？

您打算从几个子维度来区隔这些标准等级？这些子维度之间是否存在逻辑

关系？

每个子维度在这些标准等级中又是如何表现出差异的呢？

请以这些子维度作为基础，编制相应的标准行为级别描述。编制后，您需要找一位朋友，进行简要解释后，请他/她帮忙找出行为级别描述中不清晰或者有争议之处。您自己是如何看待被指出的这些问题的？

7．总结列表

体系建设能力是管理者的一项高级管理技能；

体系建设能力是企业进入青春期后面临的最重要任务之一，是提升组织绩效的体制保障；

管理者体系构建能力主要表现在制度意识、制度知识、系统设计和坚持原则几个关键子维度上；

体系构建能力的关键子维度矩阵设计需要考虑级别标准的整体差异定义、相关关键子维度的选择、相关关键子维度在各级别中的差异表现等要素。

8．行动建议

用自己的语言定义体系构建能力；

用自己或者他人的经历对体系构建能力中的关键子维度进行深度理解和解读；

您最佩服的体系构建能力最强的人是谁？为什么最佩服他呢？能否举例说明？

了解一下上级眼中的您自己的体系构建能力如何；

您是如何进行自己所负责团队内部的体系建设的呢？是否有改进之处？

评价一下周边管理者的体系建设能力如何。

第四节 领导能力模块要素诠释与行为级别描述

一、决策能力

1. 自我思考

您认为什么是决策?

决策能力对管理者来说有多重要?

如何进行决策?

您认为优秀的管理者与一般的管理者相比,在决策能力方面会有何差异?

如何将管理者的决策能力的强弱按照层级划分?

2. 基本概念

(1) 什么是决策?

当前国内外对于决策的概念有多种流派,并无统一定义。但其中最权威的定义应是美国决策大师赫伯特·西蒙创立的决策理论学派,该学派着眼于合理的决策,即研究如何从各种可能的抉择方案中选择一种"令人满意"的行动方案。

该学派认为,现实生活中的管理者是介于完全理性与非理性之间的"有限理性"的"管理者"。所谓"有限理性"是指管理者在现实中无法寻找到所有的备选方案,而无法预测所有方案的结果,加上管理者自身价值观与衡量标准的多元化和不一致性，造成管理者不可能选择到最优方案，而是只能选择一个最为满意的方案。此外，管理者的生理结构决定，大脑短时记忆的内容只有7+2项，每项记忆需要5~10秒，因此人类思考问题是有限的，关注的广度也因此受到影响。在这种"信息爆炸"的生活环境中，意识到人的精力是有限的很重要，因为管理者不可能搜寻所有相关信息，而是应该更专注于获取有效、适合、满意的信息。

决策是现代管理的核心，它贯穿于管理活动的全过程。决策是决定管理工作成败的关键，任何作业开始之前都要先做决策，制订计划就是决策，组织、领导和控制也都离不开决策。不同层次的决策有大小不同的影响，层次越高影响越大。

领导的本质是为他人指明方向并使得大家自愿跟随，决策则是非常重要的一环，即指明方向的核心作用。

（2）决策包括哪些类型？

按照决策的作用分类，决策可以分为战略决策（高层做出的有关企业发展方向等决策）、管理决策（中层做出的局部事物决策）和业务决策（基层管理所作出的日常工作决策）。

按照决策的性质分类，决策可以分为程序化决策（有关常规的、反复发生的问题）和非程序化决策（偶然或者首次发生的问题）。

按照决策问题的条件分类，决策可以分为确定型决策（只有一个可选方案）、风险型决策（可选方案的风险可评估）、不确定型决策（可选方案的风险不可评估）。

（3）有效决策的方法

不同类型的决策应该采取不同的决策技术。确定型情况下的决策分析的方案包括微分法求极大值和用数学规划等。风险型情况下的决策分析可以用决策树法与期望值法，以及乐观准则、悲观准则和等可能性准则。

（4）决策的标准流程

第一步：找出制定决策的根据，即收集情报（参考书籍西蒙《管理行为》）。

第二步：找到可能的行动方案，即拟定备选方案。

第三步：在诸行动方案中进行抉择，即根据当时的情况和对未来发展的预测，从各个备选方案中选定一个方案。

第四步：对已选择的方案及其实施进行评价。

第四步是西蒙独特之处，国内很多管理者做决策对于第四步并不看重，但这恰恰是决策的可执行性的关键一步。

（5）管理者的决策能力

管理者决策是管理者的主要职能之一，但经理的职责也包括负责使他所领导的团队能有效地制定决策。管理者的大量决策制定活动并非仅仅是他个人的活动，同时也是他下属团队的活动。从这点来看，不仅管理者是决策的最终确定者，而且还是集体决策的组织者。一般员工会参与决策，例如进行信息的收集、行动方案的建议、决策的评价与最终执行等。通常个人决策容易产生极好或极差的两极趋势，而集体决策由于种种因素制约而会比较完善和稳妥。

通常管理者层级越高，所承担的决策的层级越高，特别是其中非程序化类型的决策比例越大，风险型和非确定型的决策数量比例越大，而且信息量更大，更为驳杂，因此对其决策能力要求也会越高。

管理者决策能力的高低会直接影响他的管理效率，而管理者的决策能力高低会在决策意识、决策层面、信息获取、准确预见、决策方法、风险评估等几个方面有所表现。其中最为显著的是在能够胜任的决策层面的差异。

（6）参考基本定义

面对众多不确定性因素，能够切中问题要害，基于事实、数据等信息，果断、合理地进行决策。

3．描述素质级别的关键维度

（1）决策意识

管理者对待决策是否果断将直接影响其决策能力的发挥。不合格的管理者缺乏决策的勇气，总希望得到更为全面的信息，结果造成延迟决策，错过时机；合格的管理者会在必要情况下，根据少量信息进行决策，并勇于承担相应责任；优秀的管理者会群策群力做出决策，并在种种压力下能坚持不放弃。决策意识是决策能力水平的一个全层级行为指标。

（2）决策层面

管理者所能够胜任的决策层级是管理者决策能力的一个关键标准。合格的管理者应该能够承担程序性决策，并能应对非常规性决策，优秀的管理者则能够负责公司战略层级决策。决策层面是决策能力水平的一个全层级行为指标。

（3）信息获取

管理者所做的决策是基于相关信息基础之上做出的，因此信息获取和分析能力是管理者决策能力的重要组成部分。水平较差的管理者往往是完全靠经验、拍脑袋做出决策，而合格的管理者会最大限度收集信息，积极寻求外部力量支持，优秀的管理者则能够从错综复杂的环境中把握关键问题。信息获取也是决策能力的一个全层级行为指标。

（4）决策方法

管理者决策的质量取决于决策方法的选择与应用水平。水平较低的管理者只能依据自身经验出发进行判断；合格的管理者会进行一定程度的综合考虑和分析；优秀的管理者能把握主要矛盾和关键问题，集思广益，按照决策机制充分论证后再做出战略性决策意见。决策方法也是决策能力水平的一个全层级行为指标。

（5）准确预见

预见性一向是管理者决策的最重要的依据。对各种方案实施结果的有效预测，是管理者找到最优决策的重要前提。这种预见准确程度是依靠管理者所做判断与实际结果的比对而进行校验的。这种预见性是优秀管理者的特质。

（6）风险评估

管理者决策不仅仅是对决策收益的判断，而且还必须对决策风险进行评价。合格的管理者重视风险控制，并会征求相关专家意见，而优秀的管理者则会通过构建风险防范机制进行相关风险的规避。

4．概念测验

您认为什么是决策？

决策的标准流程包括哪几步？

您认为应该从哪些关键维度对决策能力进行评价？

您认为自己决策能力如何？是否有地方需要改进？

您认为在决策意识、决策层面、信息获取、决策方法、准确预见、风险评估几项中，最重要的是什么？

合格的管理者的决策能力应该达到什么水平？

优秀的管理者的决策能力应该达到什么水平？

5．子维度矩阵设计举例

以下，我们将针对管理者决策能力子维度设计矩阵。五级标准设计参照前面章节描述的以0～4级形式展现，其中层级0为负面表现的不合格管理者，层级1为稍低于最低要求者，层级2为基本符合最低要求，层级3为较高水平，层级4为理想的最高水平。

根据六个描述素质级别的关键维度的特点，我们选取了决策意识、决策层面、信息获取、决策方法和风险评估这五个子维度作为矩阵子维度。0级由于对自我要求过低，不在此处赘述，感兴趣的读者可参见附件：完整通用素质模型库中相关要素的0级行为描述。

在1～4级别中，决策意识是果断性和坚持性两个角度区隔的；决策层面是决策难度与决策层级两个角度区隔的；信息获得是从信息获得范围与信息分析能力区隔的；决策方法是从分析宽度和使用方法两个角度区隔的；风险评估是从风险重视程度与采取措施的系统性两个角度区隔的。

	决策意识	决策层面	信息获取	决策方法	风险评估
层级1	优柔寡断，缺乏主见	常规性决策，新问题请教他人	以往经验	经验判断规定时间	缺少考虑
层级2	敢于决策并承担责任	例外性决策	主动收集	综合分析	不确定性寻求专家和领导意见

层级3	善于坚持	策略决策	多种渠道	坚持论证，客观分析	预先防范措施
层级4	团队决策，高压力下坚持	战略决策	错综复杂环境中抓到重点	重视决策机制，充分论证，善于抓主要矛盾	构建风险防范机制

根据上面的子维度设计矩阵，可以得到决策能力的四个层级行为描述。具体内容请参照附件：完整通用素质模型库中相关表格。

6. 关键子维度矩阵设计练习

作为一种管理工具，素质模型构建只有参照标杆，并无标准答案。请根据您所理解的决策能力和您所选择的关键子维度，设计适合于您公司的子维度矩阵，并以该矩阵为基础编制要素等级描述。

您认为应将决策能力分为几个标准等级？为什么？

您打算从几个子维度来区隔这些标准等级？这些子维度之间是否存在逻辑关系？

每个子维度在这些标准等级中又是如何表现出差异的呢？

请以这些子维度作为基础，编制相应的标准行为级别描述。编制后，您需要找一位朋友，进行简要解释后，请他/她帮忙找出行为级别描述中不清晰或者有争议之处。您自己是如何看待被指出的这些问题的？

7. 总结列表

决策能力是管理者的一项基础管理技能，是所有管理者所必备的，而且贯穿于管理活动的全过程，在领导技能模块中能够发挥指引方向与目标的关键性作用；

决策能力需要根据决策问题的类型采取不同的决策分析方法，才能提高决策效率；

管理者决策能力主要表现在决策意识、决策层面、信息获取、准确预见、决策方法、风险评估几个关键子维度上；

决策能力的关键子维度矩阵设计需要考虑级别标准的整体差异定义、相关关键子维度的选择、相关关键子维度在各级别中的差异表现等要素。

8．行动建议

用自己的语言定义决策能力；

用自己或者他人的经历对决策能力中的关键子维度进行深度理解和解读；

您最佩服的决策能力最强的人是谁？为什么最佩服他呢？能否举例说明？

请举例说明您自己经历过最失败或最成功的一次决策经历；

了解一下上级眼中的您自己的决策能力如何；

您是如何进行自己所负责团队内部的决策机制的呢？是否有改进之处？

评价一下周边管理者的决策能力如何。

二、影响力

○━━━★★★━━━○

1．自我思考

您认为什么是影响力？

影响力对管理者来说有多重要？

如何才能拥有影响力？

您认为优秀的管理者与一般的管理者相比，在影响力方面会有何差异？

如何将管理者的影响力的强弱按照层级划分？

2．基本概念

（1）什么是影响力？

影响力指采用别人所乐于接受的方式，改变他人的思想和行动的能力。拥有影响力的人相对容易通过影响他人来追随自己，或者达成自己的目标。因此影响力通常作为领导力的核心要素而为人所熟知。

社会心理学家分析认为，影响力的形成是因为多种需求的存在所致，其中包括有人们马斯洛模型中的基础需求、对权威和法制的畏惧心理、对杰出人物的崇拜心理、为行为表率的模仿心理和暗示心理等。

（2）影响力的基础包括哪些要素？

构成领导影响力的基础有两大方面，一是强制性（权力性）影响力；二是非强制性（非权力性）影响力。强制性影响力是具有强迫性和不可抗拒的特点，往往以压力的形式发生作用。例如部门经理具有的绩效考核权力就可以使得下属为了避免不愉快体验而按照经理的意图做事。但在这种情况下，强制性影响力对人的心理和行为的激励是有限的。强制性影响力由职位、资历、法律、暴力等因素形成。

非强制性影响力主要来源于领导者的人格魅力，是在没有强制约束情况下，自然发生的影响力。在这种情况下，被影响者的心理与行为会表现出高度服从和依赖。非强制性影响力由品格、能力、知识和感情等因素组成，与职位高低之间并没有正向关系。本文中所谈的影响力特指非强制性影响力。

（3）管理者的影响力

做一个好的管理者，就必须实现有效的领导，因而必须具有影响力，其中既包括强制性影响力，也包括非强制性影响力，但最为关键的还是非强制性影响。很难想象一个企业中的管理者单纯靠强制性影响力来对下属进行管理，那么效果会是很可怕的，因为"面服心不服"的下属一定会想尽办法来设置各种障碍，让管理者栽跟头以泄私愤。

影响力本质上是一种试图支配和影响他人的行为倾向，可能会采取劝说、以情感人、以理说服、以利引诱、以义激励等各种方法来达成想象对方的目的。在日常工作中，管理者影响力会明显促进或者阻碍管理工作的开展，影响工作绩效。

管理者影响力的高低主要体现在几个方面：影响意愿、影响策略、影响范围和影响方法。

（4）参考基本定义

运用各种策略和手段，以获得他人对观点、计划、行为、产品或解决方案的同

意或接受的能力。

3．描述素质级别的关键维度

（1）影响意识

管理者影响他人的意愿的强烈程度对影响力效果有很大影响。水平较低的管理者缺乏影响他人的意愿，也不会主动去影响他人；合格的管理者会努力去影响下属向所预期的方向发展；优秀的管理者会用人格魅力影响他人。影响意识是影响能力水平的一个全层级行为指标。

（2）影响范围

管理者所能够影响的规模是管理者影响能力的一个关键标准。合格的管理者应该能够对自己所负责团队实施有效影响；优秀的管理者则能够影响整个公司范围，甚至具有一定社会影响力。影响范围是影响能力水平的一个全层级行为指标。

（3）影响方法

管理者影响他人的方法很讲求技巧性，水平较差的管理者往往是简单陈列事实以支持个人观点；合格的管理者会根据对方特点精心准备有针对性的说服策略，强调共同利益以说服对方；优秀的管理者则善于识别和说服关键性任务，营造有利氛围。信息获取也是决策能力的一个全层级行为指标。

（4）语言表达

管理者面对面沟通的技能是其影响力的重要体现。水平较好的管理者表达逻辑清晰，有说服力度；优秀的管理者表达有力，有现场感染力和号召力。语言表达也是影响力水平的一个全层级行为指标。

4．概念测验

您认为什么是影响力？

影响力的基本要素包括哪几类？

您认为应该从哪些关键维度对影响力进行评价？

您认为自己影响力如何？是否有地方需要改进？

第四部分　标准篇

您认为在影响意识、影响范围、影响方法、语言表达几项中，最重要的是什么？

合格的管理者的影响力应该达到什么水平？

优秀的管理者的影响力应该达到什么水平？

5. 子维度矩阵设计举例

以下，我们将针对管理者影响力子维度设计矩阵。五级标准设计参照前面章节描述的以0~4级形式展现，其中层级0为负面表现的不合格管理者，层级1为稍低于最低要求者，层级2为基本符合最低要求，层级3为较高水平，层级4为理想的最高水平。

根据四个描述素质级别的关键维度的特点，我们选取了这四个子维度作为矩阵子维度。0级由于对自我要求过低，不在此处赘述，感兴趣的读者可参见附件：完整通用素质模型库中相关要素的0级行为描述。

在1~4级别中，语言表达是从流畅性、逻辑性和说服力三个角度区隔的，影响范围是从影响的广度来区隔的，影响方法是从方法有效性与技巧性两个角度区隔的。影响意识是从意识的强度角度区隔的。

	语言表达	影响范围	影响方法	影响意识
层级1	表达流畅，但说服力不够	个别员工	准备简单证据	一般
层级2	清晰，有逻辑	小团队	准备充分的证据	较为强烈
层级3	有逻辑，有力度	大团队	强调共同利益，视对方情况设计策略	强烈
层级4	有感染力和号召力	最大范围，包括客户	能游说关键人物，并从权力结构与文化入手	强烈坚持

根据上面的子维度设计矩阵，可以得到影响力的四个层级行为描述。具体内容请参照附件：完整通用素质模型库中相关表格。

6. 关键子维度矩阵设计练习

作为一种管理工具，素质模型构建只有参照标杆，并无标准答案。请根据您所理解的影响力和您所选择的关键子维度，设计适合于您公司的子维度矩阵，并以该矩阵为基础编制要素等级描述。

您认为应将影响力分为几个标准等级？为什么？

您打算从几个子维度来区隔这些标准等级？这些子维度之间是否存在逻辑关系？

每个子维度在这些标准等级中又是如何表现出差异的呢？

请以这些子维度作为基础，编制相应的标准行为级别描述。编制后，您需要找一位朋友，进行简要解释后，请他/她帮忙找出行为级别描述中不清晰或者有争议之处。您自己是如何看待被指出的这些问题的？

7. 总结列表

影响力是管理者的一项高级管理技能，可以有效提升管理效果；

影响力分为强制性影响力和非强制性影响力两种类别，尤其是后者对管理者意义重大；

管理者影响力的高低会体现在影响意愿、影响策略、影响范围和影响方法几个关键子维度上；

影响力的关键子维度矩阵设计需要考虑级别标准的整体差异定义、相关关键子维度的选择、相关关键子维度在各级别中的差异表现等要素。

8. 行动建议

用自己的语言定义影响力；

用自己或者他人的经历对影响力中的关键子维度进行深度理解和解读；

您最佩服的影响力最强的人是谁？为什么最佩服他呢？能否举例说明？

请举例说明您自己经历过影响别人的一次成功或失败的经历；

了解一下上级眼中的您自己的影响力如何；

您是如何影响自己所负责团队的员工的？是否有改进之处？

评价一下周边管理者的影响力如何。

第四部分　标准篇

三、员工激励

✦✦✦

1．自我思考

您认为什么是员工激励？

员工激励对管理者来说有多重要？

如何进行员工激励？

您认为优秀的管理者与一般的管理者相比，在员工激励方面会有何差异？

如何将管理者的员工激励能力的强弱按照层级划分？

2．基本概念

（1）什么是员工激励？

员工激励是指企业根据员工的特点，有计划地采取各种激励措施，对员工的各种需要给予满足或者限制，以此引起员工的内在心理变化，达到激发动机，引发企业所期望的行为的目的。**员工激励本质是一种动机管理，能够通过正反两方向的强化，控制和调整员工行为。**

员工激励直接影响员工素质与活力，是推动企业发展的基础动力，员工激励已成为现代人力资源的永恒话题。好的员工激励将有效改善员工综合素质，提高员工工作效率，吸引和保留优秀人才，进而有力支持公司战略的实现。

当前有关激励的理论研究较多，其中公认的主流派别有以下几个：

马斯洛的需求层次论

可以将人的需求从低到高分为五个层次：生理需求（衣、食、住、行）、安全需求（老有所养、病有所医）、社交需求（亲情、友情与归属）、尊重需求（尊重感）、自我实现的需求（成就感）。不同的人在不同的情况下其主导需求不同，其需求的强烈程度也不同；未满足的需求是主要激励源，已满足的需求不再具有激励作用；低层次需求满足后，才会去追求高层次需求。人的行为是由主导需求决定的。

麦克利兰的成就需求理论

人的需要可分为成就需要、权力需要、社交需要三种。研究发现，出色的管理者往往权力需要较高，成就需要和社交需要较低。成就需要高意味着高度关注自己的工作业绩，而社交需求高往往导致过于强调良好关系会干扰正常的工作程序。

亚当斯的公平理论

员工的激励程度来源于对自己和参照对象报酬和投入比例的主观比较感觉，即自觉或不自觉地将自己付出的劳动代价及其所得到的报酬与他人（同事、同学、朋友甚至过去的自己）进行比较，并对公平与否做出判断。公平感会直接影响员工的动机和行为。

弗鲁姆的期望理论

期望理论核心是"激励力=期望值×效价"三者关系，让员工认识到以下三件事就可以激励员工：①工作能提供给他们真正需要的东西；②他们欲求的东西是和绩效联系在一起的；③只要努力工作就能提高他们的绩效。

赫茨伯格的双因素理论

双因素理论核心为引起工作动机的因素主要有两个：保健因素和激励因素。只有激励因素才能够给人们带来满意感，而保健因素只能消除人们的不满，但不会带来满意感。激励因素包括工作本身、认可、成就和责任等与工作本身有关的内容，保健因素包括公司政策和管理、技术监督、薪水、工作条件以及人际关系等与工作环境有关的内容。

（2）员工激励都有哪些方式？

绩效激励法：绩效管理是员工激励措施的主线，通过设定更高的绩效目标，明确衡量标准和激励措施，如期望理论所言，员工将受到有效激励。

工作激励法：有挑战性的工作、重要性较高的岗位本身就是一种肯定和激励。

薪酬激励法：不同层级不同职类员工的薪酬水平和薪酬结构，必须符合对外具有竞争性、对内具有公平性、对人具有激励性的原则。向高贡献、高风险、高绩效人员倾斜，已是共识。管理者依照团队内部价值创造进行薪酬分配，重点人员重点激励。

愿景激励法：建立共同愿景，设定个人职业发展目标，将企业与个人发展同步，是企业激励员工的重要手段。

竞争激励法：通过末位淘汰等方法，激活人力资源是很多企业使用的手段。

荣誉激励法：各种荣誉给予等精神激励，满足员工内心需求。

参与激励法：创造机会与员工沟通，让他们发表意见，参与决策，展现自我。

管理者对员工进行激励应保持基于个体差异、体现公平公正、物质激励与精神激励相结合、内部激励和外部激励相结合、正向激励和负向激励相结合的原则。

（3）管理者的员工激励能力

企业提供员工激励基本工具，管理者则根据下属员工的特点和实际环境，利用这些激励工具来对员工进行管理。某种程度上，**管理者的员工激励能力是企业激励能力的直接体现，其水平高低决定了企业激励的效果**。水平较差的管理者自说自话，对下属需求关注不够，合格的管理者能够较好发挥公司提供的工具作用，优秀的管理者则可以自行创造各种工具，营造独特的激励环境，点燃员工激情。

管理者的员工激励能力主要表现在激励意识、把握下属需求、激励方法设计、激励效果四个方面。

（4）参考基本定义

激发、引导和维持下属的工作热情，保证预定目标的实现。

3．描述素质级别的关键维度

（1）激励意识

管理者对激励的重要程度对管理者实施激励的力度和效果有很大影响。水平较低的管理者忽视下属主观能动性，吝于肯定他人，也疏于下属需求管理；合格的管理者会重视下属积极性，有利用各种机会激励士气。是否具有激励意识是员工激励能力水平合格的一个标志。

（2）需求把握

激励的对象是员工，激励的本质是欲望管理，管理者进行有效激励的前提是对下属需求的把握。较差的管理者很难理解下属需求；合格的管理者能够对各种常见需求进行识别和把握；优秀的管理者则能深刻把握下属需求，甚至创造和激发新的需求。需求把握是员工激励能力水平的一个全层级行为指标。

（3）激励方法

管理者需要根据员工特点来选择合理的激励方法，水平较差的管理者往往用比较简单粗糙的激励方式，中长期会产生严重负面后果；合格的管理者会真心关注欣赏下属，根据对方特点精心准备激励策略，能够打动人心；优秀的管理者则方法灵活，能创造性制定激励机制，最大程度激发员工工作热情。激励方法也是员工激励能力的一个全层级行为指标。

（4）激励效果

不同水平的管理者激励效果存在明显差异。水平较差的管理者激励效果较差，甚至适得其反，士气低沉；合格的管理者会取得一定激励效果，员工士气稳中有升；优秀的管理者所带领团队士气高涨，心神愉悦，长期保持良好工作状态。激励效果也是员工激励能力水平的一个全层级行为指标。

4. 概念测验

您认为什么是员工激励？

员工激励基本上可以分为哪几类？

您认为应该从哪些关键维度对员工激励进行评价？

您认为自己员工激励能力如何？是否有地方需要改进？

您认为在激励意识、需求把握、激励方法、激励效果几项中，最重要的是什么？

合格的管理者的员工激励能力应该达到什么水平？

优秀的管理者的员工激励能力应该达到什么水平？

5．子维度矩阵设计举例

以下，我们将针对管理者员工激励能力子维度设计矩阵。五级标准设计参照前面章节描述的以0～4级形式展现，其中层级0为负面表现的不合格管理者，层级1为稍低于最低要求者，层级2为基本符合最低要求，层级3为较高水平，层级4为理想的最高水平。

根据四个描述素质级别的关键维度的特点，我们选取了这四个子维度作为矩阵子维度。0级由于对自我要求过低，不在此处赘述，感兴趣的读者可参见附件：完整通用素质模型库中相关要素的0级行为描述。

在1～4级别中，激励意识是从肯定频度、机会利用两个角度来区隔的，需求把握是对下属需求了解深度和引导能力两个角度来区隔的，影响方法是从方法综合程度与氛围营造两个角度区隔的。激励效果是从士气的稳定性和员工激情强度角度区隔的。

	激励意识	需求把握	激励方法	激励效果
层级1	有时肯定，缺乏经常性鼓励	对下属需求缺乏深入了解	简单、单一，粗糙，过于直接	不稳定，一般
层级2	对下属工作做适当的肯定	多渠道沟通，有效识别下属常规需求	主要为公司正式途径和手段	士气稍微平缓
层级3	高度重视激励，利用各种机会激励	深入了解下属特点，把握内在需求	正式和非正式途径和手段	重要时刻引发激情
层级4		创造和激发员工需求	综合运用各种激励手段，营造氛围	士为知己者死，长期高效工作状态

根据上面的子维度设计矩阵，可以得到员工激励能力的四个层级行为描述。具体内容请参照附件：完整通用素质模型库中相关表格。

6. 关键子维度矩阵设计练习

作为一种管理工具，素质模型构建只有参照标杆，并无标准答案。请根据您所理解的员工激励能力和您所选择的关键子维度，设计适合于您公司的子维度矩阵，并以该矩阵为基础编制要素等级描述。

您认为应将员工激励分为几个标准等级？为什么？

您打算从几个子维度来区隔这些标准等级？这些子维度之间是否存在逻辑关系？

每个子维度在这些标准等级中又是如何表现出差异的呢？

请以这些子维度作为基础，编制相应的标准行为级别描述。编制后，您需要找一位朋友，进行简要解释后，请他/她帮忙找出行为级别描述中不清晰或者有争议之处。您自己是如何看待被指出的这些问题的？

7. 总结列表

激励能力是管理者的一项基本管理技能，是提升管理效率的必要手段；

激励能力有着厚实的理论基础与基本方法论；

管理者激励能力的高低会体现在激励意识、激励方法、需求把握和激励效果几个关键子维度上；

员工激励能力的关键子维度矩阵设计需要考虑级别标准的整体差异定义、相关关键子维度的选择、相关关键子维度在各级别中的差异表现等要素。

8. 行动建议

用自己的语言定义员工激励能力；

用自己或者他人的经历对激励能力中的关键子维度进行深度理解和解读；

您最佩服的激励能力最强的人是谁？为什么最佩服他呢？能否举例说明？

请举例说明您自己经历过激励别人的一次成功或失败经历；

了解一下上级眼中的您自己的激励能力如何；

您是如何激励自己所负责团队的员工或者同事的？是否有改进之处？

评价一下周边管理者的激励能力如何。

第四部分 标准篇

四、权力认知

★ ★ ★

1．自我思考

您认为什么是权力？什么是权力结构？

了解权力结构对管理者是否重要？

您是如何看待权力结构的？

管理者与员工的权力分析能力有何差异？

您认为优秀的管理者与一般的管理者相比，在权力分析方面会有何差异？

如何将管理者的权力分析能力的强弱按照层级划分？

2．基本概念

（1）什么是权力？

美国学者罗伯特·达尔在1957年对权力进行了定义：A对B的权力达到A迫使B做某事的程度，而反过来B却不能这样做，这就叫权力。德国著名学者韦伯对权力的定义为，无视人们的反对，强使人们服从的能力。社会学认为，权力的本质就是主体影响和制约自己或其他主体价值和资源的能力。权力背后是B对A的依赖，因此依赖性是权力最重要的源泉。

以权威形态展现的权力才是最有效的权力，因为权威是对权力自愿的服从和支持，其基础是人们对权力正当性的认同。

（2）权力可以分为以下几种类型

强制性权力：最为普遍的权力形式，由于恐惧产生的依赖关系。

奖励性权力：按他人意愿做事可以受"益"（财富、职位、荣誉等），因此改变自己行为。

法定性权力：企业等组织职位给予在职者的强制性权力与奖励性权力。

信息性权力：拥有他人所需要的重要信息而影响他人。

个人型权力：分为专家性权力和参照性权力两类。参照性权力即平时所谈的影响力，由于个人超凡的品质、魅力，而使他人服从。

（3）企业的权力结构

从某种角度来看，企业作为组织本身就是一种权力结构，对于有正式组织架构的企业更是如此。按照"人不可能管理自己"假设前提，德国著名组织管理专家韦伯提出了**经典官僚制理论，即组织具有专业分化、层层节制的权力等级系统、按规程办事运作、形式正规的书面文件体系、组织管理的非人格化等特点。**

企业战略决定组织框架，也就决定了内部权力配置。组织是一个权力机构，它像是一张铺开的网。在网的中心，正是企业的领导层以及领导层当中的最后的决策者。决策者所做的各种决策，其信息来源、备选方案、方案决策、结果落实等，都需由相关人员参与负责，而那些人需要相应权力才能承担这些责任。

要在一个企业中生存和发展，就需要了解这个企业中的权力结构，权力的核心以及关键影响人物情况。而要与客户合作，也需要了解客户内部结构，利用内部可利用的关键人物达成目标。

（4）管理者的权力认知能力

管理者要达成目标，领导团队，都离不开权力。只有管理者了解企业的基本运作方式、企业内的权力结构，才能有效预测当前发生或者即将发生的事情对相关人员的影响，才能事半功倍达成工作目标。

管理者的权力分析能力主要表现在权力意识、了解组织深度、文化感知、认知幅度、潜在问题五个方面。

（5）参考基本定义

了解和掌握企业内部及客户内权力和架构的能力，快速判断真正决策者和决策影响者，并预测当前发生或即将发生的事件对于企业当中的个人和群体产生何种影响。

3. 描述素质级别的关键维度

（1）权力意识

管理者随时保持对组织权力结构的敏感度，特别是对组织结构、流程和权力结构要保持关注。不重视权力结构的管理者很可能对相关人员的角色和作用产生误判，导致严重失误。合格的管理者会积极了解相关信息，并作出正确判断。是否具有权力结构意识是权力认知能力水平合格的一个标志。

（2）了解组织深度

管理者对组织结构、工作流程的正确认知能够提高做事效率。在企业中，除了正式组织结构和流程外，存在着大量的非正式组织，这些非正式组织中的核心在于关键人物。水平较低的管理者由于不熟悉工作流程和秩序，导致重复劳动；合格的管理者会有效利用关键制度、政策和程序，能够发现和利用所熟知的企业内部的关键人物，来支持和推动工作开展；优秀的管理者则能洞悉组织结构背后的关键成因与影响要素，并通过影响这些人物来设定策略，高效实现目标。对正式结构与流程的理解和把握，是权力应用能力的一个全层级行为指标。

（3）文化感知

管理者除了考虑正式组织和非正式组织的因素外，还需要关注到更深层的文化要素。合格的管理者会识别并遵循相关文化，而优秀的管理者则能敏锐发现并利用这些文化为己所用。组织文化是权力应用能力的一个全层级行为指标。

（4）认知幅度

管理者对权力结构的认知能力还会体现在所能认知的幅度上。较差的管理者只能关注到自己周边一部分组织的权力架构；合格的管理者会认知所在业务系统、公司、客户的权力架构；优秀的管理者则能够认知到整个行业、整个国家的权力结构。认知幅度是权力应用能力的一个全层级行为指标。

（5）潜在问题

不同水平的管理者对潜在问题的认识与判断存在明显差异。合格的管理者会努力去注意文化对决策的影响；优秀的管理者则会前瞻性地发现潜在问题，并予以解决或者规避。潜在问题处理也是优秀管理者权力应用能力水平的一个全层级行为指标。

4.概念测验

您认为什么是权力？

权力基本上可以分为哪几类？

您认为应该从哪些关键维度对权力利用进行评价？

您认为自己权力利用如何？是否有地方需要改进？

您认为在权力意识、了解组织深度、文化感知、潜在问题几项中，最重要的是什么？

合格的管理者的权力认知能力应该达到什么水平？

优秀的管理者的权力认知能力应该达到什么水平？

5.子维度矩阵设计举例

以下，我们将针对管理者员工权力认知能力子维度设计矩阵。五级标准设计参照前面章节描述的以0~4级形式展现，其中层级0为负面表现的不合格管理者，层级1为稍低于最低要求者，层级2为基本符合最低要求，层级3为较高水平，层级4为理想的最高水平。

根据四个描述素质级别的关键维度的特点，我们选取了权力意识、了解组织深度、认知幅度、潜在问题四个子维度作为矩阵子维度。0级由于对自我要求过低，不在此处赘述，感兴趣的读者可参见附件：完整通用素质模型库中相关要素的0级行为描述。

在1~4级别中，了解组织深度是对了解程度、对非正式组织把握、成因把握三个角度来区隔的；认知幅度是从对象范围大小来区隔的。在1~3级别中，权力意识是从重视程度、为我所用两个角度来区隔的；潜在问题是从隐性文化的感知和文化改变两个角度来区隔的。

	权力意识	了解组织深度	认知幅度	潜在问题
层级1	对权力与流程不够重视	了解正式组织结构与工作流程	个人	

层级2	比较重视权力与流程	熟悉正式组织结构与工作流程，能识别非正式组织中关键人物	部门、客户	寻找组织潜在问题，但明显遗漏
层级3	对权力与流程比较敏感，为我所用	有效运用相关知识推动工作，发现和利用关键人物	业务系统、公司、客户	识别和规避关键潜在问题
层级4		洞悉组织与流程的关键成因并有能力改变为己所用，有效影响客户公司关键人物	行业、国家、国际	前瞻性发现问题，并为己所用

根据上面的子维度设计矩阵，可以得到权力认知能力的四个层级行为描述。具体内容请参照附件：完整通用素质模型库中相关表格。

6. 关键子维度矩阵设计练习

作为一种管理工具，素质模型构建只有参照标杆，并无标准答案。请根据您所理解的权力认知能力和您所选择的关键子维度，设计适合于您公司的子维度矩阵，并以该矩阵为基础编制要素等级描述。

您认为应将权力认知分为几个标准等级？为什么？

您打算从几个子维度来区隔这些标准等级？这些子维度之间是否存在逻辑关系？

每个子维度在这些标准等级中又是如何表现出差异的呢？

请以这些子维度为基础，编制相应的标准行为级别描述。编制后，您需要找一位朋友，进行简要解释后，请他/她帮忙找出行为级别描述中不清晰或者有争议之处。您自己是如何看待被指出的这些问题的？

7. 总结列表

权力认知能力是管理者的一项基本管理技能，是提升管理效率的必要手段；

管理者权力认知能力的高低会体现在权力意识、了解结构流程、了解非结构化、文化感知与潜在问题几个关键子维度上；

权力认知能力的关键子维度矩阵设计需要考虑级别标准的整体差异定义、相关关键子维度的选择、相关关键子维度在各级别中的差异表现等要素。

8. 行动建议

用自己的语言定义权力认知能力；

用自己或者他人的经历对权力认知能力中的关键子维度进行深度理解和解读；

您最佩服的权力认知能力最强的人是谁？为什么最佩服他呢？能否举例说明？

请举例说明您自己经历过的权力利用的一次成功或失败经历；

了解一下上级眼中的您自己的权力认知能力如何；

评价一下周边管理者的权力认知能力如何。

五、客户导向

1. 自我思考

您认为什么是客户导向？

客户导向对管理者是否重要？

您如何看待客户导向？

管理者与员工的客户导向有何差异？

您认为优秀的管理者与一般的管理者相比，在客户导向方面会有何差异？

如何将管理者的客户导向的强弱按照层级划分？

2. 基本概念

（1）什么是客户导向？

德鲁克认为，"**企业存在的目的不能从自身寻找，只能从外部、从对社会的贡献中寻找，从客户那里寻找。**"最朴素的事实是企业只有为客户创造了价值，才能够有业务，才能有利润，公司才具有存活的价值。马云的一段话也许是最佳的诠释："十年以来，假如说阿里巴巴有一个原因我们活下来的其中一个理由，就是我们坚持客户第一、员工第二、股东第三，不管任何时候。其实我们很多上市企业基本上在上市之前都是坚持的，因为客户给我们钱，因为员工创造了价值，因为股东信任我们。"华润集团在自己的领导力模型中也明确提出，客户导向是指"以客户为中心，研究并洞察其需求，不断驱动产品和服务的改善和创新，为客户创造价值，赢得忠诚的客户"。

国内几乎每个企业都认识到客户导向的重要性，并且如果大家真的去参阅企业文化或者理念，那么都会发现，"客户第一"、"客户至上"、"客户导向"一类的关键字。对企业而言，客户导向可以起到促使企业对顾客承担应付责任，统一内部决策原则，激发内部创新等很多积极作用。

用最简单的话来描述，客户导向的本质就是**"把满足客户需求作为一切工作展开的目标和中心"**。需要特别指出的是，在这里的客户，不仅仅是我们常规意义上的外部客户，还包括企业中的内部客户。

（2）内部客户与外部客户

从波特价值链理论分析我们会发现，企业价值链可以分为基本活动（仓储物流、生产、销售、客服等）和支持性活动（研发、财务、人力等）两大部分，这些活动相互之间按照内在规律嵌合在一起。在价值链上，每一个活动的执行者是上一个活动的客户。在企业内部也是如此，例如，产品研发部门的下一个活动的执行者是销售部门，研发时就需要以销售部门为客户，满足其真实需求。于是，"内部客户"的概念产生了。这一点对于内部职能部门特别重要，因为财务、人力等部门直接为其"内部客户"服务，他们的关键职责是满足内部客户的需要。

（3）管理者的客户导向能力

企业提倡和落实客户导向的常见方法通常包括：理念宣传贯彻、绩效约束、行为准则、制度规范。无论何种方法，都离不开管理者的重要作用的发挥。很多时候，管理者对于下属的直接影响会比制度规定更为有效和真实。**管理者自身对于客户导向的重视程度、对客户需求的认识和把握能力、发展与客户关系的能力以及为客户创造价值的能力都会对客户导向产生较大影响。**

水平较差的管理者缺乏客户服务意识，以自我为中心，难以满足客户需求；合格的管理者能够快速响应客户需求，满足客户常规需求；优秀的管理者则可以发掘甚至引导需求，超越客户需求，形成长期战略伙伴关系。

管理者的客户导向能力主要表现在客户意识、把握需求、关系发展、客户价值四个方面。

（4）参考基本定义

关注并准确把握内、外部客户的需求和利益，追求客户满意和忠诚，并为客户创造价值。

3．描述素质级别的关键维度

（1）客户意识

管理者对客户需求的重要程度直接影响客户服务行为与结果。水平较低的管理者忽视客户需求，只考虑自己，客户意识淡薄；合格的管理者会重视客户需求，尽可能去满足和超越客户需求。是否具有客户意识是客户导向能力水平合格的一个标志。

（2）需求把握

管理者对客户需求的理解深度对满足客户需求的行为和效果有很大影响。水平较低的管理者会对客户显性需求做出反应；合格的管理者会重视和把握客户真实需求，及时做出有效相应；优秀的管理者会构建相关机制来持续收集和分析需求，洞悉客户潜在需求，必要时激发和引导客户需求。需求把握能力是客户导向能力水平的一个全层级行为指标。

（3）发展关系

管理者与客户之间的关系也反映了客户服务的质量。合格的管理者会重视与客户间关系，力求构建长期关系；优秀的管理者则能与客户形成稳固的战略伙伴关系。发展关系是优秀客户导向水平的一个标志。

（4）客户价值

客户服务的核心是为客户创造价值，这种价值的最终表现就是客户满意度。水平较差的管理者能够按照标准提供常规服务，基本达成目标；合格的管理者会为客户创造较高价值，例如附加值，从而令客户满意，实现双赢；优秀的管理者会超越客户预期，参与客户决策，保证长期利益。客户价值也是客户导向能力的一个全层级行为指标。

4. 概念测验

您认为什么是客户导向?

为什么要强调客户导向?

您认为应该从哪些关键维度对管理者的客户导向能力进行评价?

您认为自己的客户导向能力如何? 是否有地方需要改进?

您认为在客户意识、需求把握、发展关系、客户价值几项中,最重要的是什么?

合格的管理者的客户导向能力应该达到什么水平?

优秀的管理者的客户导向能力应该达到什么水平?

5. 子维度矩阵设计举例

以下,我们将针对管理者客户导向能力子维度设计矩阵。五级标准设计参照前面章节描述的以0~4级形式展现,其中层级0为负面表现的不合格管理者,层级1为稍低于最低要求者,层级2为基本符合最低要求,层级3为较高水平,层级4为理想的最高水平。

根据四个描述素质级别的关键维度的特点,我们选取了这四个子维度作为矩阵子维度。0级由于对自我要求过低,不在此处赘述,感兴趣的读者可参见附件:完整通用素质模型库中相关要素的0级行为描述。

在1~3级别中,客户意识是从关注程度角度来区隔的。1~4级别中,需求把握是对客户需求了解深度、引导程度两个角度来区隔的;客户价值是从客户满意程度和价值特点两个角度来区隔的。2~4级中,发展关系是从关系稳固性与重要性两个角度区隔的。

	客户意识	需求把握	发展关系	客户价值
层级1	关注	常规需求		达标
层级2	重视	显性需求	主动构建关系	满意
层级3	高度关注	满足潜在需求	长期稳固关系	超出预期,双赢
层级4		引导需求	战略伙伴关系	长期价值

根据上面的子维度设计矩阵，可以得到客户导向的四个层级行为描述。具体内容请参照附件：完整通用素质模型库中相关表格。

6．关键子维度矩阵设计练习

作为一种管理工具，素质模型构建只有参照标杆，并无标准答案。请根据您所理解的客户导向和您所选择的关键子维度，设计适合于您公司的子维度矩阵，并以该矩阵为基础编制要素等级描述。

您认为应将客户导向分为几个标准等级？为什么？

您打算从几个子维度来区隔这些标准等级？这些子维度之间是否存在逻辑关系？

每个子维度在这些标准等级中又是如何表现出差异的呢？

请以这些子维度为基础，编制相应的标准行为级别描述。编制后，您需要找一位朋友，进行简要解释后，请他/她帮忙找出行为级别描述中不清晰或者有争议之处。您自己是如何看待被指出的这些问题的？

7．总结列表

客户导向是管理者的一项基本管理技能，是必须宣传和落实的价值观；

管理者可能为内部客户服务，也可能为外部客户服务；

管理者客户导向能力的高低会体现在客户意识、需求把握、发展关系和客户价值几个关键子维度上；

员工客户导向的关键子维度矩阵设计需要考虑级别标准的整体差异定义、相关关键子维度的选择、相关关键子维度在各级别中的差异表现等要素。

8．行动建议

用自己的语言定义客户导向；

用自己或者他人的经历对客户导向中的关键子维度进行深度理解和解读；

您最佩服的客户导向能力最强的人是谁？为什么最佩服他呢？能否举例说明？

请举例说明您自己发挥客户导向的一次成功或失败经历；

了解一下上级眼中的您自己的客户导向如何；

您是如何将客户导向能力传递给自己所负责团队的员工或者同事的？是否有改

进之处？

评价一下周边管理者的客户导向能力如何。

六、开拓创新

★★★

1．自我思考

您认为什么是开拓创新？

开拓创新对管理者是否重要？

您如何看待开拓创新？

管理者与员工的开拓创新有何差异？

您认为优秀的管理者与一般的管理者相比，在开拓创新方面会有何差异？

如何将管理者的开拓创新的强弱按照层级划分？

2．基本概念

（1）什么是开拓创新？

谈创新，就不得不谈到两位著名的创新大师：熊彼特和德鲁克。创新鼻祖哈佛教授熊彼得认为，**"创新是创造性的破坏"**，创新就是建立一种新的生产函数，把一种从来没有过的关于生产要素和生产条件的新组合引入生产体系。后来，创新的概念被延伸到技术创新。在熊彼特看来，作为资本主义"灵魂"的企业家的职能就是实现创新，引进新组合。管理大师德鲁克认为，只要是企业就应该不断创新，这种创新不是"聪明的创意"，而是注重机会的把握。

对于如何把握创新机遇，德鲁克在《创新与企业家精神》中给出了**七种创新来源的诠释：意外事件、不协调事件、程序的需要、产业和市场结构、人口统计数据、认知的变化、新知识**。创新实际上将给企业带来"稳健地快速发展"，而不是

"孤注一掷"的冒险，而这才是企业家真正的"创新精神"。

广义上，所有能提升已有资源创造价值能力的行为都可称为创新。如同一位国内企业家所言，"要进步，唯创新"，创新是企业适应环境和取得优势地位所必需的核心武器。

（2）企业中创新的种类

从创新的内容分类，企业创新可以分为商业模式创新（例如网络营销等）、产品创新（例如IPHONE等）、技术创新（例如数字通信替代模拟通信）、企业文化创新（例如京瓷企业哲学）、管理创新（例如ERP、CRM、ISO体系推动）等。

从创新的原创程度分类，企业创新可以分为原创性创新（完全自主开发）和模仿性创新（引进、借鉴、吸收、再创新）。

从创新的程度来分类，企业创新可以分为颠覆性创新（突破性的质变）、应用性创新（渐进性的量变）。

（3）管理者的创新能力

创新能力是管理者所必备的基础管理能力，同时也是企业创新能力发挥的基本保障。与普通员工相比，**管理者在企业创新中起到的是示范榜样、营造环境、有效引导三个作用。**做好榜样，管理者自身必须具有开放心态，与时俱进，应该是新思想、新文化的领头羊，才能建立与员工间信任，打开创新心门；管理创新是技术、产品等其他创新的管理基础，只有通过构建相关机制和文化才能实现持久创新；有效引导是指创新并非闭门造成，必须是有助于提升绩效和价值的活动，否则很容易形成浪费或者影响团队执行力，因此管理者有效监控与引导是成功的创新所必需的活动。

普通员工在创新过程中，更多是在企业平台上和机制管理下，在特定领域，例如产品、服务、管理等方面，提议或者参与相关创新理念、研发与产品化活动。相对而言，普通员工在非管理创新之外的其他领域内创新作用更大。

在创新能力方面，水平较差的管理者自身因循守旧，思维教条死板；合格的管理者会接受甚至主动学习新技术、新方法，并根据情况灵活变通解决问题；优秀的管理者思维开拓，能创造性解决高难度问题，并建立创新机制以推动企业快速发展。

管理者的创新能力主要表现在**开放心态、风险处理、鼓励创新、创新效果**四个方面。

（4）参考基本定义

不受陈规和以往经验的束缚，锐意进取，在技术和管理上力求改进与变革，以适应新观念、新形势发展的要求。

3. 描述素质级别的关键维度

（1）开放心态

管理者自身心态的开放程度对其所带领团队的创新能力有重大影响，甚至可以说管理者自身心态决定了团队创新能力的上限。水平较低的管理者固守原有经验，害怕尝试新事物；合格的管理者能够接受新生事物而无抵触心理，可以主动去发现问题和尝试使用新方法进行改进；优秀的管理者则具有强烈的创新精神，倡导创新。开放心态是创新能力水平的全层级行为指标。

（2）风险应对

但凡创新，必有风险，必有责任。水平较低的管理者对于创新风险是干脆直接规避创新；而合格的管理者会正视风险问题，尽可能进行均衡，优秀的管理者会在决策时敢于创新但不冒失，勇于承担创新风险。风险应对能力是创新管理水平的一个高层级行为指标。

（3）鼓励创新

管理者的职责要求必须要鼓励团队进行创新。水平较低的管理者会对他人提出的新思想、新方法有抵触心理，压制创新；合格的管理者会重视和鼓励下属进行创新；优秀的管理者则会成为公司创新精神领袖，构建和推行创新机制以营造创新氛围。鼓励创新是创新能力的一个高层级行为标志。

（4）创新效果

管理者进行创新的主要目的之一就是提高团队绩效，这种绩效最终会表现在创新的结果和表现上。水平较差的管理者难以持续性提高自身绩效；合格的管理者会为通过创新，创造性落实工作，提高效率；优秀的管理者会自己领队实现技术或者管理突破，带领公司走出特色创新之路。创新效果也是创新能力的一个全层级行为指标。

4．概念测验

您认为什么是创新？

为什么要强调创新？

您认为应该从哪些关键维度对管理者的创新能力进行评价？

您认为自己的创新能力如何？是否有地方需要改进？

您认为在开放心态、风险应对、鼓励创新、创新效果几项中，最重要的是什么？

合格的管理者的创新能力应该达到什么水平？

优秀的管理者的创新能力应该达到什么水平？

5．子维度矩阵设计举例

以下，我们将针对管理者创新能力子维度设计矩阵。五级标准设计参照前面章节描述的以0～4级形式展现，其中层级0为负面表现的不合格管理者，层级1为稍低于最低要求者，层级2为基本符合最低要求，层级3为较高水平，层级4为理想的最高水平。

根据四个描述素质级别的关键维度的特点，我们选取了这四个子维度作为矩阵子维度。0级由于对自我要求过低，不在此处赘述，感兴趣的读者可参见附件：完整通用素质模型库中相关要素的0级行为描述。

在1～4级别中，心态开放是从对新事物接受程度、思维开放性两个角度来区隔的；鼓励创新是从对自身创新独立性与指导能力两个角度区隔的；创新效果是从创新范围和创新价值两个角度来区隔的。2～4级中，风险应对是对应对合理性、果敢程度两个角度来区隔的。

	心态开放	风险应对	鼓励创新	创新效果
层级1	能接受新事物		在他人的帮助或指导下，能够正确应用新的工具和方法	在已有知识经验内，能够较灵活、变通地解决问题
层级2	主动寻求方法	多角度思考	独立创新	创造性地落实上级布置的工作
层级3	打破思维定势束缚	追求均衡	指导他人	创造性地解决专业技术或者管理问题
层级4	强烈的新事物偏好	独立提出建议，敢于承担创新风险	创新倡导者，建立创新机制	独立提出对公司具有显著效益的技术开发建议或者管理提升方案

根据上面的子维度设计矩阵，可以得到创新能力的四个层级行为描述。具体内容请参照附件：完整通用素质模型库中相关表格。

6. 关键子维度矩阵设计练习

作为一种管理工具，素质模型构建只有参照标杆，并无标准答案。请根据您所理解的创新能力和您所选择的关键子维度，设计适合于您公司的子维度矩阵，并以该矩阵为基础编制要素等级描述。

您认为应将创新能力分为几个标准等级？为什么？

您打算从几个子维度来区隔这些标准等级？这些子维度之间是否存在逻辑关系？

每个子维度在这些标准等级中又是如何表现出差异的呢？

请以这些子维度为基础，编制相应的标准行为级别描述。编制后，您需要找一位朋友，进行简要解释后，请他/她帮忙找出行为级别描述中不清晰或者有争议之处。您自己是如何看待被指出的这些问题的？

7. 总结列表

创新能力是管理者的一项基本管理技能，是管理者效率持续提成的重要基础；

所有能提升已有资源创造价值能力的行为都可称为创新；

创新可以分为商业模式创新（例如网络营销等）、产品创新（例如IPHONE

等）、技术创新（例如数字通信替代模拟通信）、企业文化创新（例如京瓷企业哲学）、管理创新（例如ERP、CRM、ISO体系推动）等；

管理者创新能力的高低会体现在心态开放、风险应对、鼓励创新、创新效果几个关键子维度上；

创新能力的关键子维度矩阵设计需要考虑级别标准的整体差异定义、相关关键子维度的选择、相关关键子维度在各级别中的差异表现等要素。

8．行动建议

用自己的语言定义创新能力；

用自己或者他人的经历对创新能力中的关键子维度进行深度理解和解读；

您最佩服的创新能力最强的人是谁？为什么最佩服他呢？能否举例说明？

请举例说明您自己发挥创新能力的一次成功或失败经历；

了解一下上级眼中的您自己的创新能力如何；

您是如何将创新传递给自己所负责团队的员工或者同事的？是否有改进之处？

评价一下周边管理者的创新能力如何。

七、系统思维

○……★　★　★……○

1．自我思考

您认为什么是系统思维？

系统思维对管理者到底有多重要？

您如何看待系统思维？

您认为优秀的管理者与一般的管理者相比，在系统思维方面会有何差异？

如何将管理者的系统思维能力的强弱按照层级划分？

2．基本概念

（1）什么是系统？

系统是由一些相互联系、相互影响的若干部分结合而成的、具有特定功能的有机整体。系统具有几个重要特点：①由两个或两个以上部分组成的动态复杂系统；②能量、物质或者信息在系统内不同要素间流动；③系统生存在特定环境中；④系统与外部可以通过半透明边界渗透交换；⑤系统各部分寻求平衡关系，并可能表现出周期性震荡、自主倾向和蝴蝶效应。**系统最基本的本质是整体复杂性，即系统整体大于局部的简单相加。**

系统在世界中无处不在，因此正确认知系统对于掌握自然法则至关重要。从系统形成来看，系统可以分为自然系统、人工系统和复合系统三大类。从系统研究内容来看，可以分为物理系统与行为系统。

从人类视角，系统是一种概念，是人们对客观世界的一种认识。系统的概念可以帮助人们将世界进行概念化，目前已经在信息科学、物理与工程科学、社会认知科学、管理科学和战略思维领域得到长足进步。

（2）什么是系统思维？

系统思维的本质是研究在整体架构中，事物间的相互影响。例如，企业中包括由员工、组织架构和流程等各种要素组合成的各种子系统，共同作用支持企业正常运转。系统思维也就是我们平时所谈的"**全局观**"。

系统思维是一种分析和解决问题的高级思维模式，它将问题放置于整体系统中加以解决，而非就事论事处理局部问题，因为局部视角狭窄很容易造成不良后果。换言之，系统思维是一种思维习惯，即聚焦周期性宏观分析而非纯粹的因果分析。

以系统概念为基础，系统思维关注系统组成中各个要素间的关系与互动，力图揭示小事件对于复杂系统的重大影响（如蝴蝶效应）。系统思维揭示了"信息孤岛"现象奥秘，并因此对企业的组织沟通研究的发展立下汗马功劳。

（3）系统思维的关键视角

要素独立性视角：完全独立互不关联的部分的简单组合，并不是系统。

整体视角：向下深入研究分析发现不了的特征，有时候需要向上从整体考察才能把握。

目标界定视角：系统性的互动，肯定以达成目标或者状态为目的。

输入与输出视角：闭合性系统输入初始化后恒定，而开放性系统完全靠环境决定。

输入变输出视角：系统本身也是目标达成的过程。

混乱性视角：系统中必然存在一定无序与随机性。

规则化视角：系统要按预期运作必须有反馈控制机制。

结构视角：复杂系统由更小的子系统组成。

功能视角：不同具体单元具备的功能存在差异。

殊途同归视角：目的相同，但在系统中存在多种路径。

一因多效视角：系统的一个输入，有时获得多个输出。

（4）管理者的系统思维能力

系统思维能力是管理者的高级管理能力，更是管理者能否胜任更高级别岗位的关键素质。与普通员工相比，管理者视野应更为开阔，要点把握更为到位。因此职责分工对管理者提供了更高的视野要求，而且由于获取信息和接触工作的丰富化，管理者也具备了学习和掌握系统思维的条件。而现实中，国内的管理者不可避免地要面对大量的日常事务性工作，很容易为具体问题困扰，忙于救火，对系统思维习惯的培养无暇顾及。管理者必须具有跳出来看问题，从系统看局部的思维能力，这就要求管理者积极主动培养这种思维习惯。

在系统思维方面，水平较差的管理者缺少概念化思维能力，做事无章法，目光短浅；合格的管理者会努力从更广阔视角看待问题，系统分析内在机理；优秀的管理者具有公司视野，通盘考虑各方利益诉求，能在复杂环境中指明方向，问题迎刃而解。

管理者的系统思考能力主要表现在全局观念、概念思维、勇于奉献、适应难度四个方面。

（5）参考基本定义

在分析和处理问题时，能够掌握全局，系统分析各部分和各环节中的复杂因果关系，选择和制订系统的解决方案。

3．描述素质级别的关键维度

（1）全局观念

管理者的全局意识将决定了管理行为的高度，为其管理在企业宏观棋盘中的作用设定了基准线。全局观念较差的管理者，总是为日常工作细节所困扰，考虑问题角度单一；合格的管理者应该能够从团队领导或者企业领导的战略角度分析和解决问题；优秀的管理者能够从公司愿景使命、利益相关方多赢角度分析和解决问题。全局观念是管理者系统思维能力的一个全层级行为指标。

（2）概念思维

系统思维本身是一种概念化思维，管理者需要通过日常学习和思考，将现实工作提炼转换为更为简洁有效的框架概念，才能提高工作效率与效果。水平较低的管理者缺乏概念化能力，只见树木不见森林；合格的管理者会重视概念思维，通过借鉴和学习先进经验，构建基本符合自身所在环境要求的系统模型，简化复杂度；优秀的管理者会创造新的概念与模式，抓住问题本质，高效解决问题，举重若轻。概念思维能力是管理者系统思维能力的一个高层级行为指标。

（3）勇于奉献

管理者系统分析和思维后所形成的行动方案往往与众不同，由于考虑企业整体与未来多于他人，所以方案执行的难度和投入都会较多。水平较低的管理者会在实际执行上大打折扣；合格的管理者会服从大局，必要时甘于牺牲自身局部利益；优秀的管理者具有大公无私的特质。勇于奉献是系统思维能力一个全层级行为指标。

（4）适应难度

管理者系统思维能力水平会直接体现在其能够胜任分析的系统复杂度上。水平较低的管理者在简单的子系统分析上都会出现逻辑混乱；合格的管理者应该能够胜任跨团队合作问题的分析任务；优秀的管理者在分析宏观经济、行业走向等问题上往往表现出色。适应难度是系统思维能力的全层级行为标志。

4．概念测验

您认为什么是系统？什么是系统思维？

为什么要强调系统思维？系统思维的关键视角包括哪些？

您认为应该从哪些关键维度对管理者的系统思维进行评价？

您认为自己的系统思维如何？是否有地方需要改进？

您认为在全局观念、概念思维、勇于奉献、适应难度几项中，最重要的是什么？

合格的管理者的系统思维应该达到什么水平？

优秀的管理者的系统思维应该达到什么水平？

5．子维度矩阵设计举例

以下，我们将针对管理者系统思维子维度设计矩阵。五级标准设计参照前面章节描述的以0～4级形式展现，其中层级0为负面表现的不合格管理者，层级1为稍低于最低要求者，层级2为基本符合最低要求，层级3为较高水平，层级4为理想的最高水平。

根据四个描述素质级别的关键维度的特点，我们选取了这四个子维度作为矩阵子维度。0级由于对自我要求过低，不在此处赘述，感兴趣的读者可参见附件：完整通用素质模型库中相关要素的0级行为描述。

在1～4级别中，全局观念是从对视角宽度角度来区隔的，概念思维是从对抽象能力与创新能力两个角度区隔的，勇于奉献是从主动性、奉献程度两个角度来区隔的，适应难度是从任务难度和任务复杂度两个角度来区隔的。

	全局观念	概念思维	勇于奉献	适应难度
层级1	团队	简单抽象，维度单一	被动执行	单一问题解决
层级2	跨团队	发现差异，应用复杂概念解读关系	良好协作，恪守制度	多项部门级问题并行解决
层级3	公司战略视角	复杂问题简单化，抓重点突破	大局观，舍弃局部利益	涉及主要部门，复杂问题解决
层级4	公司愿景使命，各利益主体多赢	概念创新，全新诠释问题本质，创造性解决	大公无私	行业、国家发展问题解决

根据上面的子维度设计矩阵，可以得到系统思维的四个层级行为描述。具体内容请参照附件：完整通用素质模型库中相关表格。

6. 关键子维度矩阵设计练习

作为一种管理工具，素质模型构建只有参照标杆，并无标准答案。请根据您所理解的系统思维和您所选择的关键子维度，设计适合于您公司的子维度矩阵，并以该矩阵为基础编制要素等级描述。

您认为应将系统思维分为几个标准等级？为什么？

您打算从几个子维度来区隔这些标准等级？这些子维度之间是否存在逻辑关系？

每个子维度在这些标准等级中又是如何表现出差异的呢？

请以这些子维度为基础，编制相应的标准行为级别描述。编制后，您需要找一位朋友，进行简要解释后，请他/她帮忙找出行为级别描述中不清晰或者有争议之处。您自己是如何看待被指出的这些问题的？

7. 总结列表

系统思维是管理者的一项高级管理技能，是优秀管理者的必备能力；

系统思维可以简单理解为在全景中理解和解决问题；

管理者系统思维的高低会体现在全局观念、概念思维、勇于奉献、适应难度几个关键子维度上；

系统思维的关键子维度矩阵设计需要考虑级别标准的整体差异定义、相关关键子维度的选择、相关关键子维度在各级别中的差异表现等要素。

8. 行动建议

用自己的语言定义系统思维；

用自己或者他人的经历对系统思维中的关键子维度进行深度理解和解读；

您最佩服的系统思维最强的人是谁？为什么最佩服他呢？能否举例说明？

请举例说明您自己发挥系统思维的一次成功或失败经历；

了解一下上级眼中的您自己的系统思维能力如何；

您是如何将系统思维能力传递给自己所负责团队员工或者同事的？是否有改进之处？

评价一下周边管理者的系统思维如何。

八、变革管理

○……★　★　★……○

1．自我思考

您认为什么是变革？什么是变革管理？

变革管理对管理者到底有多重要？

您如何看待变革管理？

您认为优秀的管理者与一般的管理者相比，在变革管理方面会有何差异？

如何将管理者的变革管理能力的强弱按照层级划分？

2．基本概念

（1）什么是变革？

当今世界政治、经济发展迅速、变化难测，确实是"唯一不变的就是变化自身"。在内外部环境要素发生较大变化时，企业往往需要改变自己，也就是用一种新秩序取代旧秩序，进而更好地响应和适应环境。简单讲，**变革就是企业自己改变、革新和创造，实现自我否定与扬弃。企业变革就是改变将来做事的方式与规则，因此企业在过程中必须要准确识别、适应、应用、创造符合客观规律的规则。**

变革通常分为两大类，一类是迫于外界环境压力而做的突发性变革，往往由于突发事件导致不得不采取特殊手段处理。例如中国台湾地区塑化剂曝光导致所有相关产品被迫下架，而且餐饮企业都必须保证不含违法食品添加剂。另外一类是企业为了提高组织运作效率而进行的有计划、有组织的变革。例如联想、海尔先期所做的国际化扩张，就是很典型的例子。这两种变革都需要有效管理才能提高组织对外部的适应能力。

（2）什么是变革管理？

世界著名管理大师彼得·德鲁克认为，"我们无法左右变革，我们只能走在变革的前面"，"变革是无法避免的事情"。**变革管理之所以重要的根本原因，在于不能及时适应变化，企业将难以生存。**"变革可能失败，但不变肯定失败"，变革对于企业来说是生命攸关的大事。一个良性运作的企业始终处于稳定与变革的均衡点，追求效率必须有一定的稳定性作为基础，持续提升必须有变革与创新作为推动力。变革是常态的，稳定是动态的。不同发展阶段，企业为了生存和发展都会根据情况，适当地进行变革。

变革管理是指当业绩成长缓慢，内部问题增加，企业感觉难以应对内外部环境变化时，企业必须根据情况制订变革计划与变革策略，将相关战略、组织结构、工作流程以及企业文化，进行必要的调整和改进，以帮助企业顺利转型，重复活力。

变革成功的关键在于变革管理，在于因此知道怎样变革，这甚至比知道为什么变革和变革什么更为重要。变革管理的对象并非只是技术、信息、流程与制度，其中最为重要的是管理者与基层员工的思想和行为。

"领导变革之父"约翰·科特在变革管理方面研究成就斐然，他提出了**变革管理的八步法则：**

营造紧迫感：科特建议要至少3/4的管理团队真正接受变革的理念，变革才能成功。

形成强大联盟：变革需要强大的领导力和组织内关键人物的明确支持才能使得员工相信变革是必要的。

形成新的愿景与战略：清晰的愿景能够帮助所有员工理解为什么需要他们改变的原因。当员工自己开始探索变革的目标，他们可能会更深刻理解管理者所下达的各种目标。

传播变革愿景：愿景创造出来就是要进行传播的，而愿景传播必定会遭遇各种阻力。只有在日常工作中不断使用愿景进行决策和解决问题，以行动传播理念，才能唤起他人注意和重视。

授权他人为组织的愿景而行动：领导者需要在为变革推动创造有利条件的同时，必须不断关注阻碍变革的障碍。去除这些阻力障碍会强有力地推动变革的开展。其中最为有效的方法就是授权给有判断力、知识和资源的人执行任务，并对敢于挑战旧秩序的行为给予鼓励与奖赏。

取得短期胜利：胜利是最强大的激励工具。高超的领导者深知，罗马非一日建成，但每一段必定要有成功相随。接踵而来的小胜利会高效激励团队士气。

固化成果，扩大变革：变革需要过程，真正的变革需要长期的努力。每一次变革的成功都是值得反思总结的，因为它们将是未来改进的基础。

在老文化中植入新基因：要让变革成果固化下来，那么就必须要将其融入到组织文化之中。管理者需要持续努力才能让变革痕迹始终可见，这样才能深深将变革渗透进企业文化当中。

（3）管理者的变革管理能力

变革管理是管理者的高级能力，更是管理者能否胜任更高级别岗位的关键素质。 与普通员工被动接受变革，并积极响应的基本定位相比，管理者则需要承担说服他人意识变革必要性，明确当前形势与期望形势差距，构想愿景与目标，设定变革目标，构建伙伴联盟，设计和采取各种推动措施，并最终实现目标的众多责任。很明显，管理者需要的变革管理能力是一项复杂的综合能力。

在变革管理方面，水平较差的管理者缺少变革意识，甚至反对变革，只能勉强承担执行变革的任务，而且方法生硬，推动效果较差；合格的管理者会对变革会有一定敏感性，能够顺应挑战，主动根据情况设定变革目标，坚持不懈以身作则，并采取各种影响策略，带动下属响应变革；优秀的管理者则能洞悉变革成因，深刻地指出变革的紧迫性和必然性，主动迎接挑战，并设定周详的变革计划，预见可能出现的各种阻力及其应对措施，构建组织能力，高效地推动变革。

管理者的变革管理能力主要表现在变革识别认知、变革目标设定、变革策略设计、组织能力建设、变革推动落地五个方面。

（4）参考基本定义

迎接变革挑战，顺应变革，设计合理变革目标与相应策略，培养组织应变能力，传播变革理念，有效地达成变革目标。

3．描述素质级别的关键维度

（1）变革识别认知

管理者对于变革需求的敏感性与认知将决定了企业变革的起点。变革识别能力较差的管理者，安于现状，心态相对闭锁，基本对外部变化所引发的变革需要没有意识，甚至还有一定抵触情绪；合格的管理者应该能够对明显的变革需求有一定敏感性，较好的管理者还可以做较为全面的变革需求分析；优秀的管理者能够敏锐地深刻发掘出企业变革的关键需求，提出前瞻性的变革设想，主动求变。变革识别是管理者变革管理能力的一个全层级行为指标。

（2）变革目标设定

变革的本质是将企业当前状态转变为理想状态，因此变革管理首先必须界定当前状态与理想状态的差距，明确变革的目标问题。水平较低的管理者只是凭借感觉随意制定变革目标；合格的管理者会首先确定变革的范围及其后果，究竟是战略、组织结构、人员、技术、流程、管理还是服务？为什么要改变这些而非其他？变革目标未必十分清晰，但方向明确。较好的管理者的目标通常长短结合，实用性强；优秀的管理者考虑周详，目标设计层次递进，可操作性极强。变革目标设定能力是管理者变革管理能力的一个全层级行为指标。

（3）变革策略设计

所有变革要达成目的，就必须有配套的策略设计，以争取最小的投入获得最大的产出。水平较低的管理者缺少变革策略的思考，经常是问题出现时束手无策；合格的管理者能够坚持不懈，通过率先垂范而树立榜样，带动大家，而较好的管理者会通过联盟等方式借助他人力量推动变革；优秀的管理者则会巧妙综合利用各种技巧，引导方向，激发他人意愿来推动变革。变革策略设计是变革管理能力一个高层级行为标志。

（4）组织能力建设

变革管理的核心目的之一就是要提高组织应变能力，因此管理者必须主动强化组织信息收集、预测系统，以及相应的突发事件处理流程，必须以帮助组织提前适应外部新挑战和突发事件。水平较低的管理者会更多关注具体个案问题处理；合格的管理者会注意到组织流程的建设，并积极进行宣传；优秀的管理者高度重视相关流程制度建设，与配套奖惩培训措施，从文化层次改变人员观念。组织能力建设是变革管理能力一个全层级行为指标。

（5）变革推动落地

变革管理能力的高低最终都会体现在变革的实际推动落地效果上。变革过程中困难重重，管理者要沉着冷静，充分调动资源，破解各种阻力，达成变革目标。变革推动落地最重要的一个标志是相关管理者、员工心态与价值观的改变，这种改变将决定变革效果的持久程度。水平较低的管理者往往在过程中易于放弃，无法达成目标；合格的管理者能够通过有效沟通，利用各种有利资源推动变革，破解阻力，基本达成变革目标；优秀的管理者能够通过全面传播，将变革嵌入公司价值观中，持久保持变革效果。变革推动落地是变革管理能力的全层级行为标志。

4．概念测验

您认为什么是变革？什么是变革管理？

为什么要强调变革管理？变革管理的主要步骤包括哪些？

您认为应该从哪些关键维度对管理者的变革管理进行评价？

您认为自己的变革管理如何？是否有地方需要改进？

您认为在变革识别认知、变革目标设定、变革策略设计、组织能力建设、变革推动落地几项中，最重要的是什么？

合格的管理者的变革管理能力应该达到什么水平？

优秀的管理者的变革管理能力应该达到什么水平？

第四部分　标准篇

5．子维度矩阵设计举例

以下，我们将针对管理者变革管理子维度设计矩阵。五级标准设计参照前面章节描述的以0～4级形式展现，其中层级0为负面表现的不合格管理者，层级1为稍低于最低要求者，层级2为基本符合最低要求，层级3为较高水平，层级4为理想的最高水平。

根据五个描述素质级别的关键维度的特点，我们选取了变革识别认知、变革目标设定、变革策略设计、变革推动落地这四个子维度作为矩阵子维度。0级由于对自我要求过低，不在此处赘述，感兴趣的读者可参见附件：完整通用素质模型库中相关要素的0级行为描述。

在1～4级别中，变革管理是变革管理流程中的关键节点的掌握来区隔的，即从变革需求的识别认知、变革目标设定、变革策略设计和变革推动落地四个关键维度进行设计。变革识别认知是从意识的全面性和前瞻性两个角度区隔，变革目标设计是从目标清晰性、合理性和准确性三个角度区隔，变革策略设计是从策略的层次与有效性两个角度区隔，变革推动落地是从目标达成情况、变革成果固化与文化融入三个角度来区隔的。

	变革识别认知	变革目标设定	变革策略设计	变革推动落地
层级1	意识很弱	无目标或者合理性差		远未完成目标
层级2	有一定意识	方向清晰，目标较粗	策略相对单一，以自我榜样带动为主	基本达成变革目标
层级3	较为全面	长短结合，实战性强	构建变革联盟，借力推动	有效传播变革理念，并会用制度流程固化
层级4	前瞻性预测	决胜千里，考虑周详	有效设计综合策略，引导员工自发变革	将变革成果融入文化，效果持久

根据上面的子维度设计矩阵，可以得到变革管理的四个层级行为描述。具体内容请参照附件：完整通用素质模型库中相关表格。

6．关键子维度矩阵设计练习

作为一种管理工具，素质模型构建只有参照标杆，并无标准答案。请根据您所理解的系统思维和您所选择的关键子维度，设计适合于您公司的子维度矩阵，并以该矩阵为基础编制要素等级描述。

您认为应将变革管理分为几个标准等级？为什么？

您打算从几个子维度来区隔这些标准等级？这些子维度之间是否存在逻辑关系？

每个子维度在这些标准等级中又是如何表现出差异的呢？

请以这些子维度作为基础，编制相应的标准行为级别描述。编制后，您需要找一位朋友，进行简要解释后，请他/她帮忙找出行为级别描述中不清晰或者有争议之处。您自己是如何看待被指出的这些问题的？

7. 总结列表

变革管理是管理者的一项高级管理技能，是优秀管理者的必备能力；

变革可以分为针对突发事件被动的变革和企业自发的主动变革，后者如管理得当将强有力提高企业竞争力；

变革管理是企业生存和发展所必需的，变革管理通常可以按照八步进行设计；

管理者变革管理能力的高低会体现在变革识别认知、变革目标设定、变革策略设计、组织能力建设、变革推动落地等几个关键子维度上；

变革管理的关键子维度矩阵设计需要考虑级别标准的整体差异定义、相关关键子维度的选择、相关关键子维度在各级别中的差异表现等要素。

8. 行动建议

用自己的语言定义变革管理；

用自己或者他人的经历对变革管理中的关键子维度进行深度理解和解读；

您最佩服的变革管理最强的人是谁？为什么最佩服他呢？能否举例说明？

请举例说明您自己发挥变革管理能力的一次成功或失败经历；

了解一下上级眼中的您自己的变革管理能力如何；

您是如何将变革管理能力传递给自己所负责团队的员工或者同事的？是否有改进之处？

评价一下周边管理者的变革管理能力如何。

第四部分　标准篇

第五节　综合能力模块要素诠释与行为级别描述

一、角色识别

1. 自我思考

您认为什么是角色识别？

角色识别对管理者到底有多重要？

您如何看待角色识别能力？

您认为优秀的管理者与一般的管理者相比，在角色识别能力方面会有何差异？

如何将管理者的角色识别能力的强弱按照层级划分？

2. 基本概念

（1）什么是管理者的角色？

"角色"源自戏剧，指演员扮演的剧中人物，后来被引入社会心理学领域。社会心理学家认为，所谓的"角色"就是是指与某种社会地位相一致的一整套的权利、义务规范与行为模式，是群体或社会对具有特定身份的人的行为期待，它是构成社会群体或组织的基础。

社会中的每个人都承担着多种社会角色，而这些角色又与更多的社会角色相关联，所有这些就构成了角色集。每个企业都如同一出戏剧，而其中充斥着各种角色，这些角色扮演的好坏，特别是"角儿"们的表现，都会影响整出戏剧表演的效果。角色扮演的好坏评价标准在于是否达到导演与观众的期望。管理者作为"角儿"是整出戏的焦点。

作为管理者而言，所在企业上下对其行为都有期望（也就是企业定义的"角色"），而且这种期望会在情景中发生变化，满足这些期望是对管理者的必然要求。如果管理者能够正确识别并且达到这种期望，那么他就是成功的，这也就是人们经常说的"适应环境"。如果管理者识别这种期望并且发现自己无法满足时候，往往需要通过自身行为影响改变对方期望才能满足期望，这就是所谓的"改变环境"。如果这种改变不成功，那么管理者就会始终处于矛盾之中。

（2）管理者的角色识别能力

与普通员工不同，管理者的角色更为复杂。普通员工通常承担执行者和建议者角色，而管理者的关系复杂造成多重角色身份，大多数管理者既是管理者，同时又是被管理者。德鲁克认为，管理者的角色中包括公司管理者、综合管理者、工作管理者与员工管理者。而明兹伯格对于管理者的角色研究更广为流传，即管理者具有人际角色（代表人、领导者、联络者）、信息角色（监督者、传播者、发言人）、决策角色（企业家、干扰对付者、资源分配者、谈判者），三大类十种角色。

由于管理者会在不同情境中饰演这些角色，因此管理者的角色识别能力会表现在期望认知、角色定位、角色转换等三大方面。

（3）参考基本定义

审时度势，在不同情境下有效识别自身角色并进行角色转换的能力。

3．描述素质级别的关键维度

（1）期望认知

不同的角色适应特定的情境，管理者需要"应景而变"。因此管理者需要首先识别环境的特征，捕捉环境中他人对自身的期望，才能为后面自己应扮演的角色奠定基础。情境认知较差的管理者，对外部情境变换不敏感，无法感知期望的改变；合格的管理者可以准确识别出环境变化和他人对自己的期望；优秀的管理者可以深度认知和前瞻性判断情境变化，预知期望变化。情境认知是管理者角色识别能力的一个全层级行为指标。

（2）角色定位

在了解他人对自身期望后，管理者需要确定自身角色定位，这种定位未必必须和他人期望完全匹配，而是根据实际情境而定。水平较低的管理者对自身定位与情境明显偏离，例如对团队负责职能认识不足，推卸责任；而合格的管理者对自身定位清晰，并能和情境良好契合；优秀的管理者会顺应大势，摆正心态，找准定位，充分发挥自己最大价值。角色定位是管理者角色识别能力的一个全层级行为指标。

（3）角色转换

境转心移，随着情境变化，管理者随时需要在各种角色中进行切换。在转换过程中，要求管理者心态调整和策略调整的速度与质量都比较高。转换水平较低的管理者会固守一种角色，不会变通；合格的管理者会根据情境需求，快速进行有效的角色转换，适应环境要求；优秀的管理者能够自如转换，并且通过角色转换影响局面，推动工作进展。角色转换是管理者角色识别能力一个全层级行为指标。

4．概念测验

您认为什么是角色识别？

为什么要强调角色识别？

您认为应该从哪些关键维度对管理者的角色识别进行评价？

您认为自己的角色识别能力如何？是否有地方需要改进？

您认为在期望认知、角色定位、角色转换几项中，最重要的是什么？

合格的管理者的角色识别能力应该达到什么水平？

优秀的管理者的角色识别能力应该达到什么水平？

5．子维度矩阵设计举例

以下，我们将针对管理者角色识别子维度设计矩阵。五级标准设计参照前面章节描述的以0～4级形式展现，其中层级0为负面表现的不合格管理者，层级1为稍低于最低要求者，层级2为基本符合最低要求，层级3为较高水平，层级4为理想的最高水平。

根据三个描述素质级别的关键维度的特点，我们选取了这三个子维度作为矩阵子维度。0级由于对自我要求过低，不在此处赘述，感兴趣的读者可参见附件：完整通用素质模型库中相关要素的0级行为描述。

在1~4级别中，期望认知是从对感知敏感性和前瞻性角度来区隔的，角色定位是从对情境匹配性与价值创造两个角度区隔的，角色转换是从灵活性与期望满足两个角度来区隔的。

	期望认知	角色定位	角色转换
层级1	认知偏差	经常错位，不知该做什么	难以转换，不能满足他人期望
层级2	基本识别	基本准确，把握基本职责	转换生硬，基本满足他人期望
层级3	准确识别	定位准确，职责清晰	转换较为灵活，满足他人期望
层级4	有一定前瞻性，预知他人期望	占据最佳价值区域	原则性与灵活性兼备，能够影响和引导他人期望

根据上面的子维度设计矩阵，可以得到角色识别的四个层级行为描述。具体内容请参照附件：完整通用素质模型库中相关表格。

6．关键子维度矩阵设计练习

作为一种管理工具，素质模型构建只有参照标杆，并无标准答案。请根据您所理解的角色认知和您所选择的关键子维度，设计适合于您公司的子维度矩阵，并以该矩阵为基础编制要素等级描述。

您认为应将角色认知分为几个标准等级？为什么？

您打算从几个子维度来区隔这些标准等级？这些子维度之间是否存在逻辑关系？

每个子维度在这些标准等级中又是如何表现出差异的呢？

请以这些子维度作为基础，编制相应的标准行为级别描述。编制后，您需要找一位朋友，进行简要解释后，请他帮忙找出行为级别描述中不清晰或者有争议之处。您自己是如何看待被指出的这些问题的？

第四部分　标准篇

7. 总结列表

角色认知是管理者的一项高级管理技能，是优秀管理者的必备素质；

角色认知可以简单理解为在全景中理解和解决问题；

管理者角色认知的高低会体现在期望认识、角色定位、角色转换几个关键子维度上；

角色认知的关键子维度矩阵设计需要考虑级别标准的整体差异定义、相关关键子维度的选择、相关关键子维度在各级别中的差异表现等要素。

8. 行动建议

用自己的语言定义角色认知；

用自己或者他人经历对角色认知其中的关键子维度进行深度理解和解读；

您最佩服的角色认知最强的人是谁？为什么最佩服他呢？能否举例说明？

请举例说明您自己发挥角色认知的一次成功/失败经历；

了解一下上级眼中的您自己的角色认知能力如何；

您是如何将角色认知能力传递给自己所负责团队员工或者同事的？是否有改进之处？

评价一下周边管理者的角色认知如何。

二、建立信任

○•••★ ★ ★•••○

1. 自我思考

您认为什么是信任？

信任对管理者到底有多重要？

您认为应该如何建立信任？

管理者与普通员工在建立信任方面有何差异？

您认为优秀的管理者与一般的管理者相比，在建立信任能力方面会有何差异？

如何将管理者的建立信任能力的强弱按照层级划分？

2. 基本概念

（1）什么是信任？

国外社会心理学家、经济学家和政治学都对信任现象做过深入的分析研究，而在信任定义方面的见解大同小异，即**"信任是一种心理状态，在这种状态下人们基于对他人意愿与行为的乐观估计，而愿意接受潜在危险"**。

在现实中，人们往往需要通过他人的帮助才能获得对自己有价值的东西，而这是信任产生的根源。由于人与人之间的利益往往存在交叉重叠，因此肯定会经常出现双方不肯相互帮忙而无法达成合作的情况。而信任作为社交利器在这种情况下的威力巨大。**信任是解决冲突处理、谈判调解等各种人际难题的基础条件，更是成功进行信息分享、有效合作的必备前提。**

（2）三个信任理论流派

个人特性论者认为，部分个体更为倾向于信任他人。所谓**信任是一种倾向于认为他人值得信赖的相对稳定的个性品质**。倾向的程度受个体以往社会交往过程中信任被强化的程度影响。

信任行为论认为，**我们对他人的信任是基于对他人的能力、品行和善意三者的评价**。这里的能力指对方达成相关目标所需的知识、技能与能力。品行是指对方平时奉行的做事原则是否能为我们所接受，我们因为对方以往行为的连续性、言出必行和公正无私而产生信任。善意是指对方关心我们的利益，至少不会侵害我们的利益。我们会观察对方的意图和动机，因为他们的坦诚、授权与分享而信任他们。通常，能力和品行会在信任建立的前期作用更加明显，而善意则需要时日才能确定。

最新的信任阶段论发现，**信任关系的发展是按照等级次序逐级发展的**。在初步建立关系阶段，人们会处于"博弈"阶段，相关各方都会考虑对方在特定环境中，在什么奖惩条件下才会维持信任。各方都会反复斟酌保持关系和破坏关系的投入产出，只有在经过综合分析后得到应维持信任关系更为有利的情况下，才会保持这种信任关系。这种关系会随着对方的行为一致性，言出必行等行为而不断得到强化。在这个阶段的信任很大程度上是基于对方行为可靠而且可预期的前提下才建立以来的。当然，随着各方相互之间的深入接触，他们可能会发现有共同的愿景与价值观，此时信任关系就由"博弈"阶段升华到了"认同"阶段，双方惺惺相惜而又互知底细，甚至分别担当对方代言人。双方之间除了利益纽带相连外，还具有强烈的情感纽带相连，合作基础是个人关怀和相互满足。

信任关系如同银行账户，一旦出现不合理行为就会受到伤害，而且在"博弈"阶段的很多伤害是不可恢复的。所以，信任关系必须认真维护，而且出现问题就需要尽快补救。

（3）如何建立信任关系？

所有个体，无论管理者还是基层员工都需要建立信任关系的能力。其实信任关系的构建是一个双方共同努力的过程，作为个人都可以采取两种策略来推动信任关系建立的速度，**一种策略是降低对方采取不信任态度与行为的风险，另外一种策略是通过自己的行动来增强信任感。在关系建立初期，常见的信任构建技巧包括：展现实力，提高自己行为的一致性与可预测性，准确、开放、透明的沟通，控制分享和授权，关注他人需求。**

（4）管理者的建立信任能力

管理的本质是一种关系管理，而所有的关系管理都必须以信任作为基础，所以建立信任是所有管理技能得以有效发挥的重要前提。从这一点来说，管理者对建立信任能力的需求要高于普通员工。而且管理者需要接触的人员数量和类型更为驳杂，因此对建立信任能力的需求也更高些。

企业与员工之间的关系也一样是建立在信任基础之上，基础好员工计较少投入多，基础差员工计较多投入少。这种基础表现于企业的各种管理细节中，群众的眼睛是雪亮的，员工关注实际行动，远重于企业的文化口号。绝大多数管理细节都是由管理者来负责实际推行的，因此管理者建立信任能力的水平高低对员工对企业之间信任关系影响很大。

在现实工作中，管理者建立信任能力会在胜任能力、表里如一（可靠性）、公正客观（规则）、信任达成等四个方面有所表现。

（5）参考基本定义

个人面对人际交往以及利益交换所体现出的公正、效率、人道、责任感的整体特征，即赢得他人信任的能力。

3．描述素质级别的关键维度

（1）胜任能力

在正常情况下，信任关系的初步构建是以对方目标达成为导向的，因此管理者在所在岗位上的综合胜任水平是关键要素。胜任能力较低的管理者整体素质与岗位要求相差较远，无论其展现自我能力如何，都令人敬而远之；合格的管理者的行为表现基本能达到岗位要求，因而能够赢得大部分人的信任；优秀的管理者的综合素质很高，而且精于展现自身能力，令人信服能胜任各种任务要求。胜任能力是管理者建立信任能力的一个全层级行为指标。

（2）表里如一

要取得他人信任，很重要的就是说的与做的相一致，言出必行，提高行为一致性与可靠性。水平较低的管理者说一套，做一套，想一套，无法令人信任；而合格的管理者行为与信任基本一致，所说即所做，即便无法完成承诺也会有所交代；优秀的管理者会少说多做，做在说前，让他人折服，成就榜样楷模。表里如一是管理者建立信任能力的一个全层级行为指标。

（3）公正客观

社会中最为通用的美德莫过于公正客观了，处世客观，不为私利而歪曲事实和改变观点。秉持公正客观原则的人最易获得他人信任，因为人们相信他们不会恶意损害自己利益，也不会背信弃义。公正客观较差的管理者会为公报私仇甚至不惜篡改事实伤害他人以满足一己私利；合格的管理者会处事客观，正确对待各种批评，关键时刻能依然保持远见；优秀的管理者能够将公司、他人利益置于自己利益之上，寻求真相和问题的解决。公正客观是管理者建立信任能力的一个全层级行为指标。

（4）信任达成

信任达成能力高低最终会体现在获得信任的范围、深度与速度三个方面，有的管理者能够在短时间内形成大范围的、"博弈"阶段的信任关系，而很多管理者只能在较长时间内，才会形成小范围的、"认同"阶段的信任关系。比较差的管理者在长时间内，无法和人形成初级阶段的信任关系，合格的管理者则能够在短时间内形成初级信任关系或经过一段时间与关键人物形成牢固的信任关系，优秀的管理者能够在短时间内建立大范围牢固的信任关系。信任达成是管理者建立信任能力的一个全层级行为指标。

4. 概念测验

您认为什么是信任？

为什么要强调建立信任？

您认为应该从哪些关键维度对管理者的建立信任能力进行评价？

您认为自己的建立信任能力如何？是否有地方需要改进？

您认为在胜任能力、表里如一（可靠性）、公正客观（规则）、信任达成几项中，最重要的是什么？

合格的管理者的建立信任能力应该达到什么水平？

优秀的管理者的建立信任能力应该达到什么水平？

5. 子维度矩阵设计举例

以下，我们将针对管理者建立信任能力子维度设计矩阵。五级标准设计参照前面章节描述的以0～4级形式展现，其中层级0为负面表现的不合格管理者，层级1为稍低于最低要求者，层级2为基本符合最低要求，层级3为较高水平，层级4为理想的最高水平。

根据四个描述素质级别的关键维度的特点，我们选取了这四个子维度作为矩阵子维度。0级由于对自我要求过低，不在此处赘述，感兴趣的读者可参见附件：完整通用素质模型库中相关要素的0级行为描述。

在1～4级别中，胜任能力是从对岗位胜任程度和表现能力两个角度来区隔的，表里如一是从行为与信仰一致性、诺言实践、榜样楷模等三个角度区隔的，公正客观是从客观程度与利益处理两个角度来区隔的，信任达成是从信任关系达成的范围、速度、质量三个角度来区隔的。

	胜任能力	表里如一	公正客观	信任达成
层级1	整体素质与岗位要求存在一定差距	"说一套，做一套"	曾有公报私仇，因私费用	长时间努力难以获得关键人员信任
层级2	行为表现基本能达到岗位要求	行为与信仰基本一致，但有时矛盾	处事基本客观，正确对待各种批评，但依然有时稍有偏颇	快速形成初级信任关系或经过一段时间与关键人物形成高度信任关系
层级3	行为表现完全达到，部分超越了岗位要求	言出必行，言行一致	关键时刻能依然保持公正	快速获得关键人物的高度信任
层级4	令人信服地展现了优秀的综合素质	少说多做，做在说前，让他人折服，成就榜样楷模	将公司、他人利益置于自己利益之上，寻求真相和问题的解决	快速与大量人员建立高度信任关系

根据上面的子维度设计矩阵，可以得到建立信任能力的四个层级行为描述。具体内容请参照附件：完整通用素质模型库中相关表格。

6．关键子维度矩阵设计练习

作为一种管理工具，素质模型构建只有参照标杆，并无标准答案。请根据您所理解的建立信任能力和您所选择的关键子维度，设计适合于您公司的子维度矩阵，并以该矩阵为基础编制要素等级描述。

您认为应将建立信任能力分为几个标准等级？为什么？

您打算从几个子维度来区隔这些标准等级？这些子维度之间是否存在逻辑关系？

每个子维度在这些标准等级中又是如何表现出差异的呢？

请以这些子维度作为基础，编制相应的标准行为级别描述。编制后，您需要找一位朋友，进行简要解释后，请他帮忙找出行为级别描述中不清晰或者有争议之处。您自己是如何看待被指出的这些问题的？

7. 总结列表

建立信任能力是管理者的一项基础管理技能，是合格管理者的必备能力；

建立信任能力就是要掌握如何有效快速与他人构建信任关系的技巧；

管理者建立信任能力的高低会体现在胜任能力、表里如一（可靠性）、公正客观（规则）、信任达成几个关键子维度上；

建立信任的关键子维度矩阵设计需要考虑级别标准的整体差异定义、相关关键子维度的选择、相关关键子维度在各级别中的差异表现等要素。

8. 行动建议

用自己的语言定义建立信任能力；

用自己或者他人经历对建立信任能力其中的关键子维度进行深度理解和解读；

您最佩服的建立信任能力最强的人是谁？为什么最佩服他呢？能否举例说明？

请举例说明您自己获得他人信任的一次成功/失败经历；

了解一下上级眼中的您自己的建立信任能力如何；

您是如何将建立信任能力传递给自己所负责团队员工或者同事的？是否有改进之处？

评价一下周边管理者的建立信任能力如何。

三、有效沟通

○┅┅┅★ ★ ★┅┅┅○

1. 自我思考

您认为什么是沟通？

有效沟通对管理者到底有多重要？

您认为应该如何才能有效沟通？

管理者与普通员工在有效沟通方面有何差异？

您认为优秀的管理者与一般的管理者相比，在有效沟通方面会有何差异？

如何将管理者的有效沟通能力的强弱按照层级划分？

2．基本概念

（1）什么是沟通？

沟通是两个或者两个以上人之间通过语言、文字、符号或者其他表达形式，传递与交换信息，以达到影响或者产生实质行动的过程。沟通定义中需要注意：沟通本身是有目的活动，沟通是双向互动的反馈过程。最常见的沟通目的包括：控制行为、激励对方、表达感情、流通信息。沟通的过程可以分为发送信息、信息解读、信息反馈三大步骤。

在现实生活中的沟通经常由于沟通目标设定、沟通渠道选择、双方沟通技巧高低等原因造成沟通不顺畅，目标无法达成的情况。企业内部人员间的沟通，尤其是管理者与被管理者之间的管理沟通，更是容易出现沟通障碍。

（2）什么是有效沟通？

有效沟通，主要为有效管理沟通，即特指在企业环境中，相关各方通过听、说、读、写等形式，以适合的沟通方式，将相关信息与自身意见准确、恰当地表达出来，有效互动，克服各种沟通障碍，促成沟通目的的有效达成。

管理沟通是企业管理的有力工具，同时也是一门技巧性很强的行为艺术。只有管理沟通到位，企业上下才能对公司发展方向与远景有统一理解，各级员工对自己的工作目标才有正确理解，企业对员工工作进展情况才能有效监控与反馈，企业才能发现实际问题并予以有效解决，企业才能营造健康积极的企业文化。简言之，**管理沟通企业内部战略解读、执行力提升、实际问题解决和文化塑造都有巨大影响。**

管理沟通中最为常见的障碍包括：沟通目的定义不清、聆听不足、缺乏换位思考、沟通渠道不合理等。

（3）如何进行有效沟通？

要想进行有效沟通，管理者需要注意以下几点：

明确沟通目的

凡沟通必预先设定目的，目的越清晰，沟通越聚焦，效率越高，效果也越好。

选对沟通对象

沟通目的决定沟通对象的选择，为达成目的服务，只选对的。对方人再好，对解决问题没有帮助，去进行沟通无事无补。对方人再难缠，是问题解决的关键人物，硬着头皮也必须上。

做好沟通准备

沟通前需要安排恰当的时间和地点来谈合适的话题，例如下属家里着火，你按住他谈未来职业发展很明显不合适。或者上司马上出门，你非要和他畅谈本部门工作建设问题也不合时宜。

做好的聆听者

聆听是合格管理者的必备技能，在绝大多数情况下，双向沟通中是必须通过聆听获取对方反馈信息的主要渠道之一。所谓聆听，并非简单记忆，是现场对对方提供信息进行思考、评价和反馈的过程。

积极换位思考

换位思考，也就是常说的同理心，是尝试指从他人角度看待问题和体验感知，设身处地为对方着想，以便与对方形成情感上的沟通。由于受到个体思维惯性和以往经验限制，真正做到换位思考的难度很大。

肢体语言重要性

人类是通过感知来获取和表达信息的，所以最好使用包括视觉、听觉和感觉等综合手段进行沟通。很多人都有这样的经历：有时和他人沟通，还没开口，我们或者对方内心的感觉已经透过肢体语言清楚表现出来了。对方态度封闭或冷淡，我们就很自然地在意自身言行。

（4）管理者的有效沟通能力

每个职场人士要和所有与其有工作关系的人进行沟通。在企业内部，管理者面对的有上级、平级与下级，也就存在有"向上沟通"、"向下沟通"、"平级沟通"三分法；而普通员工通常只需要"向上沟通"与"平级沟通"。这里面的"向下沟通"往往是一对多。因此，管理者有效沟通能力要求是要高于普通员工的。更准确地说，在管理沟通中，管理者是沟通的主导者，基层下级是有效沟通的对象。

在现实工作中，管理者有效沟通能力会在沟通意识、换位思考、表达能力、沟通渠道、沟通效果等五个方面有所表现。沟通较差的管理者有规避沟通倾向，缺乏聆听技巧，沟通渠道单一，效果较差；合格的管理者会积极主动沟通，掌握一定沟通技巧，选择恰当，能胜任复杂事项沟通；优秀的管理者言必有据，说服力极强，擅长营造沟通氛围。

（5）参考基本定义

积极、有效交流，促成相互理解，获得支持与配合，提高业务推进效率。

3．描述素质级别的关键维度

（1）沟通意识

沟通为管理所必须，管理者必须重视，并积极沟通。沟通意识较低的管理者对沟通重要性重视不足，有回避沟通倾向，或者对沟通理解有较大偏差；合格的管理者能表现出主动沟通意识，甚至乐于沟通，对沟通理解较为到位。沟通意识是管理者有效沟通能力的一个合格行为指标。

（2）换位思考

换位思考是进行有效沟通的基础条件。水平较低的管理者习惯自我为中心，只顾自我表达，自说自话；而合格的管理者会主动听取他人意见，正确解读他人关键观点；优秀的管理者会懂得倾听的艺术，领会他人的真实意图。换位思考是管理者有效沟通能力的一个合格行为指标。

（3）表达能力

表达是以对方能接受方式，高效传递相关信息。表达能力较差的管理者会表述

第四部分 标准篇

不清自身观点或看法；合格的管理者则能清晰准确表达自身观点，目的明确，逻辑合理，过程流畅；优秀的管理者会根据受众特点进行表达，擅长运用各种沟通技巧，说服力极强。表达能力是管理者有效沟通能力的一个全层级行为指标。

（4）沟通渠道

沟通渠道的选择是体现管理者沟通水平的一个重要标志。比较差的管理者固守单一沟通渠道，合格的管理者则能有效选择沟通渠道推动沟通的顺畅开展，优秀的管理者能够在组织中推动相关沟通平台建设，通过机制建设确保沟通渠道的顺畅。沟通渠道是管理者有效沟通能力的一个全层级行为指标。

（5）沟通效果

沟通能力不同的管理者能够解决的沟通问题的难度也存在差异。比较差的管理者只能适应最基本的简单信息传递工作，合格的管理者则能胜任常规工作的沟通任务，优秀的管理者能够凭借高超技巧解决高难度的沟通难题。沟通效果是管理者有效沟通能力的一个全层级行为指标。

4．概念测验

您认为什么是有效沟通？

如何进行有效沟通？

您认为应该从哪些关键维度对管理者的有效沟通能力进行评价？

您认为自己的有效沟通能力如何？是否有地方需要改进？

您认为在沟通意识、换位思考、表达能力、沟通渠道、沟通效果几项中，最重要的是什么？

合格的管理者的有效沟通能力应该达到什么水平？

优秀的管理者的有效沟通能力应该达到什么水平？

5．子维度矩阵设计举例

以下，我们将针对管理者有效沟通能力子维度设计矩阵。五级标准设计参照前面章节描述的以0~4级形式展现，其中层级0为负面表现的不合格管理者，层级1为稍低于最低要求者，层级2为基本符合最低要求，层级3为较高水平，层级4为理想的最高水平。

根据五个描述素质级别的关键维度的特点，我们选取了沟通意识、换位思考、表达能力、沟通渠道四个子维度作为矩阵子维度。0级由于对自我要求过低，不在此处赘述，感兴趣的读者可参见附件：完整通用素质模型库中相关要素的0级行为描述。

在1~3级别中，沟通意识是从对沟通重视程度和对沟通理解深度两个角度来区隔的，换位思考是从对他人理解深度角度区隔的。在1~4级别中，表达能力是从表述清晰性与表述技巧等两个角度来区隔的，沟通渠道是从渠道选择灵活性、沟通渠道建设的两个角度来区隔的。

	沟通意识	换位思考	表达能力	沟通渠道
层级1	正视沟通，理解偏差	体谅他人	表述不清	比较单一
层级2	主动寻找机会，理解正确	准确理解他人	清晰流畅表达	有不同的沟通渠道
层级3	乐于沟通，理解到位	倾听艺术、领悟他人	目的明确，逻辑清晰	选择恰当，有意识构建组织沟通渠道
层级4			根据受众特点个性化调整，擅长技巧，说服力强	建立和完善高效的组织沟通机制

根据上面的子维度设计矩阵，可以得到有效沟通能力的四个层级行为描述。具体内容请参照附件：完整通用素质模型库中相关表格。

6．关键子维度矩阵设计练习

作为一种管理工具，素质模型构建只有参照标杆，并无标准答案。请根据您所理解的有效沟通能力和您所选择的关键子维度，设计适合于您公司的子维度矩阵，并以该矩阵为基础编制要素等级描述。

您认为应将有效沟通能力分为几个标准等级？为什么？

您打算从几个子维度来区隔这些标准等级？这些子维度之间是否存在逻辑关系？

每个子维度在这些标准等级中又是如何表现出差异的呢？

请以这些子维度作为基础，编制相应的标准行为级别描述。编制后，您需要找

第四部分　标准篇

一位朋友，进行简要解释后，请他帮忙找出行为级别描述中不清晰或者有争议之处。您自己是如何看待被指出的这些问题的？

7．总结列表

有效沟通能力是管理者的一项基础管理技能，是合格管理者的必备能力；

有效沟通能力就是要掌握如何表达、聆听和反馈的技巧；

管理者有效沟通能力的高低会体现在沟通意识、换位思考、表达能力、沟通渠道和沟通效果等几个关键子维度上；

有效沟通的关键子维度矩阵设计需要考虑级别标准的整体差异定义、相关关键子维度的选择、相关关键子维度在各级别中的差异表现等要素。

8．行动建议

用自己的语言定义有效沟通能力；

用自己或者他人经历对有效沟通能力其中的关键子维度进行深度理解和解读；

您最佩服的有效沟通能力最强的人是谁？为什么最佩服他呢？能否举例说明？

请举例说明您自己印象最深刻的一次沟通成功/失败经历；

了解一下上级眼中的您自己的有效沟通能力如何；

您是如何将有效沟通能力传递给自己所负责团队员工或者同事的？是否有改进之处？

评价一下周边管理者的有效沟通能力如何。

四、文化建设

★★★

1．自我思考

您认为什么是文化？

文化建设对管理者提出了什么要求？

您认为应该如何开展文化建设？

管理者与普通员工在文化建设方面有何差异？

您认为优秀的管理者与一般的管理者相比，在文化建设方面会有何差异？

如何将管理者的文化建设能力的强弱按照层级划分？

2．基本概念

（1）什么是企业文化？

从根本上来讲，**企业文化就是一个企业的个性特征**。企业文化专家埃德加·沙因在《组织文化与领导》中提出，"群体在解决其外在适应性与内部整合的问题时，学得的一组基本假定，因为它们运作得很好，而被视为有效，因此传授给新成员，作为当遇到这些问题时，如何去知觉、思考及感觉的正确方法。"孙兵先生定义的企业文化是：企业为解决生存和发展的问题而树立形成的，被组织成员认为有效而共享，并共同遵循的基本信念和认知。

研究显示，企业文化的本质共有七个主要维度：创新与冒险、注重细节、结果导向、以人为本、团队导向、积极进取和稳定性。不同的企业在不同纬度上的强弱存在显著差异，往往会强调某一维度，并因此决定了企业内部员工的工作方式与价值取向。例如，惠普公司秉承以人为本理念，20世纪40年代开始员工分红计划、50年代设立股票基金，并首家采取了弹性工作制。

企业大多数员工接受和认同这些价值观的程度越高，企业文化就会越强大，而强势的企业文化是成功企业的共同特征之一。其原因在于，强势的企业文化具有指导功能、约束功能、凝聚功能、激励功能、调适功能和辐射功能。美国哈佛大学教授特伦斯·迪尔和麦肯锡顾问艾伦·肯尼迪共同编制的《企业文化——企业生存的习俗与礼仪》书中，用80家企业的事例证明：杰出而成功的企业都有强有力的企业文化，即为全体员工共同遵守，但往往是自然约定俗成的而非书面的行为规范；并有各种各样用来宣传、强化这些价值观念的仪式和习俗。

简言之，**企业文化就是企业内部公认的习惯性"约定俗成"**，这种规则大多不会以非书面形式被记录下来，但是却规定了"应该做什么和不应该做什么"，员工的个人风格和企业文化匹配得越好，个人获取成功的几率也就越大。

（2）什么是文化管理？

一个健康的企业的内部管理会经历人治（经验管理）、法治（制度管理）和文治（文化管理）三个阶段。文化管理是企业管理的高级阶段。企业文化包括三个层级：物质文化、制度文化和价值观。其中价值观是企业文化的精髓，而制度文化是企业文化的主要表现形式，物质文化是企业文化最表层的物化表现形式。

从系统论角度来看，企业文化是一个完整的系统，其输入包括来自社会、法律、故事、英雄人物、有关竞争与服务的价值观等方面的反馈信息，而系统流程是以我们对金钱、时间、人员、空间的价值观为基础进行设计的，企业文化系统的输出是组织行为、技术、战略、形象、产品等等。

所谓**文化管理**是构建和运营一种"以人为本"的管理系统，通过共同价值观的培育，在系统内部营造一种健康和谐的氛围，使全体成员能够融入系统中，变被动管理为自我约束，实现社会价值与个人价值的同时最大化。其最为突出的特点是**"以人为中心"**而非**"以物为中心"**、**"文化意识引导"**而非**"理性制度约束"**。

（3）如何进行文化建设？

企业在不同发展阶段会根据情况采取各种方法来进行具有自身特点的文化建设：

创建阶段

一个企业最早的文化是由创始人建立和培育的，这一阶段最为常见的方式包括：招聘符合价值观的员工、向在职员工灌输自己的思维方式和通过个人榜样示例感召。

强化阶段

企业文化建立后，会不断被复制和传播给员工，而主要的方式就是讲故事、行惯例、物质化、仪式化、语言化。讲故事就是以经典案例方式用口碑传播价值观；行惯例是通过重复性的活动对关键价值观予以强化；物质化是用奖金补贴或者物品方式体现公司的期望；仪式化是通过类似海尔给予员工创新冠名权形式来强化企业价值观；语言化是公司形成特定内部语言来进一步巩固认同感。

改变阶段

由于危机发生、领导层离去、战略调整等原因，企业可能会展开文化变革。企业文化的变革管理通常会按照对文化进行分析、制造紧迫感、指定变革领导、推动变革四个步骤来进行。

（4）新经济下的文化建设变化趋势

随着国内经济的大发展，中国企业的业务规模与组织规模都在急速扩张，集团化、国际化已经成为普遍现象。与以往相比，现阶段企业文化建设也出现了新的热点。

跨文化管理

绝大多数企业从单一地区扩展到跨地区，或者从国内扩展到国际的时候，都会面临跨文化管理的问题。由于发展历程和个体差异，每个企业中不同民族之间、亚文化之间、不同个体之间都会存在冲突，这种冲突可能在经营思想、决策方式和管理制度上都发生。在这种情况下，必须提高原有文化的宽容性，"求同存异"，在再提炼和再灌注企业核心文化的同时，注意保留一定程度的多元化，以同时保持企业向心力和活力。

创新文化管理

由于中国企业普遍长期处于产业价值链较低环节，要有长足发展，唯有依靠持续创新。而创新能力并非靠某个个体就能长期保持，关键在于创新精神和创新机制。**企业创新文化最核心的是提倡和保护个人"灵感"与原创性，这与传统文化中追求的服从性有一定差异。**创新文化会激励强化相应观念与行为，落实到产品创新、市场创新和管理创新之中，推动企业创新飞跃。

（5）管理者的文化建设能力

所有企业成员都应该遵循和服从公司文化，这一点对于管理者和普通员工是相同的，但是管理者还同时担负有推动文化落地与完善文化的任务。在员工眼中，管理者就是公司文化的代言人。因此，公司对管理者文化建设的要求是要高于普通员工的。这种跨文化管理能力不仅仅是对外派管理人员的要求，而且还是对本部管理人员的要求。

在现实工作中，管理者文化建设能力会在文化意识、文化示范、文化影响、文化推进等四个方面有所表现。沟通较差的管理者不重视文化管理，很少参与，且由于缺乏技巧影响力较低，团队文化基本未形成；合格的管理者会积极参与文化管理活动，率先垂范，引导团队文化快速成熟，但创新性相对较弱；优秀的管理者高度重视文化管理，具有高超企业文化构建技能，在文化创新方面颇有建树。

文化建设能力是管理者的高级管理技能，是管理者职业发展高级阶段中的关键技能之一。

（6）参考基本定义

通过强化文化意识，榜样示范，施加文化影响力，不断推动、提升团队和企业文化，为企业发展助力。

3．描述素质级别的关键维度

（1）文化意识

文化管理起始于管理者对企业文化的敏感度和重视程度。文化意识较低的管理者不重视文化管理，很少参与，并且对于文化的感知与适应速度极慢；合格的管理者积极参与文化建设活动，能感知并尊重多文化差异，能较快适应企业文化的变化；优秀的管理者主动组织推进文化建设活动，对其他文化有浓厚兴趣，不断感悟和提升文化知识底蕴。文化意识是管理者文化建设能力的一个全层级行为指标。

（2）文化示范

管理者在很多场合都代表着公司文化，是公司文化的象征，管理者的言行直接影响着下属的言行。文化建设能力较差的管理者很难为下属树立榜样，合格的管理者会正确解读公司文化，设计符合本单位文化特点的行动计划，以身作则。文化意识是管理者文化建设能力的一个合格行为指标。

（3）文化影响

管理者对企业文化的感召力高低也是管理者文化建设能力的一个重要表现。合格的管理者则能通过构建团队共同愿景，以案例分享影响团队；优秀的管理者会通过设置文化择优机制，采取讨论与集体决策方式，依托榜样传播企业文化。文化影响力是优秀管理者文化建设能力的特质指标。

（4）文化推进

企业文化只有植入实际管理制度的细节当中才能有效发挥其作用，而且企业文化的推进必须以员工心态与素质的提升为基础。比较差的管理者无力推动企业文化，只是口号式推进；合格的管理者能够将企业文化与实际管理制度相结合，有力推动企业文化落地；优秀的管理者能够通过引导和改造员工，使其自发自觉差距，积极提升自身素质，参与公司管理活动，落实企业文化价值。文化推进是管理者企业文化建设能力的一个全层级行为指标。

4．概念测验

您认为什么是企业文化？

如何建设企业文化？

您认为应该从哪些关键维度对管理者的企业文化建设能力进行评价？

您认为自己的企业文化建设能力如何？是否有地方需要改进？

您认为在文化意识、文化示范、文化影响、文化推进几项中，最重要的是什么？

合格的管理者的企业文化建设能力应该达到什么水平？

优秀的管理者的企业文化建设能力应该达到什么水平？

5．子维度矩阵设计举例

以下，我们将针对管理者文化建设能力子维度设计矩阵。五级标准设计参照前面章节描述的以0～4级形式展现，其中层级0为负面表现的不合格管理者，层级1为稍低于最低要求者，层级2为基本符合最低要求，层级3为较高水平，层级4为理想的最高水平。

第四部分 标准篇

根据四个描述素质级别的关键维度的特点，我们全部选取了这四个子维度作为矩阵子维度。0级由于对自我要求过低，不在此处赘述，感兴趣的读者可参见附件：完整通用素质模型库中相关要素的0级行为描述。

在1～3级别中，文化示范是从文化榜样和推动示范两个角度来区隔的，在2～4级别中，文化影响是从影响手段和机制建设两个角度区隔的。在1～4级别中，文化意识是从文化敏感性、文化适应性和主动积极性等三个角度来区隔的，文化演进是从推进方式、制度落地、员工感知的三个角度来区隔的。

	文化意识	文化示范	文化影响	文化推进
层级1	服从公司文化要求，但对于文化适应速度较慢	很难为下属树立榜样		推动企业文化乏力，只是口号式推进
层级2	按要求参与相关工作，能感知和尊重多文化间差异	正确解读公司文化，以身作则	能通过构建团队共同愿景	将企业文化与实际管理制度相结合，按计划推动文化落地
层级3	能快速感知和适应文化差异	能设计符合本单位文化特点的行动计划，率先垂范	以案例分享影响团队	根据实际状况对文化进行合理定制和细化，强有力推动企业文化落地
层级4	倡导和组织公司范围文化建设活动，对其他文化有浓厚兴趣，具有深厚文化知识底蕴并不断积累和提升		通过设置文化择优机制，采取讨论与集体决策方式，依托榜样传播企业文化	引导和改造员工，使其自发自觉差距，积极提升自身素质，参与公司管理活动，落实企业文化价值

根据上面的子维度设计矩阵，可以得到文化建设能力的四个层级行为描述。具体内容请参照附件：完整通用素质模型库中相关表格。

6. 关键子维度矩阵设计练习

作为一种管理工具，素质模型构建只有参照标杆，并无标准答案。请根据您所理解的文化建设能力和您所选择的关键子维度，设计适合于您公司的子维度矩阵，并以该矩阵为基础编制要素等级描述。

您认为应将文化建设能力分为几个标准等级？为什么？

您打算从几个子维度来区隔这些标准等级？这些子维度之间是否存在逻辑

关系？

每个子维度在这些标准等级中又是如何表现出差异的呢？

请以这些子维度作为基础，编制相应的标准行为级别描述。编制后，您需要找一位朋友，进行简要解释后，请他帮忙找出行为级别描述中不清晰或者有争议之处。您自己是如何看待被指出的这些问题的？

7. 总结列表

文化建设能力是管理者的一项高级管理技能，是优秀管理者的必备能力；

文化建设能力就是要掌握如何表达、聆听和反馈的技巧；

管理者文化建设能力的高低会体现在沟通意识、换位思考、表达能力、沟通渠道和沟通效果等几个关键子维度上；

文化建设的关键子维度矩阵设计需要考虑级别标准的整体差异定义、相关关键子维度的选择、相关关键子维度在各级别中的差异表现等要素。

8. 行动建议

用自己的语言定义文化建设能力；

用自己或者他人经历对文化建设能力其中的关键子维度进行深度理解和解读；

您最佩服的文化建设能力最强的人是谁？为什么最佩服他呢？能否举例说明？

请举例说明您自己印象最深刻的一次沟通成功/失败经历；

了解一下上级眼中的您自己的文化建设能力如何；

您是如何将文化建设能力传递给自己所负责团队员工或者同事的？是否有改进之处？

评价一下周边管理者的文化建设能力如何。

第四部分　标准篇

五、项目管理

★★★

1. 自我思考

您认为什么是项目？什么是项目管理？

项目管理对管理者有何重要性？

您认为项目管理的要点是什么？

您认为优秀的管理者与一般的管理者相比，在项目管理方面会有何差异？

如何将管理者的项目管理能力的强弱按照层级划分？

2. 基本概念

（1）什么是项目？

项目就是任务，有明确的开始和结束时间并创造出独特的产品或服务。因此，项目的概念远远超过传统土木工程，而是涵盖企业的所有工作任务，这一提法已被越来越多的企业和学者理解认可。

（2）什么是项目管理？

项目管理是"二战"后发展起来的综合管理科学分支，简称PM，是指在有限的资源约束下，运用系统的观点、方法和理论，对项目涉及的全部工作进行有效地管理。即从项目的投资决策开始到项目结束的全过程进行计划、组织、指挥、协调、控制和评价，以实现项目的目标。（参考书目：宾图《项目管理》）在经典项目管理方法中，项目管理被分为五个阶段：项目启动、项目策划、项目执行、项目检测和项目完成。

项目管理学起源于20世纪50年代的美国，其中最核心的是关键路线法（CPM）和计划评审技术法（PERT）两种技术。项目管理发展可以分为两个阶段，20世纪80

年代之前的传统项目管理阶段，80年代之后的现代项目管理阶段。目前国际上已有两大项目管理知识体系：美国的项目管理学会（PMI）和欧洲的国际项目管理组织（IPMA）。

（3）项目管理有何价值？

项目管理之所以得到世人重视和发展，在于其特殊成功范例所显示的特殊价值：1957年杜邦公司将关键路线法应用于设备维修，将维修停工时间由125小时锐减至7小时；1958年美国北极星导弹设计中，应用计划评审技术法将项目任务之间的关系模型化，将设计完成时间缩短2年；60年代阿波罗登月计划采用项目管理的方法使计划顺利完成。20世纪70年代后，项目管理已经成为各国政府和大企业日常管理的重要工具，摩托罗拉、诺基亚、朗讯、世界银行等这些国际顶尖级跨国公司都在运用项目管理模式进行工作。

我国当前政府投资与引进外资的模式基本上也都是以项目模式开展，而大量的国内企业在运营中也已经开始采取项目管理模式推动关键事项的实施落地。研究显示，由于目标更清晰，资源更集中，责任更明确，采取项目模式管理比传统职能管理模式可以有效提高效率10%，降低成本10%~20%。因此，项目管理已经成为各类管理者所必备的基础管理技能。

（4）项目管理都包括哪些内容？

项目管理本身是基于对项目特性研究基础上的一整套技术方法，通常包括有以下内容：

项目的范围管理：根据合同或事先约定，界定和调整项目工作范围等活动；

项目的时间管理：对项目进度进行控制的WBS分解、进度计划、时间控制等活动；

项目的质量管理：为保证达到事先规定的质量标准，而采取的一整套管理过程；

项目的成本管理：为保证成本目标的达成，而对资源配置、成本、费用等采取预算与控制活动；

项目的安全管理：为保证安全目标达成，所采取的安全防范、意外处理与保障措施；

项目的人力资源管理：为保证项目目标达成，提供数量够、能胜任、受激励的团队人员的整套管理措施；

项目的沟通管理：为保证项目信息的有效收集、上传下达所需要的各种管理措施；

项目的风险管理：对项目相关各种不确定因素的风险防范与应对措施，包括风险评估、风险控制措施等；

项目的采购管理：为在保证质量、进度、成本、安全目标达成的前提下，为项目开展获得所必需的资源或服务支持，对外部采购进行的管理活动。

（5）管理者的项目管理能力

美国《财富》杂志断言：2010年后项目管理将成为世界企业管理的核心模式，在新知识经济时代 **"一切都是项目，一切都将成为项目"**。在此种趋势下，管理者的项目管理能力重要性凸显。管理者不仅承担了企业中常规职能工作，而且还承担了所有重要项目的计划与实施责任。究其本质，**项目管理能力本身也是一种综合能力，项目管理水平高低其实是集合了几乎计划、组织、领导、控制中的所有能力的综合体现。**

在现实工作中，管理者项目管理能力会在项目计划、项目控制、项目组织、项目难度等四个方面有所表现。项目管理能力较差的管理者项目计划中范围模糊且目标不明确，项目进展失控、内部分工混乱、风险应对无力、难以胜任简单项目；合格的管理者会界定项目范围制定合理计划目标，关注项目进程监控并具有一定风险管理能力，通过程序管理项目，注重团队成员培养，能够胜任常规难度项目；优秀的管理者能够设定挑战性计划与目标，并能有效达成甚至提前完成，团队内部分工高效，成员成长明显，能够胜任高难度项目。

项目管理能力是管理者的高级管理技能，是管理者职业发展高级阶段中的关键技能之一。

（6）参考基本定义

为达成项目目标，拟定清晰合理的行动计划，并组织实施，同时实现项目目标与团队成长目标的能力。

3．描述素质级别的关键维度

（1）项目计划

项目管理起始于内容的界定与目标的确定，依托于项目行动计划。项目计划能力较低的管理者范围模糊且目标不明确，计划中有明显缺陷或漏洞，难以执行；合格的管理者能够明确界定项目范围，并制定合理目标、中短期行动计划、资源匹配要求；优秀的管理者能够制定清晰详细的中长期工作计划，计划内容全面，而且对风险预防、人员培养、客户关系处理等都有前瞻性布置。项目计划是管理者项目管理能力的一个全层级行为指标。

（2）项目控制

为保证项目目标的达成，项目经理需要有效掌握项目进展情况并对处理好各种突发事件，特别对关键项目节点时间、成本、质量等目标达成情况及原因必须及时掌握。项目控制能力较差的管理者缺乏监控意识，不能及时发现出现的偏差，突发事件处理不力；合格的管理者能够关注项目关键节点目标的达成，并处理常规的突发事件；优秀的管理者能够把握项目进展中的所有关键要点，并可以艺术性处理高难度突发问题。项目控制是管理者项目管理能力的一个全层级行为指标。

（3）项目组织

项目人财物的协调组织是项目效率提升的关键，项目团队内部人员的成长从中长期来看对企业极有价值。合格的管理者有效调配各种资源要素，基于能力进行内部分工，能基本保证项目开展；优秀的管理者会高效调配资源要素，在保证任务达成的同时实现人员快速成长。项目组织是优秀管理者项目管理能力的特质指标。

（4）项目难度

不同水平的项目经理能够胜任的项目存在差异，以往曾经完成过的项目是管理

第四部分　标准篇

者项目管理实力的强有力说明。比较差的管理者担任简单难度的项目，达成效果较差；合格的管理者能够承担部门级或者系统级项目管理工作，基本达成一般难度项目的目标；优秀的管理者能够承担公司级项目管理工作，完全达到甚至超过高难度项目的目标。项目难度是管理者项目管理能力的一个全层级行为指标。

4. 概念测验

您认为什么是项目管理？

项目管理一般都包括哪些内容？

您认为应该从哪些关键维度对管理者的项目管理能力进行评价？

您认为自己的项目管理能力如何？是否有地方需要改进？

您认为在项目计划、项目控制、项目组织、项目难度几项中，最重要的是什么？

合格的管理者的项目管理能力应该达到什么水平？

优秀的管理者的项目管理能力应该达到什么水平？

5. 子维度矩阵设计举例

以下，我们将针对管理者项目管理能力子维度设计矩阵。五级标准设计参照前面章节描述的以0～4级形式展现，其中层级0为负面表现的不合格管理者，层级1为稍低于最低要求者，层级2为基本符合最低要求，层级3为较高水平，层级4为理想的最高水平。

根据四个描述素质级别的关键维度的特点，我们全部选取了这四个子维度作为矩阵子维度。0级由于对自我要求过低，不在此处赘述，感兴趣的读者可参见附件：完整通用素质模型库中相关要素的0级行为描述。

在1～4级别中，项目管理是从项目计划、项目控制、胜任难度三个角度来区隔的，在2～4级别中，又加入了项目组织角度进行区隔。其中，项目计划是从计划的完善性、合理性和前瞻性三个维度设计，项目控制是从项目周期、突发事件处理有效性和艺术性维度进行区隔，项目难度是从曾经完成项目的层级维度进行区隔的。在2-4级别中，项目组织是从资源与项目需求匹配性、内部分工合理性、员工成长性三个维度进行区隔的。

	项目计划	项目控制	项目组织	项目难度
层级1	计划中有明显缺陷或漏洞	项目目标勉强达成或延期，突发事件处理欠妥		勉强承担简单项目
层级2	明确界定项目范围，能拟定短期可行计划	关键节点目标达成，可处理常规的突发事件	组织协调资源，基本满足项目需求，内部分工基本合理	勉强完成承担一般难度的项目，例如常规部门级项目
层级3	制定目标合理、拟定可行中期行动计划、合理资源匹配要求	通过机制程序有效监控进程，有效处理各种突发事件	协调资源较好满足项目需求，内部分工考虑培养问题	胜任过较高难度的项目，例如跨部门项目
层级4	制定清晰详细的中长期工作计划，内容全面，有前瞻性布置	把握所有要点，艺术性处理问题	高效协调资源，组员成长显著	胜任过高难度项目，例如公司级项目

根据上面的子维度设计矩阵，可以得到项目管理能力的四个层级行为描述。具体内容请参照附件：完整通用素质模型库中相关表格。

6. 关键子维度矩阵设计练习

作为一种管理工具，素质模型构建只有参照标杆，并无标准答案。请根据您所理解的项目管理能力和您所选择的关键子维度，设计适合于您公司的子维度矩阵，并以该矩阵为基础编制要素等级描述。

您认为应将项目管理能力分为几个标准等级？为什么？

您打算从几个子维度来区隔这些标准等级？这些子维度之间是否存在逻辑关系？

每个子维度在这些标准等级中又是如何表现出差异的呢？

请以这些子维度作为基础，编制相应的标准行为级别描述。编制后，您需要找一位朋友，进行简要解释后，请他帮忙找出行为级别描述中不清晰或者有争议之处。您自己是如何看待被指出的这些问题的？

7. 总结列表

项目管理能力是管理者的一项高级管理技能，是管理者未来职业发展高级阶段的必备能力；

项目管理能力是各种管理能力的综合体现；

管理者项目管理能力的高低会体现在项目计划、项目控制、项目组织、项目难度等几个关键子维度上；

项目管理能力的关键子维度矩阵设计需要考虑级别标准的整体差异定义、相关关键子维度的选择、相关关键子维度在各级别中的差异表现等要素。

8. 行动建议

用自己的语言定义项目管理能力；

用自己或者他人经历对项目管理能力其中的关键子维度进行深度理解和解读；

您最佩服的项目管理能力最强的人是谁？为什么最佩服他呢？能否举例说明？

请举例说明您自己印象最深刻的一次项目管理成功/失败经历；

了解一下上级眼中的您自己的项目管理能力如何；

您目前是如何进行项目管理的？是否有改进之处？

评价一下周边管理者的项目管理能力如何。

六、关系网络建立

1. 自我思考

您认为什么是关系网络？

关系网络对管理者有何重要性？

您认为关系网络构建中的要点是什么？

您认为优秀的管理者与一般的管理者相比，在关系网络建设方面会有何差异？

如何将管理者的关系网络建设能力的强弱按照层级划分？

2. 基本概念

（1）什么是人际关系网络构建？

我国研究学者包昌火教授认为，**所谓人际网络是为达到特定目的，人与人之间**

进行信息交流的关系网。它基本上是由结点和联系两部分构成。结点是网络中的人或机构，联系则是交流的方式和内容。人际网络即为人际关系构成的网，为达到目的所编制的人际网。

国外专家认为，商业中的人际关系网络构建是职场人士通过定期沟通方式，与其他职场人士、潜在客户或者客户建立互利互惠关系的过程。

（2）为什么要构建人际关系网络？

"关系"的重要性，只要是中国人，从小时候懂事时就开始亲身领略。但不仅仅是中国人，在全世界，哪怕是最发达的西方国家，对人际关系网络也非常看重。美国斯坦福研究中心宣称，"一个人赚的钱，12.5%来自知识，87.5%来自关系"。好莱坞也一样认同，"一个人能否成功，不在于你知道什么，而是在于你认识谁"。

关系网络能够帮助我们获得更多的机会、更多的资源、更多的思路和更大的平台。个人的力量可以通过关系网络加以放大。台湾证券投资奇人杨耀宇就是经营人际网络的高手。他曾是统一投资顾问的副总，退出职场后为朋友担任财务顾问，并担任多家电子公司的董事。根据推算，他的身价有近亿元台币之高。原因何在？他自揭谜底，"我的人脉网络遍及各个领域，上千、上万条，数也数不清"，一个电话就敌过十个调研报告。

对于任何人来讲，关系网络都可以强化其个人能力。外部的信息可以开阔视野，自身的弱点可以通过朋友来弥补，自身的强项可以换取他人的资源与信任，这些都是个人职业成长中瓶颈突破的基本方法。

（3）如何建立人际关系网络？

关系网络构建的关键在于互利互惠关系的建立，而通常意义的见面寒暄与交换名片只不过是关系网络构建的机会而已。通过关系网络可以增加商业机会与产出，最直接的产出莫过于与新客户建立关系。

最佳的商业人际网络中，存在着大量商业信息、思想与支持的交流。**最重要的人际网络构建的利器是聆听，因为聆听的焦点是关注对方，而不是对方当前对你的**

价值，但恰恰关注是建立互惠关系的敲门砖。这一点是最为重要的。

常见的人际关系网络构建技巧包括通过熟人介绍、参与社团、利用网络、参加培训、参加社交活动等方式。但研究发现更重要的是自身的形象与可被利用的价值高低，有了梧桐树才有金凤凰。自信、守信用、专业素养、乐于分享、乐于助人等条件都会为构建人际关系网络提供强有力的帮助。

（4）管理者的人际关系网络构建能力

无论是职业经理人还是创业者，管理者的岗位性质决定其需要更多的发展机会和资源，跨越自身的资源与能力瓶颈，更多的资源将会使其更为自由和专注于更高价值的事物。这也就不难理解，国内如此之多的管理者踊跃参加各类管理培训班、研讨会和行业协会的原因了，因为那里除了可以学习知识与交流心得外，更可以扩大人际网络，丰富自身人脉资源。

在现实工作中，管理者关系网络构建能力会在关系意识、构建方式、网络范围、网络价值等四个方面有所表现。关系网络构建能力较差的管理者的关系网络只限于有工作接触的同事，而且只限于正式工作沟通；合格的管理者会拥有自己的公司内部关系网络，并能利用其关系推动工作进展；优秀的管理者拥有庞大的社会关系网络，能够利用关系整合优质资源，强有力推动工作开展。

人际关系网络构建能力是管理者的高级管理技能，是管理者职业发展高级阶段中的关键技能之一。

（5）参考基本定义

为完成工作目标，与各种相关人员构建关系网络的能力。

3．描述素质级别的关键维度

（1）关系意识

由于种种原因，"关系"在很多人眼中并非褒义词，并因此受到排斥，但实际上关系是工作开展所需要的润滑剂和催化剂，是管理者一个重要素质。对关系的理解与重视程度将直接影响管理者在建立关系网络方面的投入和效果。关系意识较低的管理者忽视"关系"在现实工作中的作用，对"关系"的实际内容有所误解和内心排斥；合格的管理者重视"关系"，不仅自己努力构建关系网络，而且为团队构建关系网络而努力。关系模式是管理者关系网络构建能力是否合格的一个行为标准。

（2）构建方式

构建人际关系更多的是依靠非正式工作接触，而不是单纯依靠工作接触；更多地依靠日常有意识的积累，而不是临时起兴的猛推。关系构建能力较低的管理者难以与频繁接触的同事之间的建立顺畅工作关系；合格的管理者重视正式和非正式关系，聚焦工作目标建立有自己的人脉资料库，供自己调用；优秀的管理者高度重视构建关系网络，谙熟人际关系开拓技巧，对朋友关系网络进行系统构建，个性处理。构建方式是管理者关系网络构建能力的一个全层级行为指标。

（3）网络范围

关系网络能力的强弱的另外一个重要外在表现是管理者的关系网络的覆盖范围。关系构建能力较差的管理者的关系网络只限于有直接工作关系的上下级和同事；合格的管理者的关系网络会扩展到企业管理者团队范畴；优秀的管理者拥有遍布公司上下的关系网络，而且在行业与其他企业中也建立有广泛人脉网络。网络范围是管理者网络构建能力的一个全层级行为指标。

（4）网络价值

无论管理者的关系网络规模多么巨大，关系网络为其工作开展，目标达成所起到的作用才是网络的真正价值。关系网络构建能力较差的管理者的网络价值只是勉强维持团队工作的正常开展，合格的管理者则可以利用自己的关系网络整合资源，显著促进工作的开展；优秀的管理者借用自身关系网络，引入优质资源、技术和信息，突破现有工作瓶颈，创造价值很高。网络价值是优秀管理者关系网络构建能力的特质指标。

4．概念测验

您认为什么是关系？什么是关系网络？

如何构建关系网络？

您认为应该从哪些关键维度对管理者的构建关系网络能力进行评价？

您认为自己的构建关系网络能力如何？是否有地方需要改进？

您认为在关系意识、构建方式、网络范围、网络价值几项中，最重要的是什么？

合格的管理者的构建关系网络能力应该达到什么水平？

优秀的管理者的构建关系网络能力应该达到什么水平？

5．子维度矩阵设计举例

以下，我们将针对管理者关系网络构建能力子维度设计矩阵。五级标准设计参照前面章节描述的以0~4级形式展现，其中层级0为负面表现的不合格管理者，层级1为稍低于最低要求者，层级2为基本符合最低要求，层级3为较高水平，层级4为理想的最高水平。

根据四个描述素质级别的关键维度的特点，我们全部选取了这四个子维度作为矩阵子维度。0级由于对自我要求过低，不在此处赘述，感兴趣的读者可参见附件：完整通用素质模型库中相关要素的0级行为描述。

在1~3级别中，关系意识是从重视程度和理解深度两个角度来区隔的，在1~4级别中，构建方式是从关系性质、系统层次两个角度区隔的，网络范围是从关系范围宽度来区隔的，网络价值是从网络对工作支持程度来区隔的。

	关系意识	构建方式	网络范围	网络价值
层级1	对"关系"理解只限于纯粹日常工作关系	难以与频繁接触的同事之间的建立顺畅工作关系	只限于有直接工作关系的上下级和同事	勉强维持工作开展
层级2	重视在工作中建立个人关系网络	重视正式和非正式关系，聚焦工作目标建立有自己的人脉资料库	团队内外部工作联系对象	利用自己的关系网络整合资源，促进人员沟通交流
层级3	努力构建个人关系网络的同时致力于团队构建关系网络	交友风格独特，擅长使用特定策略建立关系	公司关键人物	网络明显促进工作的开展
层级4		谙熟各种人际关系开拓技巧，对朋友关系网络进行系统分析，个性处理	行业与其他企业中人才与有影响力的个人	借用关系网络，引入优质资源、技术和信息，突破瓶颈，价值极高

根据上面的子维度设计矩阵，可以得到关系网络构建能力的四个层级行为描述。具体内容请参照附件：完整通用素质模型库中相关表格。

6. 关键子维度矩阵设计练习

作为一种管理工具，素质模型构建只有参照标杆，并无标准答案。请根据您所理解的关系网络构建能力和您所选择的关键子维度，设计适合于您公司的子维度矩阵，并以该矩阵为基础编制要素等级描述。

您认为应将关系网络构建能力分为几个标准等级？为什么？

您打算从几个子维度来区隔这些标准等级？这些子维度之间是否存在逻辑关系？

每个子维度在这些标准等级中又是如何表现出差异的呢？

请以这些子维度作为基础，编制相应的标准行为级别描述。编制后，您需要找一位朋友，进行简要解释后，请他帮忙找出行为级别描述中不清晰或者有争议之处。您自己是如何看待被指出的这些问题的？

7. 总结列表

关系网络构建能力是管理者的一项高级管理技能，是管理者未来职业发展高级阶段的必备能力；

管理者关系网络构建能力的高低会体现在关系意识、构建方式、网络范围、网络价值等几个关键子维度上；

关系网络构建能力的关键子维度矩阵设计需要考虑级别标准的整体差异定义、相关关键子维度的选择、相关关键子维度在各级别中的差异表现等要素。

8. 行动建议

用自己的语言定义关系网络构建能力；

用自己或者他人经历对关系网络构建能力其中的关键子维度进行深度理解和解读；

您最佩服的关系网络构建能力最强的人是谁？为什么最佩服他呢？能否举例说明？

请举例说明您自己印象最深刻的一次关系网络构建成功/失败经历；

了解一下上级眼中的您自己的关系网络构建能力如何；

您目前是如何进行关系网络构建的？是否有改进之处？

评价一下周边管理者的关系网络构建能力如何。

七、专业知识技能

○┈┈┈★ ★ ★┈┈┈○

1. 自我思考

您认为什么是专业知识技能？

专业知识技能对管理者的重要性有多大？

您认为专业知识技能中的要点是什么？

您认为优秀的管理者与一般的管理者相比，在专业知识技能方面会有何差异？

如何将管理者的专业知识技能的强弱按照层级划分？

2. 基本概念

（1）什么是专业知识技能？

所谓专业知识技能是指个体经过工作、学习、研究后在特定专业领域内的所具有的知识的知识深度与宽度，以及相关职业技能的熟练程度。所谓的专业知识技能不仅仅限于技术研发领域中的专业知识，营销、财务、人力资源等各职能领域中都有自己独特的专业技术。

在西方国家通行的称谓中，"专家"在特定领域具有深厚功底，熟知各种问题解决方案；"专员"具备解决特定领域中的问题的能力；"技师"具有一定专业基础，一般担任专家助手角色；"新手"刚入行，对相应专业知识技能知之甚少。一个人可以是某个领域的专家，同时又是另外一个领域里面的新手。

对于专业知识技能的学术研究分为两大理论流派，第一个流派认为专业知识技能具有独特的群体实践属性，即专业知识技能是社会性结构，是某个团队对于某个领域的思考和行动工具。另外一个流派认为专业知识经验是个体特质，是能够适应各种物理和社会环境的能力。

（2）为什么要拥有专业知识技能？

在社会大分工日渐清晰的今天，专业化已经成为现实，一方面企业需要拥有自己的专长与竞争力，而另一方面所有职场人士都需要拥有自己的"专长"，即在某个或者多个领域内的专业知识技能，以在社会大分工中获得更有力的职场生存与竞争能力。

（3）如何拥有专业知识技能？

研究发展，专家级的专业知识技能水平平均需要10年以上的积累和1万小时以上的练习方能形成。专家的特殊之处并不仅仅在于知识的渊博，而更在于能够快速从长期记忆中调用和综合使用复杂信息解决问题的能力。在他们眼中周边事物都有其特定含义，而这些含义是将社会环境与专业技能有机联系在一起。专家是在丰富经验基础上，对环境进行识别，因此可以在高度复杂动态环境下做出果断判断。

除了传统的工作、学习和研究方式外，有一种特殊的"技能化记忆法"能有效加快专业知识技能提升速度。通过这种方法可以让一个餐馆服务员同时跟进20个餐桌的顾客，普通人可以在25秒内口算2位数乘5位数的乘积。该方法有**三条原则**：

原则1：编码有意义原则。即学习者应通过反省过去经验，来对从事某个工作所必备的条件进行编码。

原则2：结构可检索原则。即学习者需要自行构建一套和编码意义相匹配的长期记忆方法，以保证信息之间存在联系线索。

原则3：持续加速原则。即学习者通过不断演练和积累，长期记忆记录和调用的准确性和速度会不断加快，同时短期记忆的记录和调用的准确性与速度也会进一步提高。

第四部分　标准篇

（4）管理者的专业知识技能

对于管理者而言，专业知识技能既是其履行工作职责的必要基础，同时还是提高其影响力的一个有效工具。专家的身份会让大多数人产生敬畏心理，有助于非强制影响力的产生，因此专业知识技能对于管理者来说是一项非常重要的权力基础。

国外专家玛丽莲·德曼开发了一套通用专业知识技能量表（Generalized Expertise Measure），涵盖了16项专业知识相关行为要素，其中包括客观要素5个，自我改进要素11个（深度专业知识、匹配的学历、专业周边知识、职业资格、相关专业培训、在企业中相关专业领域中的发展欲望、工作事项重要性评估、自我改进能力、个人魅力、工作环境推理、专业直觉、工作要点把握、专业领先欲望、自我肯定、自信、性格开朗）。

在现实工作中，我们发现，管理者的专业知识能力会在专业意识、问题解决、专业知识和乐于分享等四个方面表现最为明显。专业知识技能较差的管理者对相关知识积累重视不够，所知较少，不能领导团队解决专业问题；合格的管理者注意专业知识与技能积累，并能利用这些技能帮助团队解决问题，并乐于和同事分享自己的专业知识；优秀的管理者具有一专多能知识结构，承担最新技术倡导者与传播者，具有业内专家权威地位，影响力高，而且能通过构建内部知识技能分享机制有效提升员工专业知识技能水平。

专业知识技能是管理者的基本管理技能，是管理者在企业中生存和发展所必需的技能。

（5）参考基本定义

不断提升自己的专业知识和技能水平，并积极与他人分享专业经验的愿望与能力。

3．描述素质级别的关键维度

（1）专业意识

管理者是否在繁忙管理工作情况下，能否有意识地在专业知识与技能方面继续投入时间和精力，是管理者专业知识技能达到和维持较高水平的基础条件。专业意识较低的管理者会逐渐失去专业知识的重视，丧失对知识技术的把握；合格的管理者对专业知识技能情有独钟，始终保持浓厚兴趣，跟踪行业最新动态。专业意识是管理者专业知识技能是否合格的一个行为标准。

（2）问题解决

"行家一出手就知有没有"，专业知识技能高低最好的试金石是专业问题。专业水平较低的管理者所拥有的专业知识技能难以解决常规工作问题；合格的管理者可以运用自身知识与经验有效解决较难的专业问题；优秀的管理者拥有丰富经验，能够综合利用专业内外知识，快速解决高难度专业问题。问题解决是专业知识技能的一个全层级行为指标。

（3）专业知识

专业知识高低的另外一个重要外在表现是管理者现有专业知识的深度与宽度。专业知识较差的管理者的基础较差，不能与行业发展同步；合格的管理者的专业知识功底扎实，有一定深度，但宽度不够；优秀的管理者不仅是某个领域的专家，而且在相关领域中也颇有建树，具有复合型知识结构。专业知识是管理者专业知识技能的一个全层级行为指标。

（4）乐于分享

作为管理者，自身专业知识技能的价值并不在于解决专业问题，更关键的作用是传播给团队成员，建立分享机制提升其专业素养。分享能力较差的管理者只是自己唱独角戏，孤胆英雄；合格的管理者一方面通过扮演专家角色提供资源支持，另一方面积极构建分享机制，促进内部团队专业知识技能提升；优秀的管理者积极在工作之外重视信息分享，可以利用各种专业论坛与杂志交流最新信息，并发布前沿性课题引导团队学习方向。乐于分享是管理者专业知识技能的一个全层级行为指标。

4. 概念测验

您认为什么是专业知识技能？

如何提高专业知识技能？

您认为应该从哪些关键维度对管理者的专业知识技能进行评价？

您认为自己的专业知识技能如何？是否有地方需要改进？

您认为在专业意识、问题解决、专业知识和乐于分享几项中，最重要的是什么？

合格的管理者的专业知识技能应该达到什么水平？

优秀的管理者的专业知识技能应该达到什么水平？

5．子维度矩阵设计举例

以下，我们将针对管理者专业知识技能子维度设计矩阵。五级标准设计参照前面章节描述的以0~4级形式展现，其中层级0为负面表现的不合格管理者，层级1为稍低于最低要求者，层级2为基本符合最低要求，层级3为较高水平，层级4为理想的最高水平。

根据专业意识、问题解决、专业知识和乐于分享四个描述素质级别的关键维度的特点，我们全部选取了这四个子维度作为矩阵子维度。0级由于对自我要求过低，不在此处赘述，感兴趣的读者可参见附件：完整通用素质模型库中相关要素的0级行为描述。

在1~3级别中，专业意识是从重视程度和兴趣程度两个角度来区隔的，在1~4级别中，问题解决是从问题解决的难度、效率两个角度区隔的。专业知识是从知识宽度和广度来区隔的，乐于分享是从对他人支持力度、分享机制建设和分享层次来区隔的。

	专业意识	问题解决	专业知识	乐于分享
层级1	对专业知识重视不足，积累较少	勉强解决常规工作问题	有经验基础，但不重视更新与提高	崇尚独行侠风格，不重视支持
层级2	主要靠以往经验，缺乏发展意识	通过努力后解决常规专业问题	专业知识功底扎实，但过窄	专家型支持
层级3	对专业知识有浓厚兴趣	有效解决较难的专业问题	关注行业最新进展，并能结合公司情况加以运用	通过机制分享经验
层级4		综合利用专业内外知识，快速解决高难度专业问题	复合型结构，一专多能	外部分享交流，内部方向指引

根据上面的子维度设计矩阵，可以得到专业知识技能的四个层级行为描述。具体内容请参照附件：完整通用素质模型库中相关表格。

6．关键子维度矩阵设计练习

作为一种管理工具，素质模型构建只有参照标杆，并无标准答案。请根据您所理解的专业知识技能和您所选择的关键子维度，设计适合于您公司的子维度矩阵，并以该矩阵为基础编制要素等级描述。

您认为应将专业知识技能分为几个标准等级？为什么？

您打算从几个子维度来区隔这些标准等级？这些子维度之间是否存在逻辑关系？

每个子维度在这些标准等级中又是如何表现出差异的呢？

请以这些子维度作为基础，编制相应的标准行为级别描述。编制后，您需要找一位朋友，进行简要解释后，请他帮忙找出行为级别描述中不清晰或者有争议之处。您自己是如何看待被指出的这些问题的？

7．总结列表

专业知识技能是管理者的一项基础管理技能，是管理者获得影响力的基本武器；

管理者专业知识技能的高低会体现在专业意识、问题解决、专业知识和乐于分享等几个关键子维度上；

专业知识技能的关键子维度矩阵设计需要考虑级别标准的整体差异定义、相关关键子维度的选择、相关关键子维度在各级别中的差异表现等要素。

8．行动建议

用自己的语言定义专业知识技能；

用自己或者他人经历对专业知识技能其中的关键子维度进行深度理解和解读；

您最佩服的专业知识技能最强的人是谁？为什么最佩服他呢？能否举例说明？

请举例说明您自己印象最深刻的最能说明自身专业知识技能的一个事例。回过头去看，是否有可改进之处？

了解一下上级眼中的您自己的专业知识技能水平如何；

您目前是如何提高自己专业知识技能水平的？是否有改进之处？

评价一下周边管理者的专业知识技能水平如何。

第五部分

应用篇

如果说本书前面四篇中的相关理论、国内外相关实践案例、管理者素质模型的建模方法和通用管理者素质模型是本书标题中的"理论"和"方法"的话，这个应用篇的核心主题则是"工具"。所有有关企业的管理研究最终都将落实在实用工具上，而本篇中将为读者提供丰富和细致的，与通用管理者素质模型配套的自助式应用工具，无论是从流程到表格，还是从调查到统计，抑或是从建模到相关测评，还是从绩效管理到人才梯队建设，本篇中均有涉及。

以为读者提供快速上手应用工具参考为出发点，本篇中本着读者可以通过自学掌握，能够实际操作的原则，将相关的各种流程与表格工具进行了系统整合。本书配套光盘中更提供了这些工具表格的电子版，以便读者直接借鉴学习。

本篇分为四章，企业快速建模应用工具包中涵盖了快速建模法配套各种表格，测评应用工具包中涵盖了测评矩阵、各要素自评表、360°评价表格、结构化访谈问题清单，素质模型与测评应用中包括了人才招聘与选拔、领导力提升、绩效管理与人才梯队建设的常见应用方法，素质模型管理工具则包括了管理者素质模型管理制度模板。

第一章

企业快速建模应用工具包

本章为对本书中所建议的快速建模方法的配套具体工具表格汇总，供读者在快速建模中直接借鉴使用。所有工具按照通用素质模型的五大素质模块设计，以保证内容连贯，读者可以根据情况进行适当调整。本工具包中包括快速建模项目管理表格（项目整体计划模板、项目进度计划表格、需求资料清单模板、素质模型研讨会议程参考）、素质模型调查表格（素质初始定义表、中高层访谈提纲、各模块调查问卷、问卷调查数据统计分析表）、素质模型汇报工具（分层分类模板、项目汇报纲要、管理者素质模型手册纲要）。

这里必须提醒大家注意的是，通常领导力素质模型中要素的数量不宜超过15个，必须突出那些对企业组织绩效产生重大影响的要素，因为公司的管理者们本能地会优先关注发展这些素质，而对其他要素视而不见。

本工具包中的工具都是按照标准咨询项目组织结构进行设计，即由咨询项目小组、客户对接小组、项目决策委员会三者相对独立。对于企业自行设计管理者素质模型，可将咨询项目小组与客户对接小组合二为一即可。

第一节　快速建模项目管理模板

一、项目计划模板

项目整体计划是对建模项目工作进行整体设计的工具，同时也是对后期工作进展检讨的参照标准。从内容上而言，整体计划是对项目核心思路与关键里程碑的解读，对获得相关各方对项目的理解和支持有着非常关键的直接作用。该表格中，应该包括有阶段划分、日期、项目具体工作内容、完成成果和相关责任分工。

快速建模项目计划安排表

涉及项目阶段	星期	项目具体内容	完成成果	备注
阶段一：信息收集	第1周	周一召开项目启动会议，组成项目小组，确定项目小组结构、工作机制，确定咨询项目总体工作计划，并选定岗位范围（应在项目启动前确定） 周一下午按照项目组提交文件需求清单，在协作组帮助下进行内部资料收集工作 在对接组协作下，周二开始并在周五前完成内部访谈，提取关键要素根据了解状况，对问卷进行个性化设计，并在周四提交给对接组，开始问卷发放 周五前与客户确定基于公司现状进行现有管理职位的分层分类	《项目需要资料清单》 《领导力提升咨询项目调查问卷》 《项目访谈提纲》	项目小组推动，对接组协助安排

阶段二：信息分析	第2周	周一完成访谈中各类素质要素的初步提取 周三完成所有资料收集与初步战略、文化演绎分析工作 周三收回所有问卷统计数据，周五完成初步分析 周末项目组内部对于关键素质模型修改意见的重要研讨	《项目访谈纪要汇总》 《问卷分析报告》	项目小组为主
阶段三：素质模型研讨	第3周	周一项目组完成素质模型初步草稿，并与对接小组讨论确定要素名称 周四前完成素质模型框架结构与各要素级别设计，并准备周五与对接小组内部研讨材料，汇报前三周工作进度与关键成果 周五与对接小组开展会议，确定关键素质维度与级别描述修改意见 周一完成客户素质模型的修订，并与对接小组商定周二汇报内容与注意要点	《素质模型草稿》	项目小组提交草稿，对接组负责初步审查
阶段四：素质模型定型	第4周	周一召开客户高管会议，汇报项目工作进展与素质模型设计草稿及相关管理制度，收集客户反馈意见 周五完成素质模型草稿完善修改工作 周五完成宣传材料准备工作，筹备素质模型培训	《素质模型研讨稿》 《素质模型终稿》	项目小组负责组织编写和答疑，对接小组负责协调会议

二、项目进度计划模板

○·········· ★ ★ ★ ··········○

序号	工作事项	第1周							第2周							第3周							第4周						
		1	2	3	4	5	6	7	8	9	10	11	12	13	14	15	16	17	18	19	20	21	22	23	24	25	26	27	28
1	项目启动会议及培训	■																											
2	提交文件需求清单		■	■																									
3	内部访谈提纲		■	■																									
4	内部访谈与解码				■			■																					
5	问卷设计					■																							
6	问卷发放与回收						■				■	■																	
7	职位的分层分类	■																											
8	内部资料收集							■	■																				
9	文化演绎分析									■		■	■	■															
10	问卷统计												■	■															
11	各类素质要素的初步提取								■						■	■													
12	内部意见研讨，确定修改意见													■															
13	内部研讨与分工，确定要素名称															■													
14	模型框架研讨与各要素级别设计																	■											
15	小范围研讨框架与级别设计																		■										
16	形成素质模型研讨稿																				■								
17	召开客户高管研讨会																						■						
18	素质模型草稿完善修改																								■				
19	准备宣传材料																										■		
20	相关培训																												■

三、需求资料清单模板

★ ★ ★

咨询作业所需资料清单

为便于项目组尽快全面了解公司情况，烦请于百忙中抽空整理如下相关资料，并于××年××月××日之前交至项目组所在办公室（联系人：××，地址：××楼××房间，电话：××××）。

1. 战略文化部分

（1）集团及下属全资、控股企业名单、企业概况及关系介绍

（2）集团发展历程介绍

（3）近两年来的集团主要战略规划文件

（4）近两年公司企业文化介绍文件

（5）集团总部及下属公司××年度工作总结等

2. 组织体系部分

（1）集团（子公司）目前组织构架图及机构设置

（2）集团（子公司）各部门职责说明

（3）集团（子公司）被测的职位说明书

（4）集团相关关键岗位人员的个人简历（必须）

3. 人力资源管理部分

（1）集团对于职类职层划分的管理文件（必须）

（2）被测人员过去两年间的业绩记录文件

（3）近2年年度有关集团干部管理的相关计划与管理制度文件

以上资料是我们根据项目经验提出的与本项目直接或间接有关的信息。如果您认为其他资料有助于项目展开而没有包括在内，您可以直接补充进去。

项目组获得以上资料后将严格遵照保密协议约定，只在项目分析研究工作中使用，不会有任何其他用途，不会有任何商业泄密行为，并且对所提供资料予以妥善保管，项目结束后归还公司相关部门。请及时予以提供，谢谢！

为便于分析研究，提高工作效率，所有相关资料请向项目组同时提供电子版和纸版文件。

项目组

××年××月

四、素质模型研讨会议程

★★★

在管理者素质模型构建中，会涉及三类研讨会议，一类为团队小组内部研讨，一类为团队与客户进行研讨。这两类会议由于目的不同，对象也有差异，因此在会议组织上也有区别，所以此处我们提供了两个会议的议程供大家参考。

议程一：团队内部研讨（以咨询项目小组常模修改意见研讨会为例）

（1）会议目的：汇总咨询团队内部对于常模修订意见，根据企业特点勾勒模型框架。

（2）会议特点：参与气氛融洽，汇聚真知灼见，聚焦技术探讨。

（3）前期准备：项目经理提前通知组员准备相关资料，总结各自看法。

（4）现场流程：

环节	活动内容	时间安排
规则说明	由项目经理宣布本次内部研讨的目的与意义，会议基本步骤与时间安排	5~10分钟
进展情况通报	项目经理按项目计划逐项与组员查实工作进展情况，如有延迟询问原因	10~15分钟
自由发言	组员自由发言，依据前期访谈和资料分析情况分享自己感受与修改意见，并就模型框架与要素进行充分探讨	30~60分钟，视情况
总结发言	项目经理总结组员意见，形成组内决议，并安排内部分工安排	5~10分钟

备注：项目经理需要指定组员进行会议纪要，或者自行记录亦可。

议程二：与客户的研讨（以素质模型框架与要素定义沟通为例）

（1）会议目的：讲解素质模型构建相关理念与技巧；分享前期工作进展与结论；就框架与要素定义达成共识。

第五部分　应用篇

（2）会议特点：培训与研讨相结合，求证对企业特点的解读，沟通开放而积极。

（3）前期准备：项目经理需提前准备和发放会议资料。

（4）现场流程：

环节	活动内容	时间安排
规则说明	由会议组织者（通常为对接组组长）宣布本次内部研讨的目的与意义，会议基本步骤与时间安排	5~10分钟
进展分享	项目经理回顾项目目标与计划，并通报项目进程；讲解建模思路与核心技术，分享近期工作分析结论；解读模型框架草稿和关键要素选择与初始定义	45~60分钟
自由探讨	客户对接组就相关培训和模型提出疑问，项目经理逐项记录，能够解答的现场解答，不能解答的留待回去研究后再行答复	30~60分钟，视情况
总结发言	项目经理总结各方面意见，确认达成一致的意见，并安排分歧点的解决方法与时间；项目经理还需明确下一阶段工作的分工与推进安排	5~10分钟

备注：项目经理需要指定组员进行会议纪要，或者自行记录亦可。

第二节　素质模型调查表格

一、素质初始定义表

★　★　★

素质初始定义表是素质模型建模的底层文件，主要用于三个方面：一个是可以用于选择模型中要素的参考；一个是用于访谈提纲中编码分析的相关要素信息的识别；一个是相关调查问卷设计的参照信息。

当前所有的管理者素质模型的构建，都会参考相关的标杆模型框架与其中的要素定义，本书中的通用管理者素质模型框架就是可供大家参考的一个标杆模型。素质初始定义表中通常会包括模型中各素质模块的定义以及其中各素质要素的基本定义。以下为相关参考工具。

通用管理者素质模型框架表

行为域	自我管理	计划和控制	组织能力	领导能力	综合能力
基础要素	责任感 正直诚信 学习成长 自信心	计划能力 绩效评价 执行力 创造性解决问题 关注细节	授权管理 培养员工 创建高绩效团队	员工激励 客户导向 开拓创新 系统思维	角色识别 建立信任 有效沟通 专业知识技能

第五部分　应用篇

综合要素	成就动机 压力管理 弹性适应	战略思维 冲突管理	组织设计 体系构建能力	决策能力 影响力 权力认知	文化建设 关系网络构建 项目管理

说明：从管理者职责视角出发，管理他人必先管理好自己，自我管理是管理者素质的基础，而计划和控制、组织能力、领导能力都是按照管理者核心职责派生出来的素质模块。综合能力属于通用技能，对其他素质的发挥有较大影响。上表中列出的基础要素是作为管理者必备的素质，而红色的综合要素是管理者发展的重要素质。

通用模型中五大要素模块基本定义表

素质模块	基本定义
自我管理	好的管理者深知自己的价值观与能力的长短板，同时还会具有责任感，正直诚信，自信自强，对自身职业发展有着清晰的规划，并且能够持续性地高效学习。此外，管理者需要能够适应高压力的多变的动态环境
计划和控制	管理者必须通过他人达成公司的愿景和目标，因此管理者需要为组织或团队的目标而战，制定全面的策略与计划来进行协调，并对实施情况进行监控，将实施与计划进行比较，以便随时进行纠偏，进而保证计划目标的实现。此外，管理者还要对下属绩效表现进行合理评价与反馈，确保其工作方向正确，并创造性化解冲突与难题，确保团队和组织执行力
组织能力	管理者必须将工作进行合理有效分解，并交由下属完成，而在这一过程中，自己从中进行协调，这就是组织。组织能力的本质就是"如何分解任务"，"由谁来完成"，"由谁来决策"，"在何时何地决策"。因此好的管理者应熟练掌握授权管理、团队建设、组织设计、体系建设等能力
领导能力	管理者的领导职能的核心是指明团队发展方向，并引导和激励下属自愿跟随自己，振奋精神共同努力。领导的精髓在于能够激发他人潜能为组织目标服务。管理者领导能力包括决策能力、影响力、员工激励、客户意识、变革管理、创新管理。领导的魅力在于在混沌的现实世界中，为人们树立一盏指路明灯，吸引人们前行
综合能力	为提升计划、控制、组织、领导能力的效果，管理者需要熟练掌握一些通用的综合管理技能和能力，拥有这些技能和能力将有助于充分发挥其他四大类管理素质能力，进而非常有效提升管理效率。管理者综合能力包括角色识别、建立信任、有效沟通、文化建设、项目管理、关系网络建立和专业知识技能

通用模型中34个要素的基本定义表

模块1	要素名称	基本定义
自我管理	责任感	爱岗敬业，勇于承担责任，具备使命感，乐于奉献
	正直诚信	遵守公司制度规定和职业道德，为人公正客观，言行一致，忠诚于公司，并抵制不道德的行为
	成就动机	不满足于现状，对成功具有强烈的渴求，总是设定较高目标，要求自己克服障碍，完成具有挑战性的任务
	学习成长	通过积极地吸取自己或他人的经验教训、科研成果及其他信息和知识，不断地更新自己的知识结构，增加学识，提高技能，从而获得有利于未来发展的能力
	压力管理	在面对阻力、敌意、冲突和压力时自我调适，保持冷静、控制负面情绪的能力，坚持完成所从事的工作
	弹性适应	在不同环境下，与不同的人或者群体工作时所表现出来的适应性，即在情况发生变化时擅长根据实际情况改变自身态度与策略，改变自己与他人行为的能力
	自信心	自信是一个人在各种情况下，对自己观点、问题解决与达成目标能力的信念。这种信念在遭遇挑战或者矛盾时表现更为显著

模块2	要素名称	基本定义
计划与控制	战略思维	在复杂模糊情境中，用创造性或者前瞻性的思维方式来识别潜在问题、制定战略性解决方案的能力
	计划能力	工作中能够区分轻重缓急，根据事物发展规律，制定合理的目标与有效的行动计划，并根据实施情况及时进行调整和完善的能力
	绩效评价	能够对下属计划执行进展情况进行及时有效评价，提供建设性反馈，以帮助下属不断提高自身绩效水平，最终达成甚至超越计划目标
	执行力	坚决、快速贯彻公司要求，有效跟进既定计划实施状况，准确识别执行过程中出现的差异，及时采取有效措施，保证目标的实现，一次到位
	冲突管理	以令各方都感到满意、感到受到重视的方式来化解他们的争议和分歧，并使冲突各方意见达成一致或妥协，最后达成有效的解决问题的方案的能力
	创造性解决问题	能够主动发现问题，把握问题本质，并选择恰当的解决方法，有计划、有方法、分步骤地有效解决问题的能力
	关注细节	关注事实和细节，而不是抽象的概念；善于通过有效的途径深入了解关键细节，对细节信息可能揭示出的背后问题有敏锐的洞察力

模块3	要素名称	基本定义
组织能力	组织设计	能够通过建立组织结构，规定职务或职位，明确责权关系，提升组织成员协作效率，有效实现组织目标的能力
	授权管理	能够根据任务与下属的特点合理授权，并且进行有效监控，及时发现问题并采取有效措施解决，充分发挥下属作用
	培养员工	掌握人才识别技术，有效筛选新员工，并对老员工提供恰当的需求分析、辅导和其他支持，帮助其学习和进步，满足公司业务发展对人才的要求
	创建高绩效团队	通过指导、激励、参与、授权等方法，构建具有相同愿景与价值观、员工结构合理、目标计划明确、愿意承担共同责任等特点的高绩效团队的能力
	体系构建能力	关注规则与秩序，根据组织的战略规划和业务策略，搭建和优化符合公司实际的、系统化的运营管理体系

模块4	要素名称	基本定义
领导能力	决策能力	面对众多不确定因素，能够切中问题要害，基于事实、数据等信息，果断、合理地进行决策
	影响力	运用各种策略和手段，以获得他人对观点、计划、行为、产品或解决方案的同意或接受的能力
	员工激励	激发、引导和维持下属的工作热情，保证预定目标的实现
	权力认知	了解和掌握企业内部及客户内权力和架构的能力，快速判断真正决策者和决策影响者，并预测当前发生或即将发生的事件对于企业当中的个人和群体产生何种影响
	客户导向	关注并准确把握内、外部客户的需求和利益，追求客户满意和忠诚，并为客户创造价值
	开拓创新	不受陈规和以往经验的束缚，锐意进取，在技术和管理上力求改进与变革，以适应新观念、新形势发展的要求
	系统思维	在分析和处理问题时，能够掌握全局，系统分析各部分和各环节中的复杂因果关系，选择和制定系统的解决方案
	变革管理	迎接变革挑战，顺应变革，设计合理变革目标与相应策略，培养组织应变能力，传播变革理念，有效地达成变革目标

模块5	要素名称	基本定义
综合能力	角色识别	审时度势，在不同情境下有效识别自身角色并进行角色转换的能力
	建立信任关系	个人面对人际交往以及利益交换所体现出的公正、效率、人道、责任感的整体特征，即赢得他人信任的能力
	有效沟通	积极、有效交流，促成相互理解，获得支持与配合，提高业务推进效率
	文化建设	通过强化文化意识，榜样示范，施加文化影响力，不断推动、提升团队和企业文化，为企业发展助力
	项目管理	为达成项目目标，拟定清晰合理的行动计划，并组织实施，同时实现项目目标与团队成长目标的能力
	关系网络构建	为完成工作目标，与各种相关人员构建关系网络的能力
	专业知识技能	不断提升自己的专业知识和技能水平，并积极与他人分享专业经验的愿望与能力

二、中高层访谈提纲

○┈┈┈★　★┈┈┈○

由于客户中高层人员工作繁忙，所以访谈前需要认真准备并提前预约和告知访谈内容，因此中高层访谈提纲为访谈工作所必备。访谈提纲的主要目的在于促使被访谈对象重视和理解访谈的目的与重要性，并能在访谈前做相关思考和资料准备，以提高访谈的效果。

访谈提纲样本请参见附录3［各层级管理者访谈提纲（样表）］，其中第一份访谈提纲为公司副总经理级别及以上人员的通用访谈提纲，第二份为副总经理级别以下的管理岗位人员的通用访谈提纲。

三、访谈记录与编码分析表格

与相关管理者进行访谈过程中，访谈记录是必不可少的。建模项目中进行相关访谈记录的核心目的之一便是解码提取相关岗位关键要素。为便于工作开展和提高效率，通常最好将访谈记录表格与编码分析融为一体。

使用本表格，请先填写完访谈基本信息，之后，按照访谈进展过程记录访谈人所提出的问题，以及被访谈人的现场回答。访谈结束后进行素质编码时，按照被访谈人回答记录与通用素质模型各要素的基本定义进行比对，用黄色或者其他颜色标记相关记录中的言语，并同时在右栏写下相应素质要素名称。全部记录分析完成后，再对右栏识别出来的素质要素的频度统计，并记录在本表格的最后一部分中。

访谈记录与编码分析表

访谈时间		被访谈人	
被访谈人部门		职务	
联系手机		联系固话	
访谈人		记录人	
访谈内容（BEI）			素质
……（略） Q：为什么一定要做？（示例） A：因为当时我很有压力。因为公司当时让我做培训就是希望带动公司的培训工作、学习型组织的建设、对人员素质的提升，公司对我肯定有很大的期望。如果当时不去做也可以，但是我想是必须要做，而且要做起来。 Q： A： Q： A： Q： A：			战略思维 分析判断 成就动机、自信 沟通能力

发现：

本岗位所需素质与出现频度：

有待提升的素质与出现频度：

上级所需的素质：

下级所需的素质：

个人评价：

四、快速建模调查问卷

★ ★ ★

　　几乎所有的快速建模调查表格都与附录4类似［管理者素质模型调查问卷（样表）］，由于该附件中采取的是自我管理、团队管理和业务管理三层架构，这里我们根据通用素质模型调整为5大模块34个核心要素，以供读者借鉴使用。

公司管理者素质模型项目调查问卷

　　导言：为系统性提升管理者团队领导力，××公司近期启动了管理者素质模型项目。作为公司管理团队的重要成员，您的看法与意见对于相关岗位的管理者素质模型的构建有着直接影响，所以请您务必认真填写本表，并于××月××日之前将本表返回到项目办公室。填写本表大约会花费半小时时间，请尽量一次性完成，以保持前后一致性。

第一部分：个人信息

　　姓名：＿＿＿＿＿＿　　部门：＿＿＿＿＿＿　　岗位：＿＿＿＿＿＿

第二部分：客观问卷

　　填写说明：请根据自己理解，在问卷中的五个模块中对自己岗位所需要的能力素质进行重要性排序。每个模块都单独排序，请将最为重要的素质排序为5，最不重要的排序为1，允许并列排序。

第一部分：自我管理		
要素名称	基本定义	排序
责任感	爱岗敬业，勇于承担责任，具备使命感，乐于奉献	
正直诚信	遵守公司制度规定和职业道德，为人公正客观，言行一致，忠诚于公司，并抵制不道德的行为	
成就动机	不满足于现状，对成功具有强烈的渴求，总是设定较高目标，要求自己克服障碍，完成具有挑战性的任务	
学习成长	通过积极地吸取自己或他人的经验教训、科研成果及其他信息和知识，不断地更新自己的知识结构，增加学识，提高技能，从而获得有利于未来发展的能力	
压力管理	在面对阻力、敌意、冲突和压力时自我调适，保持冷静、控制负面情绪的能力，坚持完成所从事的工作	
弹性适应	在不同环境下，与不同的人或者群体工作时所表现出来的适应性，即在情况发生变化时擅长根据实际情况改变自身态度与策略，改变自己与他人行为的能力	
自信心	自信是一个人在各种情况下，对自己观点、问题解决与达成目标能力的信念。这种信念在遭遇挑战或者矛盾时表现更为显著	

第二部分：计划与控制		
要素名称	基本定义	排序
战略思维	在复杂模糊情境中，用创造性或者前瞻性的思维方式来识别潜在问题、制定战略性解决方案的能力	
计划能力	工作中能够区分轻重缓急，根据事物发展规律，制定合理的目标与有效的行动计划，并根据实施情况及时进行调整和完善的能力	
绩效评价	能够对下属计划执行进展情况进行及时有效评价，提供建设性反馈，以帮助下属不断提高自身绩效水平，最终达成甚至超越计划目标	
执行力	坚决、快速贯彻公司要求，有效跟进既定计划实施状况，准确识别执行过程中出现的差异，及时采取有效措施，保证目标的实现，一次到位	
冲突管理	以令各方都感到满意、感到受到重视的方式来化解他们的争议和分歧，并使冲突各方意见达成一致或妥协，最后达成有效的解决问题的方案的能力	
创造性解决问题	能够主动发现问题，把握问题本质，并选择恰当的解决方法，有计划、有方法、分步骤地有效解决问题的能力	
关注细节	关注事实和细节，而不是抽象的概念；善于通过有效的途径深入了解关键细节，对细节信息可能揭示出的背后问题有敏锐的洞察力	

第三部分：组织能力		
要素名称	基本定义	排序
组织设计	能够通过建立组织结构，规定职务或职位，明确责权关系，提升组织成员协作效率，有效实现组织目标的能力	
授权管理	能够根据任务与下属的特点合理授权，并且进行有效监控，及时发现问题并采取有效措施解决，充分发挥下属作用	
培养员工	掌握人才识别技术，有效筛选新员工，并对老员工提供恰当的需求分析、辅导和其他支持，帮助其学习和进步，满足公司业务发展对人才的要求	
创建高绩效团队	通过指导、激励、参与、授权等方法，构建具有相同愿景与价值观、员工结构合理、目标计划明确、愿意承担共同责任等特点的高绩效团队的能力	
体系构建能力	关注规则与秩序，根据组织的战略规划和业务策略，搭建和优化符合公司实际的、系统化的运营管理体系	

第四部分：领导能力		
要素名称	基本定义	排序
决策能力	面对众多不确定因素，能够切中问题要害，基于事实、数据等信息，果断、合理地进行决策	
影响力	运用各种策略和手段，以获得他人对观点、计划、行为、产品或解决方案的同意或接受的能力	
员工激励	激发、引导和维持下属的工作热情，保证预定目标的实现	
权力认知	了解和掌握企业内部及客户内权力和架构的能力，快速判断真正决策者和决策影响者，并预测当前发生或即将发生的事件对于企业当中的个人和群体产生何种影响	
客户导向	关注并准确把握内、外部客户的需求和利益，追求客户满意和忠诚，并为客户创造价值	
开拓创新	不受陈规和以往经验的束缚，锐意进取，在技术和管理上力求改进与变革，以适应新观念、新形势发展的要求	
系统思维	在分析和处理问题时，能够掌握全局，系统分析各部分和各环节中的复杂因果关系，选择和制定系统的解决方案	
变革管理	迎接变革挑战，顺应变革，设计合理变革目标与相应策略，培养组织应变能力，传播变革理念，有效地达成变革目标	

第五部分 应用篇

第五部分：综合能力		
要素名称	基本定义	排序
角色识别	审时度势，在不同情境下有效识别自身角色并进行角色转换的能力	
建立信任关系	个人面对人际交往以及利益交换所体现出的公正、效率、人道、责任感的整体特征，即赢得他人信任的能力	
有效沟通	积极、有效交流，促成相互理解，获得支持与配合，提高业务推进效率	
文化建设	通过强化文化意识，榜样示范，施加文化影响力，不断推动、提升团队和企业文化，为企业发展助力	
项目管理	为达成项目目标，拟定清晰合理的行动计划，并组织实施，同时实现项目目标与团队成长目标的能力	
关系网络构建	为完成工作目标，与各种相关人员构建关系网络的能力	
专业知识技能	不断提升自己的专业知识和技能水平，并积极与他人分享专业经验的愿望与能力	

第三部分：主观问卷

如果您认为还有其他素质要素需要补充说明，请填写。

要素	定义	排序

五、问卷调查数据统计分析表

○·········★　★　★·········○

为便于读者进行问卷调查统计分析，此处提供了最为常用的两个统计表格，供读者参考。问卷回收率统计表是旨在回顾问卷发放与回收状况的统计表格，通常可说明问卷调查数据由来的有效性。分职类各要素排序统计表是对各职类答卷中对于各要素排序意见的统计表格，通常用来帮助界定每个职类对应的素质要素清单。

特别提醒读者注意的是，统计表格的口径要认真考虑，例如统计表格2的统计数字来自调查问卷中的排序信息，可以按照每个模块前三项或者是直接按排序数据统计汇总得来。

统计表格1：问卷回收率统计（样表）

单位名称	应该回收	实际回收	回收率	有效问卷	备注
公司总部	82	65	79.27%	64	有17份未回收,1份无效答卷
分公司1	16	16	100.00%	14	2份问卷无效
分公司2	25	23	92.00%	23	有2份未回收
…	…	…	…	…	…
合计	123	104	84.55%	102	共19份未回收，另有3份无效

说明：按照个人基本信息空缺，或者2个以上空白项，或者完全按照1～10顺序排序的，认定为无效问卷。

统计表格2：分职类各要素排序统计表

对于不同职位层级，需要分别设计相应的分职类要素排序统计表，从而可以提炼出受调查群体对于每个职类职层的各种素质的重要性的看法。本表中的统计数字为每个问卷中每个模块的前三个素质的计数。

素质要素 ＼ 职类	工程管理	经营决策	生产制造	市场销售	研发技术	职能管理
综合分析能力	5	1	4	2	21	15
抗压能力	3	1	1	3	12	3
有效沟通	9	1	5	5	32	12
执行力	9	2	7	7	32	15
开拓变革	4		3	1	10	7

持续改进	6	1	7	5	15	10
资源整合能力	5	2	7	3	24	5
追求效率	6		2	4	15	1
计划能力	8	1	7	5	29	11
全局思维	7	2	6	7	25	14
决策能力	6	2	4	3	25	10
体系构建能力	3	1	6	2	12	12
…	…	…	…	…	…	…

第三节　素质模型汇报工具

一、岗位分层分类模板

我们建议针对每个职层中每个职类都需要单独设置，针对不同职层的职类，需要分别定制。

模块	经营	职能	研发	工程	营销	生产
计划与控制	计划能力 绩效评价 执行力 冲突管理 战略思维	计划能力 绩效评价 执行力 冲突管理	计划能力 绩效评价 执行力 创造性解决问题	计划能力 绩效评价 执行力 冲突管理 关注细节	计划能力 绩效评价 执行力 冲突管理	计划能力 绩效评价 执行力 冲突管理 关注细节
组织能力	组织设计 授权管理 创建高绩效团队 体系构建	组织设计 授权管理 创建高绩效团队 体系构建	培养员工 授权管理 创建高绩效团队	培养员工 授权管理 创建高绩效团队	培养员工 授权管理 创建高绩效团队	培养员工 授权管理 创建高绩效团队

领导能力	决策能力 影响力 权力认知 系统思维	员工激励 权力认知 系统思维	员工激励 客户导向 开拓创新	员工激励 客户导向 关注细节 开拓创新	员工激励 客户导向 开拓创新	员工激励 客户导向 关注细节
综合能力	建立信任	有效沟通	网络构建	角色识别	项目管理	
自我管理	责任感	正直诚信	学习成长	压力管理	弹性适应	

二、项目汇报纲要

○·······★ ★ ★·······○

作为关键的临门一脚，项目汇报绝对是至关重要的。项目汇报的目的不仅仅在于清晰呈现项目成果，而且也在于有效打动听众，为项目的实际落地奠定基础。因此，通常汇报多采取PPT形式的现场陈述方式。以下为项目汇报PPT的目录，供读者参考。

项目汇报纲要

第一部分　　本次汇报目的与安排

1. 本次建模的相关声明（可包括起因、责任、跨度、基本原则）；

2. 介绍基本汇报的结构（即汇报文件的结构框架）。

第二部分　　素质模型基础介绍（视情况而定，如前期已经培训过，可快速带过）

1. 素质的起源与定义（包括冰山模型）；

2. 关于素质模型的作用与定位（素质与绩效间驱动关系）；

---

3. 素质模型的常见构建方法（经典建模与快速建模流程说明）；

4. 标杆企业模型及其应用经验分享（标杆企业模型框架与应用领域）。

第三部分　　本次管理者素质模型建设项目介绍

1. 本次项目目标与效果（总结项目目的、实际完成情况、项目优势）；

2. 项目进展回顾与成果展现（项目甘特图、分阶段呈现结果、建模方法、前期调研结果、战略文化演绎结果、分层分类的素质模型、素质词典目录与分级描述样例）；

3. 本次素质模型项目中的主要发现（提炼过程中发现的管理团队整体特点、各职类职层特点以及可能发现的其他管理方面的问题）。

第四部分　　项目后期落地建议

1. 素质模型的管理制度建设（包括制度目的、原则、分工、内容、流程、表单等）；

2. 素质模型在人力资源管理中的应用（在绩效、薪酬、培训、人才梯队建设等方案的应用）。

第五部分　自由探讨

1. 关于素质模型的问题；

2. 后期跟进工作的时间与责任人安排。

三、管理者素质模型手册目录

管理者素质模型项目的最后成果通常会以word文档形式存在，即管理者素质模型手册。设计这个手册的主要目的为两个，一个是清晰描述公司管理者素质模型建模的理念与方法，一个是诠释公司的管理者素质模型的内容，从模型框架到素质辞

典。以下为一个管理者素质模型管理手册的目录，供读者借鉴。

管理者素质模型管理手册目录

第一部分　素质模型开发（描述开发的四大步骤，并呈现开发成果）

第一节　职位层级和类别划分（描述管理岗位分层分类的方法与成果）

1. 基本概念（管理职位分层分级的基本原则与方法概述）；

2. 基本结构（呈现本次项目中的管理职位分层分类矩阵表）。

第二节　能力模型结构（描述本次项目中采取的素质要素的框架结构，如自我管理、团队管理、业务管理的三分法结构，或者本书中自我管理、计划与控制、组织、领导和综合的五分法结构）

1. 基本概念（能力模型结构的定义与作用）；

2. 素质模型结构图（三分法或五分法的框架图）；

3. 素质模型分层分类（模块框架中各模块间关系，以及职层职类对素质模型的影响）。

第三节　开发素质要素（介绍本次调查所使用的各种开发方法，以及开发出的素质要素库）

1. 开发素质要素的方法（本次开发所应用的定性与定量分析方法组合）；

2. BEI与半结构化访谈（本次访谈范围、提纲与编码结果）；

3. 问卷调查（本次问卷调查范围、问卷与分析结果）；

4. 公司战略与文化演绎（对公司战略和文化分别进行的演绎分析的关键结论）；

5. 外部标杆借鉴（本次项目借鉴标杆、借鉴方法及内容）；

6. 管理者素质要素确定（综合上述所有开发方法，所得到的公司管理者素质要素库）。

第四节　构建素质模型（呈现分层分类的素质模型与相应层级要求标准）

1. 管理岗位素质模型框架（各职层、分职类的素质模型框架图，通常为2～3级）；

2. 管理素质框架标准设定［通过前期调查和专项研讨，所确定各职层职类模型中各个要素的层次要求标准。例如经营管理者的战略思维要素至少需要达到3分层级（0～4分）］。

第二部分　公司管理者素质词典（提供各个素质模块中各个要素的具体定义、行为层级描述）

第一节　自我管理模块（相关要素的定义与3～5级行为描述）

第二节　计划与控制模块（相关要素的定义与3～5级行为描述）

第三节　组织能力模块（相关要素的定义与3～5级行为描述）

第四节　领导能力模块（相关要素的定义与3～5级行为描述）

第五节　综合能力模块（相关要素的定义与3～5级行为描述）

第三部分　素质模型维护管理（规定如何对素质模型进行管理）

第一节　维护目的（保持模型与公司战略的适配性）

第二节　维护原则（模型维护所遵循的基本原则，例如逐步完善、素质提升为导向等）

第三节　维护条件与内容（描述何时进行素质模型调整与更新）

第四节　维护流程（维护的关键环节与责任人）

第五节　维护事项（维护中需要特别关注的事项）

第二章

测评应用工具包

从原理上，作为一种对管理者的素质要求标准，无论管理者素质模型要应用于任何领域，都离不开素质测环节的支持，因为只有测评才能将素质要求标准与个人实际素质相挂钩。本章中主要内容为与本书素质模型相匹配的简单测评工具，从各要素自评表到360°评价表格，从简化的笔试问卷到结构化访谈问题清单。

第一节 测评技术简介

与管理者素质模型相匹配的测评技术最为常用的是评价中心。评价中心是对人员素质测评的一种综合性方法，是通过一系列科学测评手段对候选人的心理和行为特点进行评价的活动和方法。当前，评价中心的主流测评工具包括：360°评价，无领导小组讨论，纸笔测验，角色扮演，结构化面谈和文件筐。本工具包内包含了与通用管理者素质模型相匹配的360°评价、结构化面谈，其他测评工具由于应用相对复杂，将在另外一本有关测评技术的专项工具书中讲解。

1．360°评价

360°评价，即被评价者的上级、同事、下属、客户甚至包括本人都会依据其平时实际工作表现，对被评价者进行评价。据统计，在《财富》杂志排名前100位的企业中，已有90%的企业在人力资源管理和开发中使用了某种形式的360°评价。由于这种评价信息全面、准确，而且可以提高自我知觉、自我评价和自我管理的效能，促进员工自身能力的进步和业绩的提高。这种测评可以标准化、量化和可重复化，操作简便。具体参照工具表格请参见本章第三节。

2．无领导小组讨论

无领导小组讨论，通常是让一组被评价人员（5～8个人）在不指定组长的情况下，围绕给定的问题进行讨论，来检测受测者的组织协调能力、口头表达能力、情绪稳定性、处理人际关系的技巧、非语言沟通能力等各个方面的能力素质，从而判断受测者是否符合其担任岗位的用人要求，以及自信程度、进取心、责任心、灵活性等个性特点和行为风格是否符合公司的企业氛围。由于无领导小组讨论对题目设计要求和评判技巧较高，相关技术与案例我们将会在有关测评的另外专项书籍中做进一步深入介绍。

3．纸笔测验

纸笔测验是心理测量中最重要的一种测量方式，同时也是运用最为广泛的招聘选拔工具，它通常是以标准化的题目或项目对受测者的能力倾向、人格或职业兴趣等特质进行评价。网络上相关成熟的纸笔测验较多，霍兰德性向测试、MBTI测试、TASK等。由于这些测验结果的解读相对复杂，请读者自行搜索阅读，本文中不再累述。

4．角色扮演

受测者描述一种虚拟的工作情境，让受测者想象它真的发生了，并按要求做出行为反应，评价者对受测者的行为的有效性进行评定。角色扮演的优点在于对现实复杂情境的再现，具有无可比拟的逼真性和高效度。但是这种方法对于角色案例本身的设计和评价者素质都比较高，企业自身操作起来难度较大。相关技术与案例我们将会在有关测评的另外专项书籍中做进一步深入介绍。

5．公文筐

文件筐测验是对在模拟环境下，考察受测者在指定时间内，集中掌握和分析资料、处理各种信息以及做出决策等活动，而后做出的反应与行为，并对其有效性进行评定。公文筐的优点在于较高的表面效度，缺点在于计分的复杂度和对评分人员素质的较高要求。相关技术与案例我们将会在有关测评的另外专项书籍中做进一步深入介绍。

6．结构化面谈

结构化行为事件面谈是依据相应岗位，通过结构化的提问方式、规范的面谈记录和标准的评定方法来判断受测者素质的一种测评手段。行为事件面谈通过一系列如"你当时面临什么局面"、"你采取了什么措施，为什么要这么做"、"最终的结果如何"等问题，收集受测者在代表性事件中的具体行为和心理活动的详细信息。结构化面谈理念遵循STAR原则和真实性原则，即聚焦"你做过什么"而不是"你说了什么"，揭露真实行为；如果没有相关经历，则采取贴近真实案例情况，利用投射技术进行测试。结构化行为事件面谈克服了传统面谈时间冗长、难以测评特定胜任素质的缺点。

第二节 测评矩阵设计

本节中列出了各种常见测评工具与各素质要项的简单匹配表。

模块	要素名称	360°	纸笔测验	公文框	角色扮演/管理游戏	结构化面谈	无领导小组
自我管理	责任感	√	√		√	√	√
	正直诚信	√			√	√	√
	成就动机	√	√			√	√
	学习成长	√	√			√	√
	压力管理	√			√	√	√
	弹性适应	√			√	√	√
	自信心	√			√	√	√
计划与控制	战略思维	√	√	√		√	
	计划能力	√	√	√		√	√
	绩效评价			√		√	
	执行力	√				√	
	冲突管理	√			√	√	√
	创造性解决问题	√	√		√	√	
	关注细节	√	√	√	√	√	√

组织能力	组织设计	√		√		√	
	授权管理	√	√	√	√	√	
	培养员工	√	√			√	
	创建高绩效团队	√	√		√	√	√
	体系构建能力	√	√	√			√
领导能力	决策能力	√	√	√		√	√
	影响力	√	√			√	√
	员工激励	√	√		√	√	
	权力认知	√			√	√	√
	客户导向	√	√			√	
	开拓创新	√				√	√
	系统思维	√	√	√		√	
	变革管理	√				√	
综合能力	角色识别	√		√	√		√
	建立信任关系	√			√	√	
	有效沟通	√			√	√	√
	文化建设	√				√	
	项目管理	√		√		√	
	关系网络构建	√				√	
	专业知识技能	√	√	√		√	

第三节 结构化面谈工具

1．应用范围

本测评工具为与通用管理者素质模型相匹配的测评工具，可以用于所有受测对象在绝大多数要素上水平的测试与评价。结构化面谈在人才选拔招聘中应用最为常见。

2．应用方式

通常结构化面谈都是以一对一或者二对一的形式进行的，即由若干测评人员对1个受测人员进行测试，每组大约50~60分钟。

3．基本思路

依据通用管理者素质模型和结构化面试特性，针对每个相关素质要素进行题目设计，以STAR原则展开提问，聚焦收集受测人在关键要素相关事件中的既往行为与反应信息，事后再按统一标准进行评价，保证在指定时间内保质保量完成相关测试。

4．提问规则

结构化面谈的测评维度和提问都是事先确定，面试按照标准程序进行。

5．结构化面谈的流程

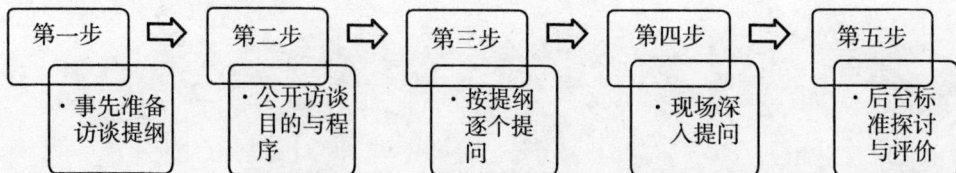

第一步	⇨	第二步	⇨	第三步	⇨	第四步	⇨	第五步
·事先准备访谈提纲		·公开访谈目的与程序		·按提纲逐个提问		·现场深入提问		·后台标准探讨与评价

6．各要素结构化问题清单

为了便于读者能够在实际环境中将素质模型应用于招聘、面试等工作，我们特地设计了通用管理素质模型中各个要素配套的经典问题清单，供大家借鉴。

模块	要素名称	结构化问题清单
自我管理	责任感	（1）您认为自己的责任感有多强？如果按1～5分评分，您给自己打多少分？为什么呢？可否举例说明？为清晰起见，请按背景、目标、难点、反应和结果顺序描述。 （2）您为什么选择为这个公司工作呢？您的利益和公司利益是否发生过矛盾呢？当时情况如何，您又是如何处理的？为什么呢？
	正直诚信	（1）您在公司是否开会迟到过或者工作目标未及时达成？请描述当时的情形？您打算如何处理？ （2）如果遇到过碰巧知道他人未告知公司情况下准备离职的情况，您认为应该如何处理？现实中您遇到过吗？您是如何处理的？
	成就动机	（1）请描述一件您认为最自豪的事件？请按背景、目标、难点、反应和结果顺序描述。 （2）您认为到目前为止，最快乐的是什么时刻？那时候为什么快乐？ （3）过去12个月里，您都给自己定了哪些个人目标？您为什么要定这样的目标？ （4）5年之内您的职业生涯目标是什么？您为之做出了哪些努力？
	学习成长	（1）过去12个月里，您投入多少钱和时间用于自我发展？为什么要这样做？ （2）您认为这个行业未来十年面临的最主要的问题是什么？您准备怎样应对未来的变化？ （3）过去三年里，您对自己有了怎样的认识？
	压力管理	（1）过去12个月里，您最有压力的是什么时候？为什么？当时是什么原因造成压力的？后来您是如何处理的？ （2）您是如何看待压力的？应该如何对待压力呢？您是否可以举出一个例子进行说明？
	弹性适应	（1）您上次更换岗位是什么时候？您用了多长时间适应新岗位？适应的难点在什么地方？您是如何克服的？ （2）请描述您在本公司工作中，最有挑战性的一次经历。这次任务和其他任务有何差异？您是如何适应的？
	自信心	（1）请简单描述一下自己对自己的客观评价。 （2）您是否怀疑过自己的能力呢？当时是什么状况？您克服心理障碍了吗？您是如何克服的？

模块	要素名称	结构化问题清单
计划与控制	战略思维	（1）您对事务发展的前瞻能力如何？能否举例说明？ （2）您认为公司所在行业未来有何发展趋势？我们公司应该如何进行战略定位？应采取何种战略策略？
	计划能力	（1）您的部门每年有年度计划吗？去年的计划主要包括那么目标？采取何种行动策略？达成效果如何？为什么会出现这种状况？ （2）今年贵部门的指标完成情况如何？遇到什么问题没有？当初制订计划时是如何考虑这些问题的？ （3）您所在部门目前做计划的周期是到季度、到月度还是到周，或者是到工作日？这些计划是如何制定的？完成得如何？为什么？是否有改进空间？
	绩效评价	（1）您现在是如何评价下属工作表现的？大家反应如何？是否有改进空间？ （2）如果下属对于您的评价不很满意，例如由于条件变化造成原定目标无法完成，您应该如何处理？
	执行力	（1）您对您部门的执行力评价怎么样？您个人的执行力呢？请举出一个最能说明您执行能力的事例。 （2）您今年的主要工作目标是什么？完成得如何？原因是什么？您打算怎么改进处理？
	冲突管理	（1）您和客户或者同事发生过冲突吗？当时是怎么回事？您是如何处理的？ （2）没有人能和上级永远看法一致，您是否有过对一些问题的看法和领导不同？当时是何种情况？您是如何处理的？
	创造性解决问题	（1）在您所解决过的问题中，您认为解决最成功的是哪一个？当时是什么情况？难点是什么？您是如何解决的？您的方法和其他人有何差异？ （2）在今年您最主要的任务是什么？相关最难的问题是什么？如何才能更有效地解决？效果如何？
	关注细节	（1）您能给我们详细描述一下您以前工作的流程吗？这个流程是怎么形成的？您对这个流程进行过调整吗？为什么要调整？调整后效果如何？ （2）您平时关注下属吗？

模块	要素名称	结构化问题清单
组织能力	组织设计	（1）从您的角度来看，现在您所负责的部门组织结构是否合理？现在的组织结构有什么优劣势？过去是否调整过？为什么调整？应该如何改进？ （2）目前公司整体组织架构有什么优劣势？是否符合公司发展需要？为什么？ （3）您感觉公司组织结构中存在什么问题？
	授权管理	（1）您目前有几个部属？简单说说他们各自的优缺点。 （2）您是如何给他们分配工作任务的？又是如何监控工作进度的？ （3）您是怎样决定工作中的分工负责情况的？ （4）您是用什么方法来监督您负责项目的工作进程的？
	培养员工	（1）您认为培养下属重要吗？又是如何重视的？有什么举措吗？有什么效果？遇到什么困难没有？是如何克服的？ （2）您去年是如何培养下属的？主要思路是什么？取得了什么成绩？下属反馈如何？过程中是否有什么不足之处？今年是如何改进的？
	创建高绩效团队	（1）您如何评价您的团队，他们具有什么特点？您打算让他们各自扮演团队中的什么角色？为什么这么分配角色？能不能再改进？ （2）去年的部门目标是如何设定的？达成效果如何？团队之间是如何协作的？ （3）今年部门目标是如何设定的？
	体系构建能力	（1）您所负责的部门是如何管理的？管理制度与流程可以分为哪几部分？他们之间的关系如何？ （2）您曾经制定或者完善过什么制度？当时是什么原因？制度设计的框 架是什么？执行的效果如何？

模块	要素名称	结构化问题清单
领导能力	决策能力	（1）您所做过的决策中，最为成功的是哪个？当时是什么情况？难点是什么？您是如何做出判断的？判断效果如何？ （2）您在进行决策时是倾向于团队决策还是个人决策？举个例子说明您的倾向的正确性。
	影响力	（1）您认为对别人施加影响难吗？为什么？请举例说明。 （2）改变别人的看法与观念总是比较难，但有的时候我们必须去影响 他们。您最成功的一次影响他人的事件是什么？请详细描述。
	员工激励	（1）过去您是怎样肯定员工的贡献的？ （2）如果您的某位职员对所有的发展努力都不感兴趣，您该采取什么措施或办法来改变他的态度？ （3）描述一下这样一种经历：您手下有一位表现平平的员工，您采用了什么办法来提高他的工作效率？
	权力认知	（1）您认为贵公司最为核心的部门是哪些？为什么？它们会对哪些决策产生什么影响？ （2）如果您这个部门要完成重大任务或者实现快速发展，必须获得哪些部门和人员的支持？ （3）贵公司中扩张最快的部门是哪个？为什么？
	客户导向	（1）您是怎么看待客户需求的？公司和客户是否会发生冲突？举例说明如何处理为佳。 （2）您所在部门和公司其他部门之间是否存在服务与被服务关系？是否出现过冲突？举例说明应如何处理？
	开拓创新	（1）其实绝大多数成功人士的成就很大程度上要归功于敢想敢干，突破原有思维模式。您在这方面做得如何？能给自己打几分？是否可以举例说明？说明时按照背景目的、难点、解决办法、最后成果四个要点描述。
	系统思维	（1）您认为自己的团队在公司的全局中处于什么位置？扮演什么角色？ （2）您认为自己所在行业未来的发展趋势如何？贵公司所处何种位置？核心竞争力是什么？
	变革管理	（1）在现在的工作中，都做了哪些有助于您或者您的下属提高工作效率和增强工作效果的事情？ （2）有没有数据或者事实证据证明您的工作确实是在不断提升？

模块	要素名称	结构化问题清单
综合能力	角色识别	（1）请简单介绍自己的主要岗位职责。您的领导最为看重什么？您做得如何？您的下属最看重什么？您做得如何？ （2）您在刚担任这个职位的时候，一定经历了不少困难，其中最为棘手的问题是什么？当时的背景、难题、您的反应和最后效果如何？ （3）您认为自己所在的部门目前在公司的定位是什么？公司期盼自己在管理团队中扮演什么角色？自己这个角色扮演的如何？
	建立信任关系	（1）您是如何看待信任关系的？您感觉周围的人值得信赖吗？为什么会形成这种看法？能举个例子进行说明吗？ （2）您认为您的上级信任您吗？为什么会信任您呢？这背后的故事是怎么样的？
	有效沟通	（1）请简明扼要说明自己的职业历程。 （2）您认为最难沟通的同事是谁？您不必告诉我他的姓名和职位，您只需要描述这个人，并且举例说明为什么他如此难以沟通。您打算如何改进和他的沟通？ （3）您认为自己最突出的三个劣势是什么？为什么这么说？能不能举例说明？ （4）您最近一次汇报是什么时候？当时的汇报对象是谁？汇报目的是什么？汇报的难点是什么？您当时采取了什么策略？汇报效果如何？
	文化建设	（1）公司的文化价值观的核心精髓是什么？在您这个部门是如何体现的？请举例说明。 （2）您这个团队最大的特点是什么？ （3）您是如何让公司文化在部门里面落地，让员工真的认同企业文化的？请举例说明。
	项目管理	（1）您如何评价自己的项目管理能力？1～5分，打多少分？为什么？请举例说明。 （2）您在公司完成过的最大的项目或者任务是什么？规模有多大？当时是什么情况？项目目标是什么？项目完成得如何？您在其中做了什么？中间遇到了哪些问题？是如何处理的？ （3）您在上一个项目或者任务中是如何控制进度的？当时进度出现问题了吗？是怎么处理的？效果如何？
	关系网络构建	（1）您的朋友多吗？是公司里面的还是社会上的？大约有多少呢？有其他部门的吗？您和公司老总有私交吗？ （2）您通常是如何建立朋友关系的？请举例说明。 （3）有的时候朋友帮朋友效果很好。您有过这样的经历吗？举有关工作方面的例子说明。
	专业知识技能	（1）您的专业知识水平如何？得到过什么认证吗？ （2）您所解决过最难的专业问题是什么？请描述当时的情况、技术难点、您的对策和结果。 （3）其他同事对您的技术水平怎么看？有向您请教过吗？您是如何支持他们的？

7. 有关评价标准的确定

虽然每个管理者的生活与工作差异较大，但是他们对于上述问题的解答是落实到实际工作事件中个人行为描述上。在评价标准时，建议读者可以直接参照我们的素质模型中每个要素的行为级别进行对比和确定。实操经验告诉我们，由于通用模型中对于行为的显性化描述，基本上是可以进行有效区隔的。为了便于操作，读者在实际评价时可以按照1~5范围，以0.5为基础单位进行积分。最理想的情况下，由2人以上同时打分，评价将更为准确。

第四节　360°评价工具

1．应用范围

本测评工具为与通用管理者素质模型相匹配的测评工具，可以用于所有受测对象在绝大多数要素上水平的测试与评价。360°评价在人才选拔招聘、绩效管理、培训提升中应用都较为常见。

2．应用方式

通常每个岗位都需要设计和发放配套的360°评价表格和评价标准。实施中，360°评价都是以电子或者纸质问卷形式发放，由多个上级、下属或者同事对于受测人的相关素质或者行为进行评价。考虑到数据量较大，建议采取由数据库支持的网络问卷形式进行评价，更为高效和准确。

3．基本思路

依据通用管理者素质模型和360°评价特性，针对每个管理岗位进行题目设计，由熟悉受测人的不同层面的群体（如上级、同事、下属、客户）进行评价打分并提供相应事件描述，要求答卷人在指定时间内按照相关要求评价，由360°评价组织者汇总数据后再按一定权重进行统计，从而得到每个管理者在相关要素上的得分。

4．关键要点说明

360°评价的测评维度和评价标准都是事先确定，所有评分都是按照统一标准由评价人自行判断评价的。因此事先需进行评价者的集中培训，以保证标准的一致性。

第五部分　应用篇

考虑到数据量较大，而且上级和下属对于管理者在大多数要素上的评价相对较为客观和重要，所以视情况可调整为只有上级、下属和受测人三方的180°评价。

360°评价结果质量高度依赖于评价人的选择，因此评价人必须了解受测人的岗位职责和实际工作表现。为保证评价的公正性和真实性，评价人特别是下属将采取随机抽样形式选择，而且相关评价信息需要经过过滤以避免其身份泄露。

360°评价必须得到公司高层的强力支持，否则答卷回收时间很难控制。

360°评价数据回收后，由于评价人个人倾向性问题，可能会出现一定偏差，需要进行相应微调。

5. 360°评价的流程

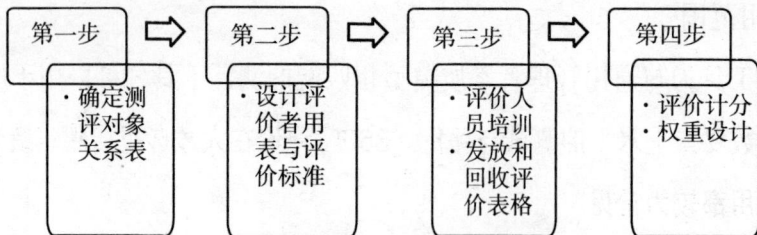

第一步		第二步		第三步		第四步
·确定测评对象关系表	⇒	·设计评价者用表与评价标准	⇒	·评价人员培训 ·发放和回收评价表格	⇒	·评价计分 ·权重设计

6. 360°评价工具

本测评工具为与通用管理者素质模型相匹配的测评工具，其中包括有测评对象关系表、评价者用表、评价标准（即通用管理者素质模型库）、评价权重矩阵表、各类相关的评价统计表格。本工具都是以本书中的通用管理者素质模型作为测评维度和标准设计的，读者在应用中可根据自身需要进行相应调整。

（1）测评对象关系表

本表格定义了由哪些测评者对受测人进行测评，哪些"上级"、"平级"和"下级"，将对受测人进行评价。上级的选择标准是较全面熟悉测评对象日常业务的直接领导；平级的选择标准是与测评对象有密切业务往来的本部门或跨部门同事；下级的选择标准是直接接受测评对象领导或业务指导的直接下属。以下为一个样表供大家参考。理论上应该是每个受测人单独定义一张测评对象关系表，当然也可以汇总为一个总表。

受测人编号	受测人姓名	受测人岗位	评价人编号	评价人姓名	评价人岗位	二者关系
078	A	行政部经理	012	B	行政总监	上级
078	A	行政部经理	023	C	市场部经理	平级
078	A	行政部经理	079	D	行政主管	下级
078	A	行政部经理	080	E	行政专员	下级
…	…	…	…	…	…	…

（2）评价者用表

评价者用表是提供给评价人来对受测人进行评价的专用表格，原则上应该每个评价人每个评价对象都单独一张表格。由于评价人与受测人是多对一的关系，所以评价人表格数量通常会远多于受测人数量。

公司管理者360°评价表格

导言：本表格是依据公司管理者素质模型设定的360°素质评价表格，旨在收集由多个相关评价人对受测人，根据对其日常工作表现，按表中所列素质进行客观评价。由于本表结果将直接应用于受测人素质评价，进而影响后期配套指导和培训，请您务必真实评价。此外，我们将对您的个人信息进行保密，相关描述细节也将做适当处理，请放心答题。本次评价时间约为一小时，请尽可能一次性答完，或者至少一次性答完每个要素的问题，以保持其内在一致性。

第一部分：个人信息

受测人姓名：　　　　　受测人部门：　　　　　受测人岗位：

评价人姓名：　　　　　评价人部门：　　　　　评价人岗位：

您是受测人的：　　　□上级　　□同级　　□下级

第二部分：客观问卷

填写说明：请根据本表格配套的素质模型级别描述标准，在问卷中的5个模块中34个要素中相应选择项中，对受测人的能力素质进行客观评分和实例描述。请注意，打分时请选择0～4分间的0.5的倍数，例如2.5，3。为对受测人有针对性帮助，请在打分的同时，务必填写具体案例描述。谢谢您的合作！

模块	要素名称	评分（0~4）	实例描述
	责任感		
	正直诚信		
自我管理	成就动机		
	学习成长		
	压力管理		
	弹性适应		
	自信心		
模块均值			

模块	要素名称		
	战略思维		
	计划能力		
	绩效评价		
计划与控制	执行力		
	冲突管理		
	创造性解决问题		
	关注细节		
模块均值			

模块	要素名称		
	组织设计		
	授权管理		
组织能力	培养员工		
	创建高绩效团队		
	体系构建能力		
模块均值			
模块	要素名称		

领导能力	决策能力		
	影响力		
	员工激励		
	权力认知		
	客户导向		
	开拓创新		
	系统思维		
	变革管理		
模块均值			

模块	要素名称		
综合能力	角色识别		
	建立信任关系		
	有效沟通		
	文化建设		
	项目管理		
	关系网络构建		
	专业知识技能		
模块均值			

本问卷到此结束！再次感谢您的参与！

（3）评价权重设计表

在所有评价人对所有受测人评估完毕后，我们对每个受测人都有了来自不同层面的评价数据，这些数据需要通过算数加权法，也就是乘以不同权重后求和，才是最后的评价成绩。例如张三在有效沟通上，上级评分3，同级评分2.5，下级评分3.5。我们分别乘以0.5，0.3，0.2，相加后就变成了 $3 \times 0.5 + 2.5 \times 0.3 + 3.5 \times 0.2 = 1.5 + 0.75 + 0.7 = 2.97$。

我们在实践过程中发现，由于下级给上级以及自我评价分值普遍明显偏高，可靠性较弱，所以在权重设计中一般不宜赋值过高。同级由于存在相互评价和平时关系问题，所以分数可靠性也不是太高。在实操中，上级评价最为客观，权重80%~90%为宜。

因此，我们需要针对每个素质模型设计配套的评价权重设计表，设定上级、同级、下属以及自我评价得分在总分中的权重。由于本书中的素质模型是按照职类职

第五部分　应用篇

层来设计的，所以评价权重设计表也可以按此设计。如有必要，每个素质模型的每个要素还可以根据其特点给予上级、同级、下属以及自我以不同的权重。但是为了便于操作和理解起见，通常权重设计表中所有要素的权重全部一致。

职类	职层	上级权重/%	同级权重/%	下级权重/%	本人权重/%	权重和/%
市场营销	一级	80	10	5	5	100
市场营销	二级	80	10	5	5	100
市场营销	二级	80	10	5	5	100
…	…	…	…	…	…	…

（4）360°评价个人得分汇总表

在设定权重表之后，我们将每个受测人的得分情况汇总起来单独成表，并根据其数据来源分别乘以相应权重就可以得到最后综合得分了。下表的最后一列中的权重是按照上级0.8，同级0.1，下级0.05，本人0.05计算四舍五入后所得。之所以第一行保留受测人编号的原因为避免出现重名重姓导致的数据错误。

受测人编码	56	56	56	56	56	56
受测人	张三	张三	张三	张三	张三	张三
评价人	A	B	C	D	F	综合
关系	上级	同级	下属	下属	本人	综合
责任感	2	2.5	3.5	2.5	3	2.5
学习能力	2	3	3.5	3	3	2.5
成就导向	1.5	2.5	3	3	3	2.1
工作激情	1.5	2.5	3	3	3	2.1
影响力	1.5	2	3	3	2.5	2.0
组织能力	1.5	2	3	3	2.5	2.0
…	…	…	…	…	…	…

（5）360°评价个人数据汇总表

在所有受测人的个人综合成绩出来之后，可以再次汇总成为所有受测人的成绩汇总表，并可以形成以下表格。以此表格，能够进行所有受测人360°测评的在各个要素上的排名与深度分析。

受测人编码	056	078	...	...	...
受测人	张三	李四			
岗位	行政部经理	市场部经理			
所属职类	职能管理	市场营销			
所属职层	二级	二级			
责任感	2.8	3			
学习能力	2.4	3.1			
成就导向	1.5	3.2			
工作激情	2	2.8			
影响力	1.5	2.5			
组织能力	2.4	2			
...	...	...	...	...	...

（6）360°评价整体数据分析表

在360°评价个人数据汇总表基础上，可以进行更有价值的职类职层的素质能力的得分统计分析，这种分析是公司整体管理能力的评价和后期配套措施的强有力的数据支撑。下表为一个示例样表。

职类	经营决策		销售		生产		研发		职能		总计
级别	二	三	二	三	二	三	二	三	二	三	
成就动机	3.46	3.22	3.00	2.94	2.50	2.60	2.95	2.86	2.50	2.86	3.02
学习成长	3.12	3.02	3.00	2.78	3.02	2.50	2.95	2.57	3.00	2.57	2.91
压力管理	3.32	2.96	2.50	2.81	2.43	2.50	2.73	2.64	2.50	2.64	2.80
弹性适应	3.56	3.04	3.00	2.81	3.01	2.90	2.86	2.71	3.00	2.71	2.91
...	...	...	...	...	...	...	...	...	...	...	...

（7）360°评价反馈工具

为充分发挥360°评价工具的作用，公司可以根据自己的文化特点，选择进行个人反馈的深度。比较简单的反馈就是将个人在各个模块及要素上的综合得分，加上公司在各要素上的要求标准线形成雷达图，并提供背后的典型事件描述给管理者个人。如果企业文化较为宽容，可以考虑将相关各方在各要素的评价分值也附上，但由于此信息相对敏感，通常会选择现场专人解读给受测人。

个人360°反馈报告模板

姓名	×××	性别	男	部门	某事业部	职位	事业部副总经理

岗位胜任特质评分

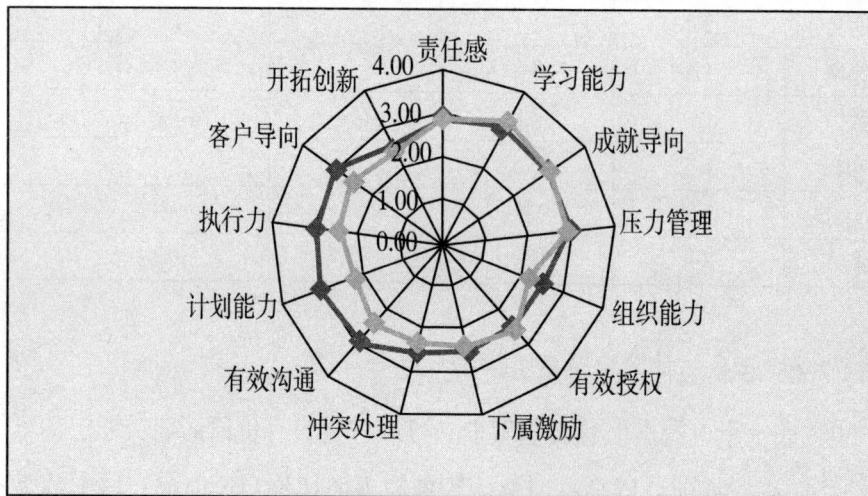

说明：

（1）本报告中，素质标准为分层分类建立的素质模型标准；

（2）得分为该干部在360°测评中，通过多种来源评价得分加权计算出来的分数；

（3）图中浅色曲线为其得分线，深色曲线为其岗位各要素标准线。

模块一：自我管理			
素质名称	素质标准	得分	与标准差距
责任感	3.00	3.40	0.40
学习能力	3.00	3.20	0.20
成就导向	3.00	2.97	−0.03
压力管理	3.00	3.60	0.60

要素1：责任感得分3.4，要求标准3

事件描述："在负责某项目中，担任主要技术和管理工作，在外部条件极其不利的情况下，主动承担相应的责任，连续加班3周，以身作则，放弃回家结婚，推动项目进行。"

......

第五节　各要素自测工具

本工具包中的自评工具是与通用管理者素质模型中各要素相匹配的测评工具，其中包括有各个要素关键子维度的级别描述。这些子维度的设计主要源自相关企业最佳实践，聚集行为层面，易于个人理解和使用，所以本工具易于上手使用。

1．应用范围

本测评工具为与通用管理者素质模型相匹配的测评工具，可以用于所有受测对象在绝大多数要素上水平的自我测试。测试结果主要是促发管理者自我意识的觉醒和锁定未来发展和能力提升方向。

2．应用方式

通常自测工具都由管理者自己进行测试，一般结果只限于自己所知，也可由人力资源部分享，可用于相对精细化的培训安排的重要参考信息。

3．基本思路

依据通用管理者素质模型和问卷设计特性，针对每个相关素质要素进行题目设计，由管理者自行根据自我理解进行评价，由于不涉及绩效薪酬和人际关系等问题，因而能够相对真实反映管理者对自身各方面素质的评价。

但是由于信息来源相对单一，而且管理者自我认知未必客观，所以最好和通用管理者素质模型库配合使用。由于篇幅关系，这里不再重复素质模型内容，如有必要，请读者自行将素质模型库提供给管理者作为评价参照。

4．自测工具表格

公司管理者素质模型自测工具

导言：本表格是为帮助管理者系统了解自身素质而设计的自助性表格，相关评价结果将只限于您自己能力提升使用。所以，请您务必真实评价。本次评价时间约为1小时，请尽可能一次性答完，或者至少一次性答完每个要素的问题，以保持其内在一致性。

第一部分：个人信息

姓名：_____　　部门：_____　　岗位：_____

第二部分：客观问卷

填写说明：请根据自己理解，在问卷中的5个模块34个要素中相应选择项中，对自己的能力素质进行客观评价，并汇总得分，均值低于3分的要素即是您能力素质的短板。所有题目均为单选题。

模块一　自我管理模块

要素1　责任感

题目	弱	较弱	一般	较强	强
（1）和业务责任相比，我对承担的管理责任有多重视？	1	2	3	4	5
（2）无论我所做事情结果如何，我都勇于承担责任？	1	2	3	4	5
（3）我的职业使命感有多强？	1	2	3	4	5
（4）我对公司和工作的奉献精神有多大？	1	2	3	4	5

分数统计：请将所有选项得分加总后除以题目数量求均值，即为该要素得分。均值小于3意味着您此项需要强化提升。

要素2　正直诚信

题目	弱	较弱	一般	较强	强
（1）我的言行一致程度如何？	1	2	3	4	5
（2）无论外部情况如何，我始终能坚持道德底线吗？	1	2	3	4	5
（3）我为人的客观公正性如何？	1	2	3	4	5
（4）我在处理公司事务时，能做到心底无私，纯粹从公司利益出发吗？	1	2	3	4	5

分数统计：请将所有选项得分加总后除以题目数量求均值，即为该要素得分。均值小于3意味着您此项需要强化提升。

要素3 成就动机

题目	弱	较弱	一般	较强	强
（1）我通常对自己提出要求的挑战性如何？	1	2	3	4	5
（2）我自己的职业发展目标清晰合理吗？	1	2	3	4	5
（3）我对自己工作动机的了解清晰吗？	1	2	3	4	5
（4）面对失败，我既不过于归咎于内因，也不过于归咎于外因，而是客观分析成因的能力如何？	1	2	3	4	5

分数统计：请将所有选项得分加总后除以题目数量求均值，即为该要素得分。均值小于3意味着您此项需要强化提升。

要素4 学习成长

题目	弱	较弱	一般	较强	强
（1）我在日常工作之余，主动学习的积极性如何？	1	2	3	4	5
（2）我有经常性反思自己言行成败的习惯吗？	1	2	3	4	5
（3）我有为自己制定学习目标和计划的意识和行为吗？	1	2	3	4	5
（4）我观察思考、发现事物发展规律的能力如何？	1	2	3	4	5
（5）我学习新理念与技能，并学以致用的效率如何？	1	2	3	4	5
（6）我对公司或团队内部学习组织建设贡献如何？	1	2	3	4	5

分数统计：请将所有选项得分加总后除以题目数量求均值，即为该要素得分。均值小于3意味着您此项需要强化提升。

要素5 压力管理

题目	弱	较弱	一般	较强	强
（1）在日常工作中，我承受的压力有多大？	1	2	3	4	5
（2）在高压力下，我的表现通常是失常还是超常两个好坏极端中的哪一级别？	1	2	3	4	5
（3）在紧急状况下，我的情绪控制能力如何？	1	2	3	4	5
（4）通常，我对产生压力的根源因素的敏感度与控制能力如何？	1	2	3	4	5

第五部分 应用篇

分数统计：请将所有选项得分加总后除以题目数量求均值，即为该要素得分。均值小于3意味着您此项需要强化提升。

要素6 弹性适应

题目	弱	较弱	一般	较强	强
（1）我对周边工作环境、人际关系等关键因素改变的敏感度如何？	1	2	3	4	5
（2）我对工作和生活中的各种相互矛盾的价值观流派的理解和容忍程度如何？	1	2	3	4	5
（3）在重要内外部环境发生变化时，我适应的速度如何？	1	2	3	4	5
（4）面对新环境新问题，我找到合适方法解决问题的能力如何？	1	2	3	4	5
（5）我在处理原则性问题上的技巧如何？	1	2	3	4	5

分数统计：请将所有选项得分加总后除以题目数量求均值，即为该要素得分。均值小于3意味着您此项需要强化提升。

要素7 自信心

题目	弱	较弱	一般	较强	强
（1）在日常工作中，我展示自我的主动性如何？	1	2	3	4	5
（2）通常，我独立决策的正确性如何？	1	2	3	4	5
（3）在面临较大挑战时，我的勇气如何？	1	2	3	4	5
（4）在经历失败时，我对自己剖析的客观程度如何？	1	2	3	4	5

分数统计：请将所有选项得分加总后除以题目数量求均值，即为该要素得分。均值小于3意味着您此项需要强化提升。

模块二 计划与控制模块

要素1 战略思维

题目	弱	较弱	一般	较强	强
（1）您是如何看待公司战略规划的重要性和价值的？	1	2	3	4	5
（2）就以往经验而言，您对未来趋势的预见准确性如何？	1	2	3	4	5
（3）您立足公司战略，从全局和长远角度出发，分析和处理问题的能力如何？	1	2	3	4	5
（4）您提出的战略性建议给公司带来了多大贡献？	1	2	3	4	5

分数统计：请将所有选项得分加总后除以题目数量求均值，即为该要素得分。均值小于3意味着您此项需要强化提升。

要素2　计划能力

题目	弱	较弱	一般	较强	强
（1）您平时做事经常会想好再做，拟定计划为先吗？	1	2	3	4	5
（2）您的工作目标和公司战略之间关系联系紧密程度如何？	1	2	3	4	5
（3）您负责制定的最复杂计划是从单纯个人工作计划到复杂公司年度经营计划两个极端间的哪个复杂层级的？	1	2	3	4	5
（4）通常，您制订计划的最终执行程度如何？	1	2	3	4	5
（5）您的计划中风险预防与控制措施的有效性如何？	1	2	3	4	5

分数统计：请将所有选项得分加总后除以题目数量求均值，即为该要素得分。均值小于3意味着您此项需要强化提升。

要素3　绩效评价

题目	弱	较弱	一般	较强	强
（1）下级反映，您设计的考核指标合理性如何？	1	2	3	4	5
（2）您对下属指标的考核方式效果如何？	1	2	3	4	5
（3）您对下属的绩效评价是否足够客观，无关个人喜好？	1	2	3	4	5
（4）对于下属绩效达成过程中出现偏差，您进行辅导或者调整目标的实效性如何？	1	2	3	4	5
（5）您的绩效面谈技巧如何？	1	2	3	4	5

分数统计：请将所有选项得分加总后除以题目数量求均值，即为该要素得分。均值小于3意味着您此项需要强化提升。

要素4　执行力

题目	弱	较弱	一般	较强	强
（1）一旦决定去做，您是否做事义无反顾、勇往直前？	1	2	3	4	5
（2）您对上级的真实意图理解的准确程度如何？	1	2	3	4	5
（3）在执行过程中，对工作进展的掌控程度如何？	1	2	3	4	5
（4）您的团队做工作一次到位率高低如何？	1	2	3	4	5
（5）您的工作目标达成程度如何？	1	2	3	4	5

分数统计：请将所有选项得分加总后除以题目数量求均值，即为该要素得分。均值小于3意味着您此项需要强化提升。

要素5　冲突管理

题目	弱	较弱	一般	较强	强
（1）通常，您对冲突各方情绪的控制能力如何？	1	2	3	4	5
（2）您对冲突起因分析判断的准确程度如何？	1	2	3	4	5
（3）您对各种冲突的轻重缓急处理排序的合理性如何？	1	2	3	4	5
（4）与预期目标相比，通常您的冲突处理效果达成程度怎么样？	1	2	3	4	5
（5）您成功处理过的最复杂的冲突是从常规工作流程问题到公司级的重大冲突间哪个复杂层级的？	1	2	3	4	5

分数统计：请将所有选项得分加总后除以题目数量求均值，即为该要素得分。均值小于3意味着您此项需要强化提升。

要素6　创造性解决问题

题目	弱	较弱	一般	较强	强
（1）通常，您选择勇敢直面问题的倾向程度如何？	1	2	3	4	5
（2）大多数情况下，您是第一个发现重大业务与管理问题的人吗？	1	2	3	4	5
（3）您对各种问题成因分析的深度如何？	1	2	3	4	5
（4）您会提出多个备选的问题解决方案吗？	1	2	3	4	5
（5）您解决问题的效果大家满意度如何？	1	2	3	4	5

分数统计：请将所有选项得分加总后除以题目数量求均值，即为该要素得分。均值小于3意味着您此项需要强化提升。

要素7　关注细节

题目	弱	较弱	一般	较强	强
（1）您对细节要求是追求完美还是满足需求即可？	1	2	3	4	5
（2）您做事的严谨程度、对数据和事实支撑的重视程度如何？	1	2	3	4	5
（3）您对细节相关信息敏感吗？通过细节来洞悉深层原因和规律的能力如何？	1	2	3	4	5
（4）您通过细节完善、流程建设进行持续改进的能力如何？	1	2	3	4	5

分数统计：请将所有选项得分加总后除以题目数量求均值，即为该要素得分。均值小于3意味着您此项需要强化提升。

模块三　组织能力模块

要素1　组织设计

题目	弱	较弱	一般	较强	强
（1）您在进行组织设计的时候，会先按照流程走一遍以确保无关键职责遗漏吗？	1	2	3	4	5
（2）您对岗位职责的描述能力如何，使得其他人是否能够一看便知，甚至不用您解释？	1	2	3	4	5
（3）根据您下属反映，您现在部门内的岗位设计是否合理，效率较高？	1	2	3	4	5
（4）在您负责设计过的组织或者岗位任务中，如果从单一岗位到集团公司整体结构设计算两个极端的话，最复杂的处于哪个级别？	1	2	3	4	5

分数统计：请将所有选项得分加总后除以题目数量求均值，即为该要素得分。均值小于3意味着您此项需要强化提升。

要素2　授权管理

题目	弱	较弱	一般	较强	强
（1）您把权力下放给下属的意愿是高还是低？	1	2	3	4	5
（2）您对下属的性格、兴趣、能力、经历了解的深度如何？	1	2	3	4	5
（3）授权给下属时，您会综合考虑下属发展吗？	1	2	3	4	5
（4）您感觉您对下属授权的过程中，对其进展把控能力如何？	1	2	3	4	5
（5）您工作中授权给他人的任务成功率如何？	1	2	3	4	5

分数统计：请将所有选项得分加总后除以题目数量求均值，即为该要素得分。均值小于3意味着您此项需要强化提升。

要素3　培养员工

题目	弱	较弱	一般	较强	强
（1）平时工作中，您在员工培养方面的投入和重视度有多高？	1	2	3	4	5
（2）您平时识别人才的准确度高吗？	1	2	3	4	5
（3）据下属反映，您为他们所作的指导和帮助是否有效？	1	2	3	4	5

（4）您在构建学习型团队方面做得如何？	1	2	3	4	5
（5）您为下属进行职业生涯指导的能力如何？	1	2	3	4	5

分数统计：请将所有选项得分加总后除以题目数量求均值，即为该要素得分。均值小于3意味着您此项需要强化提升。

要素4　创建高绩效团队

题目	弱	较弱	一般	较强	强
（1）在团队中，您作为灵魂人物的精神引导作用发挥得如何？	1	2	3	4	5
（2）您的团队中的正向激励文化怎么样？	1	2	3	4	5
（3）您的下属参与团队决策的程度如何？	1	2	3	4	5
（4）您的团队组成的合理性如何？	1	2	3	4	5
（5）您的团队攻坚能力如何？	1	2	3	4	5

分数统计：请将所有选项得分加总后除以题目数量求均值，即为该要素得分。均值小于3意味着您此项需要强化提升。

要素5　体系构建能力

题目	弱	较弱	一般	较强	强
（1）您平时习惯于将以往成功经验提炼后以制度或者流程方式固定下来吗？	1	2	3	4	5
（2）您了解其他企业在相关制度和流程方面的先进做法吗？	1	2	3	4	5
（3）从执行情况来看，您设计的制度是否真的实现了相关问题的改善？	1	2	3	4	5
（4）您在落实制度的时候坚决执行的力度如何？	1	2	3	4	5
（5）在您负责设计过的制度中，如果从单一问题到公司级跨部门制度算两个极端的话，最复杂的处于哪个级别？	1	2	3	4	5

分数统计：请将所有选项得分加总后除以题目数量求均值，即为该要素得分。均值小于3意味着您此项需要强化提升。

模块四　领导能力模块

要素1　决策能力

题目	弱	较弱	一般	较强	强
（1）您在高压力下，敢于果断做出决策的胆魄如何？	1	2	3	4	5
（2）在您进行过的决策中，如果从单一工作决策到公司级战略决策算两个极端的话，最重大的处于哪个级别？	1	2	3	4	5
（3）在日常工作中，您为决策获得最大限度信息和外部支持的能力如何？	1	2	3	4	5
（4）大多数情况下，您利用集思广益进行集体决策的水平如何？	1	2	3	4	5
（5）客观来讲，过去的经验印证您的决策正确性如何？	1	2	3	4	5
（6）您在决策中对于风险的评估判断是否准确？	1	2	3	4	5

分数统计：请将所有选项得分加总后除以题目数量求均值，即为该要素得分。

均值小于3意味着您此项需要强化提升。

要素2　影响力

题目	弱	较弱	一般	较强	强
（1）您影响他人的意愿是否强烈？	1	2	3	4	5
（2）就您的影响范围而言，如果从自我影响到社会影响算两个极端的话，您处于哪个级别？	1	2	3	4	5
（3）您说服和影响他人的技巧如何？	1	2	3	4	5
（4）根据周围同事意见，您的感染力与号召力如何？	1	2	3	4	5

分数统计：请将所有选项得分加总后除以题目数量求均值，即为该要素得分。

均值小于3意味着您此项需要强化提升。

要素3　员工激励

题目	弱	较弱	一般	较强	强
（1）您对下属进行激励的重视程度如何？	1	2	3	4	5
（2）您对下属的内心需求把握能力怎么样？	1	2	3	4	5
（3）您激励他人的方法和技巧如何？	1	2	3	4	5
（4）您的激励效果如团队士气和工作状态如何？	1	2	3	4	5

分数统计：请将所有选项得分加总后除以题目数量求均值，即为该要素得分。均值小于3意味着您此项需要强化提升。

要素4　权力认知

题目	弱	较弱	一般	较强	强
（1）您对公司的内部权力结构的重视程度如何？	1	2	3	4	5
（2）您对公司正式组织和非正式组织的了解程度如何？	1	2	3	4	5
（3）您激励公司的企业文化核心理念的认知如何？	1	2	3	4	5
（4）在您的理解中，如果从部门内部权力架构到行业级权力架构算两个极端的话，您现在的认知处于哪个级别？	1	2	3	4	5
（5）从经验来看，您对未来潜在问题对权力关系影响的判断准确度如何？	1	2	3	4	5

分数统计：请将所有选项得分加总后除以题目数量求均值，即为该要素得分。均值小于3意味着您此项需要强化提升。

要素5　客户导向

题目	弱	较弱	一般	较强	强
（1）您对内部客户或者外部客户服务的重视程度如何，或者说您考虑问题是否重视从他们角度出发？	1	2	3	4	5
（2）您对内部客户或者外部客户的真实想法和需求了解程度如何？	1	2	3	4	5
（3）您与重要客户之间建立长期合作关系的能力如何？	1	2	3	4	5
（4）从客户反馈来看，您为客户创造价值的能力如何？	1	2	3	4	5

分数统计：请将所有选项得分加总后除以题目数量求均值，即为该要素得分。均值小于3意味着您此项需要强化提升。

要素6　开拓创新

题目	弱	较弱	一般	较强	强
（1）您对新生事物的接纳程度和创新意识如何？	1	2	3	4	5
（2）您对创新所带来风险的容忍程度如何？	1	2	3	4	5
（3）您鼓励团队成员创新的力度如何？	1	2	3	4	5
（4）从效果来看，您所带部门的创新为公司带来价值的能力如何？	1	2	3	4	5

分数统计：请将所有选项得分加总后除以题目数量求均值，即为该要素得分。

均值小于3意味着您此项需要强化提升。

要素7　系统思维

题目	弱	较弱	一般	较强	强
（1）从周围领导与同事评价来看，您的全局视野如何？	1	2	3	4	5
（2）您从日常工作中提炼出更为简洁有效的概念框架的能力如何？	1	2	3	4	5
（3）如果您的解决方案执行存在临时性阻力，但对公司整体和未来有很大好处，您坚决推行的力度会有多大？	1	2	3	4	5
（4）就经验而言，您以往能够胜任分析的任务中，如果以简单任务分析和宏观经济或者行业难题为两个极端，最复杂的处于哪个级别？	1	2	3	4	5

分数统计：请将所有选项得分加总后除以题目数量求均值，即为该要素得分。

均值小于3意味着您此项需要强化提升。

要素8　变革管理

题目	弱	较弱	一般	较强	强
（1）您识别变革需求的敏感度如何？	1	2	3	4	5
（2）您在设定变革需求时，如果以随意设定到系统层次设计作为两个极端，目前您处于哪个层级？	1	2	3	4	5
（3）您在实施变革前，对于相关推进策略的预先安排能力如何？	1	2	3	4	5
（4）就过去而言，您所带团队的灵活适应性如何？	1	2	3	4	5
（5）就经验而言，您推动变革并获得成功的能力如何？	1	2	3	4	5

分数统计：请将所有选项得分加总后除以题目数量求均值，即为该要素得分。

均值小于3意味着您此项需要强化提升。

模块五　综合能力模块

要素1　角色识别

题目	弱	较弱	一般	较强	强
（1）您对周边同事对自己期望的理解准确吗？	1	2	3	4	5
（2）在大多数情况下，您给自己的定位和周边环境要求匹配度如何？	1	2	3	4	5

（3）平时，您给自己的定位是否有利于您自身能力的发挥？	1	2	3	4	5
（4）在周边情境或者条件变化时，您进行心态调整和策略调整的速度与质量如何？	1	2	3	4	5

分数统计：请将所有选项得分加总后除以题目数量求均值，即为该要素得分。均值小于3意味着您此项需要强化提升。

要素2　建立信任关系

题目	弱	较弱	一般	较强	强
（1）您平时言出必行的程度如何？	1	2	3	4	5
（2）与您的管理岗位职责要求相比，您认为自己的能力如何？	1	2	3	4	5
（3）平时，您给人客观公正的印象如何？	1	2	3	4	5
（4）您快速与人建立较大范围信任关系的能力如何？	1	2	3	4	5

分数统计：请将所有选项得分加总后除以题目数量求均值，即为该要素得分。均值小于3意味着您此项需要强化提升。

要素3　有效沟通

题目	弱	较弱	一般	较强	强
（1）您平时对沟通的重视程度与表达意愿如何？	1	2	3	4	5
（2）您的换位思考能力如何？	1	2	3	4	5
（3）就周围同事和朋友反馈情况来看，您的沟通技巧如何？	1	2	3	4	5
（4）在日常工作中，您对团队或者公司沟通机制的建设能力如何？	1	2	3	4	5
（5）就解决问题的难度来看，您的沟通能力能够解决问题的难度如何？	1	2	3	4	5

分数统计：请将所有选项得分加总后除以题目数量求均值，即为该要素得分。均值小于3意味着您此项需要强化提升。

要素4　文化建设

题目	弱	较弱	一般	较强	强
（1）您平时对文化建设的重视程度如何？	1	2	3	4	5
（2）您正确解读公司文化、以身作则的能力如何？	1	2	3	4	5

（3）您的企业文化感召力如何？	1	2	3	4	5
（4）公司文化在您所带领团队的落地推进程度如何？	1	2	3	4	5

分数统计：请将所有选项得分加总后除以题目数量求均值，即为该要素得分。

均值小于3意味着您此项需要强化提升。

要素5　项目管理

题目	弱	较弱	一般	较强	强
（1）对于重要任务或者项目，您平时拟定计划的前瞻性和可执行性如何？	1	2	3	4	5
（2）您对项目进程的控制能力如何？	1	2	3	4	5
（3）您对项目相关资源的调配能力如何？	1	2	3	4	5
（4）就过去经验来看，如果以简单项目到公司级复杂项目为两个极端，您的项目管理能力处于哪种层次？	1	2	3	4	5

分数统计：请将所有选项得分加总后除以题目数量求均值，即为该要素得分。

均值小于3意味着您此项需要强化提升。

要素6　关系网络构建

题目	弱	较弱	一般	较强	强
（1）平时您是否重视在关系网络的投入和经营？	1	2	3	4	5
（2）您构建人际关系网络的技巧如何？	1	2	3	4	5
（3）如果以简单直接的工作关系网络和庞大的社会关系网络为两个极端，您的关系网络范围处于哪种级别？	1	2	3	4	5
（4）就过去经验来看，您的关系网络对于团队工作而言的价值如何？	1	2	3	4	5

分数统计：请将所有选项得分加总后除以题目数量求均值，即为该要素得分。

均值小于3意味着您此项需要强化提升。

要素7　专业知识技能

题目	弱	较弱	一般	较强	强
（1）平时您对提升自身专业知识与技能水平的重视程度如何？	1	2	3	4	5
（2）您解决专业技术问题的能力如何？	1	2	3	4	5

（3）您的知识结构的宽度和深度的合理性如何？	1	2	3	4	5
（4）就过去经验来看，您的专业知识技能分享对于团队的重要性有多大？	1	2	3	4	5

分数统计：请将所有选项得分加总后除以题目数量求均值，即为该要素得分。均值小于3意味着您此项需要强化提升。

5．各模块得分情况统计总表

本表格用于所有要素及模块自评结果汇总与排序，帮助管理者从整体上直观了解自身素质状况。

模块	要素名称	得分情况	模块排序
自我管理	责任感		
	正直诚信		
	成就动机		
	学习成长		
	压力管理		
	弹性适应		
	自信心		
模块均值			

模块	要素名称	得分情况	模块排序
计划与控制	战略思维		
	计划能力		
	绩效评价		
	执行力		
	冲突管理		
	创造性解决问题		
	关注细节		
模块均值			

模块	要素名称	得分情况	模块排序
组织能力	组织设计		
	授权管理		
	培养员工		
	创建高绩效团队		
	体系构建能力		
模块均值			

模块	要素名称	得分情况	模块排序
领导能力	决策能力		
	影响力		
	员工激励		
	权力认知		
	客户导向		
	开拓创新		
	系统思维		
	变革管理		
模块均值			

模块	要素名称	得分情况	模块排序
综合能力	角色识别		
	建立信任关系		
	有效沟通		
	文化建设		
	项目管理		
	关系网络构建		
	专业知识技能		
模块均值			

第五部分　应用篇

587

6. 素质长短板排序表

本表格旨在帮助管理者直观了解自身素质的长短板。

要素名称	得分情况	总体排序（最高五项）
要素1		
要素2		
要素3		
要素4		
要素5		

要素名称	得分情况	总体排序（最低五项）
要素1		
要素2		
要素3		
要素4		
要素5		

第三章

素质模型与测评结果应用

在管理实践中，素质模型与测评结果和人才招聘与选拔、领导力提升、绩效管理与人才梯队建设紧密相关。本章中主要内容为素质模型与测评结果在上述四个领域的主要应用流程、方法和工具。

 **第一节　人才招聘与选拔**
　　　　　　　　应用

　　素质模型与测评最早应用的领域就是人才招聘与选拔，市面上有关招聘的书籍浩如烟海，这里关于招聘的细节与技术就不再累述，而是简单描述一下规范的管理干部的外部招聘与内部选拔流程。上一章节中的结构化面试在外部招聘与内部选拔都可以使用，360° 更适合用于内部选拔。

　　无论是进行内部选拔还是外部招聘，都需要先确定招聘的岗位，并确定应用于此次招聘的素质模型（也许只是选择通用模型的部分核心要素），然后再设计评价中心，再选择招聘渠道公布信息，进而进行实际评价，最后做出招聘决策。

　　进行内部调整时，可采用360° 评价、纸笔测验、竞聘演讲等相结合的测评形式，但很大程度上会关注以往绩效表现。而进行中、高层管理人员的外部招聘工作时，可参考以下流程进行相应操作：

　　（1）前期准备：确定招聘职位与职位说明书，明确相应知识技能，确立素质模型。

　　（2）简历甄选：重点考察应聘者专业、学历、职业资格证书及相关从业经验。

　　（3）纸笔测验：纸笔测验可以涵盖素质模型中的所有项目，其中可以包括专业知识的考查部分。纸笔测验可以对各种胜任素质进行考查，根据实际应聘人数和岗位需求，按照一定比例进行择优选取进入下一阶段考查。

　　（4）无领导小组讨论：通过纸笔测验的应聘者，如果人数满足无领导小组讨论的要求，可对其进行该项考查。考查重点是应聘者在人际冲突与人际互动的情境中所表现出来的各种素质。

（5）结构化面谈：通过上一阶段筛选程序的应聘者，其综合素质水平的可信度已经得到充分验证。因此，本阶段主要是人力资源高层主管或其他高层领导对应聘者进行面试，谈话重点是其薪酬福利要求、深层求职动机、未来发展规划等问题。如果前一阶段应聘者在数量上不能满足无领导小组讨论的要求，可在纸笔测验完成后直接对其进行一对一形式的结构化面谈，以素质模型为参考依据，以行为事件访谈为主要内容，对其各项素质进行再一次验证。

（6）确定最终候选人：在正常的中高层管理者招聘程序中（即应聘者人数充足），本阶段一般最终保留约3名候选人，由主管领导对其进行录取顺序的定夺，由人力资源部负责具体录取工作，如果出现意外情况无法录取第一候选人，则按照优先顺序录取下一名候选人。

第二节 领导力提升快速 应用工具

1. 特质选人，行为育人

在领导力研究领域，一直都存在着两大流派，即"天生特质"流派和"最佳实践行为"流派。前者认为领导力与生俱来，后天难以改变；后者认为领导力可以靠后天学习模仿他人行为而获得。但最新的企业实践和理论研究证实，二者其实并非完全冲突而是相辅相成。人的特质由于其相对稳定性而适合于在前期人才招聘选拔时的甄选，而行为流派更适合于对已有经验的管理者进行绩效评价和培训。本书中的模型明显属于最佳实践行为流派，更强调可以改变的部分。

简单而言，在本书中的5个模块中，自我管理模块基本上都属于人的特质，也就是常规所说的潜质部分，改善提升的难度较大。而在其他模块中的要素相对容易通过管理者学习优秀领导者的最佳实践和行为而改进提升。

2. 领导力发展必须以素质模型为基础，以推动公司组织绩效为终极目标

很多国内公司在领导力提升方面的投入很大，但收效甚微。其中最严重的两个成因在于缺乏素质模型作为基准，同时又不能把领导力要素的培养和公司发展实际相挂钩。领导力的发展如果没有素质要求标准就如同生产缺少了度量单位，而如果领导力提升未和企业实际需求挂钩则如同大海航行丢失了罗盘。要解决素质模型基础问题，就必须构建公司的领导力模型。要与公司组织绩效挂钩，有两种领导力提升方式，一种是需要通过行动学习或者模拟实践来创造组织条件和氛围，使得领导

力提升直接推动组织绩效；另外一种是引进各种管理素质的外部提升课程改进管理者个人管理素质，通过个人行为改善来间接推动组织绩效。

3. 基于管理者素质模型的管理培训体系

基于管理者素质模型的管理培训体系的核心思路是以管理者素质模型为核心标准，以测评体系为测量工具，以干部实际管理能力与素质要求标准差距为目标，以系统化分层次课程为素质开发工具，并通过现场授课、课题研讨与课后跟进等复合培训形式，有效实现干部管理素质的稳步快速提升，为公司战略的实现提供符合要求的高素质管理人才支撑。

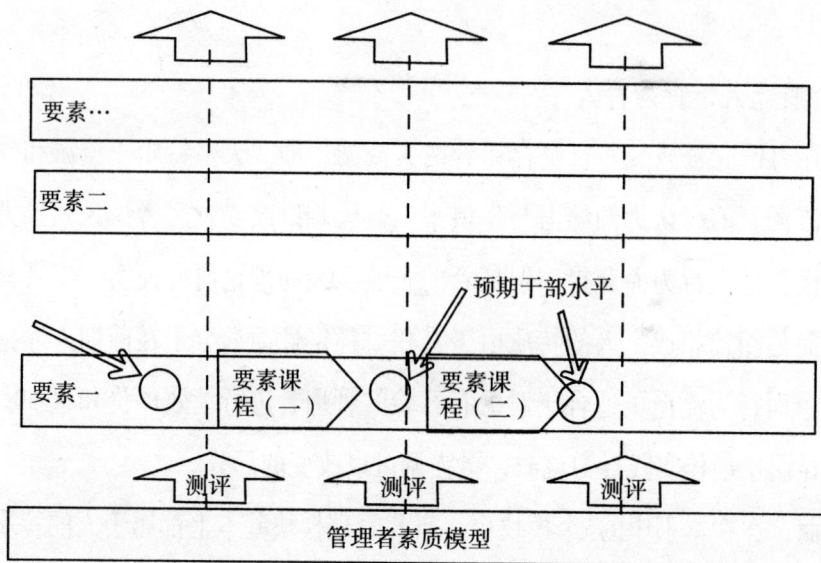

4. 常见管理素质与公开课对照表

由于第一种直接提升方式需要企业花大量时间和精力进行培养体系设计和推广，而且往往还需要第三方专业机构在先期参与推动，本文中不再累述。由于自身能力和成本投入相对较低，目前大多数企业依然在采取第二种间接方式提升公司领导力。为便于读者自学或者组织公司内部管理干部培训，我们总结了一份与通用管理者素质模型中各要素相匹配的，可以在目前国内培训市场上直接购买到的培训课程对照表。读者可以根据自己自测或者360°测评成绩，直接对号入座。

模块	要素名称	高级管理者	中级管理者	基层管理者
自我管理	责任感	成功人士七个习惯；责任大于能力	卓有成效的管理者	管理者角色认知
	正直诚信	诚信领导力	新时期职业道德	呼唤忠诚——员工忠诚度培训
	成就动机	成功人士的七个习惯	鱼的哲学；个人职业生涯规划大纲	构建职业竞争力；我要我幸福——成就快乐职业人生；体验式团队意志力提升
	学习成长	基于心智模式的能力提升	职场思维脑图；思维技术——顾问式思考	快速学习技术
	压力管理	禅语、压力释放与养生之道	情绪调节与压力管理	心理素养修炼
	弹性适应	弹性管理	高效的时间管理和工作效率提升	基层管理者岗前适应性培训
	自信心	成功人士的心灵修炼	管理者信念力培训	户外体验式培训
计划与控制	战略思维	高瞻远瞩——战略谋划与执行；赢在管理、利在实效——德鲁克管理大师的思想解读	经营模拟；营销"战争"与博弈论	经营沙盘模拟
	计划能力	经营模拟（集团级）；企业成本降低的七大策略	经营计划；预算管理与绩效管控；卓有成效的目标管理与计划制定	关键结果领域与计划；高效的时间管理和工作效率提升
	绩效评价	战略导向的绩效管理	目标管理与绩效管理	绩效管理实务；有效反馈技能提升
	执行力	高效团队建设与执行力提升	管理执行力；锻造卓越执行力；西点执行力	项目管理执行力实战培训；锻造卓越执行力；执行——让下属完成工作的艺术
	冲突管理	谈判专家模拟实战	双赢谈判技巧；商务谈判技能提升特训营	冲突处理
	创造性解决问题	科学的工作方法	问题解决与方案谋划	高效解决问题——向丰田模式学习
	关注细节	深入学习《细节决定成败》	6Sigma黑带课程	6Sigma黄带课程

组织能力	组织设计	基于业绩提升的组织结构设计与优化；无边界管理——推倒企业"部门墙"	打造跨部门合作团队系列培训课；岗位职责与流程优化	组织内沟通协调；团队建设
	授权管理	集团管理授权与企业流程再造；企业流程管理与组织能力提升	授权管理；90后员工管理之道	绩效管理与绩效面谈；工作的分解与监控
	培养员工	学习型组织构建；员工成长辅导机制建立与应用	经理就是教练；九型人格工作坊；五项修炼	如何造就高绩效的员工；下属成功辅导；员工职业化素养能力提升
	创建高绩效团队	全面绩效管理体系设计；如何打造高情商的经理人作战团队	领导高绩效团队	打造高绩效团队
	体系构建能力	集团管控体系设计；内部审计与风险控制	管理体系构建与管理制度设计	ISO体系培训；5S管理；公文写作与档案管理实务
领导能力	决策能力	巅峰对决——战略营销与管理	危机下的企业资源整合——战略决策沙盘	TAST——阳光心态体验训练
	影响力	情景影响力	情境领导；非权力影响力与沟通技术	MTP管理才能发展训练
	员工激励	第五项修炼；企业激励体系诊断与优化建议	有效激励技巧	基本激励技巧
	权力认知	管理者情商	职业经理人合作共赢——选择沟通法	企业储备干部管理能力提升
	客户导向	以客户需求为中心做经营管理	提升工作效率与客户满意度提高技巧；如何服务好企业战略与发展	客户关系管理（CRM）；关键时刻MOT与优质客户服务；服务意识与心态
	开拓创新	从变革管理中挖掘企业创新能力	企业创新管理；创新管理实务技能提升；营销创新	创新思维与创造力应用；如何有效推动生产系统持续改善；丰田生产方式TPS
	系统思维	六顶思考帽；赢在全局——系统运营与优化；企业运营和供应链管理	金字塔原理；系统分析思维方法训练	逻辑思考力；思维导图

领导能力	变革管理	赢在管理、利在实效——德鲁克管理大师的思想解读；"群策群力"——组织变革和解决跨部门问题的武器；从变革管理中挖掘企业创新能力	关键管理、业务、服务流程再造	变革管理基础
综合能力	角色识别	共赢领导力；从管理响应到管理自觉	赢在中层——中层管理之道	从技术走向管理；赢在基层——基层360°管理能力提升；基层班组长角色认知和心智修炼
	建立信任关系	员工满意度（敬业度）调研；信任文化构建	高信任团队构建	善言者赢——公众自信表达力
	有效沟通	瞬间整理思路并有效表达；中国式沟通思维与交际艺术	高效陈述技巧（瞬间表达，驻足思考）；跨部门沟通与协作；公众演讲与表达技巧	高效的会议管理；工作汇报与领导会话训练；用图表说话；表达演讲与呈现；《演示职场，精彩人生》——PPT商务呈现高级课程
	文化建设	国学思想与现代企业管理；企业文化落地与个性化建设	企业文化建设与落地	卓越班组文化建设
	项目管理	投资建设项目管理；企业项目管理培训	工程项目全过程管理——实战培训与研讨；PMP认证培训；项目管理实战精粹	项目管理知识
	关系网络构建	中国式沟通思维与交际艺术	建立共赢的伙伴关系	沟通与人际关系拓展
	专业知识技能	——	非人力资源经理的人力资源管理实务；非财务经理的财务管理实务	——

第三节　绩效管理应用

根据国外权威机构调查，2004年已经有近1/3的欧美企业在使用基于素质模型的绩效管理体系，绝大多数企业将目标管理和素质管理相融合，形成立体化的绩效管理体系。虽然管理专家和管理者都承认，素质管理和目标管理相比，相对较难进行量化管理，但是企业依然乐此不疲。这背后到底有何原因呢？

1. 将素质模型引入绩效管理中的优势

（1）有利于强化素质的重要性。

素质管理可以更紧密地将员工绩效表现与公司组织目标相结合，同时还可以识别和强化那些会产生高绩效的行为，而不是只评价那些产生普通绩效的行为。

（2）有利于立体和真实地评价绩效。

一个好的绩效管理体系必须包括基于行为的素质管理部分，即不仅仅考察员工做了什么，还需要考察员工是如何完成的。

（3）有利于更充分地激励高绩效员工。

常见的奖金制度会激励员工追求成果，而素质管理则会激励员工加大投入。最终成果会受到各种外部条件的影响，进而高绩效员工未必得到有效激励，加入素质评价因素后，则可以规避这些因素的不良干扰。

（4）有利于将绩效管理与其他人才管理措施相衔接。

素质管理可以设定所有岗位的素质标准，这一方面让员工清晰地了解到自己要晋升必须具备的素质水平，另一方面又可以让公司更容易开展人才梯队建设。

2．素质模型在绩效管理应用中的难点

（1）素质管理难以量化。

对管理者素质的评价到目前为止依然远不如常规绩效指标考核那么容易量化，但是360°评价可以很大程度上解决这个问题。

（2）素质评价融入绩效管理落地难题。

落地中遇到的问题主要来自三个方面：一个是不同模型中确定相关素质要素的选择和权重的问题，另外一个则是如果设计和保持可重复操作的评价流程问题，第三个来自公司业务调整对素质模型带来的冲击和变化的问题。解决这个问题目前的一个有效方法是单独将素质评价与绩效管理分离。

3．素质模型在绩效考核中的基本应用

一个比较规范的素质管理体系中，管理者的绩效指标由任务指标（如工作数量、质量和时效完成情况的业绩指标）、周边绩效指标（如工作责任心、服务意识、工作效率等支持性指标）、管理绩效指标（如计划组织指挥控制团队建设等支持性指标）三大类组成。其中，周边绩效指标与管理绩效指标都可以与公司管理者素质模型相关联，考核要素为当期公司工作重点所需要强化的素质。考核方式一般为360°评价。

4．素质模型在绩效反馈与个人发展计划中的应用

大多数企业习惯性地将个人发展计划归为绩效管理的有机组成部分，即在绩效反馈环节中把个人发展计划以表格形式内嵌进去。个人发展计划指员工在特定时期内如何对工作绩效和工作能力改进和提高的系统性计划，其中一般会包括工作能力、关键业绩指标等项目内容。**通常个人发展计划的制订会以上期绩效结果作为基准**，其标准工作流程如下表。其中，第一步和第二步可合并为360°评价。

以下为一个短期个人发展计划的样表，读者可自行根据情况进行内容调整。

多维度反馈评价	·从客户、上级、同级、下级等多渠道获取反馈评价信息
自我评价	·管理者做自我评价，并以书面形式提交给上级
正式评价	·上级根据360°评价信息，对下级做出正式书面评价
上下级面谈	·上级与下级进行绩效面谈，给予下属解释评价表格的细节的机会。上级还需对下级的潜在素质进行评价
绩效合同与个人发展计划	·上下级签订新的绩效合同，确定来年绩效考核标准，素质评价标准，以及下级将采取的素质提升措施

个人发展计划

填写说明：本表格是为帮助员工在其上级指导下，根据当期绩效评价结果与基于素质模型的360°评价结果，制定切实可行的个人提升计划，进而有效提升绩效的管理工具。

员工姓名：＿＿＿＿　部门：＿＿＿＿　岗位：＿＿＿＿　上级姓名：＿＿＿＿　部门：＿＿＿＿　岗位：＿＿＿＿

发展目标 （与绩效直接相关的 素质长短板）	需要掌握的关键行为 （我要掌握和展示的 具体知识、技能和能力）	行动步骤 （工作任务、参加培 训、接受指导等）	预期成果/衡量标准 （具体、可衡量、逐 步实施、切合实际、 有时限）	需要支持 （需要上级给予的各 种支持辅导等）	预期完成时间 （计划达成目标的期限）
目标1		1. 2. 3.	1. 2. 3.	1. 2. 3.	
目标2		1. 2. 3.	1. 2. 3.	1. 2. 3.	
目标3		1. 2. 3.	1. 2. 3.	1. 2. 3.	
目标4		1. 2. 3.	1. 2. 3.	1. 2. 3.	

员工签名：＿＿＿＿　　签名时间：＿＿＿＿　　经理签名：＿＿＿＿　　签名时间：＿＿＿＿

第四节　人才梯队建设应用

在我们所服务过的国内企业中，无论是处于快速发展期的，还是已经达到一定规模的，企业负责人都普遍对公司优秀人才的数量、质量和流失表示担忧。这虽然和中国经济的高速发展和高端人才培育相对滞后的大背景直接相关，但是企业却由于实际运营和发展需要不得不依靠自己来解决这个问题。由于高质量管理人才是公司战略达成的必要条件，因此企业必须极为慎重，对人才要求外部空降兵只能是临时补充措施，而非长久之计。做好自身内部人才培养与储备才是解决这个问题的长久之道，因此引入人才梯队建设制度目前已经成为国内企业普遍采取的人才管理工具。

1. 人才梯队建设体系的基本组成

人才梯队建设制度是为保证组织绩效稳健发展，针对公司关键岗位或者从事关键工作的重要人才，设立的一整套人才保留和发展的例行化管理制度。传统的人才梯队建设体系包括人才资源库、接班人计划、人才发展计划、人才素质标准、人才测评机制五大部分。但是，现在也有不少企业将职业生涯发展通道、人才发展激励机制归入其中。

2. 素质模型在人才梯队建设体系中的作用

素质模型在人才梯队建设体系起到了最为基础的人才标准设定的作用，有效的人才梯队建设体系是建立在对员工个人的领导才能、与公司价值观吻合程度、学习和发展潜力、绩效成绩的有效评价基础之上的。

这里需要特别说明的是，人才梯队建设体系的基本原则是以公司战略与文化为导向，以职层职类作为发展框架，以绩效和素质作为双线标准，以人才保有和发展为主要目的。

3. 构建人才梯队建设体系的基本流程

启动计划	·创建项目团队、明确项目目标、编制行动计划
勾通计划	·根据企业特点，设定如何进行相关信息的传播与沟通策略
素质建模	·相关岗位的素质模型以及配套要求标准，供随后测评、培训、选拔使用
继任能力配置	·负责人决定关键岗位的后备人才配置数量
人才识别	·通过任职资格与素质测评双重设定人才入池标准
人才发展	·根据组织与个人需求，设计配套人才发展机制
评价优化	·依据计划的设计、执行和结果，对接班人计划进行评价和优化

4. 人才梯队建设配套工具

（1）启动计划准备清单

启动计划旨在帮助公司为设立人才梯队制度提早调度配备必需的资源，并尽可能规避风险。其中计划中应包括：

启动计划准备清单与注意事项	
① 选定人才梯队管理团队成员	公司高管原则上必须参加，以示支持；公司人力资源部应以专家身份参加；公司战略规划部门也应有代表参加
② 明确人才梯队建设制度项目目标	须注意与公司愿景、战略目标、人力规划的关联程度，目标应具体且可衡量
③ 明确决策与分工机制	明确制度编制、审阅、审批流程分工
④ 编制项目行动计划	应包括项目流程中涉及的主要任务、关键里程碑、责任人、提交成果

（2）沟通计划

接班人计划会涉及四个相关群体，即公司高管、人力资源部、直线经理和员工。不同群体对接班人计划的理解角度、关注重点和利益相关点会存在一定差异。通常应在正式开始沟通前，以组织文化调查或者专题小组讨论形式，对相关各方的关注点和利益点进行调查。最为常见的沟通方式包括：个人面谈、小组座谈、茶话会、研讨会、问卷调查等。

（3）沟通计划

接班人计划会涉及四个相关群体，即公司高管、人力资源部、直线经理和员工。不同群体对接班人计划的理解角度、关注重点和利益相关点会存在一定差异。通常应在正式开始沟通前，以组织文化调查或者专题小组讨论形式，对相关各方的关注点和利益点进行调查。最为常见的沟通方式包括：个人面谈、小组座谈、茶话会、研讨会、问卷调查等。

（4）素质建模

对于不同岗位，企业需要设立不同的素质模型。对于管理者序列的建模，建议根据其岗位的职层、职类选取本书通用管理者素质模型相关素质建模即可。对于其他序列，可以参照以下简便建模流程执行：

通用素质建模流程

①组建专业领域专家建模小组

②定义相关岗位的关键职责

③识别与关键职责相关的基本素质

④选择哪些要素最为重要

⑤设定每个要素的级别要求

第五部分　应用篇

（5）继任能力配置

继任能力指一个组织从内部人才库中补充到关键岗位的能力。简单讲，就是公司相关负责人判断非兼职状态下，各关键岗位的人员到岗与胜任情况。这个配置只是粗略分析，并不是精确到每个岗位的具体后备人选问题。

继任能力评价表格

填写说明：列出每个管理岗位名称、编号、职层以及现有能够随时上岗的人员数量。如果已经有1人以上备选人员，请在相应"备选状态"格中画钩。

目标岗位	岗位编号	岗位职层	现有备选人数	备选状况	1~2年备选人数	1~2年备选状况
人力资源总监	0011	中层	0		1	
研发总监	0003	高层	2	√	3	√
…	…	…	…	…	…	…

（6）人才识别

企业需要通过制度流程来系统性区分普通员工和具备良好潜力的员工，管理人才测评工具应能够提供员工领导潜力与具体的素质长短板信息。人才识别流程的最核心目的就是识别高潜力员工。这些高潜力员工是那些在当前或者近期已经具备超过目前职位所需能力标准，能够胜任更大职责并有意愿在未来成为领导者的人。

通常人才识别按照两个步骤展开，第一步是按照任职资格进行人才初步筛选，第二步才是正式测评。以下是一个初步筛选的样表。

初步筛选标准

①近期工作绩效

过去一年工作绩效整体评价为"良好"或者"优秀"。

②目标岗位任职资格

学历要求：　　　　　相关岗位工作经验：

任职资格级别：　　　相关资格证书：

③个人发展意愿

职业发展方向：　　　近期期望岗位：

④品德评价

责任心：　　　　　　正直诚信：

…

员工可以通过自我提名或者上级提名启动初步筛选流程。

对于第二步的正式测评环节，测量高潜力员工的工具包括评价中心、专业知识技能测评、结构化与非结构化面试、个性特征测试和360°评价。其中的360°评价由于其性价比较高，而且提供信息较为全面细致，并能为人才库和员工个人提升指明方向，而使用率最高。

待测评结果出来之后，就可以进入到高潜力员工的识别环节，这部分有一个较为知名的矩阵工具：九宫矩阵。针对不同的管理层级会单独设计一个九宫矩阵，该矩阵从领导绩效与领导能力两个维度对候选人进行评价，所有候选人都会落入到相应的矩阵方框中。编号为①的方框中就是高潜力员工区。编号为②和③的区域中的员工也可以考虑参加培养计划，但是计划的强度和速度可以较低些。

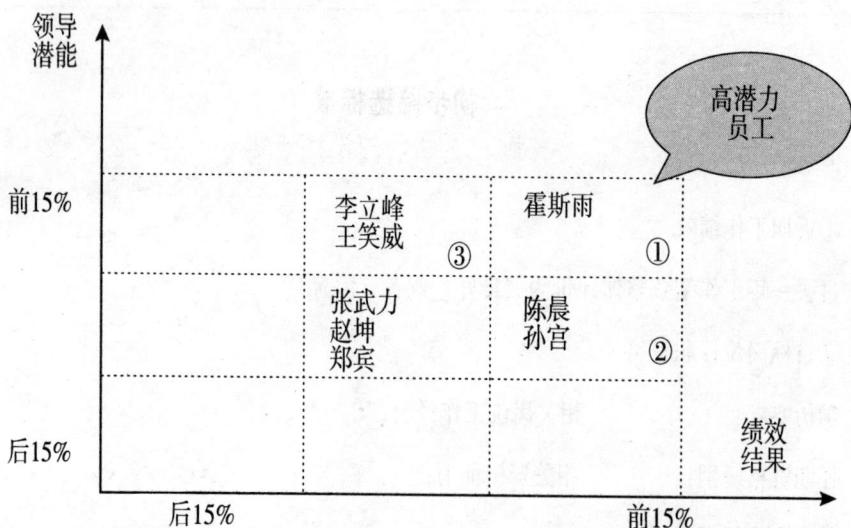

（7）经过初选和正规测评后，人才梯队管理团队就需要对哪些候选人进入人才库进行决策了。在这个过程中，需要特别注意候选人的某些不易改变的特质瑕疵和不利于工作开展的行为模式问题。

（8）人才发展

人才发展阶段，公司需要做好三个层面的基础工作，一个是为人才库设定发展目标，一个是设计有效的发展活动，第三个是为每个人才库成员创建个人发展计划。

人才库发展目标

人才库发展目标是对人才梯队参与一系列发展和培养活动之后，能够具备的能力的一种宽泛描述。例如：高层管理者能够具有领导跨部门团队和开展跨业务职能业务的能力。

发展活动组合的设计

发展活动组合是公司为了能够达成人才库发展目标，而采取的各种培养措施。其设计原则为以提升关键素质短板发挥优势为导向，聚焦为级别晋升的准备工作，综合使用结构化发展手段实现人才的有序培养。最为常见的发展活动包括：关键任务法（轮岗和工作分工）、专业关系管理（教练与导师制）、正规课堂培训（在线学习和课堂听讲）和外派学习（行业协会等）。发展活动的标准设计流程如下：

关键发展活动的设计流程

①明确具体的发展目标；

②访谈不同级别的相关绩效优秀员工，从中获得与成功相关的经验、事件、培训和专业关系；

③将相关做法的优劣势列表比对；

④将关键活动以书面形式保留存档。

对于最为宝贵的高潜力人才，公司通常会采取工作轮换、行动学习、项目团队领导担当等方式进行重点培育，以用实际工作任务让其体验更高级别岗位的工作职责和素质要求。

制定个人发展计划

人才梯队库中的每个后备人才，组织都应根据其发展目标和他们一起拟定个性化发展计划。这个计划中除了常规个人发展计划的内容外，更融入了职业发展目标对个人能力提升的具体措施。

个人发展计划的内容

①后备人才的发展目标；

②学习方法与发展活动组合；

③时间进度安排；

④评价流程及日期。

（9）人才梯队体系项目的评价与优化

人才梯队体系项目评价是对体系设计、实施、成果的检验，是对项目运转情况的整体审视。进行评价的意义在于有效评价项目效益、寻找不足之处、改进优化体系、记录项目成果。以下为项目评价的标准流程：

组成评价团队：通常由公司人力资源部、业务部门经理和高管组成；

校验评价标准：项目评价标准应在准备计划中设计完成，此时需根据情况进行校验微调。通常评价标准可分为结果指标（如继任能力改善程度、晋升成功率、人才流失率等）和过程指标（例如计划进度情况等）两大类；

收集信息：视评价需求可选择问卷调查、个人访谈、小组座谈、能力测试等方式；

信息分析：信息分类，行为模式与内在关系的识别，信息的汇总处理；

关键发现与建议：可视相关方需求，采取口头或者书面形式汇报。汇报内容中至少应该包括项目成就与不足之处两个方面，以及相应的可行的问题解决建议；

体系优化：设计和实施相关行动计划，对体系进行优化，提升系统效率。

第四章

素质模型管理工具

作为一种管理工具，管理者素质模型的实际运用和管理必须有相应的制度加以保障。企业通过设立相关管理制度可以有效对素质模型本身的制定、维护与更新以及其应用进行规范化管理，才能持续有效地发挥管理者素质模型的作用。本章中阐述了相关制度设计的目的、原则、分工、流程，同时还提供了配套制度模板供读者借鉴。

第一节　制度思路及框架

一、制定素质模型管理工具的目的

★ ★ ★

　　企业的能力素质模型是企业核心竞争力的直接体现，而管理者的能力素质模型更是重中之重。推行能力素质模型可以通过明确行为规范，指引管理者有效提升素质，确保管理者的职业发展与企业整体发展目标保持一致，推动企业战略的实现。

　　通过制度建设，公司可以实现管理者能力素质模型的建立、维护与应用的系统化管理，并将管理者能力素质模型与招聘、绩效考核、培训、职业发展管理相结合，以流程和分工确保其作用的持续稳定发挥。

二、制度制定的主要原则

★ ★ ★

　　（1）能力素质模型必须与公司战略与文化保持高度一致，定期更新。

　　（2）能力素质模型明确描述各层次的行为表现，以提供统一的素质衡量标准，有效地位素质测评服务。

（3）清晰界定能力素质模型维护与应用的组织分工，保持工作流程高效畅通；

（4）能力素质模型框架应在一段时间内保持相对稳定，逐步完善要素库；

（5）能力素质模型应注重与后期应用的衔接，预留好接口。

三、维护制度的内容框架

1. 制度目的

2. 基本原则

3. 维护条件与内容

4. 维护流程

5. 注意事项

6. 附件：维护流程图

四、组织责任分工

通常，出于维护的专业性要求与职能定位匹配考虑，公司会指定人力资源部承担管理者素质模型的维护责任，由其汇总各方意见发起修改，经逐层审核后由公司总裁办会议批准执行。

第二节　制度参考

《管理者素质模型维护制度》

一、制度目的

　　A公司管理者素质模型是依据公司现阶段的发展状况对中高层管理者提出的核心能力要求而建立的。该模型经过多次论证，从素质选择和标准要求来看，短期内和公司战略与文化对管理者要求相一致，可以在短期内保持相对稳定。但为确保素质模型的内容细节与公司战略的适配性，应当在今后的使用过程中对其进行必要的调整与维护。维护的主要目标包括：

　　（1）确保对分层分类的中高层管理职位的素质要求与公司的战略目标、企业文化纲领和人力资源发展目标，持续性保持一致。

　　（2）确保管理者素质模型与相应岗位的管理职能定位要求，持续性保持一致。

第五部分　应用篇

二、制度原则

◇┈┈★ ★ ★┈┈◇

A公司管理者素质模型维护应当遵循以下几个基本原则：

（1）持模型架构相对稳定的基础上，有计划分步骤完善。

（2）能力素质模型明确描述各层次的行为表现，以提供统一的素质衡量标准，为后期素质测评奠定坚实基础。

（3）界定能力素质模型维护与应用的组织分工，保持工作流程高效畅通。

（4）素质模型应注重与后期招聘选拔、绩效考核、培训发展、薪酬调整等应用的衔接，预留好管理接口。

（5）素质模型为各级管理者指明能力发展方向，规范其相应的行为表现。

三、维护条件与内容

◇┈┈┈★ ★ ★┈┈┈◇

A公司管理者素质模型在以下情况发生时，应对其进行相应的维护：

（1）公司转型或公司战略、公司文化、内外部环境发生重大变化时，公司对自身核心能力的要求也可能相应地发生改变。此时，应当通过高层访谈与战略演绎相结合的方式，调整（增加、修订或删除）各层级素质模型中共有的部分素质要素，或是对某项/某几项素质要素的标准进行调整，使之更加符合公司当前对某些核心能力的要求。

（2）某管理职位职责发生跨职类的实质性调整时，无论职位名称或所属部门是否已进行了相应的调整，都应当对该职位进行职类和职层的重新定位。若某职位涉及不止一个职类的管理职责，则以相对重要或占用较多精力的职责进行职类定位。完成定位以后，该职类的素质模型应当与相应职类和职层所要求的素质模型一致。

（3）增加新的管理职位时，则应按照上述操作方法进行分层分类定位，并开发素质要求和标准。

（4）关键人才素质普遍提升时，应本着不断提升公司核心能力的原则，提高相应素质的等级标准要求。

四、维护流程

人力资源部是管理者素质模型维护的直接责任部门，由其负责进行相关意见征集，发起维护申请，并组织进行维护和修订。其具体维护流程参见第六条"素质模型维护流程"。

（1）人力资源部负责定期意见收集相关信息，当发现出现上述维护条件变动，可能需要对素质模型某方面具体内容进行修订时，应及时开展相关跟进调研，并会同待修订岗位的直接上级对该岗位素质模型的修订需求行分析、确认。

（2）确认修订需求后，人力资源部启动素质模型维护流程，制定素质模型修订计划，提交主管人力资源副总裁审核。（如公司无主管人力资源副总裁，则直接跳到第4步）。

（3）由人力资源部组织进行具体的修订工作。

（4）修订后的素质模型需报公司总裁办审批，审批通过即生效。

（5）以上任一环节有异议，则返回第1环节进行重新调研、分析和修订。

（6）修订完毕，人力资源部负责相关文件的备份、存档工作，并同时做好相关素质模型配套应用方案的细节调整工作。

五、注意事项

○·······★　★　★·······○

A公司管理者素质模型作为公司对其管理关键人才的核心能力要求，是管理人才甄选、培养与考核的标准体系的重要基础，应当在相当长一段时间内保持其结构的稳定性。因此，在确实需要对其进行维护时，也应当注意以下事项：

（1）素质模型的总体结构，经过设计阶段的反复研讨，既具有逻辑上的严密性，也具有操作上的适用性，轻易不要修改。

（2）在进行个别素质模型调整时，可对要素数量进行增减，但尽量减少对要素定义和级别描述的个性化修改，因为对要素定义修改时必须要考虑到其他使用该要素的岗位素质模型的情况。如只有个别岗位需要新要素，而且与现有要素定义差异显著，建议新建要素，而不是对原有要素进行修改。

（3）在同职类的岗位配套素质模型调整时，尽量保持其职类特色要素的上下一致。不同职层 的素质差异，在素质模型设计中尽可能以相同要素的不同级别要求体现出来，而避免出现同职类不同层级要素组成差异过大的情况。否则，在后期测评使用时，上下级之间可比性将大打折扣。

（4）各素质模型可以根据各职类的要求进行个性化选择化修改，修改的重点仍为相应职类各素质要素的选择以及各职层管理团队素质等级的要求。需要注意的是，其修改并非基于各部门对自身工作特点的有限认识，而是主要基于公司对整体人才战略的宏观把握。因此，各素质要素相关内容修订的主要目标不是满足单一职类管理人员业务上的"绝对"特点，而是达成公司各职类、各职层管理人员素质要求的总体协调，形成共同的价值导向。

六、素质模型维护流程

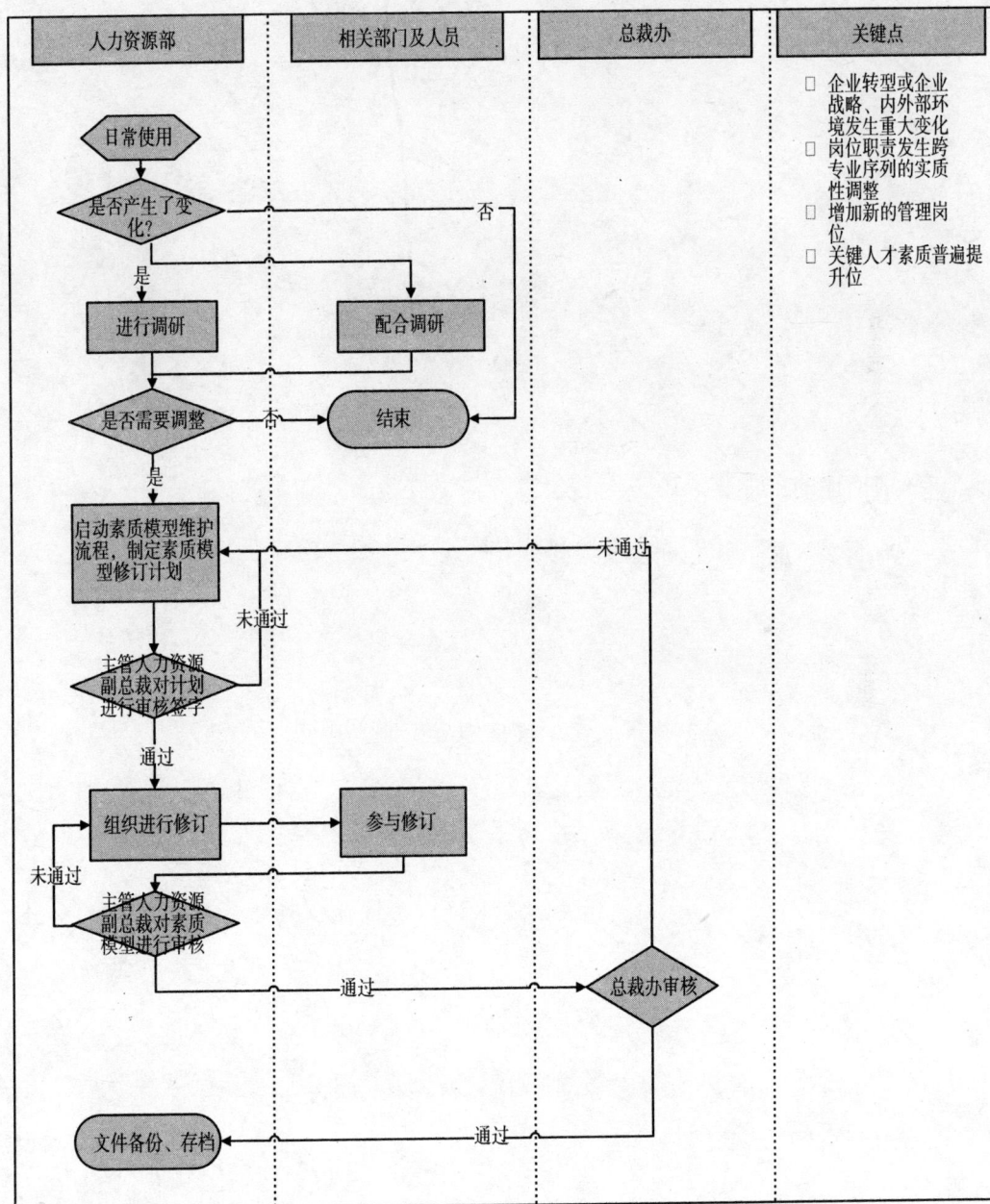

★ ★ ★

人力资源部	相关部门及人员	总裁办	关键点

关键点：
- 企业转型或企业战略、内外部环境发生重大变化
- 岗位职责发生跨专业序列的实质性调整
- 增加新的管理岗位
- 关键人才素质普遍提升位

流程步骤（人力资源部）：
- 日常使用
- 是否产生了变化？ → 否
- 是 → 进行调研 / 配合调研
- 是否需要调整 → 否 → 结束
- 是 → 启动素质模型维护流程，制定素质模型修订计划
- 主管人力资源副总裁对计划进行审核签字 → 未通过 / 通过
- 组织进行修订 / 参与修订
- 主管人力资源副总裁对素质模型进行审核 → 未通过 / 通过
- 总裁办审核 → 通过
- 文件备份、存档

附　录

附录1　主要参考文献

1. 菲利普.L.亨塞克（Phillip L．Hunsaker）著 王汀汀 何训 陈骅 译《管理技能与方法》中国人民大学出版社，第2版

2. 斯蒂芬.P.罗宾斯（Stephen P．Robbins）著 工商管理经典译丛《管理学》，第四版

3. Jennifer M．George, Gareth R．Jones著《组织行为学》，第3版

4. 百度百科：baike.baidu.com

5. 维基百科：http://en.wikipedia.org/wiki/Main Page

6. 安利官网：www.amway.com

7. 联邦快递官网：www.fedex.com

8. 美国通用公司官网：www.ge.com

9. 英国葛兰素史克公司官网：www.gsk.com

10. 宜家官网：www.ikea.com

11. IBM官网：www.ibm.com

12. 壳牌官网：www.shell.com

13. 西门子官网：www.siemens.com

14. 美国西南航空公司官网：www.southwest.com

15. 沃达丰官网：www.vodafone.com

16. NASA领导力与培训官网：http://leadership.nasa.gov/Model/Overview.htm

17. 阿里巴巴集团官网：www.alibaba.com

18. 华为技术有限公司官网：www.huawei.com

19. 华润集团官网：www.crc.com.hk

20. 海尔集团官网：www.haier.cn

21. 联想集团官网：www.lenovo.com.cn

22. 李宁公司官网：www.li-ning.com

23. 中粮集团官网：www.cofco.com

24. 万科集团官网：www.vanke.com

25. GE，Letter To Stakeholders，2010版

26. Dr. Ian Wright，GSK，Leadership Health Coaching

27. Robert M. Fulmer and Marshall Goldsmith，"Management 21C"，Subir Chowdhury, ed., 2000, Pearson Educated Limited, Harlow, England.

28. 万科2010年度报告 公告编号：〈万〉2011—007

29. 万科更新领导力 http://www.vankeweekly.com/Forum/answertopic.aspx? ForumID =2&TopicID=196453

30. Southwest Airlines 25 Years of LUV，http://cobweb2.louisville.edu/faculty/ regbruce/bruce//cases/swa2/swa2.htm

31. Bruce J. Avolio, Fred O.Walumbwa，and Todd J.Weber3, Leadership: Current Theories，Research，and Future Directions

32. Bolden, R., Gosling, J., Marturano, A. and Dennison, P., A REVIEW OF LEADERSHIP THEORY AND COMPETENCY FRAMEWORKS, University Exeter，Centre for Leadership Study, 2003

33. THE ORANGE BOOK, STRENGTHENING LEADERSHIP DEVELOPMENT，PUTRAJAYA COMMITTEE, GLC HIGH PERFORMANCE, 2006

34. 英国内阁办公室官网：www.cabinetoffice.gov.uk

35. the Review 2002 Consortium，Review of the Management Standards and NVQs/ SVQs，Sectoral Benchmarking Report

附录2　管理素质研究大事记

1911年，泰勒出版《科学管理原理》，提出时间–动作研究，并开始将心理学引入管理学；

1920年，斯科特（W.D.Scott）通过工作分析为美国军队指定了军衔制度，并编制了军队任职技能说明书；

1947年，由马克思·韦伯提出交易领导力理论，并1981年由伯纳德.M.巴斯（Bernard M.Bass）振兴；

1957年，莫顿（Merton, R.K.）在《社交理论与社会结构》中提出了领导力角色理论；

1964年，由美国德克萨斯大学的行为科学家罗伯特·布莱克（Robert R.Blake）和简·莫顿（Jane S.Mouton）在《管理方格》一书中提出管理方格理论，标志着行为理论流派的管理方格理论的开始；

1964年，费德勒（Fiedler, F.E.）在《有效领导力的权变模型》中提出了战略性权变领导力理论；

1970年，葛莱格.C.朗德伯格（Craig C. Lundberg）首先提出素质（Competence）一词；

1970年，伊凡斯与M.G（Evans, M.G.）提出了情境理论流派之一的路径–目标领导力理论；

1973年，大卫·麦克里兰博士（David Mclelland）在《测试素质而非智商》，提出了行为事件访谈方法，以及胜任力有效测试的六大原则，标志着胜任素质的开端；

1973年，维克多·佛罗姆和菲利普·椰顿提出了领导者参与模型；

1973年，沃罗姆与雅顿（Vroom and Yetton）在《领导力与决策力》中提出了情境理论流派之一的规范性领导力理论；

1974年，沙特戈德斯（Stogdill）宣布发现与领导力相关的特质与技能，标志着特质领导力理论流派的开端；

1978年，伯恩斯（Burns）率先提出变革领导力理论；

1980年，德雷福斯兄弟（休伯特和斯图尔特）提出经典的五分法素质发展模型；

1982年，美国专家R.博亚特兹（Richard Boyatzis）在麦克里兰的素质理论基础上，提出了"素质洋葱模型"；

1984年，雷纹（Raven）将胜任素质推入人力资源实践阶段；

1986年，美国海克曼与沃尔顿提出职能领导力理论；

1986年，费德勒（Fiedler, F.E.）在《领导力绩效中认知资源的贡献》中提出了认知资源领导力理论；

1993年，美国心理学家斯潘塞博士(Lyle M.Spencer, PH.D.)公布了胜任能力素质库；

1999年，赫斯与布兰查德在《领导力与一分钟经理》中正式提出了最为知名的情境领导力理论，并大获成功；

1998年，王继承与王志红所研究原邮电部软科学课题"通信业管理干部测评及其量化评估方法"，并刊登在《心理学报》上；

2002年，时勘教授研究电信业高层管理者的胜任特征模型课题，采取经典的优秀组与普通组对比方式，构建了十项要素组成的胜任特征模型；

2003年，彭剑锋教授出版《基于能力的人力资源管理》和《员工素质模型设计》。

附录3　各层级管理者访谈提纲（样表）

××公司一级管理者访谈提纲

访谈对象：事业部总经理/副总经理

访谈说明：本次访谈目的是探讨公司高管人员的能力要求。本次访谈中的所有记录都将严格保密，希望您能真实、完整表达自己的想法和观点。您的见解对于构建管理者素质模型很重要，所以我们将对本次访谈录音，请您理解和配合。

访谈提纲：

一、个人情况

请简单介绍一下您过去的工作经验？

请介绍您目前担任的职位及主要职责？

二、从公司战略角度

请您介绍一下自己所属单元的未来3～5年的战略发展思路？

未来这个单元的核心竞争力是什么？这种核心竞争力对于公司二级管理团队提出了何种要求？（本单元内部二级管理者团队是否根据部门划分有更具体的要求？有没有侧重？）

三、从公司文化角度

我们公司所宣传的文化中的核心要素是什么？这些要素实施状况如何？哪些要素在您所属单元得到了较为充分的落实？哪些有待进一步强化？

您所属单元具有哪些特殊文化要素？

这种文化在您所属单元下的二级管理团队体现出来是什么？

四、从公司现状角度

您所属单元二级管理团队包括哪些岗位？（直接下级）。这些二级管理管理者团队管理水平如何？优点是什么？能力短板是什么？

请描述两件您认为自己在部门工作中做得最为成功的关键事件？

如果一个二级管理者位置出现空缺，您会建议在选取继任者时，重点考察哪些方面？

五、从本职岗位角度

（对于公司一把手，视情况而定是否有时间和必要现场访谈，如实在无时间可以通过访谈其直接下属获得信息。）

1. 在过去的1～2年中，举出1个您认为最成功／满意的工作事件（有关管理的）。

它是何时、何地、如何发生的？（WHEN+WHERE+HOW）

它是怎么一回事？（WHAT)）

它当时涉及哪些人或事？（WHO+WHOM）

你当时是如何处理的？为什么？当时有何感受？

事情的结果如何？结果是如何发生的？产生了什么样的影响？

您认为这起事例反映了什么？

您认为这起事例所反映出的东西对于你成功解决问题的重要程度是什么？（重要性：非常重要、比较重要、中等、不太重要、非常不重要）

您认为那些在该职位上有优异表现的人是不是都会表现出同样或类似的东西？（特异性）（如果访谈者已说得很清楚了，有些问题就不必再问，下同）

2. 与工作相关的胜任能力

您认为，您个人有什么特点，对做好您所在这类岗位（职位）的工作有何促进意义？

您认为做您这项工作需要什么样的品质，知识或技能呢？如果您要雇用或培训人员来做这项工作，您最看重的是什么？

在这个职位上的员工现在采用的行为或特点中，哪些必须保持才能获得成功？

为什么？

哪些行为或技能是必须改变的或者是目前比较缺乏的？

六、您对我们的项目有何期望？

这次访谈到此结束，谢谢您的大力支持！

××公司二／三级管理者访谈提纲

访谈对象：事业部总经理／副总经理

访谈说明：本次访谈的目的就是探讨对公司二级与三级管理层人员的能力要求。此次访谈中的所有记录，都会严格保密，希望您能真实、完整表达自己的想法和观点。您的见解对于构建管理者素质模型很重要，所以我们将对本次访谈录音，请您理解和配合。

访谈提纲：

一、个人情况

请简单介绍一下您过去的工作经验？

请介绍您目前担任的职位及主要职责？

二、从公司战略角度

请您介绍一下自己所属单元的未来3～5年的战略发展思路？

未来这个单元的核心竞争力是什么？这种核心竞争力对于公司三级管理团队提出了何种要求？（本单元内部三级管理者团队是否根据部门划分有更具体的要求？有没有侧重？）

三、从公司文化角度

我们公司所宣传的文化中的核心要素是什么？这些要素实施状况如何？哪些要素在您所属单元得到了较为充分的落实？哪些有待进一步强化？

您所属单元具有哪些特殊文化要素？

这种文化在您所属单元下的二级／三级管理团队体现出来是什么？

四、从下属管理角度

（如有三级管理团队请回答，如无则请跳过从第五部分提问）

您所属单元三级管理团队包括哪些岗位（直接下级）？这些三级管理干部团队管理水平如何？优点是什么？能力短板是什么？

如果一个三级管理者位置出现空缺，您会建议在选取继任者时，重点考察哪些方面？

五、从本职岗位角度

1. 在过去的1～2年中，举出1个您认为最成功／满意的工作事件（有关管理的）。

它是何时、何地、如何发生的？（WHEN+WHERE+HOW）

它是怎么一回事？（WHAT）

它当时涉及哪些人或事？（WHO+WHOM）

你当时是如何处理的？为什么？当时有何感受？

事情的结果如何？结果是如何发生的？产生了什么样的影响？

您认为这起事例反映了什么？

您认为这起事例所反映出的东西对于你成功解决问题的重要程度是什么？（重要性：非常重要、比较重要、中等、不太重要、非常不重要）

您认为那些在该职位上有优异表现的人是不是都会表现出同样或类似的东西？（特异性）（如果访谈者已说得很清楚了，有些问题就不必再问，下同）

2. 与工作相关的胜任能力

您认为，您个人有什么特点，对做好您所在这类岗位（职位）的工作有何促进意义？

您认为做您这项工作需要什么样的品质，知识或技能呢？如果您要雇用或培训人员来做这项工作，您最看重的是什么？

在这个职位上的员工现在采用的行为或特点中，哪些必须保持才能获得成功？为什么？

哪些行为或技能是必须改变的或者是目前比较缺乏的？

六、您对我们的项目有何期望？

这次访谈到此结束，谢谢您的大力支持！

附录4　管理者素质模型调查问卷（样表）

××公司管理岗位素质模型调查问卷填写说明

导言：本次调查旨在为建立××公司管理岗位素质模型征集意见。管理岗位素质模型分为三大模块：自我管理、团队管理与业务管理。每个模块包含的内容和层次见下表。

管理模块	包含内容	模块层次
自我管理	突出其自身的价值观、人格特质、态度与动机	底层素质
团队管理	突出其人员管理与团队建设能力	居中素质
业务管理	突出其专业素质及主管专业的潜在能力要求	表层素质

步骤一：填写您的个人信息

姓名：	部门：	岗位：

示例

姓名：张三	部门：××中心××部	岗位：部门经理

步骤二：请您根据自己的理解，在"问卷"页面选择本管理岗位所需要的管理胜任素质，对素质的重要性进行排序，并提供相应标准。

排序：最重要的排为1，次重要的排为2，以此类推。每个模块都单独排序。

选择标准：对每个维度提供衡量参考标准，即按照本岗位对于该维度要求程度（基本无要求，有较低要求，要求一般，要求较高，要求很高），对应填写1~5中的1个级别数字。

示例

维度	定义	排序	标准
	第一部分　自我管理		
责任感	敬业爱岗，工作兢兢业业，勇于承担责任；具有职业使命感，为了自己的职业而乐于奉献	1	3

组织忠诚	具有强烈的组织认同感，以身为组织中的一员感到骄傲，对组织保持忠诚	4	3
学习成长	通过积极地吸取自己或他人的经验教训、科研成果及其他与工作有关的信息和知识，并对获取的信息和知识进行加工和理解，不断地更新自己的知识结构，增加学识、提高技能，从而获得有利于未来发展的能力	3	4
成就导向	不满足于现状，对成功具有强烈的渴求，总是设定较高目标，要求自己克服障碍，完成具有挑战性的任务	5	3
工作激情	工作时总是充满活力，面对较大的工作压力也能进行有效的自我调节，保证拥有积极心态和热情从事工作	6	3
正直诚信	为人正直诚信，做事自律，坚持原则，谨守职业道德	2	5

步骤二：调查问卷正文

维度	定义	排序	标准
第一部分 自我管理（对以下6个维度进行排序，并且选择标准）			
责任感	敬业爱岗，兢兢业业，勇于承担责任；具有职业使命感，为了自己的职业而乐于奉献		
组织忠诚	具有强烈的组织认同感，以身为组织中的一员感到骄傲，对组织保持忠诚		
学习成长	通过吸取自己或他人的经验教训、科研成果及其他知识，不断地更新自己的知识结构，增加学识、提高技能，从而获得有利于未来发展的能力		
成就导向	不满足于现状，对成功具有强烈的渴求，设定较高目标，要求自己克服障碍，完成具有挑战性的任务		
工作激情	对工作充满活力，保证拥有积极心态和热情从事工作		
正直诚信	为人正直诚信，做事自律，坚持原则，谨守职业道德		

第二部分 团队管理（对以下6个维度进行排序，并且选择标准）			
冲突处理能力	以令各方都感到满意的方式来化解冲突，并使冲突各方意见达成一致或妥协，最后能够有效解决问题的能力		
激励与培养下属	激发、引导和维持下属的工作热情，保证预定目标的实现；关注下属的潜能与可塑性，并在实际工作中帮助其成长		
有效授权与监控	能够根据下属的特点合理分配任务，并且进行有效监控，及时发现问题并采取有效措施		

组织能力	能够有效地对相关人员进行组织协调，并掌控事态按预期方向发展		
影响力	能够运用各种策略和手段，以获得他人对自己观点和行为的赞同的能力		
协同合作	合作意识强，乐于协助他人共同完成任务，具有强烈的补位意识；积极促进所带团队与其他团队共同发展，实现共赢		

第三部分 业务管理（从以下14个维度中选择最重要的8个维度，进行排序，并且选择标准）			
综合分析能力	对已知的信息进行综合分析推理，把握问题的实质和关键点		
抗压能力	在面对阻力、敌意、冲突和压力时自我调适，保持冷静、控制负面情绪的能力		
有效沟通	积极、有效沟通，达成共识，避免或消除误解，提高业务推进效率		
执行力	坚决、快速贯彻执行公司或上级要求，克服困难，达成目标		
开拓创新	不受陈规和以往经验的束缚，不断改进工作学习方法，以适应新观念、新形势发展的要求		
持续改进	力争尽善尽美，想方设法使某项任务或其过程更有效率、更为简化的意识和行为		
资源整合能力	从宏观上考虑资源的配置，将各种资源（人力、物力和财力）合理组织起来，尽可能地提高资源利用效率，促使目标达成		
追求效率	在工作中力求以最短的时间和最合理的资源配置完成任务的意识和能力		
计划能力	工作中能够区分轻重缓急，制定、调整并完善行动计划的能力		
全局思维	在分析和处理问题时，能够掌握全局，系统分析各部分和各环节中的复杂因果关系，选择和制定系统的解决方案		
决策能力	面对众多不确定因素，能够切中问题要害，基于事实、数据等信息，果断、合理地进行决策		
体系构建能力	关注规则与秩序，根据组织的战略规划和业务构成，搭建和优化符合企业实际的、系统化的管理与运作制度体系及业务流程		

客户导向	关注并准确把握内、外部客户的需求和利益，以追求客户满意、为客户提供价值为组织工作的中心任务；重视客户关系，长期经营客户		
精确性	追求工作成果的计量化和准确度，并能达到或超过内外客户的内在标准和要求的意识和能力		

如果您认为还有其他素质维度需要补充说明，请填写。

维度	定义	排序	标准

附录5 完整通用素质模型库

通用管理者素质辞典

一、 自我管理（A）

○┈┈┈★★★┈┈┈○

A-01 学习成长

学习成长	
定义	通过积极地吸取自己或他人的经验教训、科研成果及其他信息和知识，不断地更新自己的知识结构，增加学识、提高技能，从而获得有利于未来发展的能力
层级0 满足于自己的知识、技能现状，看不到自身的缺陷 对于自己欠缺的知识和技能缺乏学习意识 缺乏总结自己或他人经验教训的能力，不断犯同样的错误	
层级1 在工作中，能够看到自己知识上的不足，但不主动采取积极措施去弥补 能够通过参加培训、经验交流会等形式获取与工作密切相关的知识、经验和技能 能按公司要求更新自身的知识和技能，符合本岗位的要求	
层级2 主动学习相关知识和技能，并能灵活地运用于当前工作中 熟练运用各种学习方法和途径，及时补充自身的知识或技能缺陷 善于从经验中反思和总结，同样的错误不会再重复出现	
层级3 能伴随公司发展主动更新自己的知识结构，提升工作质量，有较强的危机意识 对新的知识或技能有强烈的渴求，对自身的成长有明确、长远的规划 面对自己不太熟悉的任务时，能够通过最有效的途径快速学习，迅速掌握必备的工作知识或技能，从而尽快适应新的工作要求	

层级4
深入了解当前最新的知识和技术，并能够意识到其在行业和公司内的应用前景，注重与公司实际结合，不生搬硬套
学习型组织的力行者，带领团队对日常工作进行不断的反思总结，抓住一切机会帮助团队增加学识、提高技能，在组织范围内打造学习创新的企业文化
为组织的学习做长远规划，并有计划、有目的地推动组织完善知识结构、提升核心能力

A-02 责任感

责任感	
定义	爱岗敬业，勇于承担责任，具备使命感，乐于奉献

层级0
对岗位责任或角色不明晰，不关心自己的工作给组织带来的影响
只关心自己眼前利益，没有即时回报就不愿意全身心投入工作
工作中出现问题便推卸责任

层级1
能按照工作规范的要求认真完成自己的本职工作
对自己的工作失误能承担应有的责任，不推卸

层级2
有团队责任意识，关注团队工作质量，避免因为本团队的工作失误给公司带来损失
积极承担对职责界定不清的任务，主动承担责任
当工作要求与个人利益发生冲突时（例如加班与个人时间安排有矛盾），以组织利益为优先考虑

层级3
具有强烈的组织责任感，高度关注所负责业务或管理体系的工作质量，力求充分发挥其应有作用
对规定职责以外的工作做出贡献，当他人的工作需要帮助时，付出自己的时间精力，对规定职责以外的工作做出贡献
有一定的使命感，希望通过自己和团队的努力使公司变得更强，发展更好，并在实际工作中以身作则
在必要时刻，敢于实事求是地提出异议，大胆及时决策并鞭策不达标的下属

层级4
具有强烈的公司责任感，一切行动从公司长远利益考虑
把组织利益放在首位，当组织目标需要时，愿意接受牺牲本部门的局部利益，并能说服下属接受
具有强烈的使命感，充分认识到自己当前的工作对公司、行业甚至社会的意义，并为之不懈努力

A-03 正直诚信

正直诚信	
定义	遵守公司制度规定和职业道德，为人公正客观，言行一致，忠诚于公司，并抵制不道德的行为

层级0
缺乏诚信精神，言行经常性不一致
经常违反公司规定，职业道德不强
做人不够公正，经常为了自己私利而扭曲事实

层级1
言行有很多不一致情况
遵纪守法，有一定职业操守和社会公德，基本能够遵守公司的规章制度，但偶尔有违反情况，超越制度规定的权限
在大多数情况下能做到基本公正，但明显有时会受到个人私利影响，而不能真实反映客观情况，为个人利益隐瞒或者扭曲事实

层级2
不轻言许诺，对承诺过的事情大部分能兑现，基本可信
自己能够严格遵守公司政策原则，不超越制度规定权限，但对制止他人不道德行为不积极
在日常工作中，有大是大非观念，能做到基本公正，但在高压力或者巨大诱惑面前，有时会在事情评价和处理上有一定偏颇

层级3
在大数情况下，言行保持一致，有较高的可信度
严格遵从公司相应规定的同时，敢于制止他人不道德行为，但有时由于技巧不足造成效果有限
正直廉洁，不以权谋私，必要时不畏权贵坚持原则，面临压力和危险时依然客观提供事实求是的信息

层级4
从不轻易许诺，但言出必行，深得周边同事和朋友的信赖
严格遵从公司相应规定的同时，能够随时采用恰当而有效的手段规劝和制止他人不道德行为，并获得理想效果，自觉维护企业诚信形象
为人客观公正，从不因为个人利益而影响自己言行，对事情的评价和处理极为公平，深受员工拥戴

A-04 自信心

自信心	
定义	在各种情况下，对自己观点、问题解决与达成目标能力的信念，这种信念在遭遇挑战或者矛盾时表现更为显著

层级0
为人高傲，过于高估自身能力
做事犹豫不决，对自身能力和观点总是持怀疑态度
羞于展示自身观点、专业知识与能力
对自己不知道的事情，不敢承认自己不懂，并捏造事实加以掩盖

层级1
在有机会展现自我实力时，由于信心不足而不能充分发挥
在可以自主决策时，倾向于向上请示，习惯于在上级监管下工作
有一定逃避挑战的倾向，经常对他人让步、缺乏信心
面对挫折失败时，倾向于将所有错误归于自身，产生强烈负疚心理，而不做深入分析

层级2
在有机会展示自己时，能够无顾虑全身心投入
在可以自主决策时，倾向于自主决策，但在自己拿不准的情况下，以领导意见为准
面对挑战，积极应对，不回避，敢于提出自己的专业性意见
面对挫折失败时，倾向于将责任归于外部因素

层级3
积极寻找各种机会展现自己，并对自身能力充满信心
可以在无上级支持与监督情况下，能够独立作出艰难甚至会饱受非议的决策
乐于挑战自我，不断寻求和获得新的挑战与任务
面对挫折时，不会通过贬低他人以规避责任，而是客观分析问题，寻求改进之道

层级4
能够力排众议，坚持自己认为正确的观点和立场
敢于挑战权威，即使冒巨大风险也保持专业态度，保持独立观点
面对挫折时，始终保持乐观积极心态，敢于承认和正视自身错误，有效突破困境，如同大地之子般越战越强

A-05 成就导向

成就导向	
定义	不满足于现状，对成功具有强烈的渴求，总是设定较高目标，要求自己克服障碍，完成具有挑战性的任务

层级0
自我实现意识薄弱，工作成为一种机械的生活方式或养家糊口的手段
对工作没有热情，不愿意投入，敷衍了事或不主动思考
缺乏内驱力，满足于现状，不愿意冒险

层级1
想把工作做好，对自己的岗位工作付出一定努力，力求达到公司要求的标准
当存在明显的外在激励时，能够取得更好的工作绩效
自我实现意识较弱，工作动机主要来源于想获得生活质量的改善

层级2
有较强的自我实现意识，愿意接受挑战，对自己有较高的标准，对于出色完成任务取得工作成果有较强烈的渴望
珍惜公司给个人带来的机会，不断提升自己的能力，争取在组织中扮演更重要的角色
除了外在激励外，工作本身的成功或得到他人的认可也能带给自己强烈的成就感

层级3
具有强烈的个人成就动机，喜欢迎接挑战，不断追求卓越 对于工作的成果有极大的满足感，并愿意为成果付出艰辛的努力 工作动机主要来源于内在激励，希望和优秀的团队共同成就一番事业

层级4
具有强烈的组织成就动机，把公司的成功作为自己的行动方向，并愿意为此付出艰辛的努力 为组织和个人设定极具挑战性的目标，并不断创新，保证其目标的达成 在工作中无论多大困难，均能沉着面对，勇于坚持，对工作要求完美，不断进行完善和改良

A-06 弹性适应

弹性适应	
定义	在不同环境下，与不同的人或者群体工作时所表现出来的适应性，即在情况发生变化时擅长根据实际情况调整自身态度、策略与行为

层级0
工作方式呈刚性，任何情况下都不肯做出调整 不确定性忍受力差，不适应工作环境或工作任务的变化

层级1
能够逐渐适应工作环境、工作任务或人员的变化 做事比较有弹性，遇到一些非原则性问题，能做出一定的调整

层级2
能充分意识到事物是发展变化的，愿意对自身做出改变 较快适应工作环境、工作任务、人员的调整与变化，且工作效率不受各种变化的影响 能够弹性、灵活地处理工作中遇到的各种问题，遇到矛盾或冲突的情况，能够使用必要的策略解决问题

层级3
擅长根据需要不断调整自己的工作计划，以确保利用最佳的工作方式、工作计划完成任务 情绪稳定、思维灵活，能够迅速适应环境、任务或人员的变化，将变化看作是促使自己不断提高的一种挑战 能准确把握原则的关键点，善于通过权衡利弊后的折中与适度退让，灵活地处理各种实际问题

层级4
能够通过完备的机制保障监控外在环境的变化，对自身或组织的能力做好充分的准备 能够根据外在环境的变化积极寻求最优化的工作方式，积极推进组织变革 对外界各种变化的真实原因有系统、深刻的理解，不因各种微观变化盲目改变自己的整体方案，善于利用外界环境的变化提升企业的价值 能够提供系统解决方案，打造快速适应市场变化的团队或组织

A-07 压力管理

压力管理	
定义	在面对阻力、敌意、冲突和压力时自我调适，保持冷静、控制负面情绪，坚持完成所从事工作的能力

层级0
在不合适的场合，由于情绪失控而造成不良影响（例如造成客户的不满或关系破裂）
在面对工作阻力和压力时，很容易表现出沮丧、消沉、过度紧张等负面情绪，情绪不稳定，起伏较大

层级1
在常规工作强度压力状况下，行为表现正常，情绪起伏不大
当感受到较强烈的情绪（如一般性的批评、挫折）时，能控制自己的不良情绪，避免在不合适的场合和时机直接表现出来

层级2
在较大的工作强度与难度压力下，行为表现正常，无明显情绪波动
当感受到强烈的情绪时（如较为激烈的批评和挫折），反应冷静，集中精力继续处理问题
具有自我缓解压力的意识与手段

层级3
在高水平的工作强度与难度压力下，能够坚持工作，思维清晰连贯
当身处明显压力情境下（如公开的激烈冲突或者长时间的高强度与高难度工作状况），能很好地处理情绪问题，保持良好的工作效率
善于调节个人情绪，并采取实际行动有效地缓解压力，聚焦问题的解决

层级4
能够在巨大压力下（非常艰苦环境下的极大强度与难度的工作），化压力为动力，充分发挥潜能，以建设性的方式处理问题，表现出色
在高强度压力环境下，能够有条不紊，按照轻重缓急处理各种事务
面对高压情境（例如面临巨大冲突），能很好地控制局面，帮助下属管理压力

二、 计划与控制（B）

○┈┈┈★ ★ ★┈┈┈○

B-01 创造性解决问题

创造性解决问题	
定义	主动发现问题，能够把握问题本质，并选择恰当解决方法，有计划、有方法、分步骤的有效解决问题的能力

层级0
缺乏问题解决意愿，对问题有逃避倾向
对问题分析深度浅薄，盲目推断，对后果考虑不足
问题多有处理不当，常常未有效处理

层级1
稍有逃避难题的倾向，但也参与问题的处理
能在上级支持和指导下，解决常规性的较容易的问题
在重要问题上能够勉强按要求完成，但部分问题不能及时完成或者处理效果有明显瑕疵

层级2
能够接受公司安排，并按要求尽力承担问题的处理
独立完成自己职责内的各种问题处理
能关注关键问题的解决，解决效果尚可，能达到可接受的程度，但达不到令人满意的程度

层级3
主动接受各种问题处理责任，积极寻求问题解决
组织小规模团队合作，合理有效解决问题，但预防机制稍显不周
绝大多数问题都能有效解决，并且满足问题相关方的期望

层级4
能够创造性解决问题，超越相关各方的原有期望
成竹在胸，能够组织协调大规模团队合作，高效解决高难问题
解决问题不仅仅能提供直接的症状解，而且还能注重根本解，有效预防类似问题的再次发生

B-02 关注细节

关注细节	
定义	关注事实，善于通过有效的途径深入了解关键细节，对细节信息可能揭示出的背后问题有敏锐的洞察力

层级0
很少关注工作的细节问题
对于计划中的细节缺失和漏洞不以为然

层级1
关注工作中的关键细节，仔细地审查工作各环节的准确性，确保关键细节不出问题
按工作流程办事，即使繁琐也能耐心处理好每个细节
有时工作细节上会出现一些问题

层级2
细心检查工作质量，对容易出问题的环节能给予更多关注
能够很敏锐地发现错误的或有问题的方面，及时采取措施改正及避免错误
关注工作流程，主动收集有利于提升工作质量的其他信息

层级3
以"细节决定成败"的观点考量工作表现，引导下属关注细节的完美
对容易出问题的细节点，积极寻求建立改善机制，并努力实施，从而提高工作质量
善于快速、准确地从纷繁复杂的信息中捕捉有价值的内容
对看似普通的细节信息，能敏锐发现其背后的真实原因和复杂关系

层级4
营造精益求精的工作氛围，对团队成员要求尽善尽美
能通过完备的机制保障密切关注有价值的细节信息
能够从零散的信息中，敏锐地洞察社会、行业以及市场等的新动向、新趋势，并判断分析出潜在的发展机会

B-03 绩效评价

绩效评价	
定义	能够对下属计划执行进展情况进行及时有效评价，提供建设性反馈，以帮助下属不断提高自身绩效水平，最终达成甚至超越计划目标的能力

层级0
缺乏绩效管理意识，对绩效管理重视程度不足，时常有诸多环节遗漏
只关心计划目标的下达，对下属执行情况关注不够，多次发生失控局面
规避与下属进行绩效面谈，缺乏相应面谈技巧与信心

层级1
不能独立设计绩效指标与考核方式，但在他人指导下，能够勉强完成，但执行效果较差
在评价过程中，对下属绩效评价过于主观，未将感情与绩效评价分离，缺乏客观性
对于下属执行计划中发生的关键问题关注不够，或者是发现问题后不能提出有效的解决意见与指导
能与下属进行绩效面谈，但相对生硬或者明显有就重避轻倾向

层级2
能够独立设计绩效指标与考核方式，但效果一般
对下属绩效评价基本客观，但偶尔由于主观原因造成误差
能及时发现下属明显的工作偏差，并进行指导，但有时由于分析深度不足，造成纠偏效果不理想
能与下属开展绩效面谈，整体反馈效果积极，但下属对于部分评价结果不认同，影响反馈效果

层级3
能够独立设计有效绩效指标与考核方式，而且效果明显
绩效考核过程中，较为公正客观，避免常见的各种主观误差影响，下属对结果较为认同
能及时发现下属的工作偏差，并正确分析判断偏差成因，采取有效措施进行补救
具备良好的绩效反馈面谈技巧，下属对于反馈结果认同，而且双方就绩效改进计划达成共识

层级4

能够独自构建系统而又简洁的指标体系以及有效的考核方法，经实施检验效果极佳

考核过程中，极为公正客观，深得下属信赖

对下属在计划执行中可能发生的各种问题事先有设想，一旦发现按照预案处理，速度奇快，措施得当

绩效反馈面谈前有充分准备，反馈技巧高超，能为下属提供高价值的指导建议，下属对于绩效反馈结果高度认同

B-04 计划能力

计划能力	
定义	工作中能够区分轻重缓急，根据事物发展规律，制定有效的行动计划，并根据实施情况及时进行调整和完善的能力

层级0

对实际状况了解不足，制定出的计划执行性很差

没有考虑到计划实施中可能出现的各种问题

不能及时发现计划执行中出现的问题，不能进行有效调整

抓不住工作重点，不能区分轻重缓急

层级1

能够针对具体工作任务做好时间和资源配置等相关计划，以保证工作任务能够按时完成

计划执行过程中，能够在他人指导下，根据发生的问题进行计划调整

层级2

能够根据显性目标分解为多项具体任务，并能平衡工作重点，配置相应资源，区分轻重缓急，确定优先次序，形成切实可行的计划安排

在编制计划时，能够预估计划执行中的主要风险

关注计划执行状况，能够独立发现重大问题，并及时进行计划调整

层级3

能够较好的领会各种显性和隐性目标，把握计划的总体目标与方向

在编制较为复杂的计划时，能多方征求意见，进行有效任务分解，匹配资源，设置里程碑，确保复杂计划的可执行性

预先考虑到可能出现的各种层次的风险，并做出处理预案

能够敏锐发现计划执行过程中出现的问题，视情况进行合理的计划调整

层级4

能够准确到位地领会各种显性和隐性目标，把握复杂方案计划的总体目标与方向

能够设计合理的模型框架，具备良好的资源统筹能力，能够编制大型或复杂的计划

具备优秀的前瞻性及预见性，能够提前对潜在风险做出合理预案

B-05 执行力

执行力	
定义	坚决、快速贯彻公司要求，有效跟进既定计划实施状况，准确识别执行过程中出现的差异，及时采取有效措施，保证目标的实现，"一次到位"的能力

层级0
办事拖沓，执行力度不够
执行过程中遇到困难和阻力就退缩，缺乏克服障碍、完成任务的决心
抓不住工作重点，不能区分轻重缓急，贪多贪快
缺乏对执行效果的跟进
在不能认同公司要求情况下，拒绝执行或者故意拖延执行上级指令

层级1
遵从上级指令，按照工作计划和既定的工作流程，在规定时限内完成工作任务
对自己不感兴趣或者不认同的工作，也能按照公司的要求执行
及时汇报工作进展，并能就工作中遇到的问题及时请求支持
在多项工作任务上比较合理地分配时间，区分轻重缓急，确定优先次序

层级2
主动思考如何完成任务，即使面对自己不认同的工作目标和工作方式，也能尽力说服自己按照公司要求行事
能够准确地将目标传达给团队成员，并充分考虑资源配置，积极和上级、同事及下级商讨工作任务中的重点、难点，关注工作细节
执行力度较强，即使遇到困难也能坚持克服，全力以赴寻求解决办法与对策，确保结果的达成
计划执行过程中能够定期进行监控，并及时反馈进展情况

层级3
针对工作目标，系统思考与其他工作的联系，形成系统联动的解决方案，能够将工作目标转化为完整的行动计划
对计划的实施有强大的推动力，能够积极说服下级接受工作安排，并积极面对困难，不找任何借口地坚决执行，确保按照计划优质高效地完成工作任务，一次到位
执行过程中能够进行实时监控与指导，并且能根据实际完成情况不断调整计划和方式，以确保及时任务完成

层级4
能够从战略、运营和人员等方面，全面综合统筹资源安排
面对执行过程中各种巨大的困难和阻力，高效组织各类资源，群策群力，采取有力措施解决问题，出色地完成工作任务
在执行过程中保持监控渠道畅通，确保相关关键负责人及时掌握工作进程，对于各种风险能做到提前预警、有效事中控制
能够塑造执行文化和执行机制，打造快速反应、高效执行的团队

B-06 冲突管理

冲突管理
定义	以令各方都感到满意、感到受到重视的方式来化解他们的争议和分歧，并使冲突各方意见达成一致或妥协，最后达成有效的解决问题的方案的能力

层级0
不能有效解决冲突，甚至会使用攻击性语言激化冲突，却于事无补或使事态恶化
有意识或无意识规避处理冲突，假装视而不见、不作为，任由事态发展，甚至为了回避冲突而做出违背原则的事情

层级1
不规避冲突，能在例行范围内采取措施化解争议和分歧
对非例行处理的冲突起因有基本认识，但缺乏对各方需求的深度认识，不能找到令双方都能满意的解决方案，而令冲突搁置

层级2
勇于面对冲突，客观分析，冷静对待
能够通过一定的方法与冲突各方进行沟通，深入了解冲突起因及各方解决期望
熟练、高效处理例行程序内的冲突
对于非例行程序的冲突，解决办法较为生硬，往往只能通过沟通说服一方妥协解决冲突

层级3
对于各方需求及期望有深刻认识，主动寻求双赢解决方案
重视冲突带来的正面影响，有效抑制冲突带来的负面影响
能够维护公司立场和原则，并通过一定的措施和方式引导双方达成一致

层级4
在合乎情理及法律规范的要求下，能坚持公司立场和原则，使得公司利益最大化
能够迅速抓住问题的症结，跳出常规，引导各方找到创造性解决方案，实现共赢
能够建立防范冲突发生的管理机制，有效抑制冲突的产生

B-07 战略思维

战略思维
定义	在复杂模糊情境中，用创造性或者前瞻性的思维方式来识别潜在问题、制定战略性解决方案的能力

层级0
本位主义思想严重，只关心个人或本部门的利益，不能跳出自己的具体业务，不能从更宏观的角度考虑问题
不认同公司战略管理工作方式，并对公司战略有明显误读

层级1
能够按照公司要求参与战略设计工作，但明显不积极
有一定本位主义思想倾向，对于部分战略性安排不理解，采取各种方式不接受
战略思维技巧明显欠缺，缺乏自主意识，只能生搬硬套，需要他人指导

层级2
有较好战略意识，认同战略管理模式，积极配合和支持相关工作
理解公司战略与本职工作之间关系，但实操中有时在短期与中长期目标处理时明显不当
具有基于自我经验战略思维模式，但明显呈现业务导向特征，对行业定位以及政策环境重视不足

层级3
重视公司战略问题，全力参与和推动相关工作
能够正确领会公司的战略目标，并能以公司目标作为出发点，不断审视自身及团队工作目标与公司中长期战略目标关系，确保对公司战略的有力支撑
结合行业发展和公司战略，对本领域业务未来发展方向有比较明确和正确的认识
能够在自身经验与借鉴他人成果基础上，通过个性化调整，形成符合公司特点的竞争战略

层级4
对公司的愿景和使命有清晰、准确的理解，所有工作均立足于公司的长远发展，对于不符合公司长远利益的决策坚决进行调整
结合宏观环境、行业发展与公司战略，对公司未来发展方向有准确而清晰的认识
具有前瞻性战略眼光，能够根据行业发展态势和宏观环境的变化对未来公司发展做出，极高价值的创新性战略

三、组织能力（C）

○┄┄┄┄★★★┄┄┄┄○

C-01 创建高绩效团队

创建高绩效团队	
定义	通过指导、激励、参与、授权等方法，构建具有相同愿景、结构合理、目标计划明确、共同责任等特点的高绩效团队的能力

层级0
以自我为中心，崇尚个人英雄主义，与团队成员沟通不畅达，配合不够默契
无团队领导意识，完全放任，造成团队内部混乱，无法完成简单团队任务
缺乏集体责任感、荣誉感

层级1
能在团队内部有意识地进行分工，但明显有不合理之处
与团队中的其他成员共同学习和工作，乐于分享，但员工实际参与较少
所带领团队经常勉强完成或者不能及时完成常规任务

层级2
对角色认知明确，能承担起团队管理基本责任，内部分工相对合理 能够以开放的心态对待合作者，对他人充分尊重，并征求和评价对方意见 带领团队能基本按时完成常规性任务

层级3
以身作则，带领团队构建核心价值观、形成共同愿景，为团队指引发展方向，是团队中无可争议的核心灵魂人物 团队内部角色定位清晰，分工高度优化 能根据团队与任务情况，选择适合的领导风格，调整员工参与程度，追求效率最大化 所带领团队能够按时完成较高难度的工作任务

层级4
具有强大感染力，不断为团队提供方向指引与方法支持 在团队中营造公平竞争及精诚合作的氛围，通过各种手段（如设计团队标志），塑造健康优秀的团队形象 预先考虑任务对团队成员组成要求，能够形成合理的成员结构，并实现内部最优分工 充分授权让下属参与决策、计划和权力分配过程，发挥出团队最大潜力 所带领团队能够提前完成高难度的"不可能任务"

C-02 培养员工

培养员工	
定义	掌握人才识别技术，有效筛选新员工，并对老员工提供恰当的需求分析，辅导和其他支持，帮助其学习和进步，满足公司业务发展对人才要求的能力

层级0
对于公司组织的学习培训活动，缺乏热情，参与度很低 不了解下属的工作表现和能力特点，很少和下属讨论解决工作问题 很少给予下属学习与实践与工作相关的新知识新技能的机会 只下达任务，忽视下属是否具备完成工作任务所需的方法和资源

层级1
通过指导或示范，为下属提供具体的支持和帮助，但经常出现不耐心，直接自行承担具体工作 稍懂面试技巧，但看人不准，引入的员工与岗位要求匹配度较低 能够向下属及时反馈对其工作完成情况的评价意见

层级2
有一定培养意识，经常指导下属开展工作，但实操中偶有越俎代庖行为 具备一定面试技巧，熟悉相关流程，所选人员大都符合公司岗位要求 了解下属的优劣势，为他们安排有针对性的工作任务，提供能够发展某项能力的学习机会，强调非正规的内部交流 对下属工作进程的关键节点及工作质量进行监督，并根据所发现的问题及时进行有效指导和支持

层级3
具有良好培养意识，秉持授之以渔原则，非紧急情况外均能指导下属开展工作，且要求下属凡请示问题必先提解决建议
精通面试技巧，所筛选员工与公司要求高度匹配
关心下属的发展，了解其职业发展目标和策略、个人的优势和不足，为其在不同阶段提供个性化咨询和指导
在团队中或部门内部创造学习环境，提供各种有挑战性的学习机会

层级4
综合多种方式和方法，结合情境对下属的工作成果及时进行激励
清晰认识到公司战略对员工能力的要求，把握员工个人职业期望和公司业务需求发展间的平衡
建立员工高效成长和发展的人才机制，创造积极向上的学习氛围，创建学习型团队

C-03　授权管理

授权管理	
定义	能够根据任务与下属的特点合理授权，并且进行有效监控，及时发现问题并采取有效措施的能力

层级0
对下属缺乏信任，或凡事亲力亲为，不敢放权或授权不明
授权后对工作进展不管不问，没有主动进行监控

层级1
具有一定的授权意识，能够把部分的职权分配给下属
对下属的特性了解不够，随机给下属分配任务，导致下属工作效率不高
能大致了解下属工作的进展情况，但把握不到位，有时会出现失控情况，导致无法按时完成任务

层级2
有较好的授权意识，能有意识地调动下属的积极性
授权前能够评估工作难度和工作量和下属能力，使其能胜任现有工作
授权后能够对下属工作进行不定期监控，并能从中及时发现和处理问题，但偶有任务延期状况

层级3
对下属有较深入了解，能够进行适当的职责分配，能够让下属每个人都发挥长处
能让下属适时承担具有挑战性的任务，使其体验到工作的成就感
能够及时监控下属工作完成状况，并给予必要的反馈和辅导的同时，不随便干涉下属的工作，充分发挥其作用

层级4
对下属充分授权，知人善任，根据下属能力与性格特点，分配任务
鼓励下属独当一面，为其提供必要的支持，给予个人发挥和成长空间
建立有效的监控体系，在授权时与其商定恰当的汇报节点与监控方式，对工作进展实现有效监控

C-04 体系构建能力

体系构建能力

定义	关注规则与秩序，根据组织的战略规划和业务策略，搭建和优化符合公司实际的、系统化的运营管理体系的能力

层级0
对公司主要制度、流程和规范缺乏清晰的了解
对有缺陷的制度、流程、规范没有能力进行优化
缺乏对规则和秩序的关注，相关工作处于无序或低效的状态

层级1
熟悉公司现有制度、流程，对公司管理制度的功能、作用机制有一定的认识和理解
能够要求本部门按现有各项制度或规则办事，按业务流程操作，遵从规范与操作指导书要求，但有时执行不到位
在公司管理框架内，结合实际工作经验，不断完善本部门内部管理制度、流程与规范

层级2
主动学习成功案例，并善于总结自己的经验，将内外部成功经验进行规则化、制度化，确保工作经验的持续积累
在落实某项制度、流程和规范时，能够领会其设计主旨，并根据本部门的实际情况进行细化
积极参与相关管理制度、流程、规范体系的制定和完善，推动团队成员理解并贯彻执行相关制度与流程

层级3
对先进企业的管理制度有广泛的了解，并能将外部经验结合公司实际进行改进
能够从全流程最佳的角度，分析和洞察业务管理体系中的缺口和薄弱环节，提出体系搭建和完善意见
能有重点、分步骤的辅导和督导管理改进计划和体系搭建进程，能够使管理体系得到切实贯彻与执行

层级4
从公司角度出发，打破业务界限，提出系统改进方案，力求建立并不断完善公司运营管理体系，并使各管理系统相互支撑和衔接，提升运营效率
对公司文化有深入理解和把握，能在管理体系建设中有力推动公司文化的发展
在公司或外部环境发生重大变化时，有决心和魄力与能力进行业务流程的重组和运营管理体系的重建

C-05 组织设计

组织设计

定义	能够通过建立组织结构，规定职务或职位，明确责权关系，提升组织成员协作效率，有效实现组织目标的能力

层级0
缺乏组织设计意识，做事无章法思路，随意安排工作
缺乏对业务和管理活动的思考和认知，无常识
下属普遍对于现有分工有较大意见，认为明显不合理，有明显怠工现象

层级1
能为所负责领域，清晰定义大部分岗位，但描述中存在一定瑕疵，存在歧义 组织设计或者岗位设计中有较明显不合理之处，但勉强可以执行 所设计的组织方案中遗漏部分关键职能，严重影响质量

层级2
能够清晰界定部门与岗位职责，不存在理解歧义，而且基本合理 所设计组织与岗位方案相对合理，可执行，但前瞻性稍弱 所设计的组织与岗位方案中关键业务与管理职能无遗漏，但对于部分细节考虑稍有不周

层级3
能够设计具有一定前瞻性的组织与岗位设计方案，而且分工合理，实施顺利 所设计的组织与岗位方案内容翔实，覆盖了所有相关活动与职能，并无遗漏 新方案实施有效，实施后员工较为满意，组织绩效有一定改进

层级4
能够设计出高度结构化系统化的组织与岗位设计方案，前瞻性与合理性俱佳的方案 所设计的方案结构简洁，运行高效，成为业内典范之作 所设计的组织与岗位方案能实际落地，员工高度满意

四、领导能力（D）

○·······★　★　★·······○

D-01 开拓创新

开拓创新	
定义	不受陈规和以往经验的束缚，锐意进取，在技术和管理上力求突破性变革的能力

层级0
因循守旧，对新事物都抱着敌视的态度 遇到问题不能够跳出传统观念的束缚，不能积极思考新的解决办法 对于上级布置的各项工作，不主动思考，只能教条、死板的执行

层级1
在工作中能够接受新技术、新方法，无抵触心态 在已有知识经验内，能够较灵活、变通地解决问题 在他人的帮助或指导下，能够正确应用新的工具和方法

层级2
在工作中主动寻求新技术和新方法，高效地解决问题 能够主动发现工作中存在的问题，并试图改进原有的解决方案 能够多角度思考问题，寻求多种解决问题的思路 创造性地落实上级布置的各项工作，而不是教条、死板地去执行

层级3
能够摆脱以往经验的束缚、打破思维定势，跳出现有框架，或者有效借鉴同行业或跨行业先进经验，创造性地解决专业技术或者管理问题 对潜在的危机较敏感，努力通过自身不断革新和发展，积极应对未来的挑战 在团队范围内鼓励下属多角度思考，给予适当指导，并对创新进行激励 积极主动地尝试新方法，同时能够处理好创新所带来的风险与收益之间的关系

层级4
对新事物有强烈的偏好，能够对专业技术和管理领域内的创新具有先进、独到的见解，稳健而不保守，敢于创新但不冒失 能够独立提出对公司具有显著效益的技术开发建议或者管理提升方案，敢于承担创新风险，以创新推动公司发展 能够作为公司创新精神的领跑者，建立创新机制，带领团队走出一条有特色的创新之路

D-02 客户导向

客户导向	
定义	关注并准确把握内、外部客户的需求和利益，追求客户满意和忠诚，为客户创造高价值的能力

层级0
工作以自我为中心，客户意识淡薄 只考虑自己能做哪些事情，而不考虑客户需要自己做哪些事情，习惯于闭门造车 缺乏长期经营客户的意识，损害公司长期利益

层级1
具备基本的客户服务意识，能够把握客户的常规需求 能运用自己的专业知识和技术，为内、外部客户提供工作职责中所要求的常规服务 能在规定时限内对内外部客户的需求做出响应

层级2
认同"真诚为客户设想"的理念，能重视并准确理解内、外部客户的真实需求 善于运用专业知识和技术为客户提供满意服务，对客户需求做出迅速响应 主动与客户保持接触和沟通，建立客户关系，努力提高客户满意度和忠诚度

层级3
积极宣贯"真诚为客户设想"的公司理念，能准确把握内、外部客户或市场的真实、潜在需求，以客户为导向调整自己的工作方式或工作目标，工作成果超越客户预期
理解长期经营客户的重要性，与客户建立并保持稳固、信任的合作关系，在客户中树立良好的企业形象与口碑，以提高客户忠诚度
在为客户服务的过程中，力求双赢

层级4
通过组织构建完备的机制保障来持续不断地收集客户或市场动态，敏锐把握行业的发展趋势以及市场供需变化，判断和建立潜在的业务合作关系
与客户建立战略合作关系，重视维护客户的忠诚度，从发展和长远的角度看待与客户间的问题，确保公司获取长期利益
有效传递公司价值观，有效引导客户需求

D-03 系统思维

系统思维	
定义	在分析和处理问题时，能够掌握全局，系统分析各部分和各环节中的复杂关系，制定系统的解决方案的能力

层级0
本位主义思想严重，只关心个人或本部门的利益
思维狭隘，不能跳出自己的具体业务，不能使用抽象概念考虑问题
不能够清晰地分析事情的前因后果和事件间复杂的关系

层级1
能够理解部门工作职责与目标，并从团队角度考虑问题
能够对部门工作进行简单抽象，但明显存在维度遗漏
面临公司与部门目标不一致情况，能执行公司指令，但稍显被动
胜任范围较少的专业问题的分析与解决

层级2
了解相关团队工作目标，并能考虑自身决策对其他部门或团队的影响
能够观察和识别系统内部问题或者重大变化，并应用复杂的概念对其进行解读与解决
具备良好的协作精神，顾全大局
胜任多项部门级任务之间的复杂和因果关系问题的分析与处理

层级3
能够正确领会公司的战略目标，并能以公司目标作为出发点，安排各项工作，对工作有较好的宏观把握
能够通过思考、讨论和观察，对问题进行归纳分析，把握主脉，实现复杂问题简单化
考虑问题具有大局观，能在一定程度上舍弃局部利益
胜任跨核心部门的公司级复杂问题的分析与处理

层级4
对公司的愿景和使命有清晰、准确的理解，所有工作均立足于公司的长远发展
在决策时能够通盘考虑到各利益主体，做好相关主管领域的"掌舵人"
面对高度复杂问题，能够创造新概念和新模式，高效分析和解决问题
倡导团队间精诚合作，为公司无私奉献自己
具有前瞻性战略眼光，能够根据行业发展态势和宏观环境的变化对未来公司发展做出创新性变革

D-04 员工激励

员工激励	
定义	激发、引导和维持下属的工作热情，保证预定目标实现的能力

层级0
对于员工所取得的成绩与进步缺乏及时肯定与鼓励
对于公司组织的学习培训活动，缺乏热情，参与度较低
只下达任务，忽视下属是否具备完成工作任务所需的方法和资源

层级1
有时会肯定员工的工作表现，
与下属非工作内容沟通较少，对下属需求缺乏深入了解
对下属激励手法过于单一和粗糙，效果一般

层级2
能通过公司的正式途径或方式对员工的工作成果和努力做出及时肯定与鼓励
与下属沟通较多，能够有效识别下属常规需求
下属团队士气稳定，但稍显平缓

层级3
高度重视员工激励，能够主动利用各种机会进行员工激励
深入了解下属特点，能较好把握下属内在需求
能通过公司的正式与非正式途径或方式对下属的工作成果和努力做出及时肯定与鼓励
在重要关键时刻，能有效激发团队激情，提升工作效率

层级4
不仅能够把握下属现有需求，而且能够激发和引导员工的新需求
综合多种方式和方法，营造正向激励机制和氛围，保持和提升激励效果
下属员工能够持续保持高昂士气，处于高效工作状态

D-05　决策能力

决策能力	
定义	面对众多不确定因素，能够切中问题要害，基于事实、数据等信息，果断、合理地进行决策的能力

层级0
决策时仅凭原有经验，不善于不听取他人意见
缺乏主见，优柔寡断，难以做出判断和决策
做事瞻前顾后，害怕承担责任

层级1
能够在已有信息基础上较全面考虑问题，在规定时间内利用已有经验对权限范围内的例常问题做出准确判断
面对工作中出现的新问题或复杂局面，能在自己独立思考的基础上在小范围内寻求他人指导或帮助

层级2
对于权限范围内的日常工作问题，能够进行迅速、有效的决策
例外决策前最大限度收集相关信息，面对不确定性因素积极寻求专家或领导支持
综合分析后形成自己的决策意见，并对决策结果负责

层级3
面对众多不确定性因素，能够对形势进行敏锐判断，抓住决策问题的策略要点，并组织相关人员进行论证和评估，在比较分析的基础上果断做出相关领域的重大决策
对准备实施的决策，预见可能会出现的风险和障碍，预先提出应对措施
即使有人反对，也善于坚持经自己充分考虑和详细论证过的决策结论

层级4
建立并完善决策机制，提高组织的决策质量
能够基于事实和数据，在错综复杂的环境中把握主要矛盾和关键问题，并组织充分论证后，站在公司可持续发展的角度适时提出战略性决策意见
决策时提出风险控制和防范措施，面对行动带来的压力与后果敢于行动

D-06　权力认知

权力认知	
定义	了解在企业以及其他组织中内部权力关系，以便获取更多信息、资源与权力，提高工作效率的能力

层级0
误解组织的结构，错误判断他人角色与作用，造成较大错误
视组织内部权力为"恶性"的政治斗争，焦点完全集中在自身业务工作，反感甚至反对相关思考
政治敏感度较低，对权力结构变化基本无感知

层级1
能够响应公司明确要求，但对权力与工作流程关注度不够 了解公司正式的架构与相关核心流程，并执行，但只是执行而已 对权力结构认知主要表现为个人对个人级别

层级2
重视和熟悉公司正式组织架构与流程，并能加以利用 能识别出非正式组织的存在，以及其中的关键人物 对部门/客户相关的权力结构有较深认识 考虑问题时会考虑到组织目前的问题，但由于能力所限存在明显偏差

层级3
具有一定政治敏感度，能正确解读环境与权力关系，并有意识为己所用 有效利用正式组织中的权力关系，以及非正式组织中关键人物来推动工作 能从所在业务系统/公司、客户角度进行权力结构关系分析 能够了解和描述公司组织结构中的潜在问题和决定性力量

层级4
洞悉组织与流程的根本问题、关键成因，并知晓如何影响决策 熟悉并了解如何进行影响关键性人物，以推动工作进展 能从国际、国家、行业角度进行权力结构关系分析 具有良好前瞻性，能预见到当前组织结构中存在的问题，以及未来权力结构变化，并以此进行自身定位调整和策略调整

D-07 影响力

影响力	
定义	运用各种策略和手段，以获得他人对观点、计划、行为、产品或解决方案的同意或接受的能力

层级0
语言逻辑不清，无法清晰表达自己的观点 影响欲望很低，当自己与他人观点不一致时，经常放弃自己的观点 影响技能较差，不能为自己的观点举出有力的支持证据

层级1
能够逻辑清晰地表达自己的观点，让他人了解自己的想法 当自己与他人观点不一致时，努力尝试说服对方 能够提出简单的相关事实、数据或事例支持个人观点

层级2
逻辑清晰，言语有力 具有较为强烈的影响欲望，面对不同的观点，能够准备充分的证据来证明自己的观点 了解对方的情况及关心的问题，通过有效的事实或论据，使对方更易于接受自己和自己的观点

层级3
能够深入把握对方的特点及最关心的问题、利益和动机，使用最具说服力的语言、事实或论据，来支持自己的观点 精心准备有针对性的说服策略，强调共同利益以说服影响对方 预测对方的反应，为可能提出的不同意见准备充分的论据或事实

层级4
有感染力和号召力，能够影响和引导对方的需求 善于识别和说服关键性人物，营造有利氛围，提升个人的影响力 了解合作伙伴的权力结构和内部文化，能够对其决策施加有力影响

D-08　变革管理

变革管理	
定义	迎接变革挑战，顺应变革，设计合理变革目标与相应策略，培养组织应变能力，传播变革理念，有效达成变革目标的能力

层级0
对周边环境变化无感知 缺乏变革管理相关的基本意识 对相关变革态度消极，甚至持怀疑和否定态度

层级1
能够感知到明显的重大变革，但对变革的必然性和重要性认识不足 面对变革思考较少，不能设定合理的变革目标 变革执行效果较差，与预期目标相比差距很大

层级2
能够及时感知和识别出发生的重大变革，并给予相应支持 对变革方向有正确认知，但是设计的变革目标相对模糊，清晰度不够 按照既定的变革计划与程序对团队进行管理，基本完成变革预定目标 面对变革过程中的各种阻力，应对策略相对单一，以自我榜样带动方式为主

层级3
快速主动感知和准确识别出组织内各种变革 根据情况，设定合理的变革计划与相应策略，有效执行变革 预计到变革中的阻力，并做好各种策略准备，使用构建稳固的变革联盟关系，借力推动变革 借助各种机会有效传播变革理念与成就，并积极利用各种制度流程固化变革成果

层级4
在全球的趋势和竞争者的行为基础上预计变革的需求，前瞻性设计与推动组织变革 在发挥组织内主要变革的发起人和倡导者的作用，提出考虑周详的可实施性极高的变革方案 有高超的变革管理技能，能根据情况采取出色的变革策略，有效指导和推动变革，尤其擅长于引导员工自发变革，破解各种难题 重视将改革成果融入公司文化，以保证改革作用和效果长期有效

五、综合能力（D）

●┈┈┈★★★┈┈┈●

E-01 建立信任

建立信任	
定义	个人面对人际交往以及利益交换所体现出的公正、效率、人道、责任感的整体特征，即赢得他人信任的能力

层级0

处理事情严重偏执，感情与个人利益因素明显影响判断和决策

工作能力与岗位要求差异巨大，多次出现严重错误，胜任程度受到多方质疑

表里明显不一致，"说一套、做一套、想一套"，差异过大

长期努力无法得到周边人员信任

层级1

整体素质与岗位要求存在一定差距，曾因能力影响工作正常开展

处理事情公正性存在明显欠缺，周边同事对其基本不信任

言行不一致情况较多，多次会出现"说一套，做一套"情况

长时间努力难以获得关键人员信任

层级2

整体素质尚可，基本达到岗位要求水平

处理事情相对客观，正确对待各种批评，但依然有时稍有偏颇

快速形成初级信任关系或经过一段时间与关键人物形成牢固的信任关系

行为与信仰基本一致，但偶尔有时也会出现不重承诺情况

层级3

整体素质较好，完全达到甚至部分超越了岗位要求

在绝大多数情况下，都能遵守职业道德和秉承公正原则，克制个人野心和情绪反应，关键时刻依然能保持公正

由于做人做事令人放心，能够快速赢得周围关键同事的高度信任，在团队中拥有较高的权威性和影响力

言出必行，言行一致，值得信赖

层级4
工作表现卓越，在出色完成各种任务的同时，令人信服地展现了优秀的综合素质
少说多做，做在说前，令人折服，自身成为道德楷模
在任何情况下，都能严格遵守职业操守和社会道德
由于为人大公无私且事务处理能力出色，获得所有相关人员无条件的完全信任，在团队中拥有最高的权威性和影响力

E-02　角色认知

角色认知	
定义	审时度势，在不同情境下有效识别自身角色并进行角色转换的能力

层级0
情商很低，在下属、同事、上司、客户等期望不敏感
缺乏角色定位能力，对管理者基本定位与工作责任理解不够
对自身周边环境变化不敏感，即便发现变化时，不能进行相应角色转换

层级1
对管理者基本职位角色认知较浅，经常性对他人期望认知出现偏差
在环境改变时，有时出现迷失，不知道自己应该扮演何种角色，担负何种责任
当需要进行角色转换时，感觉十分困难，而且基本不能满足各方期望

层级2
能较清晰认知管理者职位角色，在常规场合能正确识别关键人物的主要期望
在环境改变时，能基本把握自身角色定位，界定自己不应负责的工作
必要时能进行角色转换，并基本满足关键人物的期望，但转换相对生硬

层级3
能准确识别自身职位角色，并深度分析各方实际需求与期望
在环境改变时，能合理定位自身角色，明确自身职责范围
在各种环境下都能够实现快速灵活的角色转换，并满足各方期望

层级4
有一定前瞻性地根据公司内外部环境进行自身角色的合理调整和补充
在环境改变时，能够快速寻找自身最佳定位，发挥最大价值
在各种环境下，能够实现原则性与灵活性的完美统一，自如地进行各种角色转换，能够直接超越各方期望或者通过合理调整各方期望来满足各方期望

E-03 有效沟通

有效沟通	
定义	积极、有效交流，促成相互理解，获得支持与配合，提高业务推进效率

层级0

平时不注重沟通，缺乏沟通意愿，遇到冲突与矛盾以强权或回避来解决

习惯自我为中心的思维模式，沟通时只顾自我表达，不顾及他人的反应、很少听取他人的见解

自己不愿发表意见，大多数情况只是一味听取他人见解并照单全收

沟通时不能有效表达自己的想法和观点

层级1

了解沟通的作用，在遇到问题时，愿意体谅与理解别人，能够与他人进行基本有效的沟通与交流

能比较清晰、准确地表达自己的想法和观点，比较准确理解他人的观点，能及时给予部分反馈

采用单一沟通渠道，不能根据沟通目标选择多样化的沟通渠道

层级2

愿意与他人进行沟通，主动寻找沟通机会，与工作中的各方保持密切联系与良好关系

既能清晰、准确地表达自己的观点，也能主动听取他人的意见和反馈

有效选择沟通渠道，能够根据事情不同，选择适当的沟通渠道

层级3

乐于与他人进行沟通，能根据不同的情境和沟通对象选择沟通渠道

懂得表达和倾听的艺术，能够采取对方乐于接受的方式进行沟通，并且时时顾及到对方的感受和反应

能切实领悟他人所表达观点的真实意图，能通过有效沟通解决工作中的问题

能够构建团队内部沟通机制，保证内部信息的有效传递

层级4

乐于沟通，能根据不同的沟通对象、沟通情境和沟通需求，跳出问题谈问题，善于利用各种形式的沟通解决问题

善于利用具体事例和数据支持自己的观点，能通过灵活运用各种沟通技巧和方法达到说服他人、影响他人的目的

能够在组织中推动相关沟通平台建设，通过机制建设确保沟通渠道的顺畅

E-04 专业知识技能

专业知识技能	
定义	不断提升自己的专业知识和技能水平，具有积极与他人分享专业经验的愿望与能力

层级0

对专业知识不重视，基础过于薄弱

由于技术缺乏不能胜任常规工作问题的处理

相对保守，反对进行内部技术交流与沟通

层级1
由于对专业知识重视不足，自身积累较少
技术知识水平可以勉强解决常规工作问题，但面对较难技术问题往往束手无策
有一定专业工作经验基础，但不重视更新与提高
崇尚独行侠风格，对组员的技术支持较弱

层级2
对自身知识颇为自信，但主要靠以往经验，缺乏与时俱进的提升意识
凭借自身经验，轻松可以解决常规专业问题
专业知识功底扎实，但知识面相对过窄，只限于与工作直接相关的特定领域
能够利用自身专业优势，为团队成员提供各种技术资源与工具支持

层级3
对专业知识有浓厚兴趣，保持与行业发展同步
借助自身经验与学习能力，能够有效解决较难的专业问题
能够关注行业最新进展，并能结合公司情况加以运用
重视内部技术资源与经验分享机制构建，能够有效整体提升团队专业素养

层级4
在个别领域中已经成为业内领先专家，在杂志中发表独到见解，分享最新技术研究与应用经验，引领技术发展方向
拥有复合型知识结构，"一专多能"，并能够综合利用专业内外知识，快速解决高难度专业问题
在企业中，充当最新技术的倡导者与传播者，定期交流前沿性的课题，引导公司技术发展方向

E-05 关系网络构建

关系网络构建	
定义	为完成工作目标，与各种相关人员构建关系网络的能力

层级0
忽视"关系"在现实工作中的作用，对"关系"的实际内容有所误解和内心排斥
缺乏构建人际关系网络相关的技能和常识
与周边同事日常工作关系不重视，经常出现各种冲突
在工作中面临问题时，无法利用关系来支持，以提高工作效率

层级1
对"关系"理解相对狭隘，只限于纯粹日常工作关系
能与频繁接触的同事之间的建立顺畅工作关系
关系网络只限于和有直接工作关系的上下级和同事范围
自身所拥有的关系网络智能勉强维持日常工作的开展

层级2

重视关系网络的建设，抓住工作中各种机会建立个人关系网络

重视正式和非正式关系的构建，围绕工作需求建立自身的人脉资源库

关系网络包括团队内外与工作有关的联系对象

能够利用自身关系网络整合资源，对工作进展有一定帮助

层级3

努力构建个人关系网络的同时致力于团队构建关系网络

交友风格独特，擅长使用特定策略建立关系

关系网络涵盖公司内部关键人物，促进功能交叉工作的顺利开展

通过内部资源整合等方式，关系网络可以明显促进工作的开展

层级4

谙熟各种人际关系开拓技巧，对自身关系网络进行系统分析，艺术性处理

拥有广泛的关系网络，覆盖本企业与其他企业中的各种人才与有影响力的个人

借用关系网络，引入和整合内外部优质资源，为突破工作瓶颈提供关键性要素，价值很高

E-06 文化建设

文化建设	
定义	通过强化文化意识，榜样示范，施加文化影响力，不断推动、提升团队和企业文化，为企业发展助力

层级0

不重视文化管理，很少参与，并且对于文化的感知与适应速度极慢

缺乏对他人思想的兴趣和宽容

对情境和他人动机经常性误判，并引发过重大冲突，团队文化建设严重滞后

缺乏文化管理相关的基本意识和常识

层级1

服从公司文化要求，但对于文化适应速度较慢

由于对于企业文化理解和领悟不深，很难为下属树立榜样

推动企业文化乏力，只能浮于形式，纯粹"口号式推进"

层级2

按要求参与相关工作，能感知和尊重多文化间明显差异，对其他人所做贡献表示认可

能正确解读公司文化，并以身作则，建立内部信任关系

能通过构建团队共同愿景，推动团队或公司文化的建立

将企业文化与实际管理制度相结合，按计划推动文化落地

层级3

能够主动参与相关文化建设工作，对多文化差异敏感，快速识别其中要素为提升绩效所用

能设计符合本单位文化特点的行动计划，并率先垂范，发挥榜样力量

能够提炼典型案例进行分享，有效影响下属，促成文化形成与下属行为改变

根据实际状况对文化进行合理定制和细化，强有力推动企业文化落地

层级4
倡导和组织公司范围文化建设活动，对其他文化有浓厚兴趣，具有深厚文化知识底蕴并不断积累和提升 在全球的趋势和竞争者的行为基础上预计变革的需求，前瞻性设计与推动组织变革 引导和改造员工，使其自发自觉差距，积极提升自身素质，参与公司管理活动，落实企业文化价值

E-07 项目管理

项目管理	
定义	为达成项目目标，拟定清晰合理的行动计划，并组织实施，同时实现项目目标与团队成长目标的能力

层级0
项目计划对项目范围界定过于模糊，项目目标也不明确 经常性出现项目进展失控、内部分工混乱、风险应对无力状况 缺乏项目管理相关的基本意识和常识

层级1
计划中有明显缺陷或漏洞，可执行性较差 简单项目目标勉强达成或延期，突发事件处理欠妥

层级2
明确界定项目范围，能拟定短期可行计划 有较强监控意识，确保关键节点目标达成，并能处理常规的突发事件 组织协调资源，基本满足项目需求，内部分工基本合理 勉强完成承担一般难度的项目，例如常规部门级项目

层级3
制定目标合理，拟定中期行动计划可行性较高，计划中所提资源匹配设计合理 通过建立相关机制与程序提高监控效果，并有效处理各种突发事件 组织协调资源，能满足项目各种需求，团队内部分工时考虑任务达成兼顾培养问题 成功完成过较高难度的项目，例如跨部门项目

层级4
制定清晰详细的中长期工作计划，内容全面，对未来结果有前瞻性考虑，有效规避风险 通过各种渠道随时把握项目进展关键信息，并能艺术性处理各种突发问题 能够高效协调资源，强有力推动项目进展，并且所带团队组员成长显著

后　记

博士德的朱新月总经理是我多年的朋友，曾与汪中求老师（《细节决定成败》的作者）合作，引领了中国企业精细化管理的风潮。在一次交流中，大家深感中国当前的管理书籍浩如烟海，但要么过于偏重理论或一家之言，要么仅是工具（制度及表单），难以对相关的问题有一个全面的把握。因此，朱新月先生建议借助华夏基石多年来为众多企业服务的咨询经验，编著一本中国企业管理者的案头全书。恰好此前，我与咨询业的相关同仁也曾谈及编制管理书一事，大家亦有同感，因此形成了这套《企业管理人才素质模型精细化管理实用全案》的思路。

什么是企业？从人本管理角度来看，我一直认为企业本质上来讲是企业家和员工实现梦想的舞台。所以，一个成功的企业一定是企业实现了自己所期望达到的目标，而在这个过程中多数员工尤其是核心员工实现了自己的人生价值，走近了自己的梦想，实现了企业与员工的共赢。只有这样，企业才会可持续发展，基业才会长青。

反观中国企业这些年的发展，与发达国家相比，国内企业管理中充斥着各种矛盾。例如，我们一方面强调员工对企业的忠诚和归属感，而在机制上却过分强调短期绩效；一方面强调员工是企业最为重要的资源，另一方面却对员工的基本需求和个人的成长采取相对漠视的态度。当然，这也是企业在不同的发展阶段，在制度安排上的不同。可喜的是近年来中国一大批优秀的企业逐步在贯彻以人为本的理念，对员工的各个方面的需求进行了积极的响应，从对员工的工作环境、食宿、休假到员工的职业发展做了很多的工作，取得了良好的企业和社会效应，越来越多的企业把成为最佳雇主列为企业的目标之一，把员工的满意度、流失率纳入了企业的考核指标等等。而管理者作为企业的核心中坚力量，他们在这些理念和制度的落地方面作用巨大。

稻盛和夫先生曾谈到，一个好的管理者就是要让员工心存感激之情，要想获得员工的感激之情除了需要生活的关心，更要在机制的设计上符合员工的需求，符合人性，所以我一直认为管理者高明与否在于对员工需求的把握与引导，通过企业机制上的设计达成组织目标与员工利益及成长的和谐。同时好的管理者也应该成为员工成长的导师，要了解及引导员工的职业倾向，在工作中帮助及辅导员工，培养工作的乐趣。我认为，一个喜欢而且能够胜任的工作是对员工最大的奖赏，同时也会为企业带来更好的业绩。

管理学家劳伦斯·彼得指出，每一个职工由于在原有职位上工作成绩表现好（胜任），就将被提升到更高一级职位；其后，如果继续胜任则将进一步被提升，直至到达他所不能胜任的职位。由此导出著名的彼得定律："每一个职位最终都将被一个不能胜任其工作的职工所占据。层级组织的工作任务多半是由尚未达到不胜任阶层的员工完成的。"既然每个员工晋升到新的岗位开始是都是不胜任的，那么作为企业在选择员工晋升时除了要考虑员工过往的工作业绩之外，选择那些能够更容易胜任新的岗位的员工就成为企业最优的选择。这也是素质模型对于企业最为重要的一点。

本书的作者伍然先生是我多年的同事，在战略、组织及人力资源的相关模块都有很深的造诣，近年来尤其在素质模型及测评方面进行了较深入的研究与探讨，也为多家企业提供过相关的服务。本书也是他这些年对素质模型研究的一个系统总结，希望能对读者提供有价值的帮助。

在本书即将出版之际，感谢华夏基石的董事长彭剑锋教授、饶征副总裁及华夏基石的各位同仁们在本书编写过程中提供的帮助及建议，感谢汪中求先生在百忙中为本书作序，尤其要感谢博士德公司的朱新月总经理及赵辉主任，没有你们的帮助及辛勤工作也不会有本书的面世。

聂莹瀚

伍然情景管理实战课程系列

　　这是一套针对管理者的情景互动训练课程，它以逼真环境下的情景互动，促使学员通过亲身体验复杂环境下各类管理难题的提出与解决全过程，发现识别相关规律，反思总结心得体会，探究现实难题的解决，以巅峰体验提升心智模式，以最佳实践激发管理素质，以行动学习凸显实用价值。

课程特点

"轻"讲解通脉络　"重"实战冲思维
"缓"研讨悟道理　"急"行动求实用

培训模式

前期培训+情景互动+反思研讨

课程目录

1. 领导力模型快速构建方法
2. 测评体系快速构建方法
3. 快速提升你的信任力
4. 管理技能实战个性化定制课程
5. HR系列主题构建方法（HR规划、组织、薪酬、绩效、招聘、培训等）

请与博士德联络：
　　陈旖光老师　010-68487630-215　　13521352981
　　赵　敏老师　010-68487630-217　　15901445052
　　石海燕老师　010-68487630-229　　15810259665
　　张金霞老师　010-68487630-208　　13911741711
　　王　思老师　010-68479152　　　　13466691261
杭州分公司：
　　胡　军老师　0571-88355820　　　　13758165372

请登陆：
中国精细化管理网：www.jxhgl.com
中国执行力培训网：www.Chinazxl.com
新浪微博：http://weibo.com/boshideliliang